LE SÉNAT EN 1894

BIOGRAPHIES DES 300 SÉNATEURS

ALPHONSE BERTRAND

Secrétaire-Rédacteur du Sénat

LE SÉNAT DE 1894

BIOGRAPHIES
DES 300 SÉNATEURS

AVEC

AVERTISSEMENT ET DOCUMENTS DIVERS

LES LOIS RELATIVES

A L'ORGANISATION DU SÉNAT ET LES ÉLECTIONS DES SÉNATEURS

LA LISTE DES MINISTÈRES QUI SE SONT SUCCÉDÉ EN FRANCE

DEPUIS 1871

LA LISTE ALPHABÉTIQUE DES SÉNATEURS, ETC.

PARIS

SOCIÉTÉ ANONYME DE PUBLICATIONS PÉRIODIQUES

P. MOUILLOT, Imprimeur

13, QUAI VOLTAIRE, 13

1894

De divers côtés on a bien voulu exprimer à l'auteur de ce volume le désir de le voir faire pour le Sénat un travail documentaire analogue à celui qu'il a publié sur la CHAMBRE DE 1889 *et sur la* CHAMBRE DE 1893. *Il s'est appliqué à ce que les biographies qu'on lira ci-après fussent aussi exactes que possible ; il s'excuse à l'avance des omissions et des lacunes qui subsistent dans quelques pages de ce livre ; il tâchera de les réparer dans une prochaine édition* (1).

L'auteur de ces notices s'est appliqué à être impartial, au même titre que le sont ses camarades et lui, lorsqu'ils rédigent le compte rendu des discours prononcés, au Sénat, par des orateurs appartenant aux opinions politiques les plus différentes, les plus opposées. Il ne s'est pas cru cependant interdit de marquer, sous une forme discrète, sa respectueuse sympathie pour le caractère, les services, l'éloquence des vétérans de nos assemblées.

Il est de mode aujourd'hui, même dans des milieux où il n'en devrait pas être ainsi, de médire du régime parlementaire et de l'accuser de stérilité et d'impuissance. Comme toute chose humaine, il a ses défauts ; mais, en dehors de ce régime sans lequel le suffrage universel n'est qu'un leurre, il n'y a que la tyrannie, celle des foules et celle

(1) Prière d'adresser les rectifications à M. Alph. Bertrand, 7, rue Saint-Louis, à Versailles.

d'un seul, — la seconde étant, d'ailleurs, fille de la première.

Les hommes, dont on lira la biographie dans ce livre et dont l'histoire, à vrai dire, résume une partie de celle de la France pendant ces soixante dernières années, sont venus dans ce calme palais du Luxembourg, après avoir traversé — du moins nombre d'entre eux — beaucoup d'orages et de tempêtes politiques. Toutefois, ils ont, pour la plupart ce trait commun qu'ils croient à l'influence de la libre discussion et qu'ils voient dans le respect de celle-ci l'essence et la sauvegarde de la liberté elle-même.

A leurs yeux, comme aux yeux de l'immense majorité de la nation, le gouvernement parlementaire n'a été ni infécond, ni malfaisant: il a relevé la patrie des ruines accumulées par la guerre, l'invasion, la Commune. Quels que soient les assauts qui lui soient livrés, il n'a cessé d'être le plus sérieux de tous les obstacles à la reprise de ce lamentable et perpétuel voyage « du despotisme à l'anarchie et de l'anarchie au despotisme » contre lequel M. Thiers, avec le plus clairvoyant patriotisme, mettait de nouveau la France en garde au lendemain de nos malheurs.

Dans cette défense des droits de la nation, de ses libertés, de son indépendance, le Sénat, depuis dix-huit ans, a eu la part la plus honorable et, à certains jours, la plus décisive.

« Forum et jus! » s'écriait Berryer; et ce patriote, qui, malgré toutes les crises et toutes les révolutions, avait conservé dans la liberté une foi ardente, persista jusqu'à son dernier jour à voir dans le gouvernement parlementaire le remède, sinon à tous les maux, du moins à beaucoup de maux.

Ce qui était vrai alors reste vrai aujourd'hui.

Si le Sénat, violemment attaqué lors de sa créa-
tion, a vu grandir son autorité, ce n'est pas seu-
lement parce qu'il a ajouté à l'éclat de cette noble
tribune française dont beaucoup de ses membres
ont été et sont encore l'honneur ; c'est encore et
surtout parce qu'il a été, parce qu'il est, parce
qu'il restera l'ennemi du gouvernement person-
nel, qui serait pour la France de demain, comme
il a été pour celle d'hier, le plus redoutable des
périls, la pire des catastrophes.

27 mai 1894.

A. B.

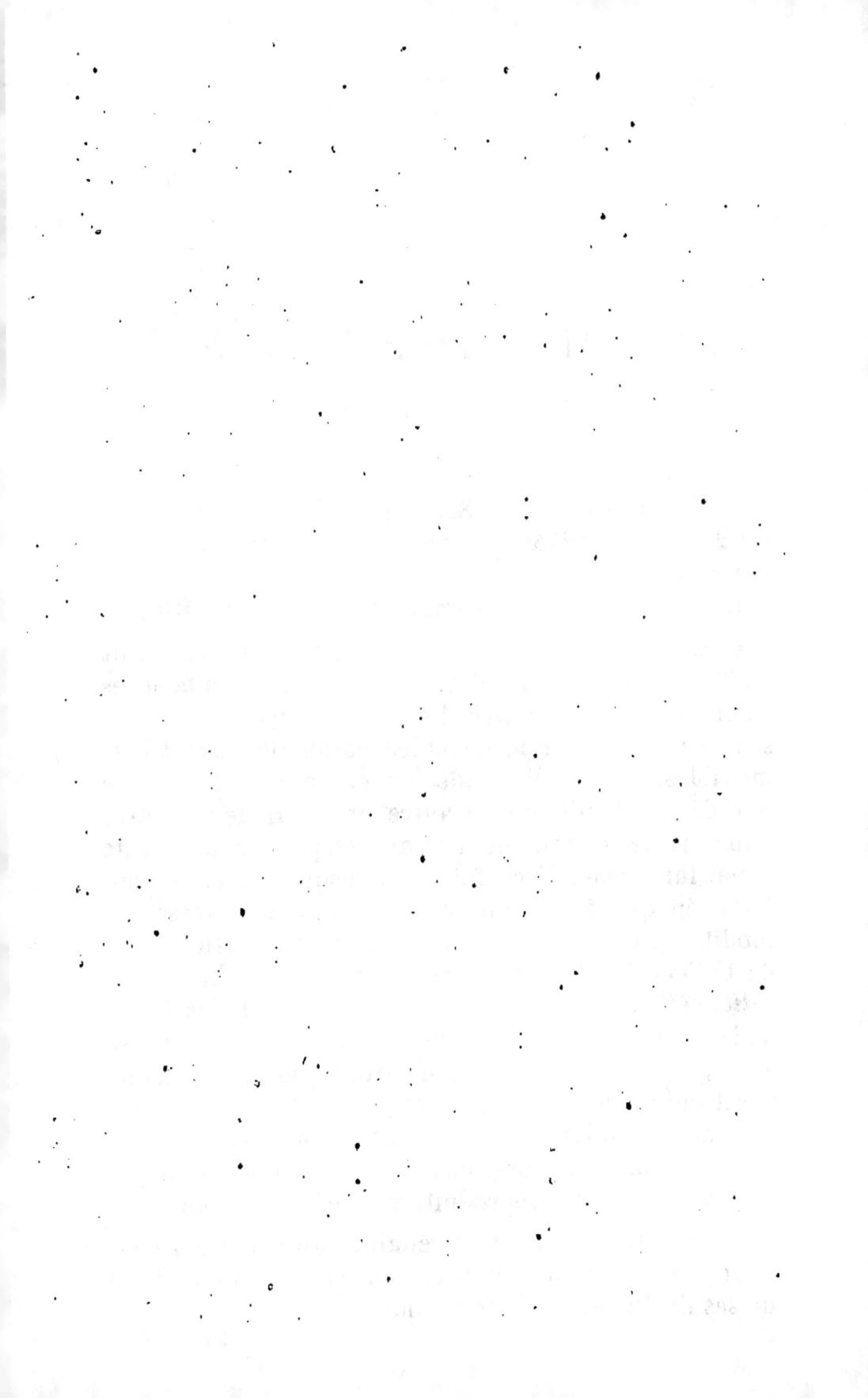

L'ORGANISATION DU SÉNAT

ORGANISATION. — Le Sénat a été institué par la loi du 25 février 1875 relative à l'organisation des pouvoirs publics.

Il se réunit pour la première fois le 8 mars 1876.

COMPOSITION. — A l'origine, le Sénat se composait de 300 membres : 225 élus par les départements et les colonies et 75 élus par l'Assemblée nationale. Les sénateurs élus par l'Assemblée nationale étaient inamovibles, c'est-à-dire élus à vie. En cas de vacance par décès, démission ou autre cause, il devait être, dans les deux mois, pourvu au remplacement par le Sénat lui-même. Il en fut ainsi jusqu'au mois d'août 1884, époque à laquelle le Congrès réuni à Versailles modifia plusieurs articles des lois constitutionnelles de 1875 et décida notamment (*art. 3 de la loi constitutionnelle des 14-15 août* 1884) que les articles 1 à 7 de la loi constitutionnelle du 24 février 1875, relative à l'organisation du Sénat, n'auront plus le caractère constitutionnel.

L'inamovibilité fut alors supprimée et le mode d'élection au Sénat organisé conformément à la loi du 9 décembre 1884, reproduite ci-après (V. page 1).

ELIGIBILITÉ. — Nul n'est éligible au Sénat s'il n'est Français, âgé de *quarante ans* au moins et s'il ne jouit de ses droits civils et politiques.

Attributions principales. — Le Sénat concourt, au même titre que la Chambre des députés, à la confection des lois. Seules, les lois de finances doivent être en premier lieu présentées à la Chambre des députés et votées par elle.

Tout membre du Sénat, comme tout membre de la Chambre des députés, a le droit de faire des propositions de loi; de proposer des amendements aux projets en délibération; de questionner ou d'interpeller, selon les formes prescrites par le règlement, le gouvernement sur ses actes.

Comme la Chambre des députés, le Sénat se réunit de plein droit chaque année le second mardi de janvier, à moins d'une convocation antérieure du président de la République.

Les sessions, ordinaire ou extraordinaire, du Sénat commencent et finissent en même temps que celles de la Chambre des députés.

Dans le cas où la Chambre des députés se trouverait dissoute au moment où la présidence de la République deviendrait vacante, les collèges électoraux seraient aussitôt convoqués, et le Sénat se réunirait de plein droit.

Toute assemblée du Sénat, comme de la Chambre des députés, qui serait tenue hors du temps de la session commune, est nulle de plein droit, sauf le cas prévu ci-dessus et celui où le Sénat est réuni comme cour de justice, et, dans ce dernier cas, il ne peut exercer que des fonctions judiciaires.

Les séances du Sénat sont publiques. Néanmoins il peut se former en comité secret.

Le président de la République communique avec le Sénat comme avec la Chambre par des messages qui sont lus à la tribune par un ministre.

Les ministres ont leur entrée au Sénat comme à la Chambre et doivent être entendus quand ils le demandent. Il peuvent se faire assister par des commissaires désignés, pour la discussion d'un projet de loi déterminé, par le président de la République.

Le Sénat a le droit : 1° De vérifier les pouvoirs de ses membres, de valider ou de casser leur élection ;

2° De nommer son bureau, de faire son règlemennt intérieur, de fixer son ordre du jour, c'est-à-dire qu'il lui appartient de régler le mode d'après lequel il exerce ses attributions et dirige ses travaux ;

3° De veiller à sa sûreté et de requérir la force armée par l'intermédiaire de son président ;

4° De procéder à des enquêtes, c'est-à-dire de nommer dans son sein des commissions chargées de recueillir auprès des administrations publiques et des particuliers tous les renseignements nécessaires à l'accomplissement de leur mission ;

5° De recevoir des pétitions soit individuelles, soit collectives adressées par écrit à leur président ou déposées sur le bureau par l'entremise d'un de leurs membres ; d'examiner ces pétitions et de les renvoyer, s'il y a lieu, aux ministres compétents.

PRÉROGATIVES SPÉCIALES AU SÉNAT. — Dans le cas où le président de la République juge nécessaire la dissolution de la Chambre des députés, le Sénat est appelé à se prononcer sur cette mesure. La dissolution de la Chambre est subordonnée à un avis conforme, voté par le Sénat à la majorité des suffrages.

Il appartient au Sénat seul de juger le président de la République, mais seulement dans les cas de haute trahison, ou les ministres pour crimes commis dans l'exercice de leurs fonctions. Dans les deux cas, le président de la République ou les ministres doivent préalablement avoir été mis en accusation par la Chambre des députés.

Le Sénat peut, en outre, être constitué en Cour de justice, par décret du président de la République, pour juger toute personne prévenue d'attentat contre la sûreté de l'Etat. Une loi spéciale du 10 avril 1889, a réglé la procédure à suivre (voir aux annexes, p. 401).

INVIOLABILITÉ. — Aucun membre du Sénat, non plus que de la Chambre des députés, ne peut être poursuivi ou recherché à raison des opinions ou des votes qu'il aurait émis dans l'accomplissement de son mandat; il ne peut être non plus, pendant la durée des sessions, poursuivi ou arrêté, sauf le cas de flagrant délit, qu'en vertu d'une autorisation du Sénat votée à la majorité des suffrages.

ASSEMBLÉE NATIONALE. — Lorsque les deux Chambres se réunissent en Assemblée nationale, soit pour procéder à la revision de la Constitution, soit pour élire le président de la République, les séances de l'Assemblée nationale sont présidées par le président du Sénat. Le bureau de l'Assemblée nationale se compose des président, vice-présidents, secrétaires et questeurs du Sénat.

RÉSIDENCE. — Le siège du Sénat est à Paris, au palais du Luxembourg, l'article 9 de la loi constitutionnelle du 25 février 1875, qui fixait cette résidence à Versailles, ayant été abrogé par la loi du 22 juillet 1879. La salle précédemment occupée par le Sénat au Palais de Versailles reste toutefois à sa disposition pour le cas où les Chambres croiraient devoir se réunir hors Paris.

Dans le cas où elle est convoquée, l'Assemblée nationale se réunit à Versailles.

Si le Sénat est appelé à se constituer en cour de justice, il a le droit de désigner la ville et le local où il entend tenir ses séances.

BUREAU DU SÉNAT. — Le bureau du Sénat est composé d'un président, de quatre vice-présidents, de trois questeurs et de six secrétaires.

RANG ET PRÉSÉANCES. — Le Sénat et la Chambre des députés ont rang dans les cérémonies publiques avant tous les autres corps constitués. Le Sénat a le premier rang, et son président passe immédiatement après le président de la République.

Des places d'honneur doivent être réservées dans toutes les cérémonies ayant un caractère officiel aux membres du Sénat revêtus de leurs insignes. Lorsque les Chambres ou leurs bureaux se rendent officiellement à une cérémonie, elles sont accompagnées par une escorte d'honneur.

INSIGNES. — Les insignes des sénateurs, comme ceux des députés, dont ils diffèrent légèrement, consistent en une décoration ornée des faisceaux de la République et en une écharpe tricolore frangée d'or, portée en sautoir.

Une médaille frappée au nom de chaque sénateur permet, le cas échéant, à celui-ci de faire constater son identité.

INDEMNITÉ. — Les sénateurs, comme les députés, reçoivent une indemnité annuelle de 9.000 francs.

PUBLICITÉ DES SÉANCES. — Les séances du Sénat sont publiques, sauf le cas où le Sénat décide qu'il se forme en comité secret. Aucun étranger en dehors des fonctionnaires du Sénat dont la présence est jugée nécessaire par le bureau ne peut alors pénétrer dans la salle des séances.

Des tribunes spéciales sont réservées au président du Sénat, aux dignitaires du bureau, aux membres de la Chambre des députés, au corps diplomatique, au Conseil d'Etat, aux officiers généraux, à la presse, au public.

Deux comptes rendus sont publiés sous le contrôle du bureau : l'un est le compte rendu *in extenso*, qui est rédigé par le service sténographique et paraît dans le

Journal officiel du lendemain ; l'autre est le compte rendu analytique, qui est rédigé au fur et à mesure de la séance par les secrétaires-rédacteurs et transmis aussitôt après aux organes de la presse. C'est au service du compte rendu analytique que la rédaction du procès-verbal de la séance est confiée. Il est aussi chargé de la rédaction d'un autre compte rendu plus abrégé, appelé le compte rendu télégraphique et qui, au cours même de la séance, est transmis, par télégrammes successifs, à l'autre Chambre, aux ministres, au syndicat de la presse parisienne, etc.

DIVISION DES SERVICES. — Les services du Sénat (v. annexe nº 5, p. 413) se divisent en services législatifs, sous l'autorité et la direction du Bureau, et en services d'administration et de comptablité, sous l'autorité et la direction de la questure. Les premiers ont à leur tête le secrétaire général de la présidence ; les autres, le secrétaire général de la questure.

LOI

DU 9 DÉCEMBRE 1884

PORTANT MODIFICATION AUX LOIS ORGANIQUES

SUR

L'ORGANISATION DU SÉNAT ET LES ÉLECTIONS DES SÉNATEURS

ARTICLE PREMIER

Le Sénat se compose de trois cents membres élus par les départements et les colonies.

Les membres actuels, sans distinction entre les séna-teurs élus par l'Assemblée nationale ou le Sénat et ceux qui sont élus par les départements et les colonies, conser-vent leur mandat pendant le temps pour lequel ils ont été nommés.

ART. 2.

Le département de la Seine élit dix sénateurs.

Le département du Nord élit huit sénateurs.

Les départements des Côtes-du-Nord, Finistère, Gironde, Ille-et-Vilaine, Loire, Loire-Inférieure, Pas-de-Calais, Rhône, Saône-et-Loire, Seine-Inférieure, élisent chacun cinq sénateurs.

L'Aisne, Bouches-du-Rhône, Charente-Inférieure, Dor-dogne, Haute-Garonne, Isère, Maine-et-Loire, Manche, Morbihan, Puy-de-Dôme, Seine-et-Oise, Somme, élisent chacun quatre sénateurs.

L'Ain, Allier, Ardèche, Ardennes, Aube, Aude, Aveyron, Calvados, Charente, Cher, Corrèze, Corse, Côte-d'Or, Creuse, Doubs, Drôme, Eure, Eure-et-Loir, Gard, Gers, Hérault, Indre, Indre-et-Loire, Jura, Landes, Loir-et-Cher, Haute-Loire, Loiret, Lot, Lot-et-Garonne, Marne, Haute-Marne, Mayenne, Meurthe-et-Moselle, Meuse, Nièvre, Oise,

Orne, Basses-Pyrénées, Haute-Saône, Sarthe, Savoie, Seine-et-Marne, Haute-Savoie, Deux-Sèvres, Tarn, Var, Vendée, Vienne, Haute-Vienne, Vosges, Yonne, élisent chacun trois sénateurs.

Les Basses-Alpes, Hautes-Alpes, Alpes-Maritimes, Ariège, Cantal, Lozère, Hautes-Pyrénées, Pyrénées-Orientales, Tarn-et-Garonne, Vaucluse, élisent chacun deux sénateurs.

Le territoire de Belfort, les trois départements de l'Algérie, les quatre colonies de la Martinique, de la Guadeloupe, de la Réunion et des Indes françaises, élisent chacun un sénateur.

Art. 3.

Dans les départements où le nombre des sénateurs est augmenté par la présente loi, l'augmentation s'effectuera à mesure des vacances qui se produiront parmi les sénateurs inamovibles.

À cet effet, il sera, dans la huitaine de la vacance, procédé en séance publique à un tirage au sort pour déterminer le département qui sera appelé à élire un sénateur.

Cette élection aura lieu dans le délai de trois mois à partir du tirage au sort ; toutefois si la vacance survient dans les six mois qui précèdent le renouvellement triennal, il n'y sera pourvu qu'au moment de ce renouvellement.

Le mandat ainsi conféré expirera en même temps que celui des autres sénateurs appartenant au même département.

Art. 4.

Nul ne peut être sénateur s'il n'est Français, âgé de quarante ans au moins, et s'il ne jouit de ses droits civils et politiques.

Les membres des familles qui ont régné sur la France sont inéligibles au Sénat.

Art. 5.

Les militaires des armées de terre et de mer ne peuvent être élus sénateurs.

Sont exceptés de cette disposition :

1° Les maréchaux de France et les amiraux ;

2° Les officiers généraux maintenus sans limite d'âge dans la première section du cadre de l'état-major et non pourvus de commandement ;

3° Les officiers généraux ou assimilés placés dans la deuxième section du cadre de l'état-major général ;

4° Les militaires des armées de terre et mer qui appartiennent soit à la réserve de l'armée active, soit à l'armée territoriale.

Art. 6.

Les sénateurs sont élus, au scrutin de liste quand il y a lieu, par un collège réuni au chef-lieu du département ou de la colonie et composé :

1° Des députés ;

2° Des conseillers généraux ;

3° Des conseillers d'arrondissement ;

4° Des délégués élus parmi les électeurs de la commune par chaque conseil municipal.

Les conseils composés de 10 membres éliront 1 délégué.
Les conseils composés de 12 membres éliront 2 délégués.
Les conseils composés de 16 membres éliront 3 délégués.
Les conseils composés de 21 membres éliront 6 délégués.
Les conseils composés de 23 membres éliront 9 délégués.
Les conseils composés de 27 membres éliront 12 délégués.
Les conseils composés de 30 membres éliront 15 délégués.
Les conseils composés de 32 membres éliront 18 délégués.
Les conseils composés de 34 membres éliront 21 délégués.
Les conseils composés de 36 membres et au-dessus éliront 24 délégués ;

Le conseil municipal de Paris élira 30 délégués.

Dans l'Inde française, les membres des conseils locaux sont substitués aux conseillers d'arrondissement. Le conseil municipal de Pondichéry élira 5 délégués. Le conseil municipal de Karikal élira 3 délégués. Toutes les autres communes éliront chacune 2 délégués.

Le vote a lieu au chef-lieu de chaque établissement.

ART. 7.

Les membres du Sénat sont élus pour neuf années.

Le Sénat se renouvelle tous les trois ans, conformément à l'ordre des séries de départements et colonies actuellement existantes.

ART. 8.

Les articles 2 (§§ 1 et 2), 3, 4, 5, 8, 14, 16, 19, 23 de la loi organique du 2 août 1875, sur les élections des sénateurs, sont modifiés ainsi qu'il suit ;

« *Art.* 2 (§§ 1 et 2). — Dans chaque conseil municipal, l'élection des délégués se fait, sans débat, au scrutin secret, et, le cas échéant, au scrutin de liste, à la majorité absolue des suffrages. Après deux tours de scrutin, la majorité relative suffit, et, en cas d'égalité de suffrages, le plus âgé est élu.

« Il est procédé de même et dans la même forme à l'élection des suppléants.

« Les conseils qui ont 1, 2 ou 3 délégués à élire nomment un suppléant.

« Ceux qui élisent 6 ou 9 délégués nomment 2 suppléants

« Ceux qui élisent 12 ou 15 délégués nomment 3 suppléants.

« Ceux qui élisent 18 ou 21 délégués nomment 4 suppléants.

« Ceux qui élisent 24 délégués nomment 5 suppléants.

« Le conseil municipal de Paris nomme 8 suppléants.

« Les suppléants remplaceront les délégués, en cas de refus ou d'empêchement, selon l'ordre fixé par le nombre des suffrages obtenus par chacun d'eux.

« *Art.* 3. — Dans les communes où les fonctions du conseil municipal sont remplies par une délégation spéciale, instituée en vertu de l'article 44 de la loi du 5 avril 1884, les délégués et suppléants sénatoriaux seront nommés par l'ancien conseil.

« *Art.* 4. — Si les délégués n'ont pas été présents à l'élection, notification leur en est faite dans les vingt-quatre heures par les soins du maire. Ils doivent faire parvenir aux préfets, dans les cinq jours, l'avis de leur acceptation. En cas de refus ou de silence, ils sont remplacés par les suppléants qui sont alors portés sur la liste comme délégués de la commune.

« *Art.* 5. — Le procès-verbal de l'élection des délégués et des suppléants est transmis immédiatement au préfet. Il mentionne l'acceptation ou le refus des délégués et suppléants ainsi que les protestations élevées contre la régularité de l'élection par un ou plusieurs membres du conseil municipal. Une copie de ce procès-verbal est affichée à la porte de la mairie.

« *Art.* 8. — Les protestations relatives à l'élection des délégués ou des suppléants sont jugés, sauf recours au Conseil d'État, par le conseil de préfecture, et, dans les colonies, par le conseil privé.

« Les délégués dont l'élection est annulée parce qu'ils ne remplissent pas une des conditions exigées par la loi, ou pour vice de forme, sont remplacés par les suppléants.

« En cas d'annulation de l'élection d'un délégué ou de celle d'un suppléant, comme en cas de refus ou de décès de l'un et de l'autre, après leur acceptation, il est procédé à de nouvelles élections par le conseil municipal au jour fixé par un arrêt du préfet.

« *Art.* 14. — Le premier scrutin est ouvert à huit heures du matin et fermé à midi. Le second est ouvert à deux heures et fermé à cinq heures. Le troisième est ouvert à sept heures et fermé à dix heures. Les résultats des scrutins sont recensés par le bureau et proclamés immédiatement par le président du collège électoral.

« *Art.* 16 — Les réunions électorales pour la nomination des sénateurs pourront être tenues depuis le jour de la promulgation du décret de convocation des électeurs jusqu'au jour du vote inclusivement.

« La déclaration prescrite par l'article 2 de la loi du 30 juin 1881 sera faite par deux électeurs au moins.

« Les formalités et prescriptions de cet article, ainsi que celles de l'article 3, seront observées.

« Les membres du Parlement élus ou électeurs dans le département, les électeurs sénatoriaux, délégués ou suppléants, et les candidats, ou leur mandataire, peuvent seuls assister à ces réunions.

« L'autorité municipale veillera à ce que nulle autre personne ne s'y introduise.

« Les délégués et suppléants justifieront de leur qualité par un certificat du maire de la commune ; — les candidats ou mandataires par un certificat du fonctionnaire qui aura reçu la déclaration dont il est parlé au paragraphe 2.

« *Art.* 10. — Toute tentative de corruption ou de contrainte, par l'emploi des moyens énoncés dans les articles 177 et suivants du code pénal, pour influencer le vote d'un électeur ou le déterminer à s'abstenir de voter, sera punie d'un emprisonnement de trois mois à deux ans, et d'une amende de 40 à 500 francs ou de l'une de ces deux peines seulement.

« L'article 463 du Code pénal est applicable aux peines dictées par le présent article.

« *Art.* 23. — Il est pourvu aux vacances survenant par suite de décès ou de démission des sénateurs dans le délai de trois mois ; toutefois, si la vacance survient dans les six mois qui précèdent le renouvellement triennal, il n'y est pourvu qu'au moment de ce renouvellement. »

ART. 9

Sont abrogés :

1º Les articles 4 et 7 de la loi du 24 février 1875 sur l'organisation du Sénat ;

2º Les articles 24 et 25 de la loi du 2 août 1875 sur les élections des sénateurs.

DISPOSITION TRANSITOIRE

Dans le cas où une loi spéciale sur les incompatibilités parlementaires ne serait pas votée au moment des prochaines élections sénatoriales, l'article 8 de la loi du 30 novembre 1875 serait applicable à ces élections.

Tout fonctionnaire atteint par cette disposition, qui comptera vingt ans de service et cinquante ans d'âge à l'époque de l'acceptation de son mandat, pourra faire valoir ses droits à une pension de retraite proportionnelle qui sera réglée conformément au troisième paragraphe de l'article 12 de la loi du 9 juin 1853.

SÉNATEURS INAMOVIBLES

ÉLUS PAR L'ASSEMBLÉE NATIONALE (1).

AUDIFFRET-PASQUIER (Edme-Armand-Gaston, duc d')

M. le duc d'Audiffret-Pasquier est né à Paris le 23 octobre 1823.

Il est le petit-neveu et fils adoptif du chancelier Pasquier qui, créé duc, obtint la reversibilité de ce titre sur la tête du comte d'Audiffret.

M. d'Audiffret-Pasquier entra au Conseil d'Etat, en qualité d'auditeur en 1845 et en sortit en 1848.

Sous l'Empire il fit partie de l'opposition libérale. A deux reprises, en 1863 et en 1869, il se présenta dans la 2e circonscription de l'Orne, comme candidat indépendant, contre M. le baron de Mackau, candidat officiel.

Après la guerre, aux élections du 8 février 1871, M. le duc d'Audiffret-Pasquier fut élu député de l'Orne à l'Assemblée nationale par 60.226 voix.

Il siégea au centre droit et conquit très vite une situation parlementaire des plus importantes. Il fit partie des principales commissions et fut nommé président de la commission des marchés.

C'est alors, le 4 mai 1872, qu'il prononça dans la discussion du rapport de M. Riant sur les marchés conclus par l'empire, un discours qui, dans l'Assemblée comme au dehors, produisit une sensation des plus vives. Rappelant à quels résultats avait abouti la politique impériale, il évoqua, avec une éloquence que n'oubliera jamais aucun de ses auditeurs, la parole célèbre : « Varus, Varus, rends-nous nos légions ! »

Pendant les années qui suivirent ce mémorable discours, M. le duc d'Audiffret-Pasquier prit souvent la parole et

(1) Voir à la fin du volume la liste des 75 sénateurs inamovibles nommés, en décembre 1875, par l'Assemblée nationale.

joua dans l'Assemblée nationale un rôle des plus actifs.
Partisan de la monarchie constitutionnelle, il fut un
des promoteurs de la *fusion*, mais en subordonnant l'avènement d'Henri V à l'acceptation du drapeau tricolore.

Après que la lettre du comte de Chambord eût mis fin
aux tentatives de restauration monarchique, M. le duc
d'Audiffret-Pasquier se prononça en faveur des lois constitutionnelles qui finirent par être votées le 25 février 1875.

Lorsque M. Buffet devint président du Conseil, M. le duc
d'Audiffret-Pasquier fut élu par la gauche et le centre droit
libéral à la présidence de l'Assemblée nationale (mars 1875).
Il y fut deux fois réélu ; ce fut lui qui prononça la clôture
de cette Assemblée en rendant hommage à la *sagesse du
pays* « admirable réponse, disait-il, faite à l'avance à
ceux qui oseraient prétendre dans l'avenir que la France
n'est pas digne de la liberté ».

Lors de la nomination des sénateurs inamovibles choisis
dans l'Assemblée nationale, M. d'Audiffret-Pasquier fut élu
le premier par 551 voix.

Après la constitution du Sénat, M. le duc d'Audiffret-
Pasquier fut élu président de la nouvelle Chambre haute, et
réélu en 1877 et en 1878 ; mais la majorité, lors des élections de janvier 1879, étant passée de droite à gauche, il
fut remplacé au fauteuil par M. Martel.

Depuis cette époque, M. d'Audiffret-Pasquier n'a pris que
rarement la parole, si ce n'est dans les discussions relatives
à la liberté de l'enseignement.

Le 26 décembre 1878, M. le duc d'Audiffret-Pasquier
avait été élu à l'Académie française, en remplacement de
Mgr Dupanloup, évêque d'Orléans.

Il a récemment commencé la publication des *Mémoires du
chancelier Pasquier*.

Il est président du conseil de la régie des mines d'Anzin.

KRANTZ (Jean-Baptiste-Sébastien)

M. Krantz est né le 17 janvier 1817 à Givet (Ardennes).

Entré en 1836 à l'École polytechnique, il en sortit dans
les ponts et chaussées où sa carrière fut brillante.

Il dirigea, en 1867, la construction du palais de l'Exposition universelle, puis fut appelé à diriger la navigation de la Seine à l'amélioration de laquelle il eut, par ses études hydrauliques, une grande part. Pendant le siège il contribua activement à la défense de Paris et fut chargé de la construction des ponts sur lesquels l'armée du général Ducrot effectua, lors de la bataille de Champigny, le passage de la Marne.

Il se prononça pour la République et fut, lors des élections complémentaires du 2 juillet 1871, élu député de la Seine à l'Assemblée nationale.

Il y siégea au centre gauche, soutint le gouvernement de M. Thiers et vota les lois constitutionnelles de 1875.

Il fut, à l'Assemblée, le rapporteur général de la Commission des chemins de fer et fit de nombreux rapports sur l'amélioration des diverses voies de communication.

En décembre 1875, il fut élu par l'Assemblée nationale sénateur inamovible.

En 1878, il fut commissaire général de l'Exposition universelle.

Au Sénat, M. Krantz a continué à siéger au centre gauche ; il a été rapporteur d'un grand nombre de projets de loi ayant trait aux travaux publics, aux chemins de fer et aux canaux.

BARTHÉLEMY-SAINT-HILAIRE (Jules)

M. Barthélemy-Saint-Hilaire est né à Paris le 19 août 1805.

Il fut tout d'abord, sous la Restauration, attaché au ministère des finances ; il y resta de 1825 à 1838 ; il collabora au *Globe* et signa la protestation des journalistes contre les ordonnances de juillet 1830.

Rédacteur au *Constitutionnel*, au *Courrier français*, au *National*, au *Bon Sens*, M. Barthélemy-Saint-Hilaire quitta, vers 1832, la politique pour se consacrer à de vastes travaux d'érudition et de philosophie. Il avait étudié le sanskrit avec Eugène Burnouf, la philosophie d'après Victor Cousin. Il commença, à cette époque, la traduction d'Aristote, à laquelle il n'a pas cessé de travailler chaque jour, pendant plusieurs heures, quels que fussent les événements et les péripéties de son existence depuis plus de soixante ans.

En 1834, M. Barthélemy-Saint-Hilaire fut nommé répétiteur de littérature française à l'École polytechnique, en 1838 professeur de philosophie grecque et latine au Collège de France, et en 1839 membre de l'Académie des sciences morales et politiques dont il est depuis longtemps le doyen.

En 1840, il fut, au ministère de l'instruction publique, le chef de cabinet de Victor Cousin.

Après la Révolution de 1848, M. Barthélemy-Saint-Hilaire qui, dès longtemps, professait des opinions républicaines, fut désigné comme chef du secrétariat du gouvernement provisoire.

Il fut élu membre de l'Assemblée constituante. Il vota en faveur de la Constitution, combattit en plusieurs circonstances la politique du général Cavaignac, et approuva l'expédition de Rome, l'interdiction des clubs et diverses autres mesures que la gauche repoussait, mais qu'il jugeait indispensables à la défense de l'ordre. Réélu à l'Assemblée législative, il défendit, contre MM. de Montalembert et de Falloux et contre M. Thiers lui même, l'Université et les droits de l'État en matière d'enseignement. Il se montra aussi un des adversaires déterminés des visées du prince-président.

Après le coup d'État du 2 décembre 1851, lors duquel il fut arrêté parmi les protestataires de la mairie du Xe arrondissement, M. Barthélemy-Saint-Hilaire préféra, quoique n'ayant aucune fortune, renoncer à la situation de directeur du Collège de France plutôt que de prêter serment à l'Empire. Il se retira alors à la campagne près de Meaux, pour continuer ses travaux littéraires et philosophiques.

En 1855, il fit en Égypte un voyage, dont il publia le récit dans le *Journal des Débats*, en qualité de membre de la commission d'études du Canal de Suez ; il fut trois ans le secrétaire général de la Compagnie, mais il quitta ces fonctions à la suite d'un dissentiment avec M. Ferdinand de Lesseps.

En 1863, M. Barthélemy-Saint-Hilaire, qui était resté un

adversaire irréconciliable de l'Empire, se présenta, dans la première circonscription de Seine-et-Oise comme candidat libéral. Il obtint de nombreux suffrages, mais ne fut pas élu. Aux élections législatives de 1869 il fut de nouveau candidat dans l'arrondissement de Versailles et l'emporta au deuxième tour de scutin sur le candidat officiel, M. Hély d'Oissel, qu'il avait eu comme concurrent, au premier tour, ainsi que M. Édouard Laboulaye. L'élection de M. Barthélemy-Saint-Hilaire eut un grand retentissement, et le journal qu'il fonda alors, l'*Union libérale démocratique* de Seine-et-Oise, exerça, à la fin de l'Empire et au lendemain de la guerre, une action considérable ; ce journal comptait dans son comité de rédaction MM. Barthélemy-Saint-Hilaire, Ernest Bersot, Édouard Charton, Edmond Scherer, Hippolyte Carnot, Rameau, et plusieurs autres hommes politiques marquants.

Au Corps législatif où il déposa notamment, en janvier 1870, une proposition ayant pour objet de confier aux municipalités la police des funérailles, M. Barthélemy-Saint-Hilaire siégea à gauche. Il combattit le plébiscite et la guerre.

Après l'armistice, M. Barthélemy-Saint-Hilaire fut nommé député de Seine-et-Oise à l'Assemblée nationale le premier sur onze. A Bordeaux, il déposa, avec plusieurs de ses collègues, un projet de résolution tendant à nommer M. Thiers chef du pouvoir exécutif de la République française.

Après l'élection de M. Thiers, M. Barthélemy-Saint-Hilaire, qui était son intime ami, remplit gratuitement auprès de lui jusqu'au 24 mai 1873 les fonctions de secrétaire général de la présidence de la République.

Les lettres qu'écrivit alors M. Barthélemy-Saint-Hilaire pour remercier les municipalités ou les particuliers des sentiments républicains dont l'expression était adressée au président de la République, soulevèrent de la part de la droite de l'Assemblée nationale, de très vives protestations à la tribune et dans la presse.

Aussi, après le 24 mai 1873, l'*Union libérale*, qui n'avait cessé de défendre, avec M. Barthélemy-Saint-Hilaire, la politique de M. Thiers, fut-elle l'un des premiers jour-,

naux supprimés par l'état de siège. Malgré des réclama-
tions sans cesse réitérées de tous les députés de la
gauche, l'*Union libérale* ne put reparaître qu'en mars
1876, pour être, après le 16 mai 1877, poursuivie et con-
damnée pour outrage au gouvernement du maréchal de
Mac-Mahon, à l'occasion d'un article de son rédacteur en
chef, M. Alphonse Bertrand, qui regrettait que le chef
irresponsable de l'État fût engagé trop avant par ses
ministres dans la lutte électorale.

Le 10 décembre 1875, M. Barthélemy-Saint-Hilaire
fut élu par l'Assemblée nationale sénateur inamovible.

Au Sénat, il siégea à gauche, et, après le Seize-Mai,
combattit avec une grande énergie la politique du ministère de Broglie, notamment dans les protestations qu'il
rédigea et signa avec les sénateurs et députés républicains
de Seine-et-Oise.

Il fut, avec M. Mignet, l'exécuteur testamentaire de
M. Thiers, et il s'associa à la publication de la *Lettre aux
électeurs du IX⁰ arrondissement de Paris*, qui fut le tes-
tament politique de l'illustre homme d'Etat.

M. Barthélemy-Saint-Hilaire soutint les lois sur l'enseignement élaborées par M. Jules Ferry, et prit plusieurs
fois la parole pour défendre les droits de l'État et de
l'Université, notamment en matière de collation des
grades. Il fut le rapporteur du projet de loi sur le Conseil
supérieur de l'Instruction publique.

Elu vice-président du Sénat le 16 janvier 1880, il fut
appelé le 23 septembre 1880 à succéder à M. de Freycinet,
en qualité de ministre des affaires étrangères, lors de la
formation du premier cabinet Ferry (23 septembre 1880). Il
garda son portefeuille jusqu'à l'arrivée du ministère Gambetta (14 novembre 1881). Son passage aux affaires fut surtout
marqué par les instructions, nettement et constamment
pacifiques, qu'il ne cessa de donner aux agents diplomatiques de la France à l'étranger.

Il mena à bien les négociations diplomatiques relatives
à la question tunisienne dont il précisa notamment le
caractère et la portée dans sa circulaire du 9 mai 1881 et
dans les explications qu'il fournit, à plusieurs reprises, à la

tribune de la Chambre et du Sénat. Un important *Livre Jaune* a été publié à ce sujet.

En février 1883, M. Barthélemy-Saint-Hilaire fut président de la commission sénatoriale chargée d'examiner le projet de loi contre les membres des familles ayant régné en France et le combattit.

En ces dernières années, il a plus que jamais voté, au Sénat, contre toutes les mesures qui lui ont paru avoir un caractère radical.

Tout en continuant jusqu'en ces derniers temps à siéger assidûment au Sénat, M. Barthélemy-Saint-Hilaire, malgré son grand âge, n'a cessé, depuis sa sortie du ministère, de travailler avec une infatigable ardeur à compléter sa traduction d'Aristote, qui compte trente à quarante volumes, et qui aura été la grande œuvre de sa vie. Il a publié, en outre, de très nombreux articles d'érudition et de philologie dans le *Journal des savants* depuis 1852 et dans plusieurs revues.

Il faut notamment signaler ses ouvrages sur les *Védas* (1854), le *Bouddhisme* (1855), *le Bouddha et sa religion* (1862), le *Christianisme et le Bouddhisme* (1880), *Mahomet et le Coran* (1865), une nouvelle traduction des *Pensées de Marc-Aurèle* (1876), la *Métaphysique, sa nature et ses droits* (1879), etc, etc.

CORDIER (Stanislas-Alphonse)

M. Cordier est né à Écouché (Orne) le 27 janvier 1820.

Après avoir été, à Paris, employé dans une maison de commerce pour les tissus, il prit la direction d'une fabrique de toiles peintes dans la Seine-Inférieure. Membre, puis secrétaire de la chambre de commerce, il obtint de nombreuses récompenses aux expositions pour ses procédés de teinture.

Membre du conseil municipal de Rouen, puis du conseil général de la Seine-Inférieure, il fut élu, le 8 février 1871, député de ce département à l'Assemblée nationale par 75.876 voix. Il se prononça pour la République, siégea au centre gauche et soutint la politique de M. Thiers dont il était l'ami.

Il combattit le gouvernement du 24 mai et vota les lois constitutionnelles de 1875.

Il fut élu sénateur inamovible par l'Assemblée nationale.

Au Sénat comme à l'Assemblée nationale, M. Cordier s'est spécialement occupé des questions économiques. Il a pris une grande part à l'élaboration des nouveaux tarifs de douane dans un sens protectionniste.

Il est membre du centre gauche dont il a été le président.

DUMON (Jean-Baptiste-Augustin)

M. Dumon est né, le 20 septembre 1820, à Agen (Lot-et-Garonne).

Ancien élève de l'École polytechnique, propriétaire-viticulteur dans le Gers, M. Dumon fut, aux élections du 8 février 1871, élu député à l'Assemblée nationale, par le département du Gers.

Il siégea à l'extrême droite et fut l'un des signataires de la proposition tendant au rétablissement de la monarchie légitime dans la personne du comte de Chambord. Il vota notamment pour le renversement de M. Thiers, contre le ministère de Broglie, contre les lois constitutionnelles.

En 1875, il fut l'un des membres de l'extrême-droite élus sénateurs inamovibles.

Au Sénat, il fait partie de la droite, avec laquelle il a toujours voté.

THÉRY (Antoine-Théodore-Joseph)

M. Théry est né à Lille, le 4 mars 1807.

Après avoir fait son droit, il se fit inscrire au tableau des avocats de Lille et fut plusieurs fois bâtonnier.

Aux élections du 8 février 1871, il fut nommé député du Nord à l'Assemblée nationale, par 195.650 voix. Il siégea à l'extrême droite et vota en toutes circonstances avec les légitimistes purs de l'Assemblée, notamment pour le renversement de M. Thiers, contre le ministère de Broglie, contre les lois constitutionnelles.

Il fut élu sénateur inamovible le 11 décembre 1875, comme représentant du groupe de l'extrême droite.

Au Sénat, il fait partie de la droite avec laquelle il a toujours voté.

CHADOIS (Paul de)

M. de Chadois est né à Saint-Barthélemy (Lot-et-Garonne) en 1830.

Sorti de Saint-Cyr en 1851, il fit les campagnes de Crimée et d'Italie et prit part aux batailles de Magenta et de Solférino.

Il était capitaine lorsqu'il donna sa démission en 1867. Il reprit du service pendant la guerre, comme chef de bataillon des mobiles de la Dordogne ; il fut blessé à la bataille de Coulmiers où il se distingua particulièrement ; son régiment fut porté à l'ordre du jour de l'armée.

A peine guéri de sa blessure, M. de Chadois assista à la bataille de Loigny, où il eut un cheval tué sous lui, au combat de Boulay, à la bataille du Mans et aux derniers combats de l'armée de la Loire. Nommé officier de la Légion d'honneur, il fut promu colonel le 21 janvier 1871 et appelé au commandement de sa brigade, 2me division du 16e corps.

Aux élections du 8 février 1871, M. de Chadois fut élu député de la Dordogne, le premier, avec 80.000 voix. Il siégea au centre gauche, dont il fut l'un des vice-présidents et prit une part importante à la discussion des lois militaires.

Il soutint le gouvernement de M. Thiers, combattit le gouvernement du 24 mai et du 16 mai, et vota les lois constitutionnelles de 1875.

Il fut élu sénateur inamovible par l'Assemblée nationale.

Il siège au centre gauche.

PAJOT (Isidore-Bernard-Fidèle)

M. Pajot est né à Lille le 9 février 1809.

Notaire à Lille de 1837 à 1867, ancien président de la Chambre des notaires, puis notaire honoraire, il fut élu député du Nord, aux élections du 8 février 1871.

A l'Assemblée nationale, il fit partie de l'extrême droite avec laquelle il ne cessa de voter. Il fut nommé sénateur inamovible, le 11 décembre 1875, par l'Assemblée nationale,

Au Sénat, M. Pajot fait partie de la droite.

HUMBERT (Gustave-Amédée)

M. Gustave Humbert est né à Metz, le 28 juin 1822.

En 1842, il obtint à la Faculté de Paris, où il avait fait son droit, le premier prix du concours entre les docteurs. Il était répétiteur de droit, lorsqu'il fut, après la révolution de 1848, nommé sous-préfet de Thionville. Il fut remplacé en 1851.

Il reprit ses leçons et, lauréat de l'Institut en 1857, il se fit, en 1859, recevoir agrégé de droit. Après avoir été chargé de cours à Toulouse et à Grenoble, il fut nommé, à la Faculté de Toulouse, professeur titulaire de droit romain ; son cours fut très remarqué.

Lors des élections à l'Assemblée nationale, le 8 février 1871, M. Humbert fut élu député de la Haute-Garonne, le troisième sur dix. Il fut l'un des fondateurs, puis l'un des présidents de la gauche républicaine.

M. Humbert prit une part importante aux travaux de l'Assemblée nationale, où il fut, dans la discussion des questions soit juridiques, soit politiques, un des principaux orateurs de la gauche. Il fut le président de la commission chargée d'examiner le projet relatif à la réforme judiciaire en Egypte. En 1875, M. Humbert vota les lois constitutionnelles. Il fit adopter un amendement à la loi électorale, aux termes duquel tout fonctionnaire qui distribuerait des bulletins de vote ou des circulaires électorales serait frappé d'une peine.

En décembre 1875, M. Humbert fut nommé sénateur inamovible par l'Assemblée nationale.

Au Sénat, il suivit la même ligne politique qu'à la Chambre des députés ; après le 16 mai 1877, il protesta contre la politique du ministère Broglie et vota, le 22 juin, contre la dissolution de la Chambre des députés.

Après la formation du second ministère Dufaure, M. Humbert fut nommé, en janvier 1878, procureur général à la Cour des comptes, mais se démit de ces fonctions, le 30 octobre 1880.

Lors de la formation du deuxième cabinet Freycinet (30 janvier-7 août 1882), M. Humbert fut appelé à en faire partie, en qualité de garde des sceaux, ministre de la justice et des cultes.

De 1883 à 1885, M. Humbert fut vice-président du Sénat. Il eut une part considérable aux travaux de la haute assemblée, notamment dans toutes les discussions ayant un caractère juridique.

Après la mort de M. Paul Bethmont, M. Humbert fut, en 1890, nommé premier président de la Cour des comptes.

M. Humbert a publié de très savants ouvrages : *Mémoire sur les régimes nuptiaux* (1857) ; *Des conséquences des condamnations pénales* (1855), 1 vol. in-8° ; *Essai sur les finances et la comptabilité chez les Romains* (1886), 2 vol. in-8° ; de nombreux articles dans le *Dictionnaire d'antiquités classiques* de Darenberg et Saglio, etc. M. Humbert a dirigé la traduction du *Manuel d'antiquités romaines* de Mommsen, 17 vol. in-8°.

LE ROYER (Philippe-Elie)

M. Le Royer est né, à Genève, de parents français, le 27 juin 1816.

Avocat à Paris, puis à Châlon-sur-Saône, il se fixa à Lyon en 1855 et se fit inscrire au barreau de cette ville, où il conquit une importante situation.

Nommé procureur général à Lyon après le 4 septembre 1870, M. Le Royer déploya une grande énergie pour la répression des troubles qui éclatèrent pendant cette période (démonstrations en l'honneur du drapeau rouge, meurtre du commandant Arnaud, etc.). Il donna sa démission de procureur général en mars 1871. Il avait été élu député du Rhône à l'Assemblée nationale le 8 février 1871. Il fut un des fondateurs de la gauche républicaine dont il devint le président.

M. Le Royer prit une part active aux débats de l'Assemblée.

Une phrase de son discours sur la réorganisation de la municipalité lyonnaise, où il disait : « Voilà le *bagage* de la commission » suscita, de la part de la droite, un incident, à la suite duquel M. Jules Grévy donna sa démission de président de l'Assemblée nationale.

Il prononça plusieurs discours très remarqués, notamment lors d'une interpellation qu'il adressa au ministère de Broglie, en juin 1873, sur un arrêté pris par M. Ducros, préfet de Lyon, contre les enterrements civils.

M. Le Royer collabora aux lois constitutionnelles comme membre et vice-président de la dernière commission des Trente. Il fut élu sénateur inamovible par l'Assemblée nationale, le 13 décembre 1875.

Le 4 février 1879, M. Le Royer fut appelé à faire partie du cabinet Waddington, en qualité de garde des sceaux. Son passage au ministère de la justice fut marqué par le projet de loi qu'il présenta sur la réorganisation du Conseil d'État.

Nommé vice-président du Sénat, M. Le Royer fut élu président en remplacement de M. Léon Say, nommé ministre des finances, le 2 février 1882. Il fut réélu, sans interruption, président du Sénat, à l'ouverture de chaque session, jusqu'en 1893 inclusivement.

M. Le Royer, en qualité de président du Sénat, présida trois fois, à Versailles, les deux Chambres réunies en Assemblée nationale : du 4 au 15 août 1884 pour délibérer sur la revision partielle de la Constitution ; le 28 décembre 1885 (réélection de M. Grévy à la présidence de la République) ; le 3 décembre 1887 (élection de M. Carnot).

M. Le Royer a également présidé la Haute Cour à l'occasion du procès du général Boulanger et consorts.

Il venait d'être pour la douzième fois réélu président du Sénat, en janvier 1893, lorsque peu de semaines après, pour des raisons personnelles, il donna sa démission. Il en fit part au Sénat dans une lettre dont M. Bardoux, vice-président, donna lecture à la séance du 21 février 1893.

Interprète de la haute estime et des regrets du Sénat envers le président démissionnaire, M. Bardoux fit remarquer qu'il n'y a pas dans notre histoire parlementaire « d'autre exemple d'une présidence de onze ans et de cette persistance dans le témoignage de confiance donné par une assemblée ».

Ce fut M. Jules Ferry qui succéda à M. Le Royer au fauteuil présidentiel ; moins d'un mois devait s'écouler avant qu'il n'y fût lui-même remplacé par M. Challemel-Lacour.

En prenant possession du fauteuil présidentiel M. Jules Ferry avait rendu à son prédécesseur un solennel hommage.

M. Le Royer, suivant son expression, est rentré dans le rang et a repris sa place à la gauche républicaine du Sénat, qui, au dernier renouvellement de son bureau, l'a élu son vice-président.

LURO (Bertrand-Victor-Onésime)

M. Victor Luro est né à Villecomtal (Gers) le 16 octobre 1823.

Il fit ses études classiques au collège d'Auch en compagnie de son compatriote et futur collègue, M. Batbie.

Il vint à Paris étudier le droit.

Lors de la révolution de février 1848, il se mit avec M. Batbie à la tête d'un comité formé à Paris par un groupe de leurs compatriotes pour recommander aux électeurs du Gers des candidats fermement républicains.

Aux journées de juin, M. Luro entra comme volontaire dans la garde nationale ; il prit part à l'attaque de la grande barricade de la rue des Maçons-Sorbonne où périt le commandant Masson.

Il fut candidat à l'Assemblée législative en 1849, mais ne fut pas élu.

Peu après, il entra comme avocat au Conseil d'Etat et à la Cour de cassation; il y succéda à M. Pascalis.

Après le coup d'Etat du 2 décembre 1851, M. Luro fut, en cette qualité, chargé de défendre devant la Cour suprême les pourvois des condamnés des conseils de guerre.

Il plaida l'incompétence de toute juridiction « pour condamner des citoyens qui s'étaient armés pour la défense de la Constitution et des lois contre la violence dont le but était de les renverser. » Ce discours fut un acte de courage.

Quelques années plus tard, par suite de l'état de sa santé, M. Luro se fixa à Pau. Il fut alors nommé conseiller général du Gers par les électeurs du canton de Miélan.

Aux élections du 8 février 1871, il fut élu membre de l'Assemblée nationale, dans le Gers, par 63.000 suffrages.

Dans sa circulaire il recommandait la République « comme le terrain sur lequel tous les hommes de bonne volonté peuvent se réunir pour édifier enfin un pouvoir incontesté ».

Il se fit inscrire au centre droit, mais quand vint le moment de se prononcer sur la constitution d'un gouvernement définitif, il se retira de cette réunion pour fonder avec MM. Wallon et Léonce de Lavergne le groupe qui prit le nom de ce dernier et dont l'influence décida du vote de la Constitution républicaine, M. Luro se prononça en faveur de celle-ci, dans un discours très remarqué, le 2 février 1875, lors de l'examen de la loi sur la constitution des pouvoirs publics.

M. Luro eut alors une part très notable au vote des lois constitutionnelles; ce fut lui qui, dans la séance du 18 mai, proposa la déchéance de l'ancienne commission des Trente et la nomination d'une nouvelle commission; après un assez vif débat, M. Batbie apporta à la tribune la démission de l'ancienne commission; elle fut remplacée par une nouvelle commission dont fit partie M. Luro et qui fut présidée par M. Léonce de Lavergne.

Cette commission prépara les lois électorales. M. Luro collabora activement à ses travaux. Il soutint à la tribune, avec MM. Ricard et Gambetta, le scrutin de liste contre M. Dufaure qui réussit à faire voter le scrutin uninominal.

M. Luro fut élu sénateur inamovible avec M. Léonce de Lavergne, le 12 décembre 1875.

Après le 16 mai 1877, ayant organisé la résistance au ministère de Broglie, comme président du comité républicain dans l'arrondissement de Mirande, il fut révoqué de ses fonctions de maire de Villecomtal.

Au Sénat, M. Luro a fait voter, comme rapporteur, la loi du 8 novembre 1884 qui a réduit les droits fiscaux à percevoir sur les échanges d'immeubles ruraux.

M. Luro publia, en 1848, chez Guillaumin, sous ce titre : *Du travail et de l'organisation des industries dans la liberté*, une brochure dans laquelle il s'attachait à réfuter les systèmes socialistes et plus particulièrement celui de Louis Blanc. Il a fait paraître, en 1886, une très intéressante étude historique sur *Marguerite d'Angoulême, reine de Navarre, et la Renaissance*. Il a également publié son plaidoyer pour les condamnés en conseil de guerre après le coup d'Etat de 1851 et un grand nombre d'articles dans les journaux du Gers, le *Courrier*, l'*Avenir républicain*, etc.

Au Sénat, M. Luro fait partie du centre gauche et de la gauche républicaine.

TRIBERT (Louis-Pierre)

M. Tribert est né à Paris le 29 juin 1819.

Il est le fils de Pierre-Louis Tribert, qui fut député des Deux-Sèvres de 1829 à 1848. Il fit ses études au collège Bourbon (depuis Bonaparte et Condorcet).

Il passa la plus grande partie de sa jeunesse à voyager. A son retour en France, en 1863, il se présenta comme candidat libéral et indépendant. Il ne fut pas élu, mais obtint contre le candidat officiel 7,500 voix; en 1869, il en eut 12,000.

En 1868, M. Tribert avait été élu conseiller général par le canton de Champdemiers. Réélu en 1871 et 1877, il donna sa démission en 1881.

Après la déclaration de guerre il s'engagea volontairement dans un régiment de ligne qui fit partie du corps du général·Vinoy. Il prit part aux combats de l'Hay et de Chevilly. Fait prisonnier à la Ville-Evrard, le 21 décembre, il fut interné à Neisse (Silésie). Il y était encore, lorsqu'il apprit que ses concitoyens des Deux-Sèvres l'avaient élu membre de l'Assemblée nationale.

Il siégea au centre gauche et fut membre de nombreuses commissions.

En 1873, il se battit en duel avec le rédacteur d'un journal bonapartiste, à propos d'un article relatif à son aïeul maternel, Lecointe-Puyraveau, membre de la Convention.

En décembre 1875, M. Tribert fut élu par l'Assemblée nationale sénateur inamovible.

Il n'appartient au Sénat à aucun groupe politique. Il a voté notamment contre le retour des Assemblées à Paris, contre l'article 7, contre l'amnistie, contre la suspension de l'inamovibilité de la magistrature, etc.

SAISY (René-Marie-Elzéar-Hervé de)

M. Hervé de Saisy est né à Glomel (Côtes-du-Nord) le 5 avril 1833.

Il fit les campagnes d'Italie et du Mexique et quitta l'armée en qualité de capitaine. Pendant la guerre il fut commandant des mobiles des Côtes-du-Nord, prit part à la défense de Paris et s'y distingua.

Aux élections du 8 février 1871, M. Hervé de Saisy fut élu député des Côtes-du-Nord, le troisième sur 13, par 79.801 voix ; il prit place à droite, mais ne se fit inscrire dans aucune réunion parlementaire.

A l'Assemblée nationale, il fit de nombreuses propositions ; il demanda notamment la vente des joyaux de la couronne, la suppression des sous-préfectures, la consultation du peuple sur la forme de gouvernement par voie de plébiscite etc.

Il vota contre le gouvernement de M. Thiers, contre le septennat, contre le ministère de Broglie, pour les lois constitutionnelles.

En janvier 1875, il déposa une proposition de loi portant

que les nominations signées par un ministre démissionnaire ne seraient valables que si elles étaient ratifiées par
son successeur.

En décembre 1875, M. Hervé de Saisy fut élu par l'Assemblée nationale sénateur inamovible.

Au Sénat, il a eu la même attitude qu'à l'Assemblée
nationale. Il y fit de nombreuses propositions.

Il fut, après le 16 mai 1877, le seul membre de la droite
sénatoriale qui vota contre la demande de dissolution de
la Chambre des députés.

En juin 1881, il déposa un amendement à la loi sur
l'instruction primaire tendant à rendre l'application de
cette loi facultative pour les communes.

M. Hervé de Saisy est chevalier de la Légion d'honneur
et conseiller général des Côtes-du-Nord pour le canton de
Mahal-Carhaix.

GOUIN (Eugène)

M. Eugène Gouïn est né à Saint-Symphorien, près Tours,
(Indre-et-Loire), le 18 septembre 1818.

Il est à la tête d'une maison de banque importante.

Il est le fils de M. Alexandre Gouïn, mort en 1871, qui
fut ministre de la monarchie de Juillet et sénateur de
l'Empire.

Conseiller municipal de Tours en 1848, successivement
membre et président du tribunal et de la chambre de commerce de Tours, maire de Tours en 1866, conseiller général en 1867, M. Eugène Gouïn se présenta à la députation
en 1867 en remplacement de son père nommé sénateur,
mais, l'administration lui ayant opposé un autre candidat,
il ne fut pas élu.

De nouveau maire de Tours pendant la guerre et l'occupation prussienne, M. Gouïn fut élu, le 8 février 1871, député d'Indre-et-Loire à l'Assemblée nationale où il fit, à la
fois, partie du centre droit et du centre gauche.

Il soutint le gouvernement de M. Thiers pour lequel il
vota le 24 mai; il appuya ensuite le septennat et le minis-

tère de Broglie. Il vota, en 1875, en faveur de l'amendement Wallon et des lois constitutionnelles. En décembre 1875, il fut élu par l'Assemblée nationale sénateur inamovible.

M. Gouïn prit une part active aux travaux de l'Assemblée nationale, notamment en matière financière et économique.

Il fut rapporteur du compte de liquidation, rapporteur général du budget, rapporteur du projet de loi sur la caisse des retraites, etc.

Au Sénat, M. Gouïn s'abstint, lors du vote sur la dissolution de la Chambre des députés, après le 16 mai 1877.

Il est souvent intervenu dans les discussions financières, qui ont eu lieu au Sénat. Il est membre de la commission des finances.

M. Eugène Gouïn est officier de la Légion d'honneur depuis le 17 octobre 1871.

Il fait partie du centre gauche.

SCHEURER-KESTNER (Auguste)

M. Scheurer-Kestner est né à Mulhouse (Alsace) le 11 février 1833.

Il est fabricant de produits chimiques.

Il appartient à une vieille famille alsacienne dont plusieurs membres se sont illustrés dans l'industrie.

M. Scheurer-Kestner s'est distingué par de nombreux travaux de chimie théorique et appliquée.

Il est actuellement président de la Société chimique de Paris. Il obtint le grand prix de l'Exposition universelle de 1878, pour ses travaux scientifiques appliqués à l'industrie.

Il a été lauréat de la Société industrielle de Mulhouse, (médaille d'or, 1869) et de la Société industrielle de Lille (médaille d'or, 1887). Il est membre honoraire de plusieurs sociétés savantes. Pendant la guerre il fut directeur de la pyrotechnie de Cette.

Il a publié un volume intitulé *Principes de la théorie chimique des types*, un grand ouvrage sur *l'emploi de la houille comme combustible ; Laurent et Gerhardt*, et la *Chimie moderne.*

Très jeune, M. Scheurer-Kestner s'occupa de politique. Il n'admettait pas qu'on prêtât serment à l'Empire et, jeune encore, prenait ses inspirations auprès des proscrits réfugiés en Suisse, avec lesquels il se livrait à une ardente propagande républicaine, au moyen de brochures imprimées à l'étranger et introduites clandestinement en France. Dans deux lettres publiées en 1867 par le *Temps*, M. Scheurer-Kestner démontra l'existence du cabinet noir ; le fait fut porté à la tribune du Corps législatif par Ernest Picard.

Aux élections du 8 février 1871, M. Scheurer-Kestner fut élu député à l'Assemblée nationale par le département du Haut-Rhin. Démissionnaire, à Bordeaux, lors de la cession de l'Alsace-Lorraine à l'Allemagne, il fut élu député de la Seine à l'Assemblée nationale, à Versailles, aux élections complémentaires du 2 juillet 1871. Il a toujours appartenu au groupe de l'Union républicaine, depuis sa fondation par Gambetta, d'abord à l'Assemblée nationale, ensuite au Sénat ; il en est le questeur depuis dix-huit ans.

En 1875, après le vote des lois constitutionnelles, M. Scheurer-Kestner fut élu sénateur inamovible.

De 1875 à 1879, il a représenté la gauche dans le bureau du Sénat.

M. Scheurer-Kestner a pris pendant les vingt-deux dernières années une part active aux travaux parlementaires. Il a été notamment : à l'Assemblée nationale, membre de la commission du régime économique temporaire appliqué à l'Algérie ; de la commission de la liberté de l'enseignement supérieur ; au Sénat, de la commission des finances (1880-1885) ; de la commission sénatoriale de la revision des lois constitutionnelles, et de la commission de revision du Congrès (1884).

Il a été rapporteur de la commission des douanes du Sénat (1880), de la commission de l'aménagement des eaux, etc.

De 1879 à 1884, M. Scheurer-Kestner, sur la demande de Gambetta, fut directeur politique de la *République française.*

Il est président de la Société d'instruction, le *Patriote ;*

il succéda, en cette qualité, à M. Hippolyte Carnot, après son décès.

Il est depuis 1880 membre du conseil supérieur du commerce et membre du conseil de perfectionnement du Conservatoire des arts et métiers.

Il a été membre du jury d'admission à l'Exposition universelle de 1878, président du même jury à l'Exposition de 1889 ; il y fut aussi président de la classe 45 du jury des récompenses et vice-président du groupe V.

En dehors des travaux sur la chimie signalés plus haut, M. Scheurer-Kestner a publié plusieurs études dans la *Revue alsacienne* entre autres : *Histoire des représentants de l'Alsace et de la Lorraine à l'Assemblée nationale.*

C'est lui qui, comme président de l'œuvre, a inauguré à Ville-d'Avray, en 1882, le monument élevé par les Alsaciens-Lorrains, aux Jardies, à la mémoire de Gambetta.

BÉRENGER (René)

M. Bérenger est né à Valence (Drôme), le 22 avril 1830.

Il est le fils du célèbre jurisconsulte, qui fut président à la Cour de cassation, pair de France, membre de l'Institut.

Licencié en droit en 1850, docteur en 1853, M. Bérenger entra dans la magistrature ; il s'y distingua par l'indépendance et le libéralisme de ses opinions.

En 1870, M. Bérenger était avocat général à Lyon ; le procureur général ayant été arrêté, après le 4 septembre, par le Comité de salut public, M. Bérenger réclama hautement la mise en liberté de son chef ; il fut alors lui-même arrêté, passa douze jours en prison et ne fut relâché que grâce à l'intervention de ses deux futurs collègues, MM. Le Royer et Edouard Millaud, qui venaient d'être nommés, l'un procureur général, l'autre avocat général à Lyon.

M. Bérenger s'engagea peu après, quoique marié et père de famille, dans un des bataillons de marche des mobilisés du Rhône. Au combat de Nuits, le 18 décembre 1870, il fut blessé.

Aux élections du 8 février 1871, M. Bérenger fut simultanément élu député à l'Assemblée nationale par les départements du Rhône et de la Drôme; il opta pour ce dernier.

Il prit une part active aux travaux de l'Assemblée et siégea au centre gauche. Le 19 mai 1873, il fut nommé par M. Thiers ministre des travaux publics, dans le cabinet qui succomba avec lui le 24 mai suivant.

Il prit souvent la parole à l'Assemblée nationale, surtout dans la discussion des questions d'ordre judiciaire et administratif. Il présenta une importante proposition concernant la réorganisation de la magistrature. Il vota les lois constitutionnelles de 1875.

Le 16 décembre 1875, il fut élu par l'Assemblée nationale sénateur inamovible.

Après le 16 mai 1877, il parla, au Sénat, contre la dissolution de la Chambre des députés.

Ultérieurement, M. Bérenger se prononça contre l'article 7 de la loi Ferry sur l'enseignement et contre l'exécution des décrets relatifs aux congrégations religieuses. Il s'opposa aussi au vote de l'article de la loi sur les syndicats professionnels autorisant l'union des syndicats de diverses professions « union qui, disait-il, amènerait la formation de grandes fédérations que la lutte des intérêts jetterait vite dans la politique ».

M. Bérenger se déclara également hostile à la loi sur la suspension de l'inamovibilité de la magistrature ainsi qu'au projet de loi relatif à l'expulsion des princes qu'il combattit comme rapporteur.

Il est l'auteur d'un grand nombre de propositions tendant à modifier sur des points importants notre législation, notamment en ce qui concerne le mode de répression des crimes et délits, la protection de l'enfance abandonnée et coupable, l'extension de la recherche de la paternité, la revision des erreurs judiciaires, etc. Il a fait voter deux lois particulièrement importantes, désormais connues sous son nom, ayant pour objet la libération conditionnelle des condamnés, le patronage et la réhabilitation, et la suspension de l'exécution de la peine d'emprisonnement en cas de première condamnation.

Il a contribué à la fondation de nombreuses sociétés philanthropiques et charitables. Il est un des créateurs de la ligue contre la licence des rues.

M. Bérenger est membre de l'Académie des sciences morales et politiques.

Il a été élu, lors du dernier renouvellement du bureau, en janvier 1894, vice-président du Sénat.

MAGNIN (Pierre-Joseph)

M. Joseph Magnin est né à Dijon le 1er janvier 1824.

Il est fils de M. Magnin-Philipon qui fut représentant du peuple à l'Assemblée constituante de 1848.

Maître de forges, conseiller général en 1861, conseiller municipal de Dijon en 1865, membre de la chambre et du tribunal de commerce de Dijon, M. Magnin se présenta, dès 1857, comme candidat de l'opposition aux élections législatives.

Le 13 décembre 1863, lors d'une élection partielle, il l'emporta avec 18.712 voix contre 15.214 sur le candidat officiel et prit place au Corps législatif, dans les rangs de l'opposition. Il se consacra surtout à l'étude des questions financières et demanda notamment que le gouvernement restituât à la Chambre le principe fondamental de la spécialité dans le vote de la loi de finances.

Le 24 mai 1869, M. Magnin fut réélu par 23.531 voix contre 14.281 accordées au candidat officiel et fut désigné pour représenter la gauche, en qualité de secrétaire, dans le bureau du Corps législatif.

Après le 4 septembre 1870, M. Magnin fit partie du gouvernement de la Défense nationale en qualité de ministre de l'agriculture et du commerce, et eut, à ce titre, à prendre, après comme avant et pendant le siège, toutes les mesures destinées à assurer le ravitaillement de Paris.

Aux élections législatives du 8 février 1871, M. Magnin fut élu député de la Côte-d'Or, à l'Assemblée nationale, le 2e sur 8, par 63.667 voix.

Il donna sa démission de ministre de l'agriculture et du commerce le 11 février 1871.

A l'Assémblée nationale, il fit partie de la gauche républicaine et prit à diverses reprises la parole, notamment sur les questions financières et économiques et sur la loi relative à l'organisation des conseils généraux.

Il soutint le gouvernement de M. Thiers, combattit celui du 24 mai, et, en 1875, vota les lois constitutionnelles.

Il fut élu par l'Assemblée nationale sénateur inamovible, le 16 décembre 1875.

Au mois de janvier 1877, il remplaça, comme directeur politique du *Siècle*, M. Jules Simon nommé président du Conseil et ministre de l'Intérieur.

Le 29 décembre 1879, il fut appelé à faire partie du premier cabinet Freycinet, en qualité de ministre des finances; il conserva son portefeuille pendant la durée du premier cabinet Ferry, avec lequel il se retira, en novembre 1881.

Il fut alors nommé gouverneur de la Banque de France, en remplacement de M. Denormandie; depuis cette époque, M. Magnin occupe ces hautes fonctions.

En 1884, M. Magnin fut élu vice-président du Sénat; il a été réélu plusieurs fois en cette qualité; il a de nouveau , en janvier 1894, été nommé vice-président du Sénat.

Conseiller général pour le canton de Saint-Jean-de-Losne, M. Magnin a été, depuis vingt-trois ans, réélu sans interruption président du Conseil général de la Côte-d'Or.

Au Sénat, M. Magnin fait partie de la gauche républicaine, dont il a été le président.

DENORMANDIE (Louis-Jules-Ernest)

M. Denormandie est né à Paris, le 6 août 1821.

Après avoir fait ses études de droit, il succéda à son père comme avoué près le tribunal civil de la Seine, le 27 août 1851, et fut, pendant son exercice professionnel, trois fois président de sa corporation.

Adjoint au maire du 8e arrondissement pendant le siège, il fut élu, aux élections complémentaires du 2 juillet 1871.

député de la Seine à l'Assemblée nationale par 112.589 voix, avec une profession de foi où il déclarait que ses sentiments étaient ceux d'un conservateur libéral et qu'il adhérait au programme de M. Thiers.

En de nombreuses circonstances, M. Denormandie prit, à l'Assemblée nationale, la défense des intérêts de la capitale, notamment lors de la discussion de la loi relative aux indemnités dues à la Ville de Paris pour les dégâts et contributions de guerre. Il défendit aussi l'augmentation du nombre des représentants de la Seine, le retour des Chambres à Paris, etc.

Dans la séance du 24 mai 1873, M. Denormandie monta à la tribune pour demander l'ordre du jour pur et simple en faveur du gouvernement de M. Thiers, mais ce fut l'ordre du jour Ernoul qui fut adopté; ce vote fut suivi de la démission du président de la République.

M. Denormandie vota en 1875 pour l'adoption des lois constitutionnelles. Il fut élu sénateur inamovible par l'Assemblée nationale, le 18 décembre.

Après le 16 mai 1877 il se prononça contre la dissolution de la Chambre des députés.

Le 18 janvier 1879, il fut nommé gouverneur de la Banque de France, mais en 1882 il fut remplacé par M. Magnin; il avait voté contre l'article 7 de la loi sur l'enseignement supérieur.

M. Denormandie a souvent pris la parole au Sénat dans les discussions juridiques et ses discours ont toujours été très remarqués.

Au nombre des principaux travaux législatifs de M. Denormandie il faut mentionner, outre ceux que nous avons cités plus haut : ses rapports à l'Assemblée nationale et au Sénat, sur les projets ou propositions de loi relatifs aux caisses d'épargne et de prévoyance; le rapport qu'il fit, en 1878, à la commission des théâtres sur la question de l'Opéra; les discours qu'il prononça, les 14 mai et 7 juillet 1881, dans la conférence monétaire internationale réunie à Paris, au ministère des affaires étrangères; son discours au Sénat (26 décembre 1883) sur l'exécution de la nouvelle loi relative à la magistrature; le discours qu'il prononça, le 25 janvier 1885, au Sénat, pendant la discussion du budjet de 1884, sur la faculté des émissions de la Banque de France; plusieurs discours prononcés, en janvier 1887, à l'occasion d'une proposition de loi ayant pour objet des causes de nullité de mariage et la modification du régime de la séparation de corps; un discours prononcé, en janvier 1888, au Sénat, dans la discussion d'un projet de loi relatif à l'organisation du crédit agricole mobilier.

M. Denormandie est administrateur de la Compagnie des chemins de fer de Paris-Lyon-Méditerranée, président du conseil d'administration du nouveau Comptoir national d'escompte, etc.

Il est, depuis 1876, chevalier de la Légion d'honneur.

Il fait partie du centre gauche.

JULES SIMON (Jules-François-Simon Suisse dit)

M. Jules Simon est né à Lorient (Morbihan) le 31 décembre 1814.

Elève des collèges de Lorient et de Vannes, il termina ses études classiques au collège de Rennes, tout en y remplissant les fonctions de maître suppléant. Il entra, le troisième, à l'École normale supérieure en 1833 et en sortit, trois ans après, le premier.

Reçu agrégé en 1836, il professa successivement la philosophie à Caen et à Versailles.

En 1838, il fut appelé à Paris pour faire, à l'École normale, des conférences sur l'histoire de la philosophie. En 1839 il fut reçu docteur ès lettres avec une thèse sur le *Commentaire de Proclus sur le Timée de Platon* et chargé de suppléer Victor Cousin à la Sorbonne; il se fit très rapidement un nom comme professeur et comme écrivain.

En 1847, M. Jules Simon se présenta, dans les Côtes-du-Nord, en qualité de candidat de l'opposition constitutionnelle, mais ne fut pas nommé.

Après la Révolution de 1848, il fut élu par le département des Côtes-du-Nord à l'Assemblée constituante et siégea à la gauche modérée.

Il y prit la défense des droits de l'Etat et de l'Université contre M. de Montalembert et fut rapporteur du projet de loi sur l'enseignement primaire présenté par M. Hippolyte Carnot.

Lors de la réorganisation du Conseil d'Etat, M. Simon en fut élu membre par l'Assemblée constituante, mais il n'y fut pas maintenu par l'Assemblée législative.

Dans la *Liberté de penser*, revue philosophique et politique qu'il avait fondée, en 1847, avec M. Amédée Jacques, et dans le *National*, il combattit la candidature, puis la politique de Louis-Napoléon Bonaparte.

Après le 2 décembre 1851, M. Jules Simon protesta, dans son cours de philosophie à la Sorbonne, contre les attentats de la force et fut suspendu de ses fonctions ; ayant refusé de prêter serment à l'Empire, il fut déclaré démissionnaire.

Durant les années qui suivirent, M. Jules Simon publia plusieurs ouvrages qui eurent un très grand retentissement : le *Devoir*, la *Religion naturelle*, la *Liberté*, l'*Ouvrière*, l'*Ouvrier de huit ans*, l'*Ecole*, etc.

Aux élections de 1857, M. Jules Simon posa sa candidature dans le huitième arrondissement de Paris ; il échoua, mais en 1863, il y fut élu par 17,809 voix sur 28,685 votants, contre M. Kœnigswarter, candidat officiel.

Au Corps législatif, M. Jules Simon prononça de nombreux et éloquents discours sur la liberté du travail, sur l'enseignement primaire, sur les rapports de l'Eglise et de l'Etat, sur la question romaine (3 décembre 1867), etc.

Aux élections de 1869, il fut réélu dans le huitième arrondissement de Paris contre M. Lachaud et obtint un très grand nombre de voix dans plusieurs collèges électoraux. En même temps qu'à Paris il fut élu à Bordeaux ; il opta pour la Gironde.

Il combattit le plébiscite et vota contre la guerre.

Après le 4 septembre 1870, M. Jules Simon fut nommé membre du gouvernement de la Défense nationale et ministre de l'instruction publique, des cultes et des beaux-arts.

Il resta à Paris pendant le siège et faillit, le 31 octobre, être victime de l'insurrection, contre laquelle il déploya une grande énergie.

Après l'armistice il fut délégué à Bordeaux pour faire

exécuter le décret du gouvernement de la Défense nationale, resté à Paris, concernant les élections à l'Assemblée
nationale.

M. Jules Simon se heurta alors à une opposition très vive
de la part de M. Gambetta et de la délégation de Bordeaux ;
ce dissentiment, qui fut sur le point de prendre un grave
caractère, devait par la suite avoir des conséquences considérables.

M. Gambetta donna sa démission et M. Jules Simon mit
à exécution le décret du gouvernement de Paris, conformément auquel les élections eurent lieu le 8 février 1871.

M. Jules Simon, tout en gardant le portefeuille de l'instruction publique, remplit alors, à Bordeaux, les fonctions
de ministre de l'intérieur par intérim.

Lorsque M. Thiers eût été nommé chef du pouvoir exécutif de la République française, M. Jules Simon fut appelé
à faire partie du nouveau gouvernement. Il conserva sans
interruption les fonctions de ministre de l'instruction publique, des cultes et des beaux-arts jusqu'au 18 mai 1873.

Malgré les graves préoccupations de cette époque, — qui
fut celle de la Commune, de la libération du territoire et
des luttes politiques si ardentes qui aboutirent au 24 mai,
— M. Jules Simon réalisa, dans toutes les branches de
l'enseignement d'importantes réformes qui furent très vivement combattues par la droite de l'Assemblée nationale,
notamment par Mgr Dupanloup, évêque d'Orléans.

M. Jules Simon donna sa démission de ministre de l'instruction publique à l'occasion d'un incident que la droite
de l'Assemblée nationale se proposait de soulever au sujet
d'un discours où il avait, à la Sorbonne, attribué exclusivement à M. Thiers l'honneur de la libération du territoire.
Peu de jours après, le 24 mai, M. Thiers fut renversé et
remplacé par le maréchal de Mac-Mahon.

Rentré dans l'opposition, M. Jules Simon prit une part
des plus actives à la lutte contre le ministère de Broglie.
Il prononça notamment des discours très remarqués sur
l'organisation du septennat et dans la discussion de la loi
sur la liberté de l'enseignement supérieur.

Il vota les lois constitutionnelles et fut nommé le 16 décembre 1875 sénateur inamovible, le jour même où l'Aca-

démie française l'appelait à succéder à M. de Rémusat ; depuis le 21 février 1863 il faisait déjà partie de l'Institut, comme membre de l'Académie des sciences morales et politiques, dont il devint, en 1882, le secrétaire perpétuel en remplacement de M. Mignet.

En juin 1874, M. Jules Simon avait remplacé M. Leblond comme directeur politique du *Siècle.*

En décembre 1876, M. Jules Simon fut appelé à constituer le cabinet qui succéda au premier ministère Dufaure et nommé président du conseil et ministre de l'intérieur.

Le cabinet Jules Simon dura du 12 décembre 1876 au 16 mai 1877.

Très vivement attaqué par la droite et une partie de la gauche, il sortit victorieux de plusieurs débats importants, notamment de la discussion soulevée par M. Gambetta sur les droits budgétaires respectifs de la Chambre et du Sénat.

Le 16 mai 1877, M. Jules Simon reçut inopinément du maréchal de Mac-Mahon une lettre dans laquelle le président de la République lui demandait sa démission. M. Jules Simon la fit aussitôt parvenir à l'Elysée et fut remplacé par M. le duc de Broglie. Dans un récent article publié par le *Figaro* (16 mai 1894), M. Jules Simon a donné sur cet événement des détails aussi précis que caractéristiques.

Après le 16 mai 1877, M. Jules Simon reprit sa place au Sénat, dans les rangs de la gauche républicaine.

En janvier 1879, il défendit, comme rapporteur, le projet de loi ayant pour objet le retour des Chambres à Paris et réussit à le faire voter.

Quelques mois plus tard, il combattit très énergiquement le célèbre article 7 de la loi sur l'enseignement supérieur, comme contraire à la liberté. Il soutint en cette circonstance une lutte mémorable.

Dans les années qui suivirent, M. Jules Simon se prononça contre le projet d'amnistie, contre la suspension de l'inamovibilité de la magistrature, contre le divorce et réclama l'unité de la législation et la liberté pour les associations soit laïques, soit religieuses.

En mars 1890, M. Jules Simon fut délégué par le gouvernement français à la Conférence internationale réunie à Berlin, sur la demande de l'empereur Guillaume II pour l'étude des questions ouvrières. Il prit aux travaux de cette Conférence une part importante.

M. Jules Simon n'a cessé, au cours de ces dernières années, de collaborer de la manière la plus active à la presse soit périodique, soit quotidienne. Directeur du *Gaulois* de décembre 1881 à juillet 1882, il a depuis lors publié de très nombreux articles dans le *Journal des Débats*, dans le *Matin*, dans le *Figaro*, dans le *Temps* où, pendant plusieurs années, sous le titre *Mon petit Journal*, il a consacré quotidiennement aux questions du jour, aux réformes sociales et philanthropiques, à ses souvenirs personnels sur l'histoire des cinquante dernières années une longue série d'articles. Il a été, en outre, depuis 1888 jusqu'en 1893, directeur de la *Revue de famille* qu'il a fondée et à laquelle il n'a pas cessé de collaborer.

M. Jules Simon est le président d'un grand nombre d'œuvres charitables et humanitaires dont il s'occupe avec une activité que l'âge n'a pas diminuée.

En dehors des livres que nous avons mentionnés, il faudrait citer encore un très grand nombre d'œuvres de M. Jules Simon : *Souvenirs du 4 septembre* (1874) ; le *Gouvernement de M. Thiers* (1878) ; le *Livre du petit citoyen* (1880) ; *Dieu, patrie, liberté* (1883) ; *Mignet, Michelet, Henri Martin* (1885) ; *Thiers, Guizot, Rémusat* (1887) ; *Victor Cousin, id.* *Souviens-toi du 2 décembre* (1889) ; la *Femme du xx*^{e} *siècle* en collaboration avec son fils, *Gustave Simon* (1894) ; *Notices et portraits* (1892) ; *Mémoires des autres*, 2 vol. (1893), sans compter un grand nombre d'autres travaux de toute sorte (Rapport général sur l'Exposition de 1878, notices lues à l'Institut, etc).

Professeur, philosophe, homme de lettres, homme politique, orateur, philanthrope, M. Jules Simon a réussi, pendant soixante ans, à fournir une carrière dont l'immense labeur, à toutes les époques et jusque dans un âge avancé, restera un étonnement pour la postérité comme il en est un pour les contemporains qui s'arrêtent, surpris, lorsqu'ils en considèrent l'ensemble.

CAZOT (Théodore-Jules-Joseph)

M. Jules Cazot est né à Alais (Gard), le 11 février 1821.

Il se consacra à l'étude du droit, fut lauréat de la Faculté de Paris et se fit recevoir docteur. En 1847, dans un concours pour une place de professeur suppléant à la Faculté de Paris, il fut un des trois candidats définitifs avec MM. Duverger et Demangeat.

Après la révolution de 1848, M. Cazot retourna dans le Gard et prit une part très active aux luttes du parti républicain. Il plaida dans de nombreux procès politiques et, en 1851, lors du complot de Lyon, il défendit devant le conseil de guerre, siégeant dans cette ville, tous les accusés de la catégorie du Gard, et devant le conseil de revision, tous ceux que le conseil de guerre avait condamnés.

Après le 2 décembre 1851, M. Cazot fut arrêté, puis interné à Montpellier. Rendu à la liberté i lretourna à Paris et se consacra à l'enseignement libre du droit jusqu'à la fin de l'Empire.

En 1868 et en 1869, M. Jules Cazot fut, dans le Gard, candidat de l'opposition, mais ne fut pas élu; la lutte qu'il soutint contre le candidat officiel fut très vive et marquée par de nombreux incidents.

Après le 4 septembre 1871, M. Cazot fut nommé secrétaire général du ministère de l'intérieur et suivit, en cette qualité, la délégation à Tours, puis à Bordeaux. Il se démit de ces fonctions, lorsque Gambetta donna sa démission de ministre de l'intérieur et de la guerre.

Aux élections complémentaires du 2 juillet 1871, M. Cazot fut élu député du Gard par 52,949 voix. Le 8 octobre 1871, il fut envoyé par le canton d'Anduze au conseil général du Gard, dont il devint ultérieurement le président.

A l'Assemblée nationale, M. Jules Cazot fit partie de l'Union républicaine; il en fut le président. Il prononça, à l'Assemblée, plusieurs discours très remarqués.

Il défendit notamment MM. Rouvier et Pierre Lefranc contre la demande en autorisation de poursuites formée contre eux par le général Ducrot pour délit de presse (11 mars 1872).

Il soutint la pétition du général Carrey de Bellemare contre la commission de revision des grades qui l'avait fait descendre au grade de général de brigade et lui avait enlevé celui de général de division conféré pendant la guerre pour action d'éclat (22 mars 1873).

Il prit aussi la défense de M. Ranc contre la demande en autorisation de poursuites dont celui-ci était l'objet pour participation à la Commune (19 juin 1873).

Élu au scrutin de liste par l'Assemblée nationale, comme membre de la seconde commission des lois constitutionnelles, M. Cazot se prononça en faveur de la Constitution de 1875 et des lois organiques qui la complétèrent.

Le 16 décembre 1875, M. Jules Cazot fut élu par l'Assemblée nationale sénateur inamovible.

Il combattit le gouvernement du Seize Mai et vota contre la dissolution de la Chambre des députés.

Le 29 décembre 1879, lors de la formation du premier cabinet Freycinet, il fut nommé garde des sceaux, ministre de la justice, et garda son portefeuille dans le ministère de Jules Ferry, du 23 septembre 1880, et dans le cabinet Gambetta du 14 novembre 1881. Il se retira, avec ce dernier, à la fin de janvier 1882.

Pendant cette période de plus de deux ans, M. Jules Cazot prit souvent la parole au nom du gouvernement, notamment pour défendre la légalité des décrets du 29 mars 1880 contre les congrégations non autorisées ; pour soutenir le projet de réorganisation du personnel de la magistrature ; pour réclamer l'ajournement de la proposition de M. Alfred Naquet sur le divorce, dont il contesta l'opportunité.

Le 12 avril 1883, M. Cazot fut nommé premier président de la Cour de cassation. Son discours d'installation dans lequel il définissait la mission de la Cour fut très remarqué.

Le 14 octobre 1884, M. Cazot crut devoir résigner ses fonctions lors de la mise en faillite de la Société des chemins de fer et de la navigation d'Alais au Rhône et à la Méditerranée, à laquelle il avait auparavant accordé, dans l'intérêt départemental, l'appui de son nom.

M. Jules Cazot estima que la situation qui résultait de l'action intentée par le syndic contre les fondateurs statutaires et administrateurs de la Société était incompatible avec les fonctions judiciaires dont il était investi, et il donna sa démission par une lettre adressée au garde des sceaux.

Dans sa retraite M. Cazot fut accompagné par l'expression unanime et réitérée des regrets et des sympathies du gouvernement et de la Cour de cassation dont l'avocat général Rousselier, en 1885, se fit l'interprète, dans son discours de rentrée, en disant :

« Le haut magistrat qui, lors de votre dernière rentrée, présidait dans cette enceinte à la reprise de vos travaux, a cru devoir peu de jours après se démettre de sa charge. Je méconnaîtrais les convenances dont vos traditions m'imposent le respect, si je n'adressais ici à votre ancien premier président, M. Cazot, dans sa retraite volontaire, un hommage de souvenir et de regret. Demeuré jusque-là étranger à vos travaux, il avait, quand il prit place à votre tête, à justifier une aussi éclatante promotion. Quel plus bel éloge pourrait être fait de lui, sinon qu'il sut y rapidement parvenir, se montrer à la hauteur de la mission qu'il avait acceptée, et conquérir, pour la joindre à l'autorité de son titre, celle que peuvent seules conférer l'étendue d'une science incontestée, la sûreté du sens juridique et l'élévation du caractère. Mais si c'est un grand honneur que d'avoir dignement occupé, ne fût-ce que peu de temps, le plus haut siège de la magistrature française, il est quelque chose de plus honorable encore, c'est d'avoir su en descendre spontanément et sans hésiter à la première injonction d'une conscience assurément sans reproche, mais qui croyait ne pouvoir pousser trop loin la délicatesse et le scrupule. De tous les actes de sa trop courte carrière, aucun ne le révéla mieux préparé à en comprendre et en remplir les plus austères devoirs, que celui par lequel il l'a brisée. »

Les débats qui eurent lieu devant le tribunal de commerce, confirmèrent cette appréciation autorisée en mettant en pleine lumière l'intégrité et le désintéressement de l'honorable sénateur.

Depuis lors M. Cazot a fait partie de plusieurs commissions importantes et pris notamment une part active à l'élaboration des lois ayant un caractère juridique. C'est ainsi qu'il combattit et fit échouer, comme rapporteur de la commission, la proposition de loi relative à la recherche de la paternité. Il est président de la commission des associations et de la commission des marques de fabrique. Il est vice-président de la commission de la marine.

Il a été, le 16 janvier 1890, nommé questeur du Sénat, en remplacement de M. Corbon, et depuis lors réélu chaque année.

Au Sénat, comme à l'Assemblée nationale, M. Jules Cazot n'a cessé d'appartenir à l'Union républicaine, dont il a été plusieurs fois le président.

BILLOT (Général)

M. le général Billot (Jean-Baptiste), est né le 15 août 1828, à Chaumeil (Corrèze).

Reçu à l'école de Saint-Cyr, en 1847, sous-lieutenant d'état-major le 1er octobre 1849, lieutenant le 1er janvier 1852, capitaine le 26 janvier 1854, chef d'escadron le 28 septembre 1863, lieutenant-colonel le 3 août 1869, après avoir fait une grande partie de sa carrière en Algérie et au Mexique, où il se distingua particulièrement, il était, en Algérie, chef d'état-major de la province de Constantine, quand éclata la guerre franco-allemande. Appelé à l'armée du Rhin, il fit partie du 2me corps, en qualité de chef d'état-major, de la division de Lavaucoupet. Il prit part le 2 août au combat de Sarrebrück, le 6 août à la bataille de Spikeren, le 14 à la bataille de Borny, le 31 à celle de Noiseville.

Après la capitulation de Metz, il parvint à s'échapper à travers les lignes prussiennes grâce au dévouement du baron de Gargan qui le conduisit lui-même à Luxembourg au péril de sa vie.

Il fut nommé colonel, à Tours, le 9 novembre, général de brigade le 27 novembre, général de division et commandant en chef du 18me corps d'armée le 6 décembre 1870.

D'abord chef d'état-major, puis commandant du 18me corps, le général Billot remporta à Ladon, Maizières, Beaune-la-Rolande, des avantages signalés à la suite des-

quels le gouvernement de la Défense nationale décréta que
« le 18me corps avait bien mérité de la patrie », et nomma
le « chef d'état-major Billot, général de brigade à titre
provisoire, général de brigade à titre définitif ».

Après l'évacuation d'Orléans, le général Billot, à la tête
du 18me corps, fut appelé à faire partie de l'armée de l'Est
aux opérations de laquelle il prit une part très importante
notamment lors de la victoire de Villersexel. Après que la
marche sur Pontarlier eût été ordonnée, contrairement à
l'opinion, qu'il avait exprimée, de se diriger sur Auxonne,
le général Billot couvrit la retraite de l'armée de l'Est.

Le général Billot livra, le 1er février 1871, le combat de
la Cluse, qui permit à l'armée du général Clinchant d'entrer en Suisse, avec armes et bagages. Le 2 février, il put
gagner le département de l'Ain et reçut, pendant l'armistice, le commandement du 26me corps, formé à Guéret,
pour être dirigé sur l'armée de la Loire à Poitiers.

Lors des élections à l'Assemblée nationale, le 8 février
1871, le général Billot fut élu député par le département
de la Corrèze. Il prit une part active aux travaux de l'Assemblée et fit partie de la gauche républicaine dont il fut
successivement le vice-président et le président.

Le 10 décembre 1875, il fut élu par l'Assemblée nationale
sénateur inamovible.

Malgré ses brillants services pendant la guerre, le général Billot avait été remis, le 16 septembre 1871, par la
commission des grades, général de brigade. Il fut de nouveau promu divisionnaire le 30 mars 1878, et, peu après,
appelé au commandement du 15me corps à Marseille.

Le 30 janvier 1882, le général Billot fut nommé ministre
de la guerre dans le 2me cabinet Freycinet; il conserva son
portefeuille dans le cabinet Duclerc.

Pendant son passage au ministère il fit voter la loi sur
l'administration de l'armée sur la création du corps du
contrôle, et déposa, à la Chambre, des projets de loi sur
l'avancement, le recrutement de l'armée d'Afrique, l'artillerie de forteresse, les enfants de troupe, etc.

Il fit préparer des règlements nouveaux sur les manœuvres de cavalerie et d'infanterie, sur le tir, sur le service
intérieur, le service des places et le service en campagne.

Il obtint de la Chambre le maintien des Invalides et rétablit les tambours supprimés par le général Farre.

Lorsque la question des princes se posa sous le ministère Duclerc (janvier 1883) le général Billot donna sa démission « pour ne pas signer la mise en non activité, par retrait d'emploi, des princes de la famille d'Orléans appartenant à l'armée et qui ne lui paraissaient pas avoir mérité cette punition disciplinaire ».

Il fut, peu après, appelé au commandement du 1er corps à Lille, puis nommé membre du conseil supérieur de la guerre, et enfin inspecteur d'armée.

Il est grand'croix de la Légion d'honneur, décoré de la médaille militaire. Il a été maintenu dans la 1re section du cadre de l'état-major général, quoique atteint par la limite d'âge, comme ayant commandé en chef devant l'ennemi.

M. le général Billot a pris, au Sénat, une part importante à l'examen et à la discussion de toutes les questions relatives à l'organisation de l'armée. C'est notamment, en grande partie à son initiative, que l'on dut la substitution d'un « état-major ouvert », à un « état-major fermé ».

Il a été, pendant plusieurs années, président de la commission de l'armée.

A plusieurs reprises, il a commandé en chef les grandes manœuvres d'automne, notamment en 1890 et en 1893.

WALLON (Henri-Alexandre)

M. Henri Wallon est né à Valenciennes le 23 décembre 1812.

Elève de l'Ecole normale supérieure en 1831, il en sortit, en 1834, agrégé d'histoire.

Il professa au lycée Louis-le-Grand, et rentra en 1838 à l'Ecole normale comme chargé de la conférence d'histoire ancienne dont il devint, peu de temps après, titulaire. Agrégé de la Faculté des lettres de Paris en 1840, il y suppléa M. Guizot dans sa chaire d'histoire moderne en 1846 et lui succéda comme titulaire en 1850.

En 1847, M. Wallon publia une *Histoire de l'esclavage dans l'antiquité* (3 vol. in-8) avec une introduction sur *l'escla-*

vage *dans les colonies*, introduction dans laquelle il réclamait l'affranchissement des nègres et qui le fit choisir, en 1848, comme membre et secrétaire de la Commission instituée, après la révolution de février, pour l'abolition de l'esclavage. La Guadeloupe nomma M. Wallon second suppléant à la Constituante, mais il ne fut pas appelé à siéger.

En 1849, M. Wallon fut élu par le département du Nord membre de l'Assemblée législative. Il y fit partie de la droite modérée, mais il donna sa démission après le vote de la loi du 31 mai 1850, pour ne pas sanctionner une mesure qui rayait des listes électorales un grand nombre de ceux auxquels il devait son mandat.

Il reprit ses travaux historiques, et devint, cette année-là membre de l'Académie des inscriptions et belles-lettres dont il est le secrétaire perpétuel depuis 1873.

M. Wallon a publié un grand nombre d'ouvrages historiques et religieux dont beaucoup sont très importants : *De l'autorité de l'Evangile; la Sainte Bible résumée dans son histoire et dans ses enseignements* (2 vol. in-12); *les Saints Evangiles, traduction tirée de Bossuet avec des réflexions prises du même auteur* (2 vol.); la *Vie de Jésus et son nouvel historien* (réfutation du livre de M. Ernest Renan); la *Vie de N. S. Jésus-Christ* selon la concordance des quatre Evangélistes ; *Jeanne d'Arc* (2 vol.) qui obtint de l'Académie française le grand prix Gobert en 1860 (il en existe une édition illustrée); *Saint-Louis et son temps* (2 vol. in-8° et édition illustrée en 1 vol.); *Richard II*, épisode de la rivalité de la France et de l'Angleterre (2 vol. in-8°); *Éloges académiques* (2 vol. in-12); *La Terreur* (2 vol. in-12); *Histoire du tribunal révolutionnaire de Paris* (6 vol. in-8°); *la Révolution du 31 mai et le fédéralisme en 1793* (2 vol. in-8°); *les Représentants du peuple en mission et la justice révolutionnaire dans les départements en l'an II* (1793-1794) (5 vol. in-8).

Aux élections du 8 février 1871, M. Wallon fut élu membre de l'Assemblée nationale par le département du Nord. Il siégea au centre droit.

Après l'échec des tentatives faites en faveur du rétablissement de la monarchie, M. Wallon se prononça pour l'organisation du gouvernement républicain.

Dans la discussion des lois constitutionnelles, au mois de février 1875, il proposa un amendement qui devint célèbre et dont le principal article était : « Le président de la République est élu à la majorité absolue des suffrages par le Sénat et la Chambre des députés réunis en Assemblée nationale. Il est nommé pour sept ans, il est rééligible ». M. Wallon défendit cet amendement dans un discours où il disait : «Dans la situation où est la France, il faut que nous sacrifiions nos préférences, nos théories. Nous n'avons pas le choix. Nous trouvons une forme de gouvernement; il faut la prendre telle qu'elle est, il faut la faire durer. Je dis que c'est le devoir de tout bon citoyen. »

L'amendement Wallon fut voté à une voix de majorité ; il entraîna le vote de l'ensemble des lois constitutionnelles auxquelles se rallièrent alors la plupart des membres du centre droit.

Le 10 mars 1875, lors de la formation du cabinet présidé par M. Buffet, M. Wallon fut nommé ministre de l'instruction publique, des cultes et des beaux-arts. Il y fut remplacé, le 9 mars 1876, par M. Waddington.

M. Wallon avait été élu sénateur inamovible par l'Assemblée nationale, le 18 décembre 1875.

Au Sénat, M. Wallon a siégé au centre droit. Il a suivi la même ligne qu'à l'Assemblée nationale et pris une part importante à un grand nombre de discussions, notamment à celles qui ont eu trait à la défense des intérêts religieux, aux questions économiques et sociales, aux lois sur l'enseignement public.

SÉNATEURS INAMOVIBLES

—

BUFFET (Louis-Joseph)

M. Buffet est né à Mirecourt (Vosges) le 26 octobre 1818.
Il fit ses études de droit à la Faculté de Paris.

Il exerçait à Nancy la profession d'avocat lorsqu'il fut
élu, après la Révolution de 1848, membre de l'Assemblée
nationale constituante par le département des Vosges. Il
fit partie de la droite.

Après l'élection de Louis-Napoléon-Bonaparte à la présidence de la République (10 décembre 1848), M. Buffet fut
appelé à faire partie du cabinet Odilon Barrot en qualité
de ministre de l'agriculture et du commerce; il en exerça
les fonctions du 29 décembre 1848 au 2 juin 1849.

Lors des élections à l'Assemblée législative M. Buffet fut
réélu, le premier, par le département des Vosges. Il fut
membre d'importantes commissions, notamment de celle
qui fut chargée de reviser la loi électorale pour la nomination des députés.

De nouveau ministre dans le cabinet du 10 avril 1851,
il se retira au mois d'octobre lorsque le prince président
résolut de demander à l'Assemblée le retrait de la loi du
31 mai réduisant le nombre des électeurs.

Le 2 décembre 1851, M. Buffet fut au nombre des représentants qui, réunis à la mairie du dixième arrondissement, protestèrent contre le coup d'État.

Après avoir été arrêté et emprisonné pendant quelques
jours, M. Buffet rentra dans la vie privée.

En janvier 1865, il fut, lors d'une élection partielle, élu
député au Corps législatif par la première circonscription
des Vosges, avec 18.321 voix, comme candidat indépendant.

Il fit partie du groupe libéral, défendit l'amendement des 45 en faveur de l'extension des libertés intérieures et vota pour l'abrogation de la loi de sûreté générale.

En 1869, il fut réélu par 23.992 voix sur 25.633 votants. Il fut l'un des promoteurs de l'interpellation des 116.

Lorsque M. Emile Olivier constitua le ministère du 2 janvier 1870, M. Buffet reçut le portefeuille des finances, mais il s'en démit le 10 avril, après s'être prononcé contre le plébiscite, ne voulant pas s'associer à un acte qu'il considérait comme la négation du régime parlementaire.

Il s'opposa à la déclaration de guerre, protesta contre le Quatre Septembre et se retira à Mirecourt.

Elu, dans les Vosges, le premier sur huit, par 36.137 voix, à l'Assemblée nationale, le 8 février 1871, M. Buffet refusa le portefeuille des finances qui lui fut offert par M. Thiers, dont il combattit la politique.

Le 4 avril 1873, lorsque M. Jules Grévy eut donné sa démission de président de l'Assemblée nationale, M. Buffet lui succéda. Il occupa ces hautes fonctions jusqu'au 10 mars 1875. Sa présidence fut marquée notamment par la chute de M. Thiers, le prorogation des pouvoirs du maréchal de Mac-Mahon, le vote des lois constitutionnelles de février 1875.

Après l'adoption de ces lois, M. Buffet fut, le 10 mars 1875, chargé de former le cabinet qui succéda au ministère de Cissey et dans lequel il eut la vice-présidence du Conseil et le portefeuille de l'intérieur.

Il garda la direction des affaires jusqu'aux élections du 20 février 1876. Non réélu député il donna sa démission le 23 février 1876 et fut remplacé, le 9 mars, par M. Dufaure à la vice-présidence du Conseil.

M. Buffet fut élu sénateur inamovible par le Sénat le 17 juin 1877, en remplacement de M. Ricard, décédé.

Après le 16 mai 1877, M. Buffet vota pour la dissolution de la Chambre des députés.

Au Sénat, depuis son élection, M. Buffet n'a cessé d'être l'un des principaux orateurs de la droite; avec une autorité reconnue par tous les partis, il a pris la parole dans presque toutes les discussions présentant quelque importance. Il a combattu notamment la laïcité de l'enseignemènt primaire, l'article 7 de la loi sur l'enseignement supérieur, l'exécution des décrets relatifs aux congrégations, les mesures prises contre les membres des familles ayant régné en France, en un mot, la politique suivie par les divers ministères qui, depuis 1878, se sont succédé au pouvoir. Il s'est élevé, en toutes circonstances et avec une grande énergie, contre l'augmentation des charges budgétaires et des dépenses publiques.

M. Buffet est membre de l'Institut (Académie des sciences morales et politiques).

CHESNELONG (Pierre-Charles)

M. Chesnelong est né à Orthez (Basses-Pyrénées) le 14 avril 1820.

Il a été négociant en draperies de 1837 à 1865.

Membre du Conseil général des Basses-Pyrénées pour le canton de Salies-de-Béarn, de 1852 à 1870; maire d'Orthez de 1855 à 1870; membre et vice-président du Conseil général comme représentant du canton d'Orthez de 1870 à 1883, M. Chesnelong fut élu député par la deuxième circonscription des Basses-Pyrénées le 4 novembre 1865 et réélu en 1869.

Au Corps législatif, M. Chesnelong défendit le pouvoir temporel du pape et la liberté d'enseignement; il signa l'interpellation des 116; en 1870, il fut rapporteur général du budget.

M. Chesnelong fut élu par le département des Basses-Pyrénées membre de l'Assemblée nationale, le 4 janvier 1872, lors d'une élection partielle; il y fit partie de la droite royaliste.

Il joua un rôle important dans la tentative de restauration monarchique de 1873 et fut délégué par le comité des Neuf auprès du comte de Chambord, dont le manifeste en date du 27 octobre mit fin aux négociations entamées par la droite.

A l'Assemblée nationale, M. Chesnelong fut, en 1873, rapporteur général du budget; il prit aussi une très grande part à toutes les discussions touchant aux intérêts religieux, notamment à la discussion relative à la liberté de l'enseignement supérieur.

Il combattit à la tribune l'amendement présenté par M. Wallon dans la discussion des lois constitutionnelles de 1875 et vota contre ces lois.

En mars 1876, M. Chesnelong fut élu député, mais invalidé par la Chambre.

Le 24 novembre 1876, il fut nommé par le Sénat sénateur inamovible.

Depuis cette époque M. Chesnelong fait partie de la droite royaliste du Sénat dont il est un des plus éloquents orateurs ; il a pris part à la discussion de toutes les questions touchant aux libertés religieuses ou aux intérêts financiers du pays.

Il a notamment combattu l'article 7 de la loi Ferry sur l'enseignement, repoussé la laïcité de l'instruction primaire, protesté contre l'exécution des décrets relatifs aux congrégations. En 1884, il prononça un important discours sur la revision des lois constitutionnelles, au Congrès de Versailles.

En dehors du Parlement, où son rôle a été des plus actifs, M. Chesnelong a pris une part très marquante à la direction du mouvement catholique de ces trente dernières années.

Président, à Paris, du comité catholique, de la société d'éducation et d'enseignement, du Comité diocésain des écoles libres, M. Chesnelong a prononcé de nombreux et importants discours dans les congrès catholiques qu'il a présidés chaque année et dans un grand nombre de réunions.

Nommé chevalier de la Légion d'honneur en 1856, M. Chesnelong a été promu officier en 1868 ; il est depuis 1874 grand-croix de l'Ordre de Saint-Grégoire-le-Grand.

BRUN (Lucien)

M. Lucien Brun est né à Gex (Ain), le 22 juin 1822.

Il fit à Paris ses études de droit et fut reçu licencié,

puis docteur; il vint ensuite à Lyon exercer la profession d'avocat; il y conquit par son talent une situation élevée, et devint bâtonnier de l'Ordre.

Aux élections du 8 février 1871, M. Lucien Brun fut élu membre de l'Assemblée nationale par le département de l'Ain.

A Bordeaux et à Versailles, M. Lucien Brun fit partie de l'extrême droite dont il fut l'un des chefs et des principaux orateurs et dont il défendit, en toutes circonstances, le programme politique et religieux. Il se prononça contre le retour du Parlement à Paris et en faveur des lois de décentralisation.

Il combattit le gouvernement de M. Thiers contre lequel il vota le 24 mai 1873 ; lors des négociations relatives au rétablissement de la monarchie, il se trouvait à Salzbourg, auprès du comte de Chambord, qui l'y avait appelé, quand le prince y reçut les délégués de la droite.

Le 23 novembre 1873, il vota, avec la presque unanimité de l'extrême droite, pour le septennat. Il réclama le rétablissement de la monarchie légitime par une proposition qu'il déposa avec un grand nombre de ses collègues, le 15 juin 1874.

A cette même époque, M. Lucien Brun prononça plusieurs discours sur la nomination des maires, sur la loi électorale, sur la liberté de l'enseignement supérieur. Il réclama en faveur des facultés libres, le droit de collation des grades.

Le 8 juillet 1874, M. Lucien Brun interpella le gouvernement sur la suspension du journal légitimiste l'*Union* qui venait de publier un manifeste du comte de Chambord.

Il combattit avec énergie le vote des lois constitutionnelles de 1875 et repoussa l'amendement Wallon.

Après la séparation de l'Assemblée nationale, M. Lucien Brun rentra au barreau de Lyon et devint l'un des professeurs de la Faculté catholique créée dans cette ville.

Le 15 novembre 1877, il fut élu par le Sénat, sénateur inamovible, en remplacement de M. Edmond Adam, décédé.

Au Sénat, M. Lucien Brun a suivi la même ligne politique qu'à l'Assemblée nationale, et a prononcé plusieurs discours très remarqués, notamment dans les discussions ayant trait à la défense des intérêts religieux.

Il a publié plusieurs ouvrages juridiques, notamment en 1876 une *Introduction à l'étude du droit.*

GRÉVY (Jules-Philippe-Louis-Albert)

M. Albert Grévy est né à Mont-sous-Vaudrey (Jura) le 23 août 1824. Il est le frère de M. Jules Grévy, ancien président de la République, et du général Grévy, sénateur du Jura.

M. Albert Grévy fit à Paris ses études de droit et s'inscrivit au barreau. Il se fixa ensuite à Besançon où il devint bâtonnier de l'Ordre. Adversaire déterminé de l'Empire, il combattit la candidature officielle et le plébiscite, dans la presse et dans les réunions.

Le 6 octobre 1870, le gouvernement de la Défense nationale le nomma commissaire général dans les départements du Doubs, du Jura et de la Haute-Saône.

Aux élections du 8 février 1871, il fut élu par le département du Doubs représentant à l'Assemblée nationale le premier sur six. M. Albert Grévy siégea à la gauche républicaine dont il devint le président; il soutint de ses votes et de sa parole le gouvernement de M. Thiers, intervint dans plusieurs discussions importantes, fut rapporteur de la loi de répartition des indemnités accordées pour faits de guerre, de la commission d'enquête sur les agissements bonapartistes (affaire Girerd), du projet de loi sur la presse et sur la levée de l'état de siège. Il combattit le gouvernement du 24 mai, se prononça contre le septennat, l'état de siège, la loi des maires, le ministère de Broglie, et vota les lois constitutionnelles.

Aux élections législatives du 20 février 1876, M. Albert Grévy fut élu député par la 1re circonscription de Besançon qui lui donna 6.985 voix, sur 9.095 votants, contre 2.053 au général Rolland. Réélu président de la gauche républicaine, il cédait peu après cette fonction à M. Leblond, en restant lui-même membre du comité de direction de ce groupe (24 janvier 1877). La même année, il fut élu vice-président de la commission du budget et présida la commission de revision et de codification des lois sur la presse. M. Albert Grévy fut l'un des 363. Réélu le 14 octobre 1877 par 8.282 voix (9.902 votants) contre 1.579 à M. Boysson d'Ecole, candidat officiel et monarchiste, il fut, dès la réunion de la Chambre, nommé président de la commission d'enquête électorale contre les ministres du Seize-Mai ; il soutint le cabinet Dufaure et vota les lois Ferry sur l'enseignement. Il fut élu vice-président de la Chambre des députés et enfin, le 5 mars 1879, reçut, à titre de mission temporaire, le gouvernement général de l'Algérie, où il substitua partout l'autorité civile à l'autorité militaire. Il eut à réprimer l'insurrection des Kabyles dans l'Aurès. En qualité de commissaire du gouvernement, M. Albert Grévy répondit, à la Chambre des députés, à plusieurs interpellations. Il combattit les décrets de rattachement du 6 septembre qui enlevaient au gouverneur général de l'Algérie la plupart de ses attributions en rattachant chacun de ses services au ministère compétent. Il offrit sa démission et fut remplacé, le 26 novembre 1881, par M. Tirman.

M. Albert Grévy avait, en 1880, quitté la Chambre pour le Sénat, ayant été élu, le 6 mars, sénateur inamovible, en remplacement de M. Crémieux, décédé.

Il a été membre de la commission des finances, de celle des chemins de fer et président de la commission d'organisation coloniale.

Il fait partie de la gauche républicaine.

DESCHANEL (Emile-Augustin-Etienne)

M. Emile Deschanel est né à Paris le 14 novembre 1819. Il fit ses études au lycée Louis-le-Grand, remporta de grands succès au concours général, et fut, de 1839 à 1842, un des élèves les plus distingués de l'Ecole normale supérieure. Nommé, à sa sortie, professeur de rhétorique à Bourges, il revint, au bout d'un an, professer la même classe à

Paris, aux lycées Charlemagne, Bourbon et Louis-le-Grand, puis fut nommé maître de conférences de littérature grecque à l'Ecole normale. Il collaborait en même temps à la *Revue Indépendante* (1834), à la *Revue des Deux-Mondes* (1845-1847), au *National* (1849), etc. Ayant publié, en février 1850, dans la *Liberté de penser*, un article de philosophie sociale en réponse à un discours de M. de Montalembert, il fut cité devant le Conseil de l'Instruction publique, qui, malgré une éloquente défense, le suspendit de ses doubles fonctions. Dès lors, il se consacra tout entier à la presse républicaine.

Au 2 décembre 1851, M. Emile Deschanel fut arrêté, détenu pendant six mois, puis éloigné de France. Il fonda, à Bruxelles et dans les autres grandes villes de Belgique, des conférences, qui, partout imitées, donnèrent une vive impulsion au mouvement intellectuel dans ce pays, et dont le succès fut cause qu'il refusa l'offre d'une chaire de littérature française à Lausanne. Il collaborait aussi à l'*Indépendance Belge* pour la critique littéraire et dramatique.

Rentré en France au mois d'avril 1860, il prit au *Journal des Débats* la place d'Hippolyte Rigault, qui lui-même l'avait remplacé dans la chaire de rhétorique de Louis-le-Grand en 1851, et qui venait de mourir.

M. Deschanel contribua à fonder, en 1860, les *Conférences* de la rue de la Paix, qui furent transférées ensuite à l'Athénée, puis au boulevard des Capucines. Il poursuivait en même temps, dans plus de soixante villes, en France, en Suisse, en Belgique, en Hollande, l'œuvre de propagande littéraire et libérale qu'il avait fondée pendant ses neuf années d'exil.

A l'élection partielle de la Seine du 2 juillet 1871, il obtint 79,265 voix, sans être élu. Il entra, en novembre 1872, au nouveau *National*, dont il resta jusqu'en 1876 un des principaux collaborateurs politiques et littéraires. Aux élections du 20 février 1876, M. Deschanel, à qui plusieurs candidatures avaient été offertes, à Elbeuf, à Saint-Denis, à Courbevoie, se présenta dans cette dernière circonscription, et fut élu par 3,911 voix contre 2,000 données à M. Lesage. Il fit partie de la gauche, prit plusieurs fois la parole, et fut au nombre des 363 députés qui refusèrent

leur confiance au ministère de Broglie. Il fut réélu, le
14 novembre 1877, par 6,227 voix contre 2,098 données au
candidat officiel, M. Ferdinand Barrot, ancien député. Le
23 juin 1879, il prononça un discours très remarqué dans
la discussion de la loi sur l'enseignement supérieur.

En même temps, il continuait à défendre la cause de
l'enseignement populaire dans d'innombrables réunions,
solennités, conférences, etc.

Élu le 25 janvier 1881, professeur de littérature française moderne au Collège de France, il donna sa démission
de député.

Le 23 juin de la même année, il fut élu sénateur inamovible à l'unanimité par les trois groupes de gauche du Sénat.

Outre de nombreux articles de journaux et de revues, il
a publié : *Les Courtisanes grecques* (1 vol.), parues d'abord
dans la *Revue des Deux-Mondes ;* une série d'anthologies sur
*le Bien et le Mal qu'on a dit des Femmes, le Bien et le Mal
qu'on a dit de l'Amour, le Bien et le Mal qu'on a dit des
Enfants* (4 vol, 1855-1858) ; une *Histoire de la Conversation*
(1 vol. 1858); *la Vie des Comédiens* (1 vol. 1860) ; *A Pied et
en Wagon* (1 vol. 1862) ; *Causeries de Quinzaine* (1 vol.);
Christophe Colomb et Vasco de Gama (1 vol.) ; *Observations
physiologiques sur les Ecrivains et les Artistes* (1 vol. 1864) ;
Etudes sur Aristophane (1 vol. 1867); *Les Conférences à Paris,
en France et en Belgique* (1 vol.) ; *Le Peuple et la Bourgeoisie*
(1 vol 1881 ; *Benjamin Franklin* (1882) ; puis, sous ce titre
général : *Le Romantisme des Classiques*, plusieurs séries de
ses leçons au Collège de France : *Corneille, Rotrou, Mo-
lière* (1 vol. 1882); *Racine* (2 vol. 1884) ; *La Rochefoucauld,
Pascal, Bossuet*, (1885) ; *Boileau, Perrault ; Le Théâtre de
Voltaire* (1 vol. 1886); *Lamartine* (2 vol. 1893), étude entièrement nouvelle.

Le cours de M. Deschanel au Collège de France n'a
cessé, depuis treize ans, d'attirer un nombreux auditoire.

M. Emile Deschanel est le père de M. Paul Deschanel,
député d'Eure-et-Loir.

Il fait partie de la gauche républicaine.

BERTHELOT (Pierre-Eugène-Marcelin)

M. Marcelin Berthelot est né à Paris, le 25 octobre 1827. Élève du lycée Henri IV, il obtint le prix d'honneur de philosophie au concours général, en 1846. Il se consacra ensuite à l'étude des sciences qu'il poursuivit, sans passer par aucune école, en prenant ses divers grades jusqu'à celui de docteur ès sciences.

Nommé, en janvier 1851, préparateur du cours de chimie de M. Balard au Collège de France, puis professeur de chimie organique à l'École supérieure de pharmacie, M. Berthelot s'illustra par une série de découvertes qui ont renouvelé non seulement la chimie, mais les principes de la science. En 1861, l'Académie des sciences lui décerna le prix Jecker pour ses recherches sur la reproduction artificielle des composés organiques par la synthèse chimique.

Une chaire de chimie organique ayant été créée au Collège de France (8 août 1865), M. Berthelot l'a occupée sans interruption depuis cette époque, et il y a exposé ses nombreuses découvertes. Les mémoires qu'il a publiés, depuis 1850 jusqu'à 1894, dans les *Comptes rendus de l'Académie des sciences* et dans les *Annales de physique et de chimie* s'élèvent à plus de six cents.

M. Berthelot fut élu membre de l'Académie de médecine en 1863, membre de l'Académie des sciences en 1873; il est également membre de la Société royale de Londres, des Académies de Saint-Pétersbourg, Stockholm, Rome, Amsterdam, Munich, Turin, Boston, de la Société nationale des Etats-Unis, etc.

Il est secrétaire perpétuel de l'Académie des sciences, vice-président du conseil supérieur de l'Instruction publique, membre du conseil supérieur des Beaux-Arts, membre de la Société nationale d'agriculture, président de la Commission des substances explosives, etc.

Il est grand-officier de la Légion d'honneur.

En dehors des mémoires ci-dessus mentionnés, M. Berthelot a publié de très nombreux ouvrages et articles sur les sciences, l'histoire, la philosophie, entre autres sur la *Synthèse chimique*, sur la *Mécanique chimique* et la *Thermo-*

chimic, sur la *Force des matières explosives*, sur les *Origines de l'alchimie et de la chimie dans l'antiquité et au moyen âge*, sur *Lavoisier*, etc.

M. Berthelot a présidé et dirigé le comité scientifique de la Défense nationale pendant le siège de Paris en 1870.

Elu, en juillet 1881, sénateur inamovible par le Sénat, M. Berthelot est inscrit à la Gauche républicaine et à l'Union républicaine.

Il a été ministre de l'Instruction publique et des Beaux-Arts dans le cabinet Goblet (11 décembre 1886-30 mai 1887).

M. Berthelot a présidé la commission qui a préparé et fait voter au Sénat la loi relative à la laïcité de l'enseignement primaire; il est vice-président des commiss ons de l'armée, au Sénat, depuis sept ans ; président de la commission pour la loi relative à la santé publique, etc.

Il a prononcé de nombreux discours notamment sur l'instruction publique, sur le rôle de la science dans l'enseignement, sur le développement de l'enseignement supérieur, sur la censure, sur l'article 23 de la loi du recrutement de l'armée et les intérêts de la haute culture intellectuelle au point de vue social, etc.

VOISINS-LAVERNIÈRE (Etienne de)

M. de Voisins-Lavernière est né à Lavaur en 1813.

Après avoir consacré une partie de sa jeunesse à voyager, il fut élu à l'Assemblée constituante de 1848 par le département du Tarn. Il vota avec la gauche modérée. Il ne fut pas réélu à l'Assemblée législative.

Il rentra seulement dans la vie politique aux élections sénatoriales du 30 janvier 1876, comme candidat républicain. Il fut nommé sénateur du Tarn par 204 voix et siégea au centre gauche. Il vota contre l'article 7 de la loi sur l'enseignement supérieur et contre d'autres mesures ayant le même caractère.

Le 19 novembre 1881, M. de Voisins-Lavernière fut élu

sénateur inamovible par le Sénat en remplacement de
M. Fourcand, décédé.

M. de Voisins-Lavernière a été maire de Lavaur, vice-
président du conseil général du Tarn.

DIETZ-MONNIN (Charles-Frédéric)

M. Dietz-Monnin est né à Barr (Bas-Rhin) le 13 septembre 1826.

Il fit ses études aux lycées de Strasbourg et de Nancy.
Ayant épousé Mlle Monnin-Japy, il devint l'associé de la
maison Japy frères et Cie, propriétaires d'établissements
considérables d'horlogerie, de quincaillerie, etc, dans le
Haut-Rhin ; M. Dietz-Monnin prit la direction de la succur-
sale de Paris. Membre du jury de l'Exposition de 1867 et
secrétaire de plusieurs comités, il fut en 1868 élu juge au
tribunal de commerce et de la Seine et en 1869 président
de la chambre syndicale de la quincaillerie qui, depuis
lors, l'a constamment réélu.

Aux élections complémentaires du 2 juillet 1871 il fut
nommé député de la Seine par 120.280 voix. A l'Assemblée
nationale, où il siégea au centre gauche, il fit partie de
nombreuses commissions, notamment de la grande commission des chemins de fer, au nom de laquelle il présenta sur
la question des tarifs de transports un rapport très remarqué.

En 1874, il fut élu conseiller municipal du XVIme arrondissement et conseiller général de la Seine.

En 1876, il fut envoyé à l'Exposition du centenaire amé-
ricain, à Philadelphie, et fit partie de la section française
du jury international (produits manufacturés). A son retour,
il fut nommé directeur de la section française à l'Exposition universelle de 1878, à l'organisation de laquelle il eut
une grande part.

En 1882, M. Dietz-Monnin fut élu par le Sénat sénateur
inamovible.

Membre de la commission de l'Exposition d'électricité
de Paris, président des comités d'organisation des Expositions de Sidney et de Melbourne, puis de celles d'Amsterdam
en 1883 et d'Anvers en 1885, il a été vice-président du jury

supérieur de l'Exposition universelle de 1889, et président du comité de l'Exposition française à Moscou en 1891. Il est membre de la commission supérieure de l'Exposition universelle de 1900.

Il a été président de la chambre de commerce de Paris de 1883 à 1887. Il est membre du comité consultatif des chemins de fer depuis 1879. Il a été, au ministère des affaires étrangères, président de la commission de la réforme consulaire, et l'un des fondateurs de la société d'encouragement pour le commerce français d'exportation.

Au Sénat, il a été rapporteur de plusieurs projets importants au point de vue du commerce et de l'industrie, notamment du projet de loi relatif aux fraudes commises en matière de marques de fabrique.

Chevalier de la Légion d'honneur en 1877, officier en 1878, M. Dietz-Monnin est commandeur depuis 1883. Il est officier de l'Instruction publique et de la Couronne d'Italie, commandeur du Cambodge, du Christ de Portugal, de Gustave Wasa de Suède, de François-Joseph d'Autriche, commandeur du Lion Neérlandais et de l'ordre de Léopold de Belgique, grand cordon de Saint-Stanislas de Russie.

M. Dietz-Monnin appartient aux groupes du centre gauche et de la gauche républicaine du Sénat.

BARDOUX (Joseph-Agénor)

M. Bardoux est né à Bourges, le 29 janvier 1830.

Il étudia le droit, se fit inscrire au barreau de Clermont-Ferrand et y devint bâtonnier de l'ordre des avocats. Il plaida plusieurs procès politiques ; il fut notamment, en 1868, le défenseur de l'*Indépendant du Centre* poursuivi pour avoir participé à la souscription Baudin et le fit acquitter.

Après le 4 septembre 1870, M. Bardoux fut élu maire de Clermond-Ferrand et, aux élections du 8 février 1871, nommé, le premier sur onze, par 81.265 voix, représentant du Puy-de-Dôme à l'Assemblée nationale. Il y fut l'un des principaux membres et orateurs du centre gauche.

Il appuya la politique de M. Thiers, combattit le gouvernement du 24 mai et vota les lois constitutionnelles de 1875.

Dès cette époque M. Bardoux s'occupa particulièrement des questions relatives à l'instruction publique ; dans la discussion relative à la collation des grades il prononça, le 5 décembre 1874, un discours très remarqué.

Lorsque M. Buffet forma le cabinet du 10 mars 1875, M. Dufaure, nommé garde des sceaux, choisit M. Bardoux comme sous-secrétaire d'Etat au ministère de la justice. M. Bardoux conserva ces fonctions jusqu'au 10 novembre 1875 ; il se retira parce que le gouvernement s'était prononcé contre le scrutin de liste.

M. Bardoux fut alors nommé président du centre gauche.

Elu député le 20 février 1876 contre M. Rouher dans la circonscription de Clermont-Ferrand, M. Bardoux prit une part très active aux discussions auxquelles donnèrent lieu, durant cette période, les questions relatives à l'enseignement.

Après le 16 mai 1877, il fut l'un des 363. Réélu aux élections du 14 octobre, il fut appelé à faire partie du deuxième cabinet Dufaure (13 décembre 1877), comme ministre de l'instruction publique, des cultes et des beaux-arts. Il conserva ce portefeuille jusqu'au 4 février 1879.

Pendant son passage aux affaires, M. Bardoux déposa plusieurs projets de loi importants notamment sur la gratuité de l'enseignement primaire, sur l'organisation des écoles primaires supérieures, sur l'obligation de l'enseignement primaire etc.

Après sa sortie du ministère, M. Bardoux déposa à la Chambre une proposition au rétablissement du scrutin de liste, qui fut adoptée par 243 voix contre 235, mais repoussée au Sénat. Non réélu aux élections législatives de 1881, il fut nommé par le Sénat sénateur inamovible en remplacement du baron de Larcy.

Il a pris une part très active aux délibérations du Sénat, notamment dans les discussions relatives aux questions juridiques, à l'enseignement, aux beaux-arts etc.

Pendant cinq sessions M. Bardoux a été élu vice-président du Sénat. Il présidait la haute assemblée, lorsque M. Le Royer donna sa démission, et ce fut lui qui prit, au nom du Sénat, la parole aux obsèques de M. Jules Ferry.

M. Bardoux a réuni les principaux discours qu'il a prononcé jusqu'en 1882 dans un volume intitulé ; *Dix années de de vie politique*. Il a publié plusieurs ouvrages d'histoire et de littérature : *les Légistes et la Société française, la Comtesse Pauline de Beaumont, Mme de Custine, la Bourgeoisie française de 1789 à 1848*, etc., Beaucoup de ses travaux ont paru dans la *Revue des Deux-Mondes*.

M. Bardoux est membre de l'Institut (académie des sciences morales et politiques).

CLAMAGERAN (Jean-Jules)

M. Clamageran est né à la Nouvelle-Orléans (Louisiane), le 29 mars 1827.

Docteur en droit, lauréat de la faculté de droit de Paris (concours entre les docteurs, en 1852), avocat à la cour d'appel de Paris, M. Clamageran prit une part active à l'organisation de la résistance légale contre l'Empire. En 1864, il fut compris dans l'affaire des «Treize» et condamné à 500 francs d'amende pour association illicite (comité électoral). Il collabora au *Manuel électoral* avec MM. Dréo, Durier, Floquet, Jules Ferry, Hérold.

Après le 4 septembre 1870, il fut adjoint au maire de Paris (1870-1871), membre du conseil général de la Seine et du conseil municipal de Paris (1876-1879), conseiller d'Etat (juillet 1879-décembre 1882). En janvier 1881, il fut nommé chevalier de la Légion d'honneur.

Le 7 décembre 1882, il fut élu par le Sénat sénateur inamovible.

Lors de la formation du ministère Brisson (1885), M. Clamageran fut nommé ministre des finances, mais il se retira presque aussitôt et fut remplacé par M. Sadi Carnot.

Au Sénat, M. Clamageran a souvent pris la parole, notamment sur les associations, sur les finances (1885), sur la question des princes, sur la taxe des céréales, sur le régime fiscal en Algérie (22 janvier 1894).

Républicain progressiste, anti-protectionniste et antisocialiste, M. Clamageran appartient à l'union républicaine du Sénat.

Il a fait partie du synode des Eglises réformées en 1872.

Il a publié de nombreux ouvrages : *Des obligations naturelles* (thèse de doctorat, 1851); *Du louage d'industrie, du mandat et de la commission, en droit commun, dans l'ancien droit français et dans droit actuel* (1856); *De l'état actuel du protestantisme en France* (1857); *Histoire de l'impôt en France* (3 vol. in-8°, 1867-1876); *le Matérialisme contemporain* (1869); *la France républicaine* (1873); *l'Algérie, impressions de voyage* (1873-1881); *la Réaction économique et la démocratie* (1890).

Il a collaboré à divers journaux républicains et à plusieurs publications juridiques et économiques, à la *Revue de droit pratique* dirigée, sous l'Empire, par MM. Emile Ollivier et Demangeat, au *Journal des économistes* et à diverses revues protestantes

---

MACÉ (Jean)

M. Jean Macé est né à Paris le 22 avril 1815.

Il fut élevé au collège Stanislas où, après avoir terminé ses études, il fut chargé d'un cours d'histoire. Après avoir été quelque temps répétiteur à Louis-le-Grand et maître de conférences à Henri IV, il fut soldat, puis caporal dans le 1er régiment d'infanterie légère. Il fut racheté du service militaire par son ancien professeur, Théodore Burette, dont il resta le secrétaire jusqu'à la mort de cet écrivain distingué.

Rédacteur de la *République* après la révolution de 1848, M. Jean Macé, après le coup d'Etat du 2 décembre 1851, quitta Paris et se retira au pensionnat de jeunes filles du Petit-Château, à Beblenheim (Haut-Rhin).

En 1861, il fit paraître un ouvrage de vulgarisation scientifique à l'usage des enfants, qui obtint le plus grand succès : *Histoire d'une bouchée de pain, lettres à une petite fille sur nos organes et leurs fonctions.*

M. Jean Macé publia ensuite un grand nombre d'autres ouvrages destinés à la jeunesse : *Contes et théâtre du Petit Château; l'Arithmétique du grand papa; les Serviteurs de l'estomac, la Morale en action*, etc. Il fut avec M. Hetzel (P.J. Stahl), le fondateur et le codirecteur du *Magasin d'éducation et de récréation.*

En 1866, M. Jean Macé prit l'initiative de la fondation de la *Ligue de l'enseignement*, qui était destinée à prendre une si grande extension et qui provoqua par des pétitions nombreuses le vote des lois relatives à l'obligation et à la gratuité de l'instruction primaire.

M. Jean Macé est, depuis le 4 février 1880, chevalier de la Légion d'honneur.

Il fut élu sénateur inamovible, le 8 décembre 1883, par le Sénat, en remplacement du comte de Lasteyrie, décédé.

M. Jean Macé siège à gauche. Il a activement participé à l'élaboration des lois qui ont réformé l'enseignement public à tout les degrés. Il a, à maintes reprises, réclamé pour les femmes une extension de leurs droits ; c'est ainsi qu'il a fait récemment voter une disposition les autorisant à prendre part au vote pour l'élection des tribunaux de commerce.

MARCÈRE (Emile-Louis-Gustave des Hayes de)

M. de Marcère est né à Domfront (Orne), le 16 mars 1828.

Lauréat de la Faculté de droit de Caen, attaché au ministère de la justice en 1848, M. de Marcère entra dans la magistrature en 1853.

Après avoir occupé divers postes, il fut nommé conseiller à la cour d'appel de Douai en 1866.

Il publia, à cette époque, une brochure intitulée la *Politique d'un provincial*, dans laquelle il fit profession d'idées très libérales, et qui fut très remarquée.

Elu en 1871 député à l'Assemblée nationale par le département du Nord, il a été l'un des fondateurs du centre gauche dont il fut l'un des vice-présidents. Il prit une part importante aux débats de l'Assemblée nationale, soutint la politique de M. Thiers, combattit le gouvernement du 24 mai, et, comme membre de la dernière commission des

Trente, participa à l'élaboration des lois constitutionnelles du 25 février 1875.

En février 1876, M. de Marcère fut élu député par la deuxième circonscription d'Avesnes.

Lorsque M. Ricard fut appelé à faire partie du cabinet Dufaure en qualité de ministre de l'intérieur, (9 mars 1876), il choisit M. de Marcère comme sous-secrétaire d'Etat. A la mort de M. Ricard, M. de Marcère fut nommé ministre de l'intérieur le 15 mai 1876. Il conserva ces fonctions jusqu'au 13 décembre 1876, époque à laquelle il fut remplacé par M. Jules Simon.

Après le 16 mai 1877, M. de Marcère, qui avait été l'un des 363, fut réélu par la 2e circonscription d'Avesnes et appelé à faire partie, comme ministre de l'intérieur, du second cabinet Dufaure (13 décembre 1877). Il resta ministre de l'intérieur jusqu'en mars 1879, date à laquelle il fut remplacé par M. Lepère.

En août 1881, M. de Marcère fut réélu par la seconde circonscription d'Avesnes et, en 1883, nommé par le Sénat sénateur inamovible.

M. de Marcère n'a cessé de prendre une part considérable aux travaux parlementaires. Au Sénat comme à l'Assemblée nationale et à la Chambre des députés, il fait partie du centre gauche, qu'il a présidé.

Outre la *Politique d'un provincial* mentionnée plus haut, M. de Marcère a publié de nombreux écrits : *Lettres aux électeurs* (1871); la *République et les conservateurs* (1871); *Lettre aux électeurs* (1873); la *République et les Républicains* (1884); *le cardinal de Bonnechose et la société contemporaine* (1887); *la Constitution de 1875* (1888); *Entretiens et souvenirs politiques*, 2 vol. (1894); Discours et rapports; travaux législatifs, etc.

M. de Marcère a été directeur du *Soir*; il collabore à la *Nouvelle Revue*, à la *Revue Bleue*, et à plusieurs autres publications.

SÉNATEURS

ÉLUS PAR LES DÉPARTEMENTS

Série A

*Élue pour 9 ans en 1876. — Réélue en janvier 1885
et en janvier 1894.*

AIN

3 SÉNATEURS

MM. GOUJON, MERCIER, MORELLET

Aux élections du 30 janvier 1876, le département de l'Ain nomma 2 sénateurs : MM. Bonnet et Robin, rép.

Le 25 janvier 1885, ayant à élire 3 sénateurs par suite du décès de M. le vice-amiral Fourichon, sénateur inamovible, l'Ain nomma : MM. Robin, Mercier et Goujon, rép.

M. Robin, étant décédé le 6 octobre 1885, fut remplacé, le 13 décembre suivant, par M. Morellet.

Le 7 janvier 1894, MM. Goujon, Mercier et Morellet ont été

réélus au premier tour de scrutin qui a donné les résultats
suivants :

Inscrits : 896 — Votants : 891 — Suffrages exprimés : 876.

MM. Goujon, R., s. s.	737 Élu.
Mercier, R., s. s.	730 Élu.
Morellet, R., s. s.	660 Élu.
Delorme, R.	169
Lepaule, R.	151
Germain, R.	104
Joliet, R.	75

GOUJON (Etienne)

M. Goujon est né à Pont-de-Veyle (Ain) le 29 avril 1840.

Il est docteur en médecine, maire du XIIe arrondissement
de Paris depuis plus de quinze ans, membre et ancien
président du conseil général de l'Ain, officier de la Légion
d'honneur.

Il a publié de nombreux travaux de physiologie et une
étude sur le choléra, qui lui valurent plusieurs récompenses de l'Institut (académie des sciences)

Nommé pour la première fois sénateur en 1885, il a été
réélu, le 7 janvier 1894, par 737 voix sur 889 votants.

Il a été durant plusieurs sessions secrétaire du Sénat.

Il est républicain.

MERCIER (Théodore)

M. Mercier est né à Nantua (Ain) le 11 janvier 1825.

Il est avocat.

Arrêté au coup d'État du 2 décembre 1851 et incarcéré,
il se signala par son opposition à l'Empire.

Maire de Nantua après le 4 septembre 1870 et conseiller
général, il fut nommé député de l'Ain à l'Assemblée nationale, aux élections complémentaires du 2 juillet 1871.

Le 20 février 1876, M. Mercier fut élu député par l'arrondissement de Nantua.

Il fut l'un des 363. Réélu le 14 octobre 1877 et le 21 août 1881 sans concurrent, il fut nommé sénateur le 25 janvier 1885, au premier tour de scrutin, par 643 voix contre 202 obtenues par M. Brillat-Savarin.

Il a été réélu, le 7 janvier 1894, par 730 voix contre 169 accordées à M. Delarue.

M. Mercier a fait partie des commissions d'enquête, en 1878, sur les actes du gouvernement du Seize-Mai, et en 1883, sur les ouvriers.

Il a été membre de beaucoup commissions importantes, notamment de celles de la loi municipale, des conventions de chemins de fer en 1883, etc.

Il appartient à l'Union républicaine.

MORELLET (Louis-Marie-Hippolyte)

M. Morellet est né à Lyon le 25 mars 1843.

Avocat, ancien magistrat, il fut élu pour la première fois sénateur le 13 décembre 1885, dans une élection partielle par 603 voix, en remplacement de M. Charles Robin, décédé.

M. Morellet a proposé et fait voter, sur son rapport, l'abolition du scrutin secret comme mode de votation au Sénat. Il a proposé le vote de la loi ayant pour objet de régler la procédure à suivre dans le cas où le Sénat est constitué en cour de justice; c'est sur son rapport qu'a été adoptée la loi organique du 10 avril 1889 réglant cette procédure, laquelle fut appliquée pour la première fois dans le procès du général Boulanger.

Il est intervenu dans la discussion de la loi de mars 1891 sur l'atténuation des peines en cas de premier délit et leur aggravation en cas de récidive (loi Bérenger).

Il a pris également part à la discussion de la loi sur l'exercice de la médecine et y a fait insérer plusieurs amendements dus à son initiative.

Il a été le rapporteur de la loi du 15 novembre 1892 qui impute la détention préventive sur la durée des peines prononcées.

La ligne politique suivie par M. Morellet est celle du

parti républicain progressiste. Il appartient à l'Union républicaine du Sénat.

Depuis 1889, M. Morellet n'a cessé de faire partie de la commission d'instruction et d'accusation de la haute cour de justice.

Il a été secrétaire du Sénat en 1891, 1892, 1893. Il a été membre d'un grand nombre de commissions, notamment de celles qui ont trait aux questions de droit pénal.

AISNE

4 SÉNATEURS

MM. MALÉZIEUX, LEROUX (AIMÉ), SÉBLINE, MACHÉREZ

Le 30 janvier 1876, le département de l'Aisne, appelé à élire 3 sénateurs, nomma MM. Henri Martin, Waddington et Saint-Vallier (comte de) républicains.

M. Henri Martin étant décédé le 14 décembre 1883, le département de l'Aisne, aux élections du 25 janvier 1885, réélut MM. Waddington et Saint-Vallier (comte de), sénateurs sortants, et un nouveau sénateur, M. Malézieux, républicain.

Le 11 juillet 1886, M. Sébline, républicain, fut élu en remplacement de M. le comte de Saint-Vallier, décédé le 4 février 1886.

Le 26 mai 1889, M. Leroux (Aimé) républicain, remplaça M. le vice-amiral Jaurès, sénateur inamovible, décédé.

Le 7 janvier 1894, MM. Malézieux, Leroux, Sébline et Macherez ont été élus.

Le scrutin a donné les résultats suivants :

ts : 1.370 — Votants : 1.363 — Suffrages exprimés : 1.363

PREMIER TOUR

MM. Malézieux, R., s. s.............	1.025	Élu.
Leroux, R., s. s............. ..	833	Élu.
Sébline, R., s. s......... ...	777	Élu.
Macherez, anc. dép., R.......	656	
Karl Hanotaux R.,...........	585	
Waddington, R., s. s........	575	
Émile Parmentier, R.........	341	
Pasquier, anc. dép., R..... .	403	

Ballottage pour un siège.

DEUXIÈME TOUR

MM. Macherez, anc. dép. R.,......	730	Élu.
Waddington, R., s. s........	530	

MALÉZIEUX (François)

M. Malézieux est né le 3 janvier 1821 à Gricourt (Aisne).

Il a été avocat à Saint-Quentin et bâtonnier du barreau de cette ville.

Il s'occupa ensuite d'agronomie et fit des voyages scientifiques en Scandinavie, en Angleterre, en Allemagne.

Il publia de 1852 à 1858, dans l'*Annuaire de l'agriculture française,* une série d'études sur la Grande-Bretagne qu'il réunit ensuite en un volume. Il fit également paraître plusieurs ouvrages économiques.

Aux élections législatives de 1863, M. Malézieux fut élu comme candidat de l'opposition par 16,731 voix contre 12,117 au candidat officiel et réélu en 1869 avec une forte majorité.

Il vota avec la gauche dont il signa le manifeste et se prononça contre le plébiscite et contre la guerre.

Maire de Saint-Quentin après le 4 septembre 1870, il se distingua lors de la défense de cette ville.

Aux élections pour l'Assemblée nationale, le 8 février 1871, M. Malézieux fut élu député de l'Aisne par 73,743 voix, le premier sur 11.

Il fit partie à l'Assemblée nationale des deux réunions du centre gauche et de la gauche républicaine, dont il fut un des fondateurs.

Membre de plusieurs commissions importantes, notamment de la commission des chemins de fer, il rédigea un rapport très remarqué sur l'exploitation des chemins de fer anglais qu'il était allé étudier sur place.

Il soutint le gouvernement de M. Thiers, se prononça contre le Vingt-Quatre Mai et vota les lois constitutionnelles.

Aux élections législatives du 20 février 1876, M. Malézieux fut élu sans concurrent, dans la deuxième circonscription de Saint-Quentin par 12,252 voix.

Après le 16 mai 1877, il fut l'un des 363 ; il fut réélu le 14 octobre 1877, à une très forte majorité, contre le candidat officiel et, le 21 août 1881, sans concurrent.

Le 25 janvier 1885, M. Malézieux fut élu sénateur de l'Aisne, en remplacement de M. Henri, décédé, par 1,014 voix contre 315 à M. Vilain. Il a été réélu le 7 janvier 1894 par 1025 voix contre 486 obtenues par M. Hanotaux.

Il a pris une part considérable aux travaux du Sénat, notamment à l'élaboration des lois relatives aux travaux publics, à l'agriculture, aux réformes économiques et sociales, aux questions douanières.

Il n'a cessé d'appartenir à la gauche républicaine.

LEROUX (Henri-Aimé)

M. Aimé Leroux est né le 14 octobre 1825 à Liesse (Aisne).

Docteur en droit, avocat au barreau de Laon, conseiller général sous l'Empire, il se signala par ses opinions libérales et combattit la candidature officielle.

Aux élections du 8 février 1871, il fut élu député de l'Aisne à l'Assemblée nationale, le 3e sur 11, par 65.946 voix.

Il fit partie du centre gauche dont il a été le président et vota notamment pour le gouvernement de M. Thiers, contre le ministère de Broglie et en faveur des lois constitutionnelles.

Le 20 février 1876 il fut élu député. Il fut l'un des 363 et fut réélu le 14 octobre 1877 et aux élections législatives de 1881.

Il fut élu sénateur de l'Aisne, le 26 mai 1889, en remplacement du vice-amiral Jaurès, sénateur inamovible, décédé, par 739 voix contre 615.

Il a été réélu, le 7 janvier 1894, au premier tour, par 833 voix.

SÉBLINE (Charles-Nicolas)

M. Sébline est né le 4 juin 1846 à Saint-Pellerin (Manche).

Ancien préfet de l'Aisne, officier de la Légion d'honneur et de l'instruction publique, il fut admis comme sénateur, après trois élections successives ; l'élection de M. Sébline avait été deux fois annulée parce qu'il n'avait pas encore atteint l'âge de quarante ans exigé par la loi électorale sénatoriale.

Il a été l'un des secrétaires du Sénat.

Il a fait partie de nombreuses commissions et a pris souvent la parole, notamment sur les questions économiques et agricoles. Dans la discussion du tarif général des douanes, il a combattu le renouvellement des traités de commerce et demandé l'augmentation des droits protecteurs de l'agriculture et de l'industrie.

M. Sébline est actuellement président du centre gauche. Il a été réélu, le 7 janvier 1894, par 777 voix.

MACHEREZ (Alfred)

M. Macherez est né à Metz le 11 décembre 1841.

Ancien élève de l'école des Arts et Métiers, ingénieur civil, d'abord attaché aux ateliers Cails et Cie, M. Macherez a été directeur de sucrerie à Tavaux-Pontséricourt (Aisne), puis pendant quinze ans, ingénieur à la compagnie de Fives-Lilles à titre d'ingénieur-représentant pour le service de la construction et de l'installation du matériel de sucreries, de raffineries et de distilleries. Il exploite actuellement plusieurs sucreries dans les départements de l'Aisne, de la Marne, de la Somme, de l'Eure, etc., auxquelles sont annexées d'importantes exploitations agricoles comprenant plus de 2.000 hectares.

M. Macherez est vice-président du syndicat général de la Bourse de commerce de Paris, vice-président du syndicat du commerce des sucres à Paris. Il est chevalier de la Légion d'honneur.

Élu député, en 1889, M. Macherez disait, dans sa circulaire, que désigné par les groupes républicains, il acceptait la candidature comme un devoir au moment « où une coalition des réactionnaires de toutes nuances ose mettre en jeu l'existence de la République et préparer l'anarchie ». Ennemi de toute dictature, il n'admettait en fait de revision, que des améliorations, assurant le fonctionnement paisible et régulier du gouvernement sous le contrôle parlementaire. Il s'engageait à voter toutes les lois relatives à la protection du travail national, la dénonciation des traités de commerce, l'organisation du crédit agricole, le développement de l'instruction professionnelle, l'extension de la compétence des juges de paix, la simplification des rouages administratifs, l'abolition des prestations ouvrières.

Aux élections législatives de 1893, M. Macherez fut battu au scrutin de ballotage par M. Firino, rallié.

Un grand nombre de délégués sénatoriaux du département de l'Aisne voulurent tenir compte à M. Macherez des efforts qu'il avait faits en faveur de l'agriculture et de l'industrie sucrière pendant la dernière législature en l'envoyant siéger au Sénat.

Aux élections du 7 janvier 1894, M. Macherez fut élu, au scrutin de ballotage, par 730 voix contre 530 obtenues par M. Waddington, l'un des sénateurs sortants, ancien président du Conseil, ancien ambassadeur à Londres.

ALLIER

—

3 SÉNATEURS

MM. CHANTEMILLE, CORNIL, BRUEL

Aux élections du 30 janvier 1876, le département de l'Allier nomma 3 sénateurs : MM. de Chantemille, baron de Veauce, (décédé le 24 mars 1884) et Martenot, qui appartenaient tous trois à la droite, et qui furent remplacés le 25 janvier 1885 par MM. Bruel, Chantemille et Cornil, républicains.

Le 7 janvier 1894, MM. Chantemille, Cornil et Bruel ont été réélus.

Le scrutin a donné les résultats suivants :

PREMIER TOUR

Inscrits, 882 — Votants, 836

MM. Cornil, R., s. s...............	382
Chantemille, R., s. s..........	382
Bruel, R., s. s............	340
Gacon, dép., rad............	309
Ville, dép. rad.............	283
Thivrier, dép., soc........	206
de Féligonde, D............ ..	103
Martinet, D................	100
Bizet, D.................	90

Ballottage.

DEUXIÈME TOUR

MM. Chantemille, R., s. s.........	442 Élu.
Cornil, R., s. s......... ...	424 Élu.
Bruel, R., s. s.............	391
Gacon, dép. rad...........	337
Ville, rad................	313
Thivrier, dép. soc...........	213

Ballottage pour le troisième siège.

TROISIÈME TOUR

MM. Bruel...................... 397 Élu.
     Gacon...................... 333

CHANTEMILLE (Joseph)

M. Chantemille est né à Saint-Sauveur, le 23 avril 1827.

Négociant, maire de Montluçon, vice-président du Conseil général, il a été élu sénateur, au premier tour de scrutin, le 25 janvier 1885 par 422 voix contre 284 obtenues par M. de Chantemerle, sénateur sortant.

Il a été réélu, le 7 janvier 1894.

M. Chantemille siège à gauche.

CORNIL (André-Victor)

M. Cornil est né à Cusset (Allier) le 17 juin 1837.

Docteur en médecine, il fut successivement nommé chef de clinique (1867-1869), médecin des hôpitaux de Paris (concours de 1869), professeur agrégé de la Faculté de médecine (1869), professeur d'anatomie pathologique à la Faculté de médecine (1882), médecin de l'Hôtel-Dieu.

Ancien préfet du 4 septembre, il fut élu député pour la première fois en février 1876 et réélu en 1877 avec les 363 dont il fit partie, et en 1881. Il donna sa démission de député en 1882, lors de sa nomination de professeur à la Faculté de médecine de Paris.

En janvier 1885, il fut élu sénateur de l'Allier. Il a été réélu le 7 janvier 1894.

Au Sénat, M. Cornil a été rapporteur de la loi relative à la purification de la Seine et à l'utilisation agricole des eaux d'égouts, de la loi relative à l'adduction à Paris des sources de la Vigne et de Verneuil, de la loi sur l'exercice de la médecine de 1892, de la loi sur l'exercice de la pharmacie, de la loi sur la protection de la santé publique. Il a souvent pris la parole sur ces questions.

M. Cornil est membre de l'Union républicaine.

BRUEL (Eugène)

M. Bruel est né à Moulins.

Il est constructeur industriel.

Conseiller général de l'Allier de 1872 à 1887, conseiller municipal de Moulins de 1872 à 1884, adjoint au maire de 1875 à 1879, maire de Moulins de 1879 à 1884, démissionnaire en avril 1884 lors de son élection à la députation en 1884, M. Bruel a été élu pour la première fois sénateur en 1885.

Il a été réélu le 7 janvier 1894 par 397 voix, au troisième tour.

Il est républicain progressiste.

ALPES (BASSES-)

—

2 SÉNATEURS

SOUSTRE, RICHAUD

Le 30 janvier 1876, le département des Basses-Alpes avait élu MM. Michel et le comte Du Chaffaut qui mourut le 7 juin 1884.

Le 25 janvier 1885, ils furent remplacés par MM. Soustre et Bouteille.

Le 7 janvier 1894, M. Soustre a été réélu et M. Bouteille décédé remplacé par M. Richaud.

Le scrutin a donné les résultats suivants :

PREMIER TOUR

Inscrits : 429 — Votants : 421 — Suffrages exprimés : 419

MM. Soustre, R., s. s............	245 Élu.
Léopold Richaud, R.........	191
Thourel, R.................	105
Honorat....................	93
Rebuffet, anc. dép., R........	66
Bontoux, anc. dép., R........	62

Ballottage pour un siège.

DEUXIÈME TOUR

MM. Léopold Richaud, R.........	291 Élu.
Thourel, R.................	110

SOUSTRE (Marius-Lazare)

M. Soustre est né à Digne, le 1er septembre 1828. Il est propriétaire.

Il a toujours appartenu à l'opinion républicaine. Il fut exilé après le 2 décembre 1851.

Il fut élu sénateur, le 25 janvier 1885, au premier tour de scrutin, par 356 voix contre 151 obtenues par M. Michel.

Il a été réélu le 7 janvier 1894.

Il siège à gauche.

RICHAUD (Léopold)

M. Richaud est né aux Mées (Basses-Alpes) le 13 novembre 1837.

Il est avocat à Digne.

Conseiller d'arrondissement en 1867, conseiller général du canton des Mées depuis 1871, vice-président du Conseil général des Basses-Alpes, M. Richaud a été élu sénateur le 7 janvier 1894, par 291 voix, au second tour de scrutin; il en avait, au premier tour, obtenu 191.

Il siège à gauche.

ALPES (HAUTES-)

---

2 SÉNATEURS

MM. CYPRIEN CHAIX, XAVIER BLANC

Aux élections du 30 janvier 1876, le département des Hautes-Alpes nomma 2 sénateurs : MM. de Ventavon, constitutionnel, et Xavier Blanc, républicain.

Le 9 novembre 1879, M. Guiffrey, républicain, fut élu en remplacement de M. de Ventavon, décédé le 12 août 1879.

Appelé à élire également 2 sénateurs le 25 janvier 1885, le département des Hautes-Alpes nomma MM. Xavier Blanc et Guiffrey, sénateurs sortants.

Le 5 janvier 1888, M. Cyprien Chaix, républicain, remplaça M. Guiffrey, décédé.

Le 7 janvier 1894, MM. Cyprien Chaix et Xavier Blanc ont été réélus. Le scrutin a donné les résultats suivants :

Inscrits : 353 — Votants : 346 — Suffrages exprimés : 333

MM. Cyprien Chaix, R., s. s....'... 312 Élu.
Xavier Blanc, R., s. s.......... 294 Élu.

CHAIX (Bernard-Cyprien)

M. Cyprien Chaix est né le 11 novembre 1821.

Il est avocat au barreau de Gap.

Il fut élu député à l'Assemblée législative le 13 mai 1849. Il siégea à gauche et protesta contre le coup d'Etat du 2 décembre 1851. Il fut emprisonné pendant deux mois à Mazas et à Sainte-Pélagie.

En mai 1869, M. Cyprien Chaix se présenta, comme candidat de l'opposition, dans les Hautes-Alpes contre M. Clément Duvernois, candidat du gouvernement impérial, qui fut élu.

Après le 4 septembre 1870, M. Chaix fut nommé préfet des Hautes-Alpes.

Le 8 février 1871, il fut élu député à l'Assemblée nationale avec 4.000 voix de majorité ; mais l'Assemblée, malgré les conclusions du bureau, invalida son élection parce qu'il n'avait pas avant le scrutin donné sa démission de préfet dans le délai légal.

M. Chaix fut alors maintenu comme préfet des Hautes-Alpes par le gouvernement de M. Thiers jusqu'au 24 mai 1873, date à laquelle il donna sa démission.

Aux élections législatives du 20 février 1876, M. Chaix fut élu député de l'arrondissement de Gap par 10.966 voix sans concurrent. Il fut l'un des 363. Lors des élections du 14 octobre 1877, M. Chaix ne fut pas nommé, mais son concurrent, M. Bontoux, ayant été invalidé, il fut réélu le 27 janvier 1878.

Réélu député en 1881 et 1885, M. Chaix a été nommé pour la première fois sénateur, le 5 janvier 1888, en remplacement de M. Guiffrey, décédé, par 303 voix sur 361.

Il a été réélu le 7 janvier 1894.

Il est membre de la gauche républicaine.

BLANC (Xavier)

M. Xavier Blanc est né à Gap (Hautes-Alpes) le 5 août 1817.

Inscrit au barreau de Gap en 1837, il a été appelé depuis lors chaque année, sans interruption à faire partie du conseil de l'ordre des avocats dont il a été très souvent bâtonnier.

Il est, depuis le 23 décembre 1846, membre du conseil général des Hautes-Alpes dont il est aussi depuis de longues années le président ; il est le doyen des conseillers généraux de France.

En 1848, il fut nommé par le gouvernement provisoire administrateur des Hautes-Alpes. Après le coup d'Etat du 2 décembre, seul des conseillers généraux de son

département, il préféra se démettre de son mandat plutôt
que de prêter à l'Empire le serment exigé.

Après le 4 septembre 1870, M. Xavier Blanc fut de nouveau nommé administrateur provisoire des Hautes-Alpes.

Il fut élu sénateur, lors des premières élections sénatoriales, en 1876. Il a été réélu en janvier 1885 et en
janvier 1894.

Malgré une tentative de la dernière heure dirigée contre
lui, dans des conditions plus que déloyales, M. Xavier
Blanc a été réélu à une grande majorité.

Au Sénat, M. Blanc a fait partie de nombreuses commissions dont il a été souvent le rapporteur, notamment
dans la question de la liberté des funérailles, qu'il
défendit avec succès à la tribune.

M. Xavier Blanc depuis son entrée au Parlement, est
membre de la réunion de la gauche républicaine.

ALPES-MARITIMES

—

2 SÉNATEURS

MM. BORRIGLIONE, CHIRIS

Le 30 janvier 1876, les Alpes-Maritimes nommèrent 2 sénateurs : MM. Dieudé-Defly et Joseph Garnier.

M. J. Garnier, étant décédé le 25 septembre 1881, fut remplacé
le 8 janvier 1882, par M. Chiris.

Aux élections du 25 janvier 1885, MM. Chiris, sénateur sortant et Léon Renault furent élus.

Le 7 janvier 1894, M. Chiris, républicain, a été réélu et
M. Léon Renault, qui ne s'est pas représenté, remplacé par
M. Borriglione, républicain.

Le scrutin donna les résultats suivants :

Inscrits : 397 — Votants : 392 — Suffrages exprimés : 368

MM. Borriglione, dép.................... 355 Élu
Chiris............................ 332 Élu

BORRIGLIONE (Alfred-Ferdinand)

M. Borriglione est né à Nice le 17 décembre 1843.

Il fit ses études de droit à l'Université de Turin et vint
les compléter à Aix, après l'annexion; revenu à Nice, il se
fit inscrire au barreau de cette ville et y acquit bientôt une
place distinguée.

Les débuts politiques de M. Borriglione remontent aux
dernières années de l'Empire; en 1870, il fut choisi pour
présider le comité niçois antiplébiscitaire.

Il fut élu député pour la première fois, le 20 février 1876,
dans la première circonscription de Nice.

L'un des 363, il se représenta aux élections du 14 octobre 1877 et fut réélu à une très forte majorité. Il fut également réélu en 1881.

Le 4 octobre 1885, M. Borriglione fut élu seul, au premier tour de scrutin, par 21.000 voix qu'il obtint des électeurs des Alpes-Maritimes, après une lutte très vive.

A la Chambre, M. Borriglione a toujours siégé dans les rangs de la majorité républicaine, avec laquelle il n'a jamais cessé de voter; il a pris la parole dans plusieurs discussions, notamment le 7 décembre 1885, lors de la vérification des pouvoirs des députés des Alpes-Maritimes, pour réfuter les violentes attaques dont il avait été l'objet.

Conseiller général des Alpes-Maritimes pour le canton de Sospel, M. Borriglione a été maire de Nice pendant dix ans; il s'est démis de ses fonctions administratives au mois d'avril 1886 pour se consacrer plus spécialement à son mandat de député. Le 22 septembre 1889, dans la deuxième circonscription de Nice, il fut élu par 9.200 voix.

C'est à l'administration de M. Borriglione que Nice doit la plupart de ses récents embellissements; il était maire de Nice, lors de la remarquable exposition qui eut lieu dans cette ville.

M. Borriglione est chevalier de la Légion d'honneur, officier de l'Instruction publique, décoré de plusieurs ordres étrangers, notamment commandeur de l'ordre de Saint-Stanislas de Russie.

Il est conseiller général des Alpes-Maritimes.

Le 20 août 1893, M. Borriglione fut réélu, sans concurrent, par plus de 10.000 votants sur 14.000 inscrits.

Le 7 janvier 1894, il a été élu sénateur, au premier tour, par 355 voix sur 392 votants, en remplacement de M. Léon Renault, sénateur sortant, qui ne se représentait pas.

CHIRIS (Léon)

M. Chiris est né à Grasse le 13 décembre 1839.

Il possède d'importantes fabriques de parfumerie.

Il fut nommé membre de l'Assemblée nationale le 18 octobre 1874, lors d'une élection partielle.

Elu député le 20 février 1876, il fut l'un des 363.

Il a été secrétaire de la Chambre.

Réélu député en octobre 1877, puis en 1881, il fut élu sénateur des Alpes-Maritimes en 1882, réélu en 1885 et en 1894, par 332 voix.

Il siège au centre gauche.

ARDÈCHE.

3 SÉNATEURS

MM. PRADAL, CHALAMET, SAINT-PRIX

Aux élections du 30 janvier 1876, le département de l'Ardèche, appelé à élire 2 sénateurs, avait élu MM. le comte Rampon et Tailhand.

Le 1er avril 1883, M. Chalamet remplaça M. le comte Rampon, décédé le 11 janvier.

Le 25 janvier 1885, l'Ardèche réélut M. Chalamet, sénateur sortant et nomma M. Pradal en remplacement de M. Tailhand.

Le 15 mai 1892, par suite du décès de M. Martel, sénateur inamovible, l'Ardèche appelée à élire un troisième sénateur nomma M. Saint-Prix. Le 7 janvier 1894, MM. Pradal, Chalamet, Saint-Prix ont été réélus. Le scrutin a donné les résultats suivants :

PREMIER TOUR

Inscrits : 816 — Votants : 804 — Suffrages exprimés : 803

MM. Pradal, R., s. s.................	409 Élu.
Chalamet, R., s. s...............	384
Saint-Prix, R. s. s............	352
Destremx. R	247
Kramer, maire d'Annonay, R..	178
Dindeau, dép., rad............	161
Duclaux-Monteil, R...........	160
De Montgolfier, D............	80
De Bernis, D........	76
Blachère, D..................	75

Ballottage pour les deux autres sièges.

DEUXIÈME TOUR

MM. Chalamet, R., s. s	448 Élu.
Saint-Prix, R., s. s	406 Élu.

PRADAL (Gabriel-Victor)

M. Pradal est né à Aubenas, le 23 mars 1844.

Avocat à Privas, journaliste, conseiller municipal, conseiller général, M. Pradal fut élu député en 1879, lors d'une élection partielle, en remplacement de M. Gleizal, décédé. Il fut réélu député de la deuxième circonscription de Privas, le 21 août 1881, par 7.530 voix, contre 2.875 à M. Félix Bonnaud, candidat de l'extrême gauche.

A la Chambre, M. Pradal fit partie de l'Union républicaine.

Il fut élu sénateur, le 25 janvier 1885, au premier tour de scrutin, par 559 voix sur 824 votants.

Il a été réélu le 7 janvier 1894.

Il siège à gauche.

CHALAMET (Jean-Marie-Arthur)

M. Chalamet est né à Vernoux (Ardèche) le 19 décembre 1822. Il entra en 1842 à l'Ecole normale supérieure. Il en sortit agrégé des lettres en 1845 et fut successivement professeur de rhétorique aux lycées d'Auch, Tournon, Caen, Clermont-Ferrand et Lyon.

En 1869, sous le ministre Duruy il fut nommé chevalier de la Légion d'honneur pour ses services universitaires. Il était déjà officier de l'Instruction publique. Après la guerre, M. Chalamet fit à Lyon, où il était professeur, plusieurs conférences patriotiques qui eurent du retentissement et collabora au *Journal de Lyon* qui défendait la politique de M. Thiers.

En 1872, il fut élu conseiller général du département de l'Ardèche par le canton de Vernoux, après la mort et en remplacement de son frère Gaston Chalamet qui avait été préfet du gouvernement de la Défense nationale de l'Ardèche.

Aux élections législatives du 16 mars 1876, il fut élu député par la 1re circonscription de Privas et il prit place dans les rangs de la gauche modérée.

Après le 16 mai, il fut l'un des 363. Il fut réélu, le 14 octobre 1877 contre M. Henri Chevreau, ancien ministre de l'Empire, candidat du maréchal de Mac-Mahon. Réélu de nouveau député, en 1881, M. Chalamet fut nommé sénateur le 1er avril 1883 en remplacement du comte Rampon décédé. Il fut réélu en janvier 1885 et en janvier 1894.

A la Chambre et au Sénat, M. Chalamet a pris une part importante à l'élaboration et à la discussion de nouvelles lois relatives à l'instruction publique. En janvier 1878, notamment, il déposa une proposition de loi tendant à créer une école spéciale destinée à former un personnel féminin pour l'enseignement et la direction des écoles normales d'institutrices. Cette proposition aboutit à la création de l'école supérieure d'institutrices de Fontenay-aux-Roses qui, sous la direction de M. Pécaut, permit de transformer en quelques années l'enseignement primaire des filles.

En 1879, M. Chalamet fut le rapporteur du projet de loi relatif au Conseil supérieur de l'instruction publique et aux conseils académiques. Le 16 décembre 1880, il prononça un discours remarqué sur la laïcité de l'enseignement primaire.

Lorsque M. Gambetta fut appelé à former le cabinet du 29 novembre 1881, M. Chalamet fut nommé sous-secrétaire d'Etat au ministère de l'instruction publique dont Paul Bert était le titulaire. Il se retira, avec le cabinet Gambetta, le 30 janvier 1882.

Depuis cette époque M. Chalamet a continué à prendre une part importante aux travaux parlementaires. Il fut le rapporteur de la loi sur les incompatibilités. Il fut l'un des secrétaires de la grande commission de l'armée et demanda que les jeunes gens se destinant aux carrières libérales ne fissent qu'un an de service, afin de ne pas compromettre le recrutement des grands services publics.

En juin 1890, à l'occasion d'une interpellation sur la nécessité d'apporter sans retard d'importantes modifications à l'organisation de l'enseignement secondaire, M. Chalamet prit la parole pour défendre les études classiques attaquées.

M. Chalamet a longtemps été vice-président de l'Union républicaine. Depuis onze ans il est président du Conseil général de l'Ardèche.

SAINT-PRIX (Oscar-Victorin-Eusèbe)

M. Saint-Prix est né à Valence (Drôme), le 1er juin 1829.

Il est le petit-fils du conventionnel qui fut ensuite, sous le Directoire, membre du Conseil des Cinq-Cents.

Il a été négociant à Privas.

Il est membre et vice-président du Conseil général de l'Ardèche et chevalier de la Légion d'honneur.

Il fut élu député de la première circonscription de Tournon, en 1881, au deuxième tour de scrutin, par 8.458 voix contre 6.715 à M. Seignobos, député sortant.

Il ne se représenta pas aux élections législatives de 1885, mais fut réélu député de l'Ardèche, au scrutin de liste, le 14 février 1886, par 47.193 voix.

Il a été nommé sénateur de l'Ardèche, le 15 mai 1892, lors d'une élection partielle, au deuxième tour, par 487 voix contre 290 à M. Montal.

Il a été réélu le 7 janvier 1894.

Il siège à gauche.

ARDENNES

—

3 SÉNATEURS

MM. DRUMEL, TIRMAN, GAILLY

Le 30 janvier 1876, le département des Ardennes nomma 2 sénateurs : MM. Toupet des Vignes et Cunin-Gridaine.

Le 9 mai 1880, M. Gailly fut élu en remplacement de M. Cunin-Gridaine, décédé le 24 février 1880.

Le 7 septembre 1882, M. Péronne remplaça M. Toupet des Vignes, décédé le 23 juin 1882.

Aux élections du 25 janvier 1885, MM. Gailly et Péronne, sénateurs sortants, furent réélus.

Le 12 août 1888, M. Neveux remplaça M. Kolb-Bernard, sénateur inamovible, décédé.

Le 18 décembre 1892, M. Tirman fut élu en remplacement de M. Neveux, décédé.

Le 7 janvier 1894, MM. Drumel, Tirman, Gailly ont été réélus. Le scrutin a donné les résultats suivants :

Inscrits : 858 — Votants : 851 — Suffrages exprimés : 813

MM. Drumel, R., s. s...............	663	Élu.
Tirman, R., s. s...............	652	Élu.
Gailly, R. s. s...............	469	Élu.
Emile Corneau, rad., anc. dép..	357	

DRUMEL (Etienne-Hubert-Ernest)

M. Drumel est né à Faissault (Ardennes), le 25 janvier 1844.

Il est professeur, doyen honoraire, à la Faculté de droit de Lille.

Elu député en 1876, par l'arrondissement de Rethel, il

fut après le 16 mai 1877, l'un des 363. Il fut, à cette époque, secrétaire du centre gauche.

Réélu le 14 octobre 1877 et le 21 août 1881, il siégea à la Chambre jusqu'en 1885. Il fut secrétaire de la Chambre des députés en 1879 et 1880 et fit partie de la grande commission des douanes, de la commission du budget, de la commission de l'instruction primaire, etc.

M. Drumel est conseiller général des Ardennes depuis 1873 et membre du Conseil supérieur de l'instruction publique depuis 1881.

Républicain progressiste, M. Drumel appartient à la gauche du Sénat.

TIRMAN (Louis)

M. Tirman est né à Mézières le 29 juillet 1837.

Secrétaire général de la préfecture, puis préfet intérimaire des Ardennes pendant la guerre de 1870, il fut nommé préfet des Ardennes le 6 avril 1871. Révoqué après le 24 mai 1873, il rentra dans l'administration le 21 mars 1876 en qualité de préfet du Puy-de-Dôme. Révoqué le 16 mai 1877, il fut nommé préfet des Bouches-du-Rhône le 29 décembre 1877, puis conseiller d'État. En novembre 1881, il succéda comme gouverneur général de l'Algérie, à M. Albert Grévy. Il occupa ces hautes fonctions pendant près de dix ans, jusqu'au mois de mai 1891. A plusieurs reprises, il fut, en qualité de commissaire du gouvernement, appelé à prendre la parole devant les Chambres dans la discussion des questions algériennes. Il fut promu à la dignité de grand'croix de la Légion d'honneur le 28 avril 1891.

Nommé conseiller général du canton d'Attigny (Ardennes) en 1891, il a été élu pour la première fois sénateur des Ardennes le 18 décembre 1892 en remplacement de M. Péronne, décédé. Il a été réélu le 7 janvier 1894 par 652 voix.

M. Tirman fait partie de la gauche républicaine.

GAILLY (Gustave-Adrien)

M. Gailly est né, le 25 janvier 1825, à Charleville (Ardennes).

Maître de forges, ancien président du tribunal du commerce, maire de Charleville pendant la guerre, membre, puis vice-président du conseil général des Ardennes, M. Gailly fut élu, le 8 février 1871, député des Ardennes à l'Assemblée nationale. Il fut l'un des fondateurs du centre gauche. Il soutint le gouvernement de M. Thiers, combattit le ministère de Broglie et vota les lois constitutionnelles de 1875.

Il fut élu, le 20 février 1876, député de l'arrondissement de Mézières sans concurrent. Il fut quatre fois nommé questeur de la Chambre des députés. Après le Seize-Mai il fut l'un des 363. Il fut réélu le 14 octobre 1877.

Il a été, pour la première fois, nommé sénateur, lors d'une élection partielle, le 9 mai 1880, en remplacement de M. Cunin-Gridaine, décédé.

Au Sénat, il continue à soutenir la politique modérée et les idées de conciliation ; il a été l'un des présidents du centre gauche.

Depuis plus de dix ans, M. Gailly fait partie du conseil supérieur du commerce et de l'industrie ; il appartient, à la chambre de commerce des Ardennes, depuis sa création.

Il a collaboré à nos grandes expositions internationales, comme membre du conseil supérieur, membre du Jury des récompenses et président des comités d'admission et d'installation.

M. Gailly a pris une part active à l'élaboration des lois économiques les plus importantes. Comme député, aussi bien que comme sénateur, il a fait partie des grandes commissions relatives aux canaux, aux chemins de fer, aux douanes, etc., ainsi qu'aux questions intéressant la classe ouvrière et le travail national.

M. Gailly est chevalier de la Légion d'honneur et chevalier de première classe de l'ordre de Saint-Olaff de Norvège.

M. Gailly a été réélu sénateur des Ardennes, le 7 janvier 1894.

ARIÈGE

—

2 SÉNATEURS

MM. FRÉZOUL, DELPECH

Aux élections du 30 janvier 1876, le département de l'Ariège nomma 2 sénateurs : MM. Arnaud (de l'Ariège) et Vigarosy, rép.

Le 5 janvier 1879, il fut appelé à élire un sénateur en remplacement de M. Arnaud décédé le 30 mai 1878. M. Laborde, rép., fut élu.

Il donna sa démission le 13 juillet 1880 et fut remplacé par M. Anglade, rép. le 10 octobre 1880.

Le 8 janvier 1882, M. de Freycinet fut nommé en remplacement de M. Anglade, décédé le 24 novembre 1881 ; mais ayant été élu le 8 janvier dans quatre départements, M. de Freycinet opta pour celui de la Seine, le 2 mars 1882.

Le 26 mars 1882, M. Frézoul remplaça M. de Freycinet.

Aux élections du 25 janvier 1885, MM. Frézoul et Vigarosy, sénateurs sortants, furent réélus.

Le 13 avril 1890, M. Bordes-Pagès, rép., remplaça M. Vigarosy, décédé le 1er février 1890.

Le 7 janvier 1894, l'Ariège a réélu M. Frézoul, sénateur sortant, et élu un sénateur nouveau, M. Delpech, rép.

Le scrutin donna les résultats suivants :

Inscrits : 610 — Votants : 603 — Suffrages exprimés 603

MM. Frézoul, R., s. s.	424 Élu.
Delpech, R.	263
Bordes-Pagès, R., s. s.	232
Barrau, maire de Foix, R.	102
Lacaze	67
Fayes, rad. soc.	38
Houbichou, R.	19

Ballottage pour un siège.

MM. Delpech, R................. 301
    Bordes-Pagès, R. s. s........ 295
Ballottage.

TROISIÈME TOUR

MM. Delpech, R................. 312 Élu.
    Bordes-Pagès, R., s. s........ 289

FRÉZOUL (Paul)

M. Frézoul est né à Varilhes (Ariège) le 2 avril 1837.
Docteur en médecine de la Faculté de Paris, il rentra, ses études médicales terminées, dans son pays natal où il s'appliqua à continuer les traditions de bienfaisance de sa famille.

Adversaire irréconciliable de l'Empire, il prit rang dans l'opposition démocratique et fut un des correspondants ariégeois de l'*Emancipation* fondée, à Toulouse, par Armand Duportal.

Après le 5 septembre 1870, il fut acclamé maire de son chef-lieu de canton, mais il se désista momentanément de ses fonctions municipales pour servir, en qualité de médecin militaire, pendant la durée de la guerre.

Il revint ensuite à la mairie de Varilhes et fut élu membre du Conseil général de l'Ariège. Vice-président de cette assemblée, membre de la commission départementale, il combattit énergiquement les préfets du Vingt-Quatre mai et du Seize-Mai. En 1880, il fut désigné comme candidat radical contre le baron de Bellissen, candidat centre-gauche, mais ne fut pas élu.

Le 26 mars 1882, M. Frézoul fut nommé sénateur par 187 voix contre 173, en remplacement de M. de Freycinet qui, élu dans plusieurs départements, avait opté pour la Seine.

Au renouvellement de 1885, M. Frézoul fut de nouveau porté sur la liste républicaine ainsi que son collègue et ami, M. Vigarozy. Il fut élu, au second tour de scrutin, par 408 voix contre 185 obtenues par M. Aclocque, candidat de la droite.

De 1886 à 1889, M. Frézoul fit partie du Bureau du Sénat en qualité de secrétaire.

Il a été réélu le 7 janvier 1894.

Au Sénat, M. Frézoul appartient au groupe avancé « et ses votes sont conformes aux opinions et aux déclarations de toute sa vie ».

DELPECH (Noël-Auguste)

M. Auguste Delpech est né à Bonnac (Ariège) le 22 décembre 1846.

Il était, lors de la dernière élection sénatoriale, professeur au lycée de Foix.

Son grand-père, prêtre constitutionnel, ouvrit, après le Concordat, une école gratuite qui lui attira les rigueurs du nouveau gouvernement; son père fut incarcéré à Pamiers, en décembre 1851.

Volontaire au 1er régiment de zouaves en 1870, M. Auguste Delpech, fait prisonnier à Sambacourt, près Pontarlier, réussit à s'évader.

Révoqué, après le 16 mai 1877, des fonctions de sous-principal au collège de Castres, M. Delpech collabora alors à la rédaction du *Journal de Rouen.*

Professeur de quatrième au lycée de Cahors, censeur à Bastia, professeur au lycée de Nice, M. A. Delpech, dans la presse et dans de nombreuses conférences, s'est montré « le propagateur déterminé des idées d'affranchissement politique et intellectuel »; il est l'auteur de plusieurs brochures de propagande républicaine et anticléricale; il a publié un livre intitulé : l'*Apôtre* et signé *Nivodo.* Libre penseur, il ne croit pas qu'un culte religieux soit nécessaire pour faire connaître, aimer et pratiquer le bien. Il dénoncerait le Concordat et maintiendrait le budget des cultes « par égard pour les nombreux concitoyens qui ont besoin pour eux, ou leur famille, du prêtre, du pasteur ou du rabbin. »

Radical et socialiste, « il approuve la libre recherche des améliorations légales et pacifiques, mais il réprouve toute mesure violente. Il regrette pour l'honneur, pour l'intérêt de sa cause, que, dans les assemblées publiques, on ne se montre pas plus sévère à l'égard de certains agitateurs qui ont aussi peu de conscience que de réelles convictions ».

M. Delpech a été élu sénateur le 7 janvier 1894, au troisième tour, par 312 voix sur 604 (au premier tour il avait obtenu 264 voix et au deuxième tour 301)

AUBE

2 SÉNATEURS (1 r. à nommer).

MM. ÉMILE GAYOT, TÉZENAS

Le 30 janvier 1876, le département de l'Aube n'avait été appelé à élire que deux sénateurs. Il nomma MM. Gayot Amédée), rép., et Masson de Morfontaine.

M. Amédée Gayot, étant décédé le 5 novembre 1880, fut remplacé le 26 décembre suivant, par M. Émile Gayot, rép.

Aux élections du 25 janvier 1885, MM. Émile Gayot, sénateur sortant et Tézenas furent élus.

Le 7 janvier 1894, MM. Émile Gayot et Tézenas ont de nouveau été réélus au premier tour. Le scrutin donna les résultats suivants :

Inscrits : 691 — Votants : 677 — Suffrages exprimés : 663

MM. Émile Gayot, R., s. s.........	628 Élu.
Tézenas, R., s. s.............	455 Élu.
Dr Martinet, rad.............	198

GAYOT (Emile-René)

M. Emile Gayot est né, le 2 février 1834, à Troyes.

Il est le fils d'Amédée-Nicolas Gayot qui fut membre de l'Assemblée constituante de 1848 et de l'Assemblée nationale élue le 8 février 1871, puis sénateur de l'Aube, du 30 janvier 1876 au 5 novembre 1880.

Après avoir terminé ses études au collège de Troyes où il remporta de nombreux succès, M. Emile Gayot fit son droit à la Faculté de Paris et fut reçu licencié, puis docteur.

Il entra dans la magistrature en 1860. Il fut successivement juge suppléant à Nogent-sur-Seine, juge suppléant chargé de l'instruction à Châteaudun, juge à Dreux, à Epernay, à Troyes, et enfin juge d'instruction au tribunal de cette ville.

Le 30 juillet 1877, sous le gouvernement du Seize-Mai, M. Gayot fut révoqué de ses fonctions de juge d'instruction. Il y fut rétabli le 22 janvier 1878. A la même époque, il fut nommé conseiller municipal de Troyes.

Après être resté quatorze ans juge à Troyes, M. Emile Gayot fut nommé, le 9 mars 1880, juge d'instruction à Paris.

Il fut nommé sénateur de l'Aube lors d'une élection partielle, le 26 décembre 1880, au premier tour de scrutin, en remplacement de son père, décédé, par 267 voix contre 176 obtenues par M. Louis Saussier.

Il fut réélu, le 25 janvier 1885, par 501 voix contre 233 à M. Huot, au premier tour de scrutin, et, le 7 janvier 1894, également au premier tour, par 628 voix contre 198 à M. Martinet. Après sa première réélection il se démit de ses fonctions de juge au tribunal de la Seine. Il comptait alors vingt-cinq ans de services judiciaires.

M. Emile Gayot a pris une part très active aux travaux du Sénat; il a été membre et rapporteur d'importantes commissions. Il a pris plusieurs fois la parole, notamment sur le projet de loi tendant à réformer le Code d'instruction criminelle, sur le projet de loi relatif à la protection des enfants abandonnés, délaissés ou maltraités, sur le projet de loi ayant pour objet les moyens préventifs de combattre la récidive, etc.

Le 6 décembre 1888, M. Emile Gayot fut élu questeur du Sénat en remplacement de M. Rampont-Léchin, décédé, et depuis lors a été réélu, en cette qualité, à l'ouverture de chaque session.

M. Emile Gayot appartient à la gauche républicaine.

TÉZENAS (Hippolyte-Antoine)

M. Tézenas est né à Troyes le 16 février 1845.
Il est colonel du génie en retraite.

Elève de l'école polytechnique, il en sortit en 1836, dans le génie militaire.

Il fit campagne en Algérie de 1839 à 1840, puis de 1849 à 1852; en Crimée 1854-55; au siège de Paris (1870-71). Chevalier de la Légion d'honneur en 1851, il fut promu officier en 1864.

Elu député de l'arrondissement d'Arcis-sur-Aube en 1876, il fut réélu le 14 octobre 1877, avec les 363 dont il avait fait partie, puis en 1881.

Il a été élu sénateur en 1885, et réélu, le 7 janvier 1894, par 475 voix contre 190.

A la Chambre M. Tézenas a été président de la commission de l'armée, rapporteur de plusieurs lois militaires et des projets relatifs aux chemins de fer stratégiques de la frontière de l'Est.

Au Sénat, M. Tézenas a souvent pris la parole dans les discussions militaires; il a fait repousser, entre autres, deux projets de loi présentés par le gouvernement, et ayant trait, l'un au payement des décorations accordées pendant la paix dans l'armée territoriale, et l'autre à la réduction à 20 années du temps nécessaire pour le droit à la retraite des officiers.

A la Chambre et au Sénat, M. Tézenas a toujours fait partie du groupe de l'Union républicaine.

AUDE

—

2 SÉNATEURS (1 r. à nommer).

MM. GAUTHIER, MIR

Aux élections du 30 janvier 1876, le département de l'Aude nomma 2 sénateurs : MM. Béraldi et Lambert de Sainte-Croix.

Le 25 janvier 1885, ils furent remplacés par MM. Marcou et Lades-Gout.

MM. Marcou et Lades-Gout étant tous deux décédés à la fin de 1893 n'ont été remplacés que le 7 janvier 1894.

A cette date, MM. Gauthier et Rivals furent proclamés sénateurs, mais l'élection de M. Rivals ayant été annulée, par suite d'une erreur matérielle commise lors de la proclamation du scrutin, M. Gauthier fut seul admis comme sénateur, et il fut procédé le 25 février 1894 à une nouvelle élection qui donna les résultats suivants :

Inscrits : 755 — Votants : 751 — Suffrages exprimés : 745

MM. Mir........................ 398 Élu.
Rivals........................ 366

GAUTHIER (Armand-Elzéar)

M. Gauthier est né à Fitou (Aude) le 28 septembre 1850. Il est docteur en médecine.

Maire de Sigean de 1884 à 1888, il a été réélu maire de cette commune en 1891. Il est conseiller général depuis 1886.

Lauréat de la Faculté, il exerce la médecine depuis dix-huit ans ; il a été l'objet de plusieurs récompenses honori-

fiques pour les services qu'il a rendus dans les épidémies,
notamment lors du choléra en 1885.

Au Conseil général de l'Aude, il a été rapporteur de
plusieurs questions importantes, notamment de celle du
répartement de l'impôt, du projet relatif aux chemins de
fer d'intérêt local, etc.

Il appartient à l'opinion républicaine avancée.

MIR (Eugène)

M. Eugène Mir est né à Castelnaudary, le 14 avril 1843.
Docteur en droit, ancien secrétaire de la Conférence des
avocats de Paris, il est administrateur du Crédit foncier et
du chemin de fer du Nord de l'Espagne, et président du
conseil des chemins de fer départementaux.

Il a été député de l'Aude, de 1876 à 1885 ; il fut l'un des
363. Aux élections législatives de 1889, il fut désigné
comme candidat, à l'unanimité, par le congrès républicain
anti-boulangiste.

Dans son programme d'alors, M. Mir se prononçait notamment pour les mesures suivantes :

Résistance absolue à toutes les menées césariennes et
aux tentatives des monarchies coalisées. Défense de la
République par les mesures légales les plus énergiques ;

Pas de revision actuelle des lois constitutionnelles.
Amélioration de la Constitution républicaine, quand il n'y
aura plus de péril à la tenter, dans un sens largement
démocratique. Renouvellement partiel de la Chambre des
députés ;

Exécution impartiale du Concordat ; respect des institutions républicaines imposé au clergé salarié de l'Etat ;

Réforme progressive de notre système d'impôts ; rema-
niement des contributions indirectes ;

Diminution des frais de justice et élévation de la compétence des juges de paix ;

Protection de l'agriculture : notamment par le maintien des taxes douanières sur les céréales, le non-renou-

vellement en 1892 des traités de commerce, une taxe prohibitive à l'importation des raisins secs, etc. ;

Maintien de la paix ;

Solution progressive de la vraie question sociale par l'établissement successif d'institutions de prévoyance et d'épargne.

En 1889, M. Mir fut élu, au second tour de scrutin, dans l'arrondissement de Castelnaudary par 6.449 voix contre 6.097 obtenues par M. de Lordat, conservateur.

En 1893, il fut réélu, au premier tour, le 20 août, par 6.376 voix, contre 4.342 à M. Guillebert des Essarts, socialiste chrétien.

M. Mir se présenta aux élections sénatoriales du 6 janvier 1894. M. Rivals, son concurrent, avait été déclaré élu, au troisième tour, par 374 voix contre 371 à M. Mir. Des protestations s'étant produites contre cette élection proclamée, alors que M. Mir avait obtenu la majorité (374 contre 370 au second tour), le Sénat annula le scrutin.

Le 25 février, M. Mir a été élu par 398 voix contre 345 accordées à M. Rivals.

AVEYRON

—

3 SÉNATEURS

MM. MONSSERVIN, OUVRIER, JOSEPH FABRE

Le 30 janvier 1876, le département de l'Aveyron, appelé à élire 3 sénateurs, nomma MM. Mayran, Boisse et Delsol, appartenant tous trois à la droite.

Aux élections du 25 janvier 1885, MM. Mayran, Delsol, sénateurs sortants, et Lacombe (dr.) furent élus.

M. Mayran, étant décédé, fut remplacé, le 27 mars 1892, par M. Monsservin (républicain).

Le 7 janvier 1894, l'Aveyron a élu M. Monsservin, sénateur sortant, et deux sénateurs nouveaux, MM. Ouvrier et Joseph Fabre, tous trois républicains.

Inscrits : 819 — Votants : 798 — Suffrages exprimés : 797

MM. Monsservin, R., s. s..........	703	Élu.
Doct' Ouvrier, cons. gén.; R..	493	Élu.
Joseph Fabre, anc. dép., R...	471	Élu.
Eugène Lacombe, D. s. s.....	354	
Jules Durand, R. cathol......	237	

MONSSERVIN (Siffrein-Emile)

M. Monsservin est né à Cette (Hérault), le 5 janvier 1838.

Conseiller honoraire à la cour de Montpellier, conseiller général de l'Aveyron, chevalier de la Légion d'honneur, M. Monsservin a été élu pour la première fois sénateur, lors d'une élection partielle, le 27 mars 1893. Il a été réélu le 7 janvier 1894, par 703 voix sur 797 votants.

Il a pris plusieurs fois la parole au Sénat sur des questions juridiques.

Il est républicain libéral.

OUVRIER (Antoine-Victor)

M. Ouvrier est né à Paris, le 20 juillet 1840.

Il est docteur en médecine, chevalier de la Légion d'honneur, officier d'académie. Il est, depuis 1871, membre du Conseil général de l'Aveyron dont il est actuellement le vice-président.

Sous l'Empire il avait fait partie de l'opposition.

Aux élections du 7 janvier 1894, il a été nommé, au premier tour de scrutin, sénateur par 493 voix contre 237 à M. Durand.

M. Ouvrier est inscrit à la gauche républicaine.

FABRE (Joseph)

M. Joseph Fabre est né à Rodez le 10 décembre 1844.

Après avoir professé les lettres et la philosophie dans les collèges de Millau, de Figeac, d'Auxerre et de Toulon, il fut reçu le premier à l'agrégation de philosophie en 1867. Professeur de philosophie au lycée de Caen (1868), il fut suspendu de ses fonctions pour avoir fait des conférences républicaines. En 1872, il fut réintégré, comme chargé de cours, à la faculté de Bordeaux et de nouveau mis en non-activité sous le ministère de M. de Cumont. En 1875, il fut nommé professeur suppléant de philosophie au lycée Louis-le-Grand et, en 1876, professeur titulaire au lycée Saint-Louis, et, en 1881, maître de conférences à l'École normale supérieure de Sèvres. Il se présenta comme candidat républicain aux élections législatives du 14 octobre 1877 dans l'arrondissement de Rodez, mais ne fut pas nommé. Il fut élu en août 1881. A la Chambre, il se fit inscrire à la gauche radicale et à l'Union républicaine. Il prit une part active aux discussions parlementaires.

Il déposa notamment, en janvier 1883, une proposition tendant à interdire aux membres des familles ayant régné en France tout mandat électif ou emploi civil ou militaire, et donnant au pouvoir exécutif le droit de faire conduire à la frontière ceux dont la présence serait de nature à compromettre la sûreté de l'État.

Cette proposition, qui donna lieu à de longs débats, fut votée.

En janvier 1885, M. Joseph Fabre se présenta aux élections sénatoriales, mais ne fut pas élu. Malgré la désignation du Congrès républicain, il retira sa candidature aux élections générales pour la Chambre des députés au mois d'octobre suivant. M. Joseph Fabre s'est surtout fait connaître par la propagande infatigable qu'il n'a cessé de faire en faveur de l'institution d'une fête nationale annuelle du patriotisme consacrée à Jeanne d'Arc. En 1884, il déposa à ce sujet à la Chambre des députés une proposition signée par 252 de ses collègues. Il vient de la soumettre de nouveau au Sénat, revêtue des signatures des membres les plus marquants de cette assemblée. Il en est le rapporteur.

M. Joseph Fabre a notamment publié : *Jeanne d'Arc, libératrice de la France* (1883) ; *Procès de condamnation de Jeanne d'Arc* (1884) ; *Procès de réhabilitation de Jeanne d'Arc* (1888) ; le *Mystère de la délivrance d'Orléans* en 16 tableaux (publié par le *Temps*) ; avec musique de Paul Vidal ; *le Mois de Jeanne d'Arc* publié par le Temps ; *Jeanne d'Arc*, drame historique représenté au Châtelet (1890) ; le *Mois de Jeanne d'Arc* (1892), couronné par l'Académie française.

Outre les nombreux travaux qu'il a consacrés à Jeanne d'Arc, M. Joseph Fabre a publié plusieurs ouvrages de philosophie, de littérature et d'histoire : *Cours de philosophie* (1870) ; *Notions de philosophie* (1874) ; *Histoire de la philosophie*, antiquité et moyen âge ; les *Libérateurs ou l'Héroïsme civique* ; *Washington*, etc.

Il a été élu, le 7 janvier 1894, au premier tour de scrutin, par 471 voix contre 354 obtenues par M. Lacombe, sénateur sortant.

Il s'est fait inscrire à l'Union républicaine.

9.

BOUCHES-DU-RHONE

4 SÉNATEURS

MM. CHALLEMEL-LACOUR, VELTEN, PEYTRAL

Aux élections du 30 janvier 1876, le département des Bouches-du-Rhône nomma 3 sénateurs : MM. Eugène Pelletan, Challemel-Lacour et Esquiros.

Le 5 janvier 1879, M. Barne fut élu en remplacement de M. Esquiros décédé.

Ayant été élu sénateur inamovible, M. Eugène Pelletan donna sa démission de sénateur des Bouches-du-Rhône, le 1er juillet 1884.

Le 25 janvier 1885, le département des Bouches-du-Rhône a réélu : MM. Challemel-Lacour et Barne, sénateurs sortants, et nommé pour la première fois M. Velten, républicain.

M. Barne, étant décédé à la fin de 1893, n'a été remplacé que lors du renouvellement triennal de 1894.

Le 7 janvier 1894, le département des Bouches-du-Rhône a réélu MM. Challemel-Lacour et Velten, sénateurs sortants, et un sénateur nouveau, M. Peytral, tous trois au premier tour qui a donné les résultats suivants :

Inscrits : 415 — Votants : 411 — Suffrages exprimés : 405

MM. Challemel-Lacour, R., s. s ..... 264 Élu.
    Velten, R., s. s .... 232 Élu.
    Peytral, dép. rad .... 214 Élu.

CHALLEMEL-LACOUR (Paul-Armand)

M. Challemel-Lacour est né à Avranches le 19 mai 1827.

Il fit ses études au lycée Saint-Louis, à Paris, et fut admis à l'Ecole normale supérieure en 1846.

Reçu le premier à l'agrégation de philosophie, en 1849, il fut appelé à professer la philosophie à Pau, puis à Limoges. Ayant protesté avec énergie contre le coup d'Etat, il fut emprisonné, puis proscrit.

Il se réfugia en Belgique où il fit des conférences, puis il voyagea en Allemagne et en Italie. Il enseigna ensuite la littérature française au Polytechnicum, à Zürich.

Après l'amnistie de 1859, M. Challemel-Lacour rentra en France. Il publia alors de nombreuses études littéraires et philosophiques, notamment dans la *Revue nationale*, *la Revue moderne*, *la Revue des Deux-Mondes*, où sa collaboration fut très remarquée. Il faut notamment citer ses études sur la politique allemande de la Prusse, sur les hommes d'Etat de l'Angleterre, sur la littérature et la philosophie allemande (Arthur Schopenhauer), etc.

En même temps, M. Challemel-Lacour prenait une part des plus actives au mouvement qui, chaque jour, allait s'accentuant contre l'Empire. En 1868, en qualité de directeur de la *Revue politique*, il fut, pour avoir ouvert une souscription en faveur du monument de Baudin, impliqué dans le procès, à l'occasion duquel Gambetta prononça sa célèbre plaidoirie; M. Challemel-Lacour fut condamné à 2.000 francs d'amende.

Après le 4 septembre, M. Challemel-Lacour qui, bien que jeune encore, était déjà un vétéran de la cause républicaine, fut désigné pour remplir les difficiles fonctions de préfet du Rhône. Pendant plusieurs mois, dans un milieu où tous les éléments de désordre étaient déchaînés, M. Challemel-Lacour eut à soutenir contre l'émeute une lutte incessante, marquée par des épisodes douloureux et sanglants, tels que le meurtre du commandant Arnaud, fusillé par ses soldats révoltés.

Après la signature de l'armistice et la retraite de Gambetta, M. Challemel-Lacour donna sa démission de préfet du Rhône (5 février 1871).

Lorsque Gambetta eut fondé la *République française*, M. Challemel-Lacour en devint l'un des principaux collaborateurs.

Élu député des Bouches-du-Rhône, lors d'une élection complémentaire, le 7 janvier 1872, par 47.954 suffrages,

M. Challemel-Lacour prit place, à l'Assemblée nationale, dans les rangs de la gauche, qui eut en lui un de ses plus éloquents orateurs.

Il faut citer, au nombre de ses principaux discours d'alors, ceux qu'il prononça sur les affaires de Lyon (30 janvier 1873), à la suite de violentes attaques dirigées contre l'ancien préfet du Rhône par un membre de la droite, M. J. de Carayon-Latour ; sur la non-convocation des collèges électoraux (novembre 1873) ; sur la loi des maires (1874) ; dans la discussion de la loi sur l'enseignement supérieur, en réponse à l'évêque d'Orléans (4 décembre 1874) ; pour la levée de l'état de siège et contre la politique du ministère Buffet (25 décembre 1875), etc.

En toute circonstance, M. Challemel-Lacour vota, à l'Assemblée nationale, avec le groupe dont M. Gambetta était le chef. Le 24 mai 1873, il se prononça pour le maintien de M. Thiers à la présidence de la République ; en novembre 1873, contre le septennat du Maréchal ; le 25 février 1875, pour les lois constitutionnelles.

Lors de l'institution du Sénat, M. Challemel-Lacour fut élu, le 30 janvier 1876, sénateur des Bouches-du-Rhône ; il s'inscrivit à l'Union républicaine avec laquelle il vota, après le 16 mai 1877, contre la dissolution de la Chambre.

Lorsque M. Jules Grévy eut succédé au maréchal de Mac-Mahon, M. Challemel-Lacour fut successivement nommé ambassadeur à Berne (février 1879), ambassadeur à Londres (juin 1880); ministre des affaires étrangères dans le cabinet Jules Ferry (21 février 1883).

En cette dernière qualité, M. Challemel-Lacour prit souvent la parole. Il répondit notamment à l'interpellation du duc de Broglie sur la formation de la Triple Alliance (1er mai 1883).

Le 20 novembre 1883, M. Challemel-Lacour donna, pour raison de santé, sa démission de ministre des affaires étrangères.

Réélu sénateur des Bouches-du-Rhône en janvier 1885, M. Challemel-Lacour prononça, à l'occasion de la discussion générale du budget, au Sénat, le 19 décembre 1888, un important discours dans lequel il demanda instamment au parti républicain de substituer à la politique d'agitation et de stérilité trop souvent suivie, « une politique de simplification, de stabilité, de bon sens et de calme ». Ce discours eut un grand retentissement.

Peu après, le 8 janvier 1889, M. Challemel-Lacour fut élu vice-président du Sénat.

Il appuya, en mars 1890, la proposition Marcel Barthe ayant pour objet de rendre aux tribunaux correctionnels la connaissance des délits d'injure et d'outrage.

Dans la discussion sur les tarifs de douane, il combattit les exagérations du système protecteur et demanda le renouvellement des traités de commerce (18 novembre 1891).

Il prononça un discours non moins remarqué dans la discussion du projet de loi relatif aux Universités (10 mars 1892).

Lors de la célébration du centenaire de la proclamation de la République, le 22 septembre 1892, au Panthéon, M. Challemel-Lacour qui, en qualité de vice-président, remplaçait M. Le Royer, prit la parole au nom du Sénat ; dans un discours, dont l'éloquence produisit une vive impression, il rendit un solennel hommage aux principes de la Révolution française. « Ceux qui les ont proclamés, dit-il, et donnés pour fondement à la République, ont bâti sur le roc. Qu'ils soient glorifiés non seulement pour avoir fait faire un grand pas à la justice sociale, mais pour nous avoir préparé, au prix de tant d'efforts, cette forteresse et cette lumière. »

De nouveau réélu vice-président en janvier 1893, M. Challemel-Lacour fut, le 27 mars, élu président du Sénat après la mort de M. Jules Ferry qui, peu de jours auparavant, avait lui-même succédé à M. Le Royer, démissionnaire.

Depuis qu'il occupe le fauteuil de la présidence, M. Challemel-Lacour a prononcé plusieurs allocutions importantes.

Lors de la rentrée du Parlement, en novembre 1893, le président du Sénat inaugura la reprise des travaux de la haute Assemblée en l'associant aux éclatantes manifestations qui venaient d'avoir lieu en l'honneur de l'escadre russe.

Le 7 janvier 1894, le collège électoral des Bouches-du-Rhône a, pour la troisième fois, appelé M. Challemel-Lacour à faire partie du Sénat où il siège depuis l'origine de cette assemblée. Il fut nommé, au premier tour de scrutin, par 264 voix.

Le 10 janvier, M. Challemel-Lacour a été réélu président du Sénat.

Peu de jours après, le 25 janvier, M. Challemel-Lacour, précédemment élu par l'Académie française à la place vacante par la mort de M. Renan, y prit séance, assisté de ses parrains, MM. Jules Simon et Alfred Mézières. Il prononça l'éloge de M. Renan. C'est M. Gaston Boissier qui répondit à M. Challemel-Lacour, dont il a retracé la triple carrière d'écrivain, d'homme politique et d'orateur.

PEYTRAL (Paul-Louis)

M. Paul Peytral est né à Marseille le 20 janvier 1842.

Il prit de bonne heure une part très active aux luttes de la démocratie marseillaise, et devint, dans les Bouches-du-Rhône, un des chefs du parti républicain.

Après avoir été nommé conseiller général, il fut élu pour la première fois député, en août 1881, dans la première circonscription de Marseille, comme candidat de l'extrême gauche. Il fut réélu en 1885, au scrutin de liste, le premier de la liste radicale, par 56.173 voix.

Il a pris une grande part, depuis 1881, aux discussions économiques et financières. Il a été membre, puis président de la commission du budget. Dans le second cabinet Freycinet (7 janvier 1886), il fut sous-secrétaire d'Etat au ministère des finances dont M. Sadi Carnot était alors titulaire. Il conserva ces fonctions jusqu'à l'arrivée du ministère Goblet (11 décembre 1886). Il fit partie, comme ministre des finances, du cabinet Floquet (3 avril 1888) et prépara, en cette qualité, d'importants projets de lois relatifs à la réforme de notre régime fiscal, notamment un projet établissant un impôt sur le revenu. Il se retira lors de l'arrivée du second ministère Tirard et fut remplacé par M. Rouvier.

M. Peytral fut élu au premier tour, aux élections législatives de 1889, par 5.844 voix, contre 2.836 obtenues par M. Théophile Fabre, boulangiste, 1.139 par M. Alcide Furby, radical socialiste.

Pendant la dernière législature, M. Peytral continua de se consacrer à l'étude des questions économiques et fiscales. Il fit partie de la grande commission chargée de reviser les tarifs douaniers et il y défendit les idées libre-échangistes. La confiance de ses collègues l'avait appelé de nouveau à la vice-présidence de la Chambre des députés, lorsque M. Charles Dupuy, chargé de former un cabinet, le rappela au ministère des finances (avril 1893) ; à ce titre, M. Peytral présida à l'élaboration des deux budgets de 1893 et de 1894, ce dernier devant être voté avant la fin de la législature.

Aux élections du 20 août, M, Peytral se représenta, dans la première circonscription de Marseille, comme candidat républicain radical. Il fut élu par 7.353 voix, contre 2.651 obtenues par ses trois concurrents socialistes.

M. Peytral quitta le ministère des finances lorsqu'en novembre 1893, le cabinet Dupuy fut remplacé par le cabinet Casimir-Perier. Il eut comme successeur M. Burdeau.

M. Peytral a été élu sénateur des Bouches-du-Rhône le 7 janvier 1894.

Il est membre de la commission des finances du Sénat.

VELTEN (Geoffroi)

M. Velten est né à Brumath (Alsace) le 10 septembre 1831.
Il possède à Marseille d'importantes brasseries.

Conseiller municipal de Marseille en 1874, conseiller général des Bouches-du-Rhône de 1879 à 1885, il a été élu sénateur en janvier 1885 et réélu le 7 février 1894.

Il a pris part à la discussion du tarif général des douanes et, en toutes circonstances, a défendu les intérêts du département des Bouches-du-Rhône.

Il est républicain radical.

CALVADOS

—

3 SÉNATEURS

MM. ANNE, TURGIS, DUCHESNE-FOURNET

Le 30 janvier 1876, le Calvados nomma 3 sénateurs : MM. Paulmier (Dr), Bocher, appartenant à la droite, et le vicomte de Saint-Pierre (centre gauche).

Aux élections du 25 janvier 1885, MM. Bocher et le vicomte de Saint-Pierre, sénateurs sortants, furent réélus, et M. Lavalley nommé pour la première fois.

M. le vicomte de Saint-Pierre, décédé le 29 décembre 1890, fut remplacé le 15 mars 1891 par M. Turgis.

Le 16 octobre 1892, M. Anne, républicain, remplaça M. Lavalley, décédé.

Le 7 janvier 1894, le scrutin a donné les résultats suivants :

Inscrits : 1.160 — Votants : 1.144 — Suffrages exprimés : 1.140

MM. Anne, R., s. s................... 1.002 Élu.
Turgis, R., s. s.................... 996 Élu.
Duchesne-Fournet, anc. dé. R. 795 Élu.

ANNE (Juste-Norbert)

M. Anne est né à Fresney-le-Puceux (Calvados) le 5 mai 1840.

Il est vétérinaire.

Président de la Société vétérinaire du Calvados, de la Manche et de l'Orne ; chef sanitaire du département du Calvados ; président de l'Association vétérinaire normande, membre du Conseil d'hygiène, de la Société d'agriculture et de commerce de Caen, du Conseil de perfectionnement des écoles vétérinaires, de la Société Linnéenne, etc., M. Anne est conseiller municipal de Caen et conseiller général du Calvados.

Il est chevalier de la Légion d'honneur et de l'ordre de Léopold de Belgique.

Il a fait de nombreuses publications sur la médecine vétérinaire, l'agriculture et l'élevage du cheval.

Il a été élu pour la première fois sénateur du Calvados. le 16 octobre 1892 par 698 voix sur 1.150 votants; au premier tour il en avait obtenu 565 contre 4 concurrents.

Il a été réélu le 7 janvier 1894 par 1.002 voix sur 1.140 votants.

Il est républicain.progressiste.

TURGIS (Hippolyte-Eugène)

M. Turgis est né le 9 décembre 1828, à Hermanville-sur-Mer.

Il est docteur en médecine.

Médecin en chef de l'hôpital de Falaise, correspondant national de la Société de chirurgie, maire de Falaise, vice-président du Conseil général du Calvados, chevalier de la Légion d'honneur, officier de l'instruction publique, M. Turgis fut pour la première fois élu sénateur lors d'une élection partielle, comme candidat républicain, le 15 mars 1891, par 788 voix sur 1.161 votants.

Il a été réélu, le 7 janvier 1894, par 996 voix sur 1.160 votants.

Il siège à gauche.

DUCHESNE-FOURNET (Paul)

M. Duchesne-Fournet est né à Lisieux (Calvados) le 20 mai 1845.

Ancien manufacturier, chevalier de la Légion d'honneur, conseiller général du Calvados depuis 1873, il fut, en 1881, nommé député par l'arrondissement de Pont-l'Evêque, avec 3.000 voix de majorité. Il a siégé à la Chambre, de 1881 à 1885.

Il a été élu sénateur du Calvados, le 7 janvier 1894, par 795 voix contre 352 obtenues par M. le baron Brunet.

Il appartient à la gauche républicaine.

CANTAL

—

2 SÉNATEURS

MM. BADUEL, DEVÈS

Aux élections du 30 janvier 1876, le Cantal nomma 2 sénateurs : MM. de Parieu et Bertrand.

Le 11 juin 1882, M. Brugerolle fut élu en remplacement de M. Bertrand, décédé le 13 avril 1882.

Le 25 janvier 1885, MM. Joseph Cabanes et Léon Cabanes, républicains, furent élus.

Décédé le 11 juin 1886, M. Léon Cabanes a été remplacé le 29 août 1886, par M. Paul Devès, républicain.

Le 18 octobre 1891, M. Joseph Cabanes, décédé, fut remplacé par M. Baduel, républicain.

Le 7 janvier 1894, le scrutin a donné les résultats suivants :

Inscrits : 580 — Votants : 578 — Suffrages exprimés : 564

MM. Baduel, R., s. s................ 519 Élu.
Paul Devès, R. s. s .... 331 Élu.

BADUEL (Albert)

M. Baduel est né à Saint-Flour (Cantal) le 25 avril 1844. Engagé volontaire en 1870, au 4ᵉ régiment de cuirassiers, avocat de 1869 à 1879, président du tribunal de Thiers en 1883, puis conseiller à la cour de Riom, il a été, pour la première fois élu sénateur le 18 octobre 1891 par 339 voix sur 577 suffrages exprimés, lors d'une élection partielle.

Il a été nommé en 1885 chevalier du Mérite agricole et en 1886 officier d'Académie. Il a, en 1886, obtenu une médaille d'or de première classe pour actes de sauvetage et de dévouement.

Il a été réélu sénateur, le 7 janvier 1894, par 519 voix sur 561 suffrages exprimés.

Républicain progressiste, il est membre du comité de direction de la gauche démocratique du Sénat.

DEVÈS (Pierre-Paul)

M. Paul Devès est né à Aurillac (Cantal) le 3 novembre 1837.

Avocat à Béziers, conseiller général de l'Hérault pour le canton de Servran, M. Paul Devès fut nommé procureur de la République à Béziers après le 4 septembre 1870 par le gouvernement de la Défense nationale. Démissionnaire le 7 février 1871, il devint, aussitôt après, maire de Béziers.

Aux élections législatives du 20 février 1876, M. Devès fut élu député par la 2e circonscription de Béziers, combattit le ministère de Broglie et fut l'un des 363. Il fut réélu le 14 octobre 1877. Il prit alors une part très active aux discussions parlementaires.

Réélu député à Béziers le 21 août 1881, M. Devès donna sa démission pour se présenter dans l'arrondissement de Bagnères-de-Bigorre (Hautes-Pyrénées) en remplacement de M. Constans, après l'option de ce dernier en faveur de la première circonscription de Toulouse. Il y fut élu le 18 décembre 1881, peu de temps après son entrée dans le cabinet Gambetta (14 novembre 1881), où lui avait été confié le portefeuille de l'agriculture, dont il fut le premier titulaire. Il se retira lors du renversement du ministère Gambetta (26 janvier 1882).

Quelques mois après, M. Devès fut appelé à faire partie du cabinet Duclerc (17 août 1882), en qualité de garde des sceaux, ministre de la justice et des cultes. Il intervint comme ministre, dans la discussion du nouveau serment judiciaire (décembre 1882), défendit le cabinet contre l'accusation d'arrestation arbitraire à propos de l'affaire du manifeste du prince Jérôme, qui posa la question des prétendants (janvier 1883). Lorsque M. Fallières succéda à M. Duclerc, comme président du conseil (29 janvier 1883), M. Devès conserva le portefeuille de la justice et des cultes ; peu après, M. Fallières étant tombé malade, M. Devès fut chargé, par intérim, de la présidence du conseil. C'est en cette qualité qu'il intervint à plusieurs reprises, au nom du gouvernement, à la Chambre et au Sénat, dans la discussion de la proposition de M. Joseph Fabre tendant à interdire l'accès des fonctions publiques, électives ou autres, aux membres des familles ayant régné sur la France. M. Devès quitta le ministère lorsque le cabinet Fallières fut remplacé par le 2e cabinet Ferry (21 février 1883).

Il fut réélu, en juillet 1885, aux fonctions de vice-président de la Chambre des députés qu'il avait précédemment occupées.

Aux élections législatives du 4 octobre 1885, la liste républicaine, sur laquelle était porté M. Devès, échoua dans les Hautes-Pyrénées.

Le 29 août 1886, il fut élu au Sénat, lors d'une élection partielle en remplacement de M. Léon Cabanes, décédé.

Il a été réélu, le 7 janvier 1894, au premier tour de scrutin, par 331 voix sur 578 votants.

M. Devès est conseiller général du Cantal, pour le canton d'Aurillac-Nord.

A la Chambre et au Sénat, M. Devès n'a cessé de faire partie de la gauche républicaine.

CHARENTE

3 SÉNATEURS

MM. MARTELL, BROTHIER, LAPORTE

Le 30 janvier 1876, le département de la Charente nomma 2 sénateurs : MM. André et Hennessy (dr.).

M. André, décédé le 28 novembre 1878, fut remplacé le 16 février 1879 par M. le général marquis de Brémond d'Ars, et M. Hennessy, décédé le 2 septembre 1879, fut remplacé par M. le maréchal Canrobert le 9 novembre 1879.

Aux élections du 25 janvier 1885, les deux sénateurs sortants : MM. le général marquis de Brémond d'Ars et le maréchal Canrobert, furent réélus.

Le 27 juillet 1890, M. Edouard Martell remplaça M. le général Gresley, sénateur inamovible, décédé.

Aux élections du 7 janvier 1894, MM. le maréchal Canrobert et le général de Brémond d'Ars ne se représentèrent pas. Le scrutin donna les résultats suivants :

Inscrits : 847 — Votants : 841 — Suffrages exprimés : 841

MM. Édouard Martell, R., s. s	433 Élu.
Brothier, cons. gén., R	427 Élu.
Laporte, maire de Jarnac, R	427 Élu.
Lacombe, cons. gén., R	401
D'Hémery, vice-prés. du Cons. gén., D	386
Darnal, cons. gén., D	321

MARTELL (Jean-Constantin-Édouard)

M. Martell est né à Cognac, le 17 février 1834.

Il est négociant en eaux-de-vie et possède une des plus renommées maisons de Cognac.

Ancien membre de l'Assemblée nationale de 1871, membre et secrétaire du Conseil général de la Charente de 1871 à 1874, réélu conseiller général, comme précédemment pour le canton de Cognac en janvier 1890, puis en juillet 1892, M. Martell est président de la Chambre de commerce de Cognac.

Il a été pour la première fois élu sénateur de la Charente, le 27 juillet 1890, en remplacement du général Gresley, sénateur inamovible, décédé.

Il fut réélu le 7 janvier 1894, sénateur de la Charente, avec le programme Dupuy, par 433 voix.

Il a pris plusieurs fois part aux discussions douanières et économiques.

BROTHIER (Théodule)

M. Brothier est né, le 16 mars 1819, à Nouleine.

Il est conseiller général, chevalier de la Légion d'honneur.

Il a été élu sénateur de la Charente, sur la liste républicaine, le 7 janvier 1894, au premier tour de scrutin, par 427 voix, contre 409 obtenues par M. Lacombe.

Il siège à gauche.

LAPORTE-BISQUIT (Jean-Maurice)

M. Laporte-Bisquit est né à Limoges, le 5 novembre 1842.

Il est le chef de la maison Bisquit-Dubouché et compagnie (Cognac).

Il est licencié en droit, maire de Jarnac, vice-président du Conseil d'arrondissement de Cognac, chevalier de la Légion d'honneur, officier d'Académie, ancien membre du jury à l'Exposition universelle de 1889.

Homme d'affaires n'ayant pas fait de politique militante, M. Laporte-Bisquit s'est présenté aux élections du 7 janvier 1894 comme républicain de gouvernement. Il a toujours été républicain. Il est le gendre de feu M. Adrien Dubouché, ancien maire de Limoges et créateur du musée céramique de Limoges qui est devenu musée national, et continue à porter, en vertu d'une décision ministérielle, le nom de musée Dubouché.

M. Laporte-Bisquit siège à gauche.

CHARENTE-INFÉRIEURE

4 SÉNATEURS

MM. BISSEUIL, CHARLES MOINET, COMBES, CALVET

Aux élections du 30 janvier 1876, le département de la Charente-Inférieure nomma 3 sénateurs appartenant à la droite : MM. le baron Vast-Vimeux, Boffinton et Roy de Loulay.

Le 25 janvier 1885, ils furent remplacés par MM. Mestreau, Barbedette et Combes, républicains.

Le 29 novembre 1891, M. Charles Moinet, républicain, fut élu lors d'une élection partielle, en remplacement de M. Mestreau.

Le 21 février 1892, M. Bisseuil, républicain, fut élu en remplacement de M. H. Didier, sénateur inamovible décédé.

Le 7 janvier 1894, la Charente-Inférieure a réélu : MM. Bisseuil, Moinet, Combes, sénateurs sortants, et élu M. Calvet, rép., en remplacement de M. Barbedette.

Inscrits : 1014 — Votants : 999 — Suffrages exprimés : 999

MM. Bisseuil, R., s. s.............	777	Élu.
Moinet, R., s. s.............	636	Élu.
Combes, R., s. s.............	559	Élu.
Calvet, ancien préfet, R.....	539	Élu.
Barbedette, R., s. s........	530	
Delmas, anc. dép. rad.......	373	
Frédéric Roche, R..........	198	

BISSEUIL (Eugène-Aimé)

M. Bisseuil est né à Lazard, arrondissement de Saintes, le 23 avril 1833.

Il a été notaire et avoué à la Rochelle de 1858 à 1878, député de la 1re circonscription de Saintes de 1881 à 1885, trésorier-payeur général de l'Aube et de la Charente-Inférieure de 1886 à 1891. Il est, depuis 1874, conseiller général du canton de Saint-Pierre (île d'Oléron).

M. Bisseuil a été élu pour la première fois sénateur, lors d'une élection partielle, le 21 février 1892, au deuxième tour de scrutin, par 548 voix sur 1.008 votants, en remplacement de M. Henri Didier, sénateur inamovible décédé. Il a été réélu, le 7 janvier 1894, le premier de la liste républicaine, par 777 voix sur 999 votants.

A la Chambre, puis au Sénat, M. Bisseuil s'est surtout consacré, d'une manière très active, à l'étude des questions d'impôts et de contributions.

Il a notamment attaché son nom à une proposition de loi relative au dégrèvement des propriétés non bâties et tendant à la péréquation par voie de dégrèvement des départements surimposés. Ce dégrèvement, qui donna lieu à de nombreuses discussions, fut voté en 1890, alors que M. Bisseuil n'était plus député.

Au Sénat, M. Bisseuil a pris plusieurs fois la parole dans les discussions budgétaires, notamment pour proposer une réforme des impôts, la diminution des charges qui grèvent la propriété rurale, l'organisation du crédit agricole, la réforme du régime des boissons, le maintien du droit des bouilleurs de cru, etc.

M. Bisseuil est président de la commission des frais des notaires, avoués et huissiers, de la commission des valeurs de bourse, etc.

Républicain progressiste, il est inscrit au groupe de la gauche démocratique du Sénat.

MOINET (Jean-Charles)

M. Charles Moinet est né à Rochefort-sur-Mer (Charente-Inférieure), le 8 décembre 1836.

Docteur en médecine, médecin de la marine militaire, il fut à l'âge de 26 ans, pendant la campagne du Mexique, décoré de la Légion d'honneur pour services exceptionnels.

Il a publié de nombreux travaux sur la médecine et économie politique, et fait de nombreuses conférences de vulgarisation scientifique ou sur des questions ayant trait à la défense nationale. En août 1891, il organisa à Cauterets une fête qui eut un grand retentissement, en l'honneur du baron de Mohrenheim, ambassadeur de Russie, à la suite des fêtes de Cronstadt.

M. Moinet a été pour la première fois élu sénateur de la Charente-Inférieure, lors d'une élection partielle le 29 novembre 1891, au deuxième tour, par 502 voix.

Le 7 janvier 1894, il a été réélu, le second sur quatre, par 636 voix.

Au Sénat, il s'est particulièrement occupé des questions maritimes et coloniales. Il a notamment pris la parole sur l'organisation du service de santé de la marine et des colonies, dont il défendit les droits, sur l'armée coloniale, sur le transfert de l'administration des colonies du ministère de la marine au ministère du commerce, sur la loi de la marine marchande, dont il a été le rapporteur, sur l'approfondissement de la Charente maritime, etc.

Le 10 mai 1894, il a adressé au gouvernement une interpellation sur l'organisation de l'armée coloniale.

M. Charles Moinet est démocrate républicain.

COMBES (Justin-Louis-Emile)

M. Combes est né à Roquecourbe (Tarn) le 6 septembre 1835.

Il est docteur en médecine et docteur ès lettres.

Maire de Pons (Charente-Inférieure) depuis 1876, sauf pendant la durée du gouvernement du Seize-Mai qui le révoqua, M. Combes est conseiller général de la Charente-Inférieure.

Il a publié de nombreux travaux de philosophie et d'histoire, notamment un ouvrage important sur *la Psychologie de saint Thomas d'Aquin*, et dans l'ancienne *Revue contemporaine* des articles sur *Virgile considéré comme poète didactique et comme poète médecin*, sur le *Saint-Simonisme*, sur la *Métaphysique de Kant*, sur la *Philosophie de saint Augustin*, etc. Il est également l'auteur de nombreux articles de revue sur les *temps préhistoriques*, etc.

M. Combes fut élu pour la première fois sénateur le 25 janvier 1885, au 1er tour de scrutin, par 538 voix contre 432 accordées à M. Roy· de Loulay, sénateur sortant, candidat de la droite.

Au Sénat, M. Combes a eu un rôle très actif et très laborieux. Il a été membre de nombreuses commissions et a rédigé des rapports très développés sur les dépenses ordinaires de l'enseignement primaire et les traitements du personnel, sur l'enseignement primaire des indigènes d'Algérie, sur l'enseignement supérieur musulman, etc. Il a souvent pris la parole, notamment sur les questions relatives à l'instruction publique, et, en particulier, sur l'organisation de l'enseignement moderne.

Il a été nommé, en octobre 1893, vice-président du Sénat en remplacement de M. Emile Lenoël, décédé.

M. Combes a été réélu sénateur de la Charente-Inférieure le 7 janvier 1894, au 1er tour, par 559 voix.

Il a été réélu vice-président du Sénat, à l'ouverture de la session de janvier 1894.

Il appartient à la gauche démocratique dont il a été le président. Il professe des opinions très progressistes.

Il siège à gauche.

CALVET (Auguste)

M. Calvet est né à Lodève (Hérault) le 16 novembre 1843.

Il est propriétaire agriculteur aux Angers, près Pons (Charente-Inférieure).

Il appartint à l'administration des forêts et fut nommé préfet, en 1881, par le cabinet Gambetta. Il est chevalier de la Légion d'honneur.

M. Calvet a publié plusieurs études d'économie politique et agricole.

Il a été élu sénateur, comme candidat républicain, par 539 voix, au premier tour, le 7 janvier 1894.

Il siège à gauche.

CHER

---

3 SÉNATEURS

MM. PEAUDECERF, PAULIAT, GIRAULT

Le 30 janvier 1876, le département du Cher nomma 2 sénateurs : MM. Henri Fournier et le duc de Rivière, appartenant
tous deux à la droite.

Ils furent remplacés le 25 janvier 1885, par MM. Peaudecerf et
Girault, républicains.

Le 15 mai 1887, M. Pauliat fut élu en remplacement de
M. Corne, sénateur inamovible, décédé.

Le 7 janvier 1894, MM. Peaudecerf, Pauliat, Girault, furent
réélus. Le scrutin donna les résultats suivants :

PREMIER TOUR

Inscrits : 728 — Votants : 721 — Suffrages exprimés : 715

MM. Peaudecerf, R., s. s..........	351
Pauliat, rép. s. s............	350
Girault, rép., s. s...........	336
Gosset, R.................	281
Pellé, P.................	277
Docteur Méraut, R..........	234
le docteur Mirpied, maire de Bourges, R.............	74
Apied, soc.............	62
Forest, soc.............	62
Benoist, soc.............	59
Divers.............	41

Ballottage.

DEUXIÈME TOUR

MM. Peaudecerf, R.............	420	Élu.
Girault, rad., s. s...........	412	Elu.

MM. Pauliat, rad., s. s............ 420 Élu.
Pellé, R.................... 284
Docteur Méraut, R.......... 268
Gosset, R....... 285

PEAUDECERF (Jacques-Valentin)

M. Peaudecerf est né à Bourges le 31 août 1835.

Il est propriétaire agriculteur à Saint-Georges-sur-Moulon (Cher) .

Ancien vérificateur des poids et mesures, major des mobilisés du Cher pendant la guerre de 1870-71, ancien conseiller municipal, il a été successivement conseiller de préfecture, puis vice-président du Conseil de préfecture du Cher, secrétaire général du même département et préfet de l'Indre.

Il est chevalier de la Légion d'honneur, officier d'Académie, chevalier du Mérite agricole.

Il est membre du Conseil supérieur de l'agriculture, ancien membre du comité supérieur du travail dans l'industrie, membre du bureau national des poids et mesures et de la commission de métrologie usuelle.

Il a été élu sénateur pour la première fois le 25 janvier 1885 ; il a été réélu le 7 janvier 1894, au second tour de scrutin, par 420 voix ; il en avait obtenu, au premier, 351.

M. Peaudecerf s'occupe notamment des questions ouvrières, des questions administratives et des questions agricoles.

Républicain démocrate, indépendant, il n'appartient à aucun groupe du Sénat.

PAULIAT (Louis)

M. Louis Pauliat est né à Nevers (Nièvre), le 13 janvier 1847 ; il est originaire du Cher par la famille de sa mère.

Il est homme de lettres.

M. Pauliat débuta comme journaliste, avant 1870, au *Journal de Paris ;* il collabora ensuite au *Journal des éco-*

nomistes, au *Rappel*, au *Peuple souverain*, à la *Revue politique et littéraire*, à la *Tribune*, à la *République démocratique*. Pendant plusieurs années il a fait paraître dans la *Nouvelle Revue* des articles rémarqués sur la politique intérieure, la question monétaire, les institutions du moyen âge, etc. Il a publié différents ouvrages : *le Mandat impératif avant 1789* (1872); *Associations et chambres syndicales ouvrières* (1873); *Conseils de prud'hommes* (1873); *la Société au temps d'Homère* (1881); *Madagascar* (1883) ; *Louis XIV et la compagnie des Indes en 1664* (1889); *la Politique coloniale sous l'ancien régime* (1886).

Il a été chargé de plusieurs missions, notamment par le ministère des affaires étrangères, sur la proposition duquel il fut nommé, en 1886, chevalier de la Légion d'honneur, avec la mention : « pour services exceptionnels rendus au ministère des affaires étrangères ».

Il fut élu pour la première fois sénateur le 15 mai 1887, au troisième tour par 348 voix contre 334 à M. de Vogüé. Il a été réélu le 7 janvier 1894, au second tour, par 420 voix, contre 286 à M. Gassé.

Comme sénateur, M. Pauliat a été chargé, en 1889, d'un important rapport sur la proposition de loi relative aux trésoriers-payeurs généraux. En 1891, il a interpellé le gouvernement sur la situation de l'Algérie; c'est à la suite de cette interpellation que fut nommée la commission sénatoriale de l'Algérie, successivement présidée par M. Jules Ferry et par M. Constans et dont les travaux ont donné lieu à d'importantes discussions. En 1892, la commission sénatoriale de l'Algérie le chargea d'aller étudier en Tunisie la question de l'administration des indigènes.

M. Pauliat appartient à la gauche démocratique du Sénat.

GIRAULT (Jean)

M. Girault est né en 1826.

Il est meunier.

En 1848, il organisa le comité démocratique de Saint-Amand et fut délégué par la garde nationale de son canton pour assister à Paris à la fête de la Constitution.

Il protesta contre le coup d'Etat du 2 décembre 1851 et se consacra ensuite à son industrie.

Aux élections législatives de 1869, M. Girault se présenta comme candidat de l'opposition démocratique dans la deuxième circonscription du Cher et fut élu, au second tour de scrutin, par 11.964 voix.

Au Corps législatif, il combattit le plébiscite et vota contre la déclaration de guerre.

En 1871, il obtint un grand nombre de voix, mais ne fut pas élu.

Il fut réélu député par la première circonscription de Saint-Amand le 28 février 1876. Après le 16 mai 1877, il fut l'un des 363. Il fut réélu le 14 octobre 1877 et aux élections de 1881.

Il a été nommé sénateur du Cher le 25 janvier 1885 et réélu le 7 janvier 1894.

M. Girault a toujours siégé à l'extrême gauche; il est l'auteur de nombreuses propositions politiques, économiques et financières. Il a souvent pris la parole pour les défendre. Il a adressé au gouvernement de nombreuses interpellations.

CORRÈZE

—

3 SÉNATEURS

MM. DE SAL, LABROUSSE, DELLESTABLE

Aux élections du 30 janvier 1876, le département de la Corrèze avait élu 2 sénateurs : MM. le baron Lafond de Saint-Mür (rép.), et Joseph Brunet (droite).

Le 25 janvier 1885, MM. le baron Lafond de Saint-Mür, sénateur sortant, et Lecherbonnier (rép.) furent élus.

Le 27 juin 1886, M. Léonce de Sal fut élu en remplacement de M. le comte de Cornulier-Lucinière, sénateur inamovible, décédé.

Le 7 janvier 1894 le scrutin a donné les résultats suivants :

Inscrits : 716 — Votants : 712 — Suffrages exprimés : 711

MM. de Sal, R., s. s.	378	Élu.
Labrousse, anc. dép. rad.	378	Élu.
Dellestable, dép. rad.	359	Élu.
E. Vachal, anc. dép. rad.	154	
le Dr Billot, R.	141	
Lafond de Saint-Mür, R., s. s.	78	

SAL (Léonard-Honoré-Léonce-Chaverbière de)

M. Léonce de Sal est né le 30 septembre 1833.

Il est avocat à la cour d'appel de Paris.

Il a été élu sénateur de la Corrèze lors d'une élection partielle, le 27 juin 1886 comme candidat républicain, au troisième tour de scrutin, par 413 voix contre 271 à M. Penières. Il a été réélu le 7 janvier 1894, au premier tour, par 378 voix contre 301 à M. Dubois.

M. de Sal a pris une part très active aux travaux du

Sénat ; il a prononcé de nombreux discours, notamment dans les discussions juridiques.

Il siège à gauche.

LABROUSSE (Philippe-Michel)

M. Labrousse est né, le 3 mai 1847, à Sainte-Ferréole.

Il est docteur en médecine, chevalier de la Légion d'honneur, officier d'Académie.

Conseiller général du canton de Donzenac, il a été, pour la première fois, élu député de la deuxième circonscription de Brive en 1881 et réélu en 1885 sur la liste républicaine, au scrutin de liste.

En 1889, il fut élu, par la deuxième circonscription de Brive, le 22 septembre, par 6.299 voix contre 5.691, obtenues par M. Aubert, boulangiste.

En 1893, il fut réélu par 9.662 voix, contre 1.413, à M. Siauve-Evausy, socialiste.

Il a été nommé sénateur de la Corrèze le 7 janvier 1894, au premier tour, par 378 voix sur 712 votants.

Il siège à gauche.

DELLESTABLE (François-Antoine)

M. Dellestable est né à Neuvic-d'Ussel (Corrèze) le 31 décembre 1851.

Il est docteur en médecine. Maire de Neuvic depuis 1884, membre du Conseil d'arrondissement depuis 1884, président de cette assemblée depuis 1886, M. Dellestable fut, pour la première fois, élu député de la Corrèze le 18 octobre 1885, au scrutin de liste par 37.146 voix sur 58.246 votants. Il fut réélu, le 22 septembre 1889, par 7.396 voix contre 2.336 à M. Lachaze et 2.219 à M. de Selve de Sarrans, candidats conservateurs, et le 20 août 1893, par 9.214 voix contre 277 à M. Salesses. M. Dellestable a voté constamment à la Chambre avec la gauche radicale. Il a fait partie de ce groupe durant la législature 1885-1889.

Il a été élu sénateur, le 7 janvier 1894, par 359 voix, contre 301 à M. Dubois, sur 740 votants.

CORSE

—

3 SÉNATEURS

MM. DE CASABIANCA, PITTI-FERRANDI, FARINOLE

Le 30 janvier 1876, le département de la Corse avait nommé 2 sénateurs : MM. le comte Valery et Galloni d'Istria (droite).

M. le comte Valery, décédé le 26 mars 1879, fut remplacé le 22 juin par M. Piétri (droite).

Aux élections du 25 janvier 1885, MM. de Casabianca et Peraldi, républicains, furent élus.

Le 22 avril 1888, M. de Corsi remplaça M. le général Frébault, sénateur inamovible, décédé.

Décédé le 13 octobre 1888, M. de Corsi fut remplacé le 13 janvier 1889, par M. Morelli.

Le 7 janvier 1894, le scrutin donna les résultats suivants :

Inscrits : 768 — Votants : 747 — Suffrages exprimés : 747

MM. de Casabianca, R., s. s...	434 Élu.
Pitti-Ferrandi, R...............	415 Élu.
Farinole, R...	409 Élu.
Peraldi, R., s. s............	348
Muracciole, R., s. s	272
Pierre Carbucca, cons. gén., R.	186
le colonel Astima, anc. dép., R.	167

CASABIANCA (Pierre-Paul de)

M. de Casabianca est né à Bastia le 13 septembre 1839.

Avocat à Bastia, il se présenta aux élections législatives de 1881 contre M. Gavini; il ne fut pas élu, mais obtint 6.533 voix contre 7.406.

Aux élections du 25 janvier 1885. M. de Casabianca fut élu sénateur de la Corse par 477 voix contre 744.

Il a pris plusieurs fois la parole dans la discussion des questions juridiques et a fait partie, au Sénat, de nombreuses commissions.

Il est président du Conseil général de la Corse.

Il a été réélu le 7 janvier 1894.

PITTI-FERRANDI (François-Marie) [1]

M. Pitti-Ferrandi était né à Pietra-di-Verde (Corse), le 22 février 1838.

Il était docteur en médecine.

Médecin du lycée de Bastia, officier d'Académie, conseiller municipal de Bastia, conseiller général de la Corse pour le canton de Muro, il fut élu sénateur le 7 janvier 1894 par 415 voix.

Il s'était fait inscrire à la gauche républicaine.

FARINOLE (Vincent-Marie)

M. Farinole est né à Sigean (Aude) le 1er septembre 1832.

M. Farinole était depuis seize ans avocat lorsque, après le 4 septembre 1870, il fut nommé procureur de la République à Bastia par M. Crémieux, puis juge au Havre et avocat général à Bastia par M. Dufaure, conseiller à la cour d'appel de Bastia par M. Le Royer, et enfin conseiller à la cour d'Aix par M. Martin-Feuillée. Il fut révoqué de ses fonctions d'avocat général sous le gouvernement du 24 mai par M. Depeyre. Après son élection au Sénat, il a été nommé conseiller honoraire à la cour d'Aix et admis à faire valoir ses droits à la retraite.

M. Farinole appartient à une famille légitimiste. Son grand-père, qui fut conseiller-doyen à la cour royale de

1. M. Pitti-Ferrandi est mort subitement depuis son élection. Il doit être prochainement remplacé.

Bastia, était, sous Louis, XVI, membre du conseil supérieur de la Corse ; son oncle, évêque de Saint-Florent, émigra ; son père, décédé en 1888, était le dernier chevalier de Saint-Louis ; sa mère est de la famille de l'ingénieur belge Mathieu qui fut anobli sous Louis XVI après sa découverte du charbon à Anzin.

Quoique parent ou allié des Gavini, des Abbatucci, des Pietri, M. Farinole a toujours été républicain. A la séance de la Chambre des députés, du 7 juin 1884, M. Jules Maigne, président de l'extrême-gauche, s'exprima en ces termes au sujet de M. Farinole dont le nom avait été prononcé : « Je ne puis m'empêcher d'exprimer les sentiments d'estime et de reconnaissance qui me rattachent à l'un des hommes les plus honorables du parti républicain de la Corse, qui ne craignait pas de combattre ouvertement l'Empire aux jours de ses plus grands triomphes. »

M. Farinole fut l'un des fondateurs du journal la *Revanche* dont la polémique avec le prince Pierre Bonaparte aboutit au drame d'Auteuil. C'est une lettre de M. Farinole à son parent, M. Paschal Grousset, correspondant de la *Revanche* à Paris, qui détermina celui-ci à envoyer un cartel à Pierre Bonaparte. Le prince Pierre avait menacé *de faire arracher les tripes* (sic) aux rédacteurs de la *Revanche*. L'un des témoins de Paschal Grousset était Victor Noir ; on sait le reste.

M. Farinole mena en Corse la campagne antiplébiscitaire. Malgré les menaces et en s'exposant à de grands dangers, il se rendit au scrutin, et, avec trois cents amis comme lui hués et insultés, quelques-uns même violentés, il vota ouvertement *non*. Le lendemain, la *Revanche* dut cesser sa publication. A la nouvelle de la révolution du 4 septembre, M. Farinole dut quitter la Corse où sa vie n'était pas en sûreté. Il prit part, comme officier du 249e bataillon de la garde nationale, à la défense de Paris.

M. Farinole est conseiller général du canton de Murato ; il a été vice-président du Conseil général de la Corse.

Il a été élu, le 7 janvier 1894, au premier tour, par 409 voix, contre 349 à M. Péraldi.

CÔTE-D'OR

—

3 SÉNATEURS

MM. HUGOT, SPULLER, MAZEAU

Aux élections du 30 janvier 1876, le département de la Côte-d'Or avait à nommer 2 sénateurs : MM. Lacomme et Mazeau, rép., furent élus.

Le 25 janvier 1885, M. Mazeau, sénateur sortant, fut réélu et M. Hugot, rép., remplaça M. Lacomme.

Le 4 janvier 1891, M. Joigneaux, rép., remplaça M. Calmon, sénateur inamovible, décédé.

Le 24 avril 1892, M. Spuller, rép., remplaça M. Pierre Joigneaux, décédé.

Le 7 janvier 1894, le scrutin a donné les résultats suivants :

Inscrits : 1.040 — Votants : 1.029 — Suffrages exprimés : 1021

MM. Hugot, R., s. s...............	831 Élu.
Spuller, min. de l'Ins. pub., R., s. s.................	812 Élu.
Mazeau, 1er prés. de la Cour de cass., R., s. s...............	679 Élu.
Piot, R.....................	317
Chauvelot, R.................	132
Bidault, R..................	98

HUGOT (Louis-Anatole)

M. Hugot est né à Montbard (Côte-d'Or), le 3 avril 1836.

Après avoir fait ses études au collège de Châtillon-sur-Seine, il suivit les cours de droit à la Faculté de Paris et fut reçu licencié en 1857. Il épousa une des filles de M. Maire, représentant du peuple en 1848.

En 1871 il fut nommé conseiller d'arrondissement et maire de Montbard. Il fut révoqué de ses fonctions de maire par le gouvernement du Seize-Mai.

Le 20 février 1876, M. Hugot fut élu député par l'arrondissement de Semur. Il siégea à gauche et fut l'un des 363.
Le 14 octobre 1877, il fut réélu par 10.681 voix contre 6.062 données au candidat officiel. En 1881, il fut de nouveau réélu par 11.311 voix sur 13.622. Il fut plusieurs fois nommé membre de la commission du budget et chargé du rapport sur le budget de l'agriculture.

Le 6 janvier 1885, M. Hugot fut élu sénateur de la Côte-d'Or par 522 voix sur 998 votants. Il vota pour les nouvelles lois militaires et scolaires, le rétablissement du scrutin d'arrondissement, le projet de loi Lisbonne sur la presse.

Il a été à plusieurs reprises membre de la commission des finances et prit la parole en plusieurs circonstances; il prononça notamment, le 25 mars 1888, un discours très remarqué sur les économies à apporter dans le budget. Il a aussi été membre de plusieurs commissions, notamment de celle des douanes dont il a été le rapporteur pour les produits agricoles; il a défendu et fait voter l'augmentation des droits protecteurs.

Il a été, de 1889 à 1892, l'un des secrétaires du Sénat.

Il a été réélu, le 7 janvier 1894, sénateur de la Côte-d'Or par 831 voix sur 1.021 votants.

Il est inscrit à la gauche républicaine dont il a été, pendant plusieurs années, le secrétaire.

SPULLER (Séraphin-Eugène)

M. Eugène Spuller est né, le 8 décembre 1835, à Seurre (Côte-d'Or), d'une famille d'agriculteurs et de commerçants.

Elève du lycée et de la Faculté de droit de Dijon, il se fit inscrire au barreau de Paris, puis entra dans le journalisme; il collabora notamment à l'*Europe*, de Francfort, au *Nain jaune*, au *Journal de Paris*, à la *Revue politique*, etc., où se rencontraient MM. Gambetta, Challemel-Lacour, Allain-Targé, Jules Ferry, Henri Brisson, etc. Adversaire résolu de l'Empire, il soutint à Paris la candidature de Bancel contre M. Emile Ollivier et combattit énergiquement le plébiscite. Ami intime de M. Gambetta, M. Spuller sans titre officiel, fut l'homme de confiance et le collaborateur assidu du ministre de l'intérieur et de la guerre de la Défense nationale. Il partit en ballon avec M. Gambetta, lorsque celui-ci vint rejoindre et diriger la délégation de Tours.

Après la guerre, quand M. Gambetta fonda la *République française*, M. Spuller fut le premier rédacteur en chef de ce journal. Lors de la première élection des délégués appelés à élire le Sénat, le Conseil municipal de Paris désigna M. Spuller comme suppléant du délégué, qui était Victor Hugo.

Aux élections du 20 janvier 1876, M. Spuller fut nommé député du IIIe arrondissement de Paris. Il fut le rapporteur du projet de loi de M. Jules Ferry sur l'enseignement supérieur, en 1879.

Lorsque M. Gambetta constitua le cabinet du 29 novembre 1881, et devint président du conseil et ministre des affaires étrangères, M. Spuller fut son sous-secrétaire d'Etat au ministère des affaires étrangères. Il se retira en même temps que M. Gambetta.

En 1884 M. Spuller fut nommé président de la commission d'enquête sur la situation économique du pays, et élu vice-président de la Chambre des députés.

Aux élections du 4 octobre 1885, M. Spuller fut élu, au scrutin de liste, sur la liste républicaine dans la Côte-d'Or, par 54.477 voix sur 91.907 votants.

Le 30 mai 1887, il fut appelé à faire partie, en qualité de ministre de l'instruction publique, des cultes et des beaux-arts, du cabinet présidé par M. Rouvier. Il conserva son portefeuille jusqu'à la formation du premier cabinet Tirard (12 décembre 1887).

Le 29 février 1889, M. Spuller reçut, dans le second cabinet Tirard, le portefeuille des affaires étrangères. Il occupa ces fonctions pendant l'Exposition universelle de 1889, et les quitta le 17 mars 1890, lorsque M. de Freycinet remplaça M. Tirard.

Aux élections de septembre 1889, M. Spuller fut réélu député, dans la deuxième circonscription de Beaune, par 6.501 voix contre 2.339 accordées à M. David, conservateur.

Il fut nommé vice-président de la Chambre des députés.
Il a été élu sénateur de la Côte-d'Or lors d'une élection
partielle, le 24 avril 1892, par 716 voix sur 1.047 votants, en
remplacement de M. Pierre Joigneaux, décédé.

M. Spuller, lors de la formation du cabinet Casimir-Perier, à laquelle il eut une grande part, fut nommé ministre de l'instruction publique, des cultes et des beaux-arts,
fonctions qu'il avait déjà remplies dans le cabinet Rouvier
en 1887.

Il a été réélu sénateur de la Côte-d'Or, le 7 janvier 1894.
par 812 voix sur 1.029 votants.

Comme ministre, M. Spuller a prononcé de nombreux
discours, soit dans le Parlement, soit au dehors. Sa récente
déclaration relative à « l'esprit nouveau » a eu un grand
retentissement.

En dehors de la *République française*, dont il fut longtemps le principal collaborateur ou le rédacteur en chef,
M. Spuller a publié un grand nombre d'articles dans les
journaux républicains et fait paraître plusieurs volumes
notamment une *Histoire d'Allemagne du grand interrègne à
la bataille de Sadowa (1272-1866)*; *Petite histoire du second
Empire*, utile à lire avant le plébiscite (1870); *Ignace de Loyola
et la Compagnie de Jésus* (1876); *Michelet, sa vie et ses œuvres*
(1876); *Conférences populaires* (1879); *Figures disparues*, portraits contemporains, littéraires et politiques (3 vol.); *Au
ministère de l'instruction publique : Discours et circulaires*
(1888); *Histoire de la Révolution de* 1848, etc.

A la Chambre des députés et au Sénat, M. Spuller a
toujours fait partie de l'Union républicaine.

MAZEAU (Charles-Jean-Jacques)

M. Mazeau est né à Dijon le 1er septembre 1825.

Après avoir fait ses études dans sa ville natale, et acquis
le grade de docteur en droit, il vint à Paris à la fin de
1849, et fut, pendant six ans, secrétaire de Paul Fabre,
l'un des plus éminents avocats au Conseil d'État et à la
Cour de cassation. En 1856, M. Mazeau, succédant à Lenoël
et à Martin de Strasbourg, devenait membre de ce barreau.

En 1879, après avoir passé par toutes les dignités de son ordre, il en était élu président.

Sous l'Empire, M. Mazeau fit partie avec ses confrères, MM. Hérold, Hérisson, Jozon, de comités électoraux, et donna son concours dans de nombreux procès de presse. Il collaborait en même temps à d'importantes publications juridiques : la *Revue de législation*, le *Dictionnaire politique* de Block, le *Bulletin des tribunaux*, etc.

Élu député à l'Assemblée nationale par le département de la Côte-d'Or, aux élections complémentaires du 2 juillet 1871, M. Mazeau fit partie, dans cette assemblée, de la gauche républicaine, dont il fut un des fondateurs, soutint la politique de M. Thiers, combattit le gouvernement du 24 mai et vota les lois constitutionnelles.

M. Mazeau fut élu sénateur de la Côte-d'Or, lors de la création du Sénat, en janvier 1876. Il a été réélu en janvier 1885 et en janvier 1894.

Il siège, depuis 1869, au Conseil général de la Côte-d'Or, dont il a été vice-président.

Le 25 novembre 1882, il était nommé conseiller à la Cour de cassation. En 1885, réélu sénateur, il avait été obligé d'opter entre ces deux fonctions ; il opta pour le Sénat, et quitta la Cour, à laquelle il restait attaché par les liens de l'honorariat.

Il fit alors partie du comité consultatif de la préfecture de la Seine (1885-1890), et fut nommé président de la commission consultative de la maison de Charenton.

Le 30 mai 1887, il entrait dans le cabinet Rouvier, comme garde des sceaux et ministre de la justice. Il donna sa démission le 30 novembre de la même année.

M. Mazeau, le 2 mars 1890, fut nommé premier président de la Cour de cassation, en remplacement de M. Barbier, atteint par la limite d'âge. Il est commandeur de la Légion d'honneur.

Au Sénat, dont il a été secrétaire (1879-1882), il a pris une part active aux travaux de cette assemblée, notamment à toutes les discussions ayant un caractère juridique.

Il est inscrit à la gauche républicaine, dont il a été président.

COTES-DU-NORD

—

5 SÉNATEURS

MM. OLLIVIER, HAUGOUMAR DES PORTES, HUON DE PENANSTER, LE MARQUIS DE L'ANGLE-BEAUMANOIR ET LE MARQUIS DE CARNÉ

Le 30 janvier 1876, le département des Côtes-du-Nord, appelé à élire 4 sénateurs, avait nommé: MM. Allenou, le vicomte Henri de Champagny, le comte de Tréveneuc et le contre-amiral de Kerjégu, tous appartenant à la droite.

Le 10 octobre 1880, MM. Duval et le marquis de Carné remplacèrent l'un, M. le contre-amiral de Kerjégu, décédé le 23 mars; l'autre, M. Allenou, décédé le 24 juillet.

Aux élections du 25 janvier 1885, MM. le vicomte Henri de Champagny, le comte de Tréveneuc et le marquis de Carné, sénateurs sortants, furent réélus, et le marquis de l'Angle-Beaumanoir (droite) nommé pour la première fois.

Le 5 juillet 1885, M. Le Provost de Launay (droite) remplaça M. le vicomte Henri de Champagny, décédé le 10 avril 1885.

Décédé le 1er avril 1886, M. Le Provost de Launay fut remplacé par M. Huon de Penanster (droite), le 27 juin 1886.

Le 13 janvier 1889, M. Ollivier Auguste remplaça M. Duclerc, sénateur inamovible, décédé.

Le 7 janvier 1894, le scrutin a donné les résultats suivants :

Inscrits : 1257 — Votants : 1248 — Suffrages exprimés : 1248

MM. Auguste Ollivier, D., s. s......	728 Élu.
Haugoumar des Portes, D., s. s.	723 Élu.
Huon de Penanster, D., s. s....	722 Élu.
le marquis de l'Angle-Beauma-noir, D., s. s...............	716 Élu.
le marquis de Carné, D., s. s...	714 Élu.
Armez, dép. rép.............	533
Riou, R.....................	530
Radenac, R.................	514
Larère, R..................	513
Le Moign, dép. R............	505

OLLIVIER (Auguste)

M. Ollivier est né à Guingamp (Côtes-du-Nord) le 17 novembre 1828.

Il a été avocat ; il a été membre et vice-président du Conseil général des Côtes-du-Nord.

Elu député de la première circonscription de Guingamp, lors d'une élection partielle en septembre 1879, il fut réélu en 1881 et en 1885. Il donna sa démission en janvier 1889, pour se présenter au Sénat où il fut élu par 845 voix. Il a été réélu sénateur, le 7 janvier 1894, par 728 voix.

Il a fait partie à la Chambre de diverses commissions, notamment de la commission permanente des chemins de fer. En 1892, il a été au Sénat nommé membre de cette commission dont il a été de nouveau, en janvier 1894, appelé à faire partie. M. Ollivier, lors du dernier renouvellement du bureau, a été élu secrétaire du Sénat.

Il a toujours fait partie de la droite, tant à la Chambre qu'au Sénat.

HAUGOUMAR DES PORTES (Charles)

M. Haugoumar des Portes est né à Lamballe (Côtes-du-Nord), le 18 décembre 1841.

Il est propriétaire.

Membre du Conseil général des Côtes-du-Nord depuis 1871, président du comice agricole de Lamballe depuis 1878, M. Haugoumar des Portes est président du Conseil général depuis 1892.

Il a été élu pour la première fois sénateur des Côtes-du-Nord en septembre 1893, lors d'une élection partielle, en remplacement de M. le comte de Tréveneuc, décédé ; il obtint 751 voix sur 1.247 votants.

Il a été réélu, le 7 janvier 1894, par 723 voix sur 1.247 votants.

Catholique et monarchiste, M. Haugoumar des Portes siège à droite.

HUON DE PENANSTER (Charles-Marie-Pierre)

M. Huon de Penanster est né à Lannion (Côtes-du-Nord),
le 11 octobre 1832.

Il est propriétaire.

M. Huon de Penanster appartient à une ancienne famille royaliste. Dans sa jeunesse il fit de nombreux voyages à l'étranger. En juillet 1861, il fut nommé, contre le
candidat officiel, par le canton de Plestin-les-Grèves,
membre du Conseil général des Côtes-du-Nord dont il n'a
depuis lors cessé de faire partie.

Adjoint au maire de Lannion en 1868, il fut révoqué, en
décembre 1870, par le gouvernement de la Défense nationale pour avoir protesté contre la dissolution des Conseils
généraux. Il fonda, à cette époque, le journal l'*Indépendance
bretonne*.

Aux élections du 8 février 1871, il fut élu membre de
l'Assemblée nationale. Il y fit partie de la droite royaliste
avec laquelle il vota en toutes circonstances.

Aux élections du 20 février 1876, M. Huon de Penanster
fut élu, sans concurrent, député de la première circonscription de Lannion. Il soutint le gouvernement du Seize-Mai
et fut réélu le 14 octobre 1877. Il ne se représenta pas aux
élections législatives de 1881.

Il fut élu sénateur des Côtes-du-Nord, le 7 juin 1886,
par 739 voix contre 512 accordées à M. Armez, lors d'une
élection partielle, en remplacement de M. Le Provost de
Launay, décédé.

Au Sénat, comme à l'Assemblée nationale et à la Chambre des députés, M. Huon de Penanster fait partie de la
droite qu'il représenta plusieurs fois dans le Bureau du
Sénat, en qualité de secrétaire.

En 1888, il déposa un projet de revision des lois constitutionnelles, dans le dessein d'obliger M. Floquet, alors président du Conseil, à venir soutenir ses anciens program-
mes qu'il lui avait empruntés.

Aux élections du 7 janvier 1894, M. Huon de Penanster
a été réélu sénateur au premier tour par 723 voix.

ANGLE, baron de BEAUMANOIR (Tristan-Louis-Anne, marquis de l')

M. le marquis de l'Angle-Beaumanoir est né à Paris le 3 mars 1838. Il est propriétaire du château de Beaumanoir, près Evran (Côtes-du-Nord).

Ancien officier de la marine impériale, M. de l'Angle-Beaumanoir fut successivement officier d'ordonnance de l'amiral de Parseval, commandant en chef l'escadre de la Méditerranée et des ministres de la marine, M. Ducos et l'amiral Hamelin.

Sous le gouvernement du maréchal de Mac-Mahon, il fut, le 16 mai 1877, préfet du département des Côtes-du-Nord.

Il reçut la croix de chevalier de la Légion d'honneur de la main de l'empereur Napoléon III, le 8 août 1858, sur la proposition de l'amiral Hamelin. Il fut promu officier de la Légion d'honneur, le 5 novembre 1877, par décret du maréchal de Mac-Mahon, duc de Magenta, président de la République.

M. le marquis de l'Angle-Beaumanoir a été élu pour la première fois sénateur des Côtes-du-Nord, le 25 janvier 1885, par 682 suffrages.

Il a été réélu le 25 janvier 1885 par 716 voix.

Il siège à l'extrême droite du Sénat. Il a combattu « et continuera à combattre, en toute occasion, ce qu'on est convenu d'appeler la législation républicaine, le fameux patrimoine ! »

Il a souvent pris la parole, à cet effet, notamment dans les circonstances suivantes : le 7 mars 1887, question au ministre des cultes ; le 17 mars 1888, contre l'attribution de pensions viagères aux insurgés de février 1848 ; le 2 juillet 1889, contre le transfert au Panthéon des cendres de Lazare Carnot ; le 18 décembre 1889, interpellation au ministre des cultes à propos de la suppression de traitements ecclésiastiques ; 29 mars 1890, interpellation sur la déclaration ministérielle ; 17 mai 1890 ; interpellation relative aux pêcheries de Terre-Neuve, 4 mai 1891 ; interpellation relative à l'application de la loi scolaire; 18 novembre 1891 : interpellation relative à l'application des lois du 28 mars 1882 et du 30 octobre 1886 ; 24 novembre 1893, interpellation relative à une punition infligée à deux séminaristes soldats.

CARNÉ (Henri-Jean-Baptiste-Antoine, marquis de)

M. le marquis de Carné est né à Sévignac (Côtes-du Nord) le 21 janvier 1834.

Maire de Sévignac, conseiller général du canton de Broons, M. de Carné a, pour la première fois, été élu sénateur le 10 octobre 1880, par 276 voix sur 487 votants, en remplacement de M. Allenou, décédé. Il fut réélu le 25 janvier 1885, au premier tour, par 739 voix contre 526 à M. Deroyer et, le 7 janvier 1894, également au premier tour, par 714 voix contre 513 à M. Larère.

M. le marquis de Carné a fait au Sénat partie de plusieurs commissions et pris à diverses reprises la parole, notamment dans la discussion des questions agricoles, économiques, contre les dispositions de la loi sur l'enseignement primaire, etc.

Il a, durant plusieurs années, fait partie du bureau du Sénat, comme représentant de la droite, en qualité de secrétaire.

Il est monarchiste.

CREUSE

---

3 SÉNATEURS

MM. VILLARD, DUFOUSSAT, LECLER

Aux élections du 30 janvier 1876, la Creuse nomma 2 sénateurs : MM. Fayolle et Palotte, républicains. Ce dernier donna
sa démission le 3 avril 1884.

Le 25 janvier 1885, M. Fayolle, sénateur sortant, fut réélu et
M. Parry nommé pour la première fois.

Le 29 novembre 1885, M. Laroche remplaça M. Fayolle, décédé
le 30 août 1885.

Élu le 27 janvier 1889 en remplacement de M. Rampont,
sénateur inamovible décédé, M. Sauton fut invalidé le 21
février 1889 et remplacé le 17 mars par M. Lecler.

Le 7 janvier 1894, le scrutin a donné les résultats suivants :

PREMIER TOUR

Inscrits : 644 — Votants : 643

MM. Villard, R.......................... 265
.Rousseau, cons. gén., soc......... 215
Lecler, R., s. s.................... 193
Cousset, anc. dép., rad........... 190
Dufoussat, R....................... 177
Laroche, R., s. s.. 167
Nadaud, R....................... 163
le docteur Mazeron, R............. 98
Lacote, dép., rad................. 78
Coutisson, anc. dép., R........... 70
d'Archy, R 52
Bonna, R....... 40
Delage, soc 21
Moratille, R 18

Ballottage.

DEUXIÈME TOUR

MM. Villard, R...................... 276
     Lecler, R., s. s................ 252
     Dufoussat, R.................... 210
     Cousset, anc. dép. rad......... 205
     Rousseau, soc.................. 199
     Nadaud, R...................... 163
     Laroche, R., s. s............... 146
Ballottage.

TROISIÈME TOUR

MM. Villard, R...................... 328 Élu.
     Dufoussat, R.................... 283 Élu.
     Lecler, R., s. s................ 263 Élu.
     Rousseau, soc.................. 212
     Cousset, anc. dép., rad........ 211
     Martin Nadaud, R.............. 88
     Laroche, R., s. s.............. 82

VILLARD (Ferdinand)

M. Villard est né le 5 octobre 1842, à Saint-Christophe.

Il est docteur en médecine, officier de l'instruction publique.

Il a été élu sénateur de la Creuse, le 7 janvier 1894, au troisième tour de scrutin, par 328 voix sur 644 votants.

Il siège à gauche.

DUFOUSSAT (Leonard-Baptiste)

M. Dufoussat est né à Maisonnisses (Creuse), le 10 juillet 1843.

Conseiller général de la Creuse, pour le canton de Boussac, depuis douze ans, officier d'Académie, auteur d'une brochure sur quelques questions économiques et sociales, ou le *Cahier des doléances de la société en 1893-*

1894, il a été élu sénateur, le 7 janvier 1894, au troisième tour, par 283 voix (il en avait obtenu 177 au premier et 210 au deuxième).

M. Dufoussat est un républicain très progressiste.

LECLER (Pierre-Annet-Jean-Félix)

M. Lecler est né à Aubusson (Creuse) le 30 juillet 1814. Ancien directeur général de l'enregistrement et des domaines, conseiller-maître honoraire à la Cour des comptes, officier de la Légion d'honneur, il a pour la première fois été élu sénateur le 17 mars 1889, au premier tour, lors d'une élection partielle, par 345 voix contre 288 à M. Sauton.

Il a été réélu le 7 janvier 1894.

Il est membre de la gauche républicaine.

DORDOGNE

—

3 SÉNATEURS

MM. DUSOLIER, GADAUD, ROGER

Le 30 janvier 1876, la Dordogne avait à élire 3 sénateurs : elle nomma MM. Magne, Daussel et Paul Dupont (droite).

Le 7 mars 1880, M. de Fourtou (droite) remplaça M. Magne, décédé le 17 février 1879 ; M. de Bosredon (droite) fut aussi nommé en remplacement de M. Paul Dupont, décédé le 11 décembre 1879.

Aux élections du 25 janvier 1885 MM. Roger, Garrigat et Alcide Dusolier (républicains) furent élus.

M. Garrigat, étant décédé, fut remplacé le 19 avril 1891 par M. Gadaud.

Le 7 janvier 1894, le scrutin a donné les résultats suivants :

Inscrits : 1.158 — Votants : 1151 — Suffrages exprimés : 1126

MM. Dusolier, R., s. s.............	938	Élu.
Gadaud, R., s. s.............	951	Élu.
Roger, R., s. s.............	642	Élu.
Laussinotte, cons. gén., R....	387	

GADAUD (Antoine-Elie)

M. Gadaud est né à Saint-Maime-de-Péreyrol (Dordogne).

Il est docteur en médecine.

Ancien interne lauréat des hôpitaux de Paris, ancien médecin de la troisième ambulance de la Société de secours aux blessés pendant la guerre de 1870-71, M. Gadaud a pris part aux batailles de Gravelotte et de Coulmiers. Il est chevalier de la Légion d'honneur.

M. Gadaud fut nommé député de la Dordogne, au scrutin de liste, en 1885. Il a été élu pour la première fois sénateur, le 29 avril 1891, en remplacement de M. Garrigat, décédé.

Il a fait partie, à la Chambre des députés et au Sénat, des commissions de l'armée, du budget et des finances.

A la Chambre, il a été le rapporteur des projets de loi sur la création d'une école militaire de santé, sur l'organisation de service militaire de santé, sur l'arbitrage international, sur l'alcool à propos d'un prix à décerner par l'Institut à la personne qui trouvera le meilleur moyen pratique de reconnaître dans les boissons alcooliques les différentes variétés d'alcool.

A la Chambre et au Sénat, il a été rapporteur du budget de l'Algérie.

M. Gadaud s'est surtout fait connaître par son rapport sur la dérivation des sources de la Vigne et de Verneuil; ce travail a été tout particulièrement signalé par la presse scientifique.

Il a interpellé récemment le ministre de l'instruction publique sur la réorganisation des études médicales.

M. Gadaud est actuellement l'un des secrétaires du Sénat.

Conseiller général de la Dordogne depuis 17 ans, il a été longtemps maire de Périgueux.

Républicain sans épithète, M. Gadaud n'a jamais appartenu, au Sénat, qu'au seul groupe de l'Union républicaine. A la Chambre des députés, il a fait partie de l'Union des gauches dont il a été le vice-président.

DUSOLIER (François-Alexis-Alcide)

M. Alcide Dusolier est né à Nontron (Dordogne), le 21 septembre 1836; il est le fils de Thomas Dusolier, ancien député, ancien commissaire général du gouvernement provisoire en 1848, ancien représentant du peuple, ancien membre du Corps législatif.

Homme de lettres et journaliste, M. Alcide Dusolier a collaboré à l'*Artiste*, à l'ancien *Figaro littéraire*, à la *Vie parisienne*, au *Nain jaune*, à la *Revue européenne*, à la *Revue nouvelle*, au *Temps*, à la *République française*, etc.

Ses principaux ouvrages littéraires sont : *Ceci n'est pas un livre ; Nos gens de lettres, leur caractère et leurs œuvres; Propos littéraires et pittoresques de Jean de la Martrille*, etc.

Ses principaux ouvrages politiques sont : *Politique pour tous ; Ce que j'ai vu du 7 août 1870 au 1ᵉʳ février 1871*, etc.

Après le 4 septembre 1870, M. Alcide Dusolier, qui sous l'Empire, s'était signalé par son attachement aux idées républicaines, fut nommé sous-préfet de Nontron, puis, peu de jours après, secrétaire de Gambetta, ministre de l'intérieur et de la guerre pendant la Défense nationale ; il fut en 1871, avec MM. J. Barni et J. Cazot, le fondateur de la Société d'instruction républicaine.

M. Alcide Dusolier fut élu député de l'arrondissement de Nontron le 21 août 1881 par 9.654 voix contre 8.084 obtenues par M. Sarlande, député sortant, bonapartiste.

Il fut nommé sénateur de la Dordogne le 25 janvier 1885, et réélu le 7 janvier 1894 par 938 suffrages sur 1.150 votants.

M. Dusolier fait partie du conseil général de la Dordogne depuis 1880 ; il en est le vice-président depuis 1883.

A la Chambre des députés, M. Dusolier a été rapporteur du projet de loi relatif aux manifestations sur la voie publique (1884) ; membre de la commission de revision des lois constitutionnelles (juillet 1884) ; membre de la commission définitive de revision nommée par le Congrès (août 1884).

Au Luxembourg, M. Dusolier a été secrétaire du Sénat de janvier 1891 à janvier 1894. En janvier 1889, il fut élu membre suppléant de la commission d'instruction de la Haute-Cour de justice (procès du général Boulanger). Depuis 1891 il est membre titulaire de la commission d'instruction de la Haute-Cour.

Il a été élu vice-président de l'Union républicaine du Sénat en 1890 et réélu en 1891, 1892, 1893 ; il en a été élu président le 23 février 1894, et, en prenant possession de la présidence de cette réunion qui compte de 80 à 85 membres, a prononcé un discours très remarqué.

M. Alcide Dusolier est chevalier de la Légion d'honneur depuis le 12 février 1881.

ROGER (Jean-Émile)

M. Roger est né à Rouffignac, le 3 février 1831.

Il fut avocat à Périgueux, de 1853 à 1875, puis chef du contentieux à la Compagnie du chemin de fer d'Orléans.

Il est conseiller général de la Dordogne pour le canton de Montignac, et président du conseil général depuis 1883.

Il fut élu député, dans l'arrondissement de Sarlat, lors d'une élection partielle, le 28 mai 1880, par 8.764 voix contre 6.648 obtenues par le candidat bonapartiste. Il avait été déjà en 1869, sous l'Empire, candidat de l'opposition dans le même arrondissement.

Le 19 mai 1881, il défendit contre Gambetta le maintien du scrutin uninominal; son discours fut très remarqué.

Le 21 août 1881, il fut réélu député par 9.669 voix, sans concurrent.

Il fut membre de la commission du budget et rapporteur de l'agriculture en 1882 et 1883.

Il fut élu sénateur de la Dordogne, au premier tour, le 25 janvier 1885, par 615 voix contre 565 accordées au sénateur monarchiste sortant, qui eut le plus de voix. Il a été réélu le 7 janvier 1894, au premier tour par 740 voix contre 357.

M. Roger fait partie, au Sénat, de commissions importantes, notamment de la commission des finances; il est rapporteur du budget de la guerre depuis 7 ans. Il a pris la parole à diverses reprises.

Il fait partie de la gauche républicaine.

DOUBS

3 SÉNATEURS

MM. BERNARD, GAUDY, OUDET

Aux élections du 30 janvier 1876, le Doubs nomma 2 sénateurs : MM. Monnot-Arbilleur et Oudet, républicains.

Le 19 novembre 1876, M. le comte de Mérode (droite), fut élu en remplacement de M. Monnot-Arbilleur, décédé le 21 août 1876.

Le 25 janvier 1885, M. Oudet, sénateur sortant, et M. Gaudy (républicains), furent élus.

Le 26 mai 1889, M. Bernard (républicain) remplaça M. Scherer, sénateur inamovible, décédé.

Le 7 janvier 1894, MM. Bernard, Gaudy et Oudet furent réélus. Le scrutin donna les résultats suivants :

Inscrits : 891 — Votants : 878 — Suffrages exprimés : 878 .

MM. Bernard, R., s. s.	726	Élu.
Gaudy, R., s. s.	672	Élu.
Oudet, R., s. s.	663	Élu.

BERNARD (Jean-Brice-Gustave)

M. Gustave Bernard est né à Baume-les-Dames (Doubs), le 11 novembre 1836.

Il commença ses études classiques au lycée de Saint-Omer et les termina à Paris au lycée Charlemagne. Il étudia le droit à la Faculté de Paris.

Avocat, conseiller municipal depuis 1862, sans interruption, conseiller général, maire de Baume-les-Dames, M. Bernard, dans la dernière année de l'Empire, s'était signalé par son opposition à la candidature officielle et par l'impulsion qu'il donna, dans son arrondissement, au mouvement libéral.

Pendant la guerre de 1870-71, M. Bernard commanda un bataillon de mobilisés, puis fut nommé par le gouvernement de la Défense nationale lieutenant-colonel de la 2e légion des mobilisés du Doubs.

Au 16 mai 1877, il était maire de Baume-les-Dames; il donna sa démission, qui ne fut pas acceptée, et fut révoqué.

En 1878, M. Bernard fut élu, pour la première fois, comme candidat républicain, député de l'arrondissement de Baume-les-Dames, contre M. Estignard, candidat du gouvernement du Seize-Mai, qui, nommé le 14 octobre 1877, à une faible majorité, avait vu son élection invalidée.

En août 1881, M. Bernard fut de nouveau nommé contre le même concurrent. En 1885, il fut élu le deuxième sur cinq, au scrutin de liste, député du Doubs.

A la Chambre des députés, M. G. Bernard fit partie de la gauche radicale, dont il fut un des fondateurs et des vice-présidents. Il s'occupa principalement des questions d'affaires intéressant les classes laborieuses, l'agriculture, l'industrie. Il a été l'auteur de diverses propositions de loi qui ont été adoptées, notamment de celle qui intéresse les familles de sept enfants. Il a fait partie, sous le ministère Gambetta, de la commission des 33.

Après la formation du troisième cabinet Freycinet, M. Bernard fut nommé sous-secrétaire d'Etat au ministère de l'intérieur, dont M. Sarrien était le titulaire (7 janvier-11 décembre 1886). Il prit alors, soit à la Chambre, soit au Sénat, la parole, au nom du gouvernement, notamment dans la discussion des projets de loi sur les sociétés de secours mutuels, sur la chasse, etc.

Le 26 mai 1889, le département du Doubs ayant été désigné par le sort pour nommer un sénateur en remplacement de M. Scherer, sénateur inamovible, décédé, M. Bernard fut élu contre M. le comte de Mérode, ancien sénateur du Doubs, candidat de la droite.

Le 7 janvier 1894, M. Bernard fut réélu en tête de la liste républicaine, par 726 voix sur 890 votants.

Au Sénat, M. Bernard est membre de plusieurs commissions importantes, notamment de la commission de l'armée.

Il a souvent pris la parole dans les discussions, notamment en faveur de l'agriculture, sur la loi organique de l'armée, pour la liberté de la presse, sur la réforme du régime des boissons, sur la réparation des erreurs judiciaires, contre le projet de loi concernant les universités, etc.

M. Bernard appartient au groupe de la gauche démocratique, dont il a été un des promoteurs et dont il est le vice-président.

GAUDY (François-Antoine-Félix)

M. Gaudy est né à Besançon, le 3 mai 1832.

Il a été maître de forges.

Maire de Vuillafans et conseiller général, il se présenta le 2 juillet 1871 aux élections complémentaires pour l'Assemblée nationale comme candidat républicain. Il ne fut pas élu cette fois, mais fut nommé lors d'une élection partielle, le 7 janvier 1872.

Il siégea à la gauche républicaine et vota notamment pour le gouvernement de M. Thiers, contre le ministère de Broglie, pour les lois constitutionnelles de 1875.

Le 20 février 1876, il fut élu député à Besançon avec une très forte majorité. Après le 16 mai 1877, il fut l'un des 363.

Le 14 octobre 1877, il fut réélu, dans la deuxième circonscription de Besançon, par 8.697 voix contre 5.419 obtenues par M. Vautherin, candidat officiel.

Il fut réélu député aux élections de 1881.

Il fut nommé sénateur du Doubs, au premier tour de scrutin, le 25 janvier 1885, par 889 voix contre 350 obtenues par M. Kœchlin.

Au Sénat, comme à la Chambre des députés, M. Gaudy siège à gauche.

Il y a fait partie de nombreuses commissions.

Il a été réélu, le 7 janvier 1894, par 672 voix contre 125 obtenues par M. de Kergall.

OUDET (Alexandre-Gustave)

M. Oudet est né, le 4 juillet 1816, à Beaufort (Jura).

Reçu licencié en droit à la Faculté de Paris, il vint, en 1840, exercer à Besançon la profession d'avocat.

Nommé, après la révolution de Février, premier avocat général près la cour de Besançon, il donna sa démission en 1849 et se fit inscrire au barreau de cette ville.

En 1850, il fonda à Besançon un journal antinapoléonien, le *Démocrate franc-comtois* qui, après avoir été l'objet de plusieurs poursuites et de nombreuses amendes, fut supprimé par jugement. Après le coup d'Etat du 2 décembre 1851, M. Oudet fut arrêté et condamné par une commission mixte, qui l'avait d'abord désigné pour la transportation, à un internement et à la surveillance de la haute police; cette surveillance dura jusqu'en 1854.

Redevenu libre, M. Oudet revint à Besançon reprendre sa place au barreau et continuer son opposition à l'Empire. Elu conseiller municipal de Besançon en août 1860, M. Oudet combattit énergiquement en 1863 la candidature législative de M. de Conegliano, chambellan de l'empereur.

Pendant la guerre, M. Oudet rendit de signalés services comme directeur des ambulances de la Société internationale de secours aux blessés.

Après la guerre, M. Oudet fut élu, en 1871, conseiller général et appelé par le gouvernement de M. Thiers aux fonctions de maire de Besançon, qu'il remplit durant plusieurs années.

Aux élections du 30 janvier 1876, M. Oudet fut élu sénateur du Doubs, au premier tour, par 359 voix, contre 346 à M. le comte de Mérode.

Depuis lors, M. Oudet a été réélu, le 25 janvier 1885, par 529 voix contre 374 obtenues par M. de Mérode et, le 9 janvier 1894, par 663 contre 154 voix accordées à M. de Mun.

Au Sénat, il a souvent pris la parole dans les discussions juridiques et aussi sur les questions intéressant la Franche-Comté et la région de l'Est, notamment l'industrie horlogère.

M. Oudet fait partie de la gauche républicaine.

DROME

3 SÉNATEURS

MM. LOUBET, LAURENS, FAYARD

Le 30 janvier 1876, la Drôme a élu 2 sénateurs : MM. Malens et Lamorte, républicains.

Aux élections du 25 janvier 1885, M. Lamorte, décédé, et Malens, non réélu, furent remplacés par MM. Fayard et Loubet, républicains.

Le 9 avril 1893, M. Laurens remplaça M. Chevandier, décédé, lequel avait été précédemment élu pour succéder à un sénateur inamovible décédé.

Le 7 janvier 1894, le scrutin a donné les résultats suivants :

Inscrits : 758 — Votants : 747 — Suffrages exprimés : 747

MM. Émile Loubet, R., s. s......... ...	588 Élu.
Laurens, R., s. s..............	528 Élu.
Fayard, R., s. s.............	410 Élu.
Tavan, R., s. s.......:........	238
Chabert, cons. gén., rad.......	188

LOUBET (Emile)

M. Emile Loubet est né à Marsanne (Drôme) le 31 décembre 1838.

Docteur en droit, avocat, il est maire de Montélimar depuis le 4 septembre 1870. Membre du Conseil général de la Drôme depuis 1871, il est depuis plusieurs années président de cette assemblée.

M. Loubet fut élu, pour la première fois, député, aux élections du 20 février 1876, sans concurrent. Après le 16 mai 1877, il vota avec les 363 et fut réélu, aux élections du 14 octobre 1877, ainsi qu'à celles de 1881.

Il fit partie, à la Chambre, des commissions les plus

importantes, notamment de celles du budget et des travaux publics.

M. Loubet fut élu sénateur de la Drôme le 25 janvier 1885, au 1er tour de scrutin par 407 voix contre 171.

M. Loubet fut appelé à faire partie du premier cabinet Tirard, en qualité de ministre des travaux publics (12 décembre 1887-3 avril 1888).

Lorsque le quatrième cabinet Freycinet eut été renversé par la Chambre, M. Loubet fut désigné le 26 février 1892, par le président de la République pour former le nouveau ministère; le *Journal Officiel* du 28 février publia les décrets qui le constituaient; M. Loubet était nommé président du Conseil et ministre de l'intérieur.

Dans la séance du 3 mars, M. Loubet donna lecture à la Chambre de la déclaration ministérielle qui fut lue, au Sénat, par M. Ricard, garde des sceaux, ministre de la justice.

Le passage au pouvoir du ministère Loubet fut marqué par de nombreuses interpellations, par les attentats de Ravachol, par le renouvellement des conseils municipaux, (mai 1892), par le vote de crédits supplémentaires pour le Soudan et le Dahomey, par le voyage du Président de la République à Nancy, par la démission du ministre de la marine, M. Cavaignac, que remplaça M. Burdeau, par le renouvellement de la moitié des conseils généraux (juillet-août), par la célébration du centenaire de la proclamation de la République en 1792, lors de laquelle M. Loubet prit la parole au nom du gouvernement.

Il faudrait encore signaler, sous le ministère Loubet, les voyages du Président de la République en Savoie et en Poitou, les congrès socialistes de Tours, Saint-Ouen et Marseille, les troubles des mines de Lens et de Liévin et surtout la grève de Carmaux qui, commencée le 15 août 1892, dura plus de deux mois, donna lieu à de nombreux incidents et se termina par une sentence arbitrale que M. Loubet, à la suite d'un préalable accord des deux parties, fut appelé à rendre, et qu'il signa le 27 octobre. Après quelques résistances nouvelles, la grève se termina le 3 novembre.

A peine cette affaire était-elle terminée que le président du Conseil eut à faire face aux graves difficultés qui suivirent l'interpellation de M. Delahaye sur le Panama et le suicide du baron de Reinach. M. Loubet avait déjà, à plusieurs reprises, exprimé l'intention de se retirer, lorsqu'à propos des pouvoirs réclamés par la commission d'enquête et son président M. Brisson, le rejet de l'ordre du jour pur et simple demandé par le président du Conseil, amena la démission du cabinet (26 novembre 1892), puis sa reconstitution sous la présidence de M. Ribot, dans le premier ministère duquel M. Loubet conserva le portefeuille de l'intérieur, jusqu'à janvier 1893. A cette date, M. Loubet donna sa démission et fut remplacé à l'intérieur, comme il l'avait été précédemment à la présidence du conseil, par M. Ribot.

Peu après, M. Loubet fut élu président de la commission des finances du Sénat, qu'il avait déjà antérieurement présidée. Lorsque M. Jules Ferry eut été élu président du Sénat, M. Loubet fut appelé à la présidence de la commission des douanes.

M. Loubet a été réélu sénateur de la Drôme, le 7 janvier 1894, au 1er tour, par 588 voix.

Il a toujours siégé à la gauche républicaine, à la Chambre et au Sénat; il en a été le président dans chacune des deux Assemblées.

Il a été récemment réélu membre de la commission des finances.

LAURENS (Paul-Pierre)

M. Laurens est né à Venterol (Drôme), le 27 septembre 1847.

Il est docteur en médecine à Nyons.

Après de brillantes études à la Faculté de médecine de Paris, M. Laurens obtint son doctorat le 4 juillet 1870. Il fit la campagne en qualité d'aide-major de 2e. puis de 1re classe.

Après la guerre de 1870-71, M. Laurens vint s'installer à Nyons comme docteur en médecine.

Il fut élu conseiller municipal de Nyons le 22 novembre 1874, adjoint au maire le 11 décembre 1876, puis maire de cette ville le 16 novembre 1881.

M. Laurens fut nommé, le 12 août 1883, membre du conseil général de la Drôme où il représente le canton de Rémuzat. Élu secrétaire de cette assemblée, puis membre de la commission départementale, il est vice-président du conseil général de la Drôme depuis le 22 août 1892.

Il fut élu sénateur le 9 avril 1893, au premier tour, en remplacement de M. Chevandier, décédé, par 473 voix sur 753 votants.

Il a été réélu, au premier tour, le 7 janvier 1894, par 528 voix sur 753 votants.

M. Laurens a toujours déployé une grande activité dans ses diverses fonctions de docteur, de maire, de conseiller général et de membre de toutes les institutions de bienfaisance ou autres de la région.

Il s'est intéressé surtout à la cause des agriculteurs. En 1886 il fondait le syndicat agricole de l'arrondissement de Nyons qu'il laissa en pleine prospérité et dont il a été nommé président honoraire.

M. Laurens a été, le 13 juin 1885, décoré de la croix de l'ordre national de la Légion d'honneur (épidémie cholérique de 1884); le 10 janvier 1892, il reçut les palmes d'officier d'académie (fondation du collège communal et de l'école primaire supérieure de filles).

Il est républicain de la veille; radical-progressiste, il siège à la gauche démocratique.

FAYARD (Joseph-Albin)

M. Fayard est né à Metz (Moselle) le 2 avril 1816.

Il est propriétaire, membre du Conseil général de la Drôme et président de la commission départementale.

Il s'est tout particulièrement occupé du projet de canalisation du Rhône, « ce fleuve, a-t-il dit, que tous les agriculteurs boivent des yeux ».

Il a été élu pour la première fois sénateur le 25 janvier 1885, au deuxième tour de scrutin, par 597 voix contre 123. Il a été réélu le 6 janvier 1894, au premier tour.

Il siège à gauche.

EURE

3 SÉNATEURS

MM. LE COMTE D'OSMOY, GUINDEY, MILLIARD

Aux élections du 30 janvier 1876, le département de l'Eure nomma 2 sénateurs : MM. le vice-amiral baron de La Roncière Le Noury et le duc de Broglie (droite).

Élu le 8 janvier 1882, en remplacement de M. le vice-amiral baron de La Roncière Le Noury, décédé le 14 mai 1881, puis invalidé le 27 janvier, M. Lepouzé, républicain, fut remplacé le 26 février par M. le général Lecointe, républicain.

Le 25 janvier 1885, M. le général Lecomte, sénateur sortant, et M. le comte d'Osmoy, républicains, furent élus.

Le 13 avril 1890, M. Milliard remplaça M. le marquis de Maleville, sénateur inamovible, décédé.

Le 15 mars 1891, M. Guindey, républicain, remplaça M. le général Lecointe, décédé.

Le 7 janvier 1894, le scrutin a donné les résultats suivants :

Inscrits : 1.051 — Votants : 1.038 — Suffrages exprimés : 991

MM. le comte d'Osmoy, R., s. s...... 879 Elu.
Guindey, R., s. s............ 845 Elu.
Milliard, R., s. s............. 843 Elu.
de Chambray, D............ 57
Louis Passy, dép............ 48
Join-Lambert, D............ 42
Camille Fouquet, dép. D....... 35
Duc de Broglie, anc. s. D...... 35
Orly, anc. dép., R............ 25

OSMOY (Charles-François-Romain, comte d')

M. le comte d'Osmoy est né à Osmoy (Eure), le 19 août 1827.

Fils d'un ancien garde du corps de Charles X, il prit place de bonne heure dans le parti libéral. Ami personnel de Gustave Flaubert et du poète Louis Bouilhet, il s'occupa de théâtre et de littérature. Sous l'Empire il fut, dans l'Eure, président de la Ligue d'enseignement populaire.

Pendant la guerre de 1870, il s'engagea dans les éclaireurs de la Seine et fut décoré pour sa belle conduite pendant le siège de Paris.

Aux élections du 8 février 1871, M. d'Osmoy fut élu, le troisième sur huit, député de l'Eure à l'Assemblée nationale par 46.464 voix.

Il siégea au centre gauche, soutint le gouvernement de M. Thiers, vota contre le ministère de Broglie et se prononça en faveur des lois constitutionnelles. Il fut plusieurs fois rapporteur du budget des beaux-arts.

Il est conseiller général de l'Eure.

Le 20 février 1876, il fut élu député de l'arrondissement de Pont-Audemer et, après le 16 mai 1877, fut l'un des 363.

Il fut réélu député le 14 octobre 1877 et le 2 août 1881.

Le 25 janvier 1885, M. d'Osmoy fut nommé sénateur de l'Eure, au premier tour, par 537 voix, contre M. le duc de Broglie, sénateur sortant, qui en obtint 523.

Il a été réélu, le 7 janvier 1894, par 879 voix, au premier tour.

Il fait partie du centre gauche.

GUINDEY (Anatole)

M. Guindey est né, le 16 janvier 1834, à Langres (Haute-Marne).

Il est docteur en médecine.

Conseiller municipal d'Evreux, conseiller général, chevalier de la Légion d'honneur, M. Guindey a été élu pour la première fois sénateur de l'Eure, lors d'une élection partielle, le 15 mars 1891, comme candidat républicain, au premier tour de scrutin, par 556 voix contre 497, obtenues par M. Pouyer-Quertier.

Il a été réélu, le 7 janvier 1894, par 843 voix sur 1.038 votants.

Il siège à gauche.

MILLIARD (Victor-Edouard)

M. Milliard est né le 19 décembre 1844 aux Andelys (Eure).

Il est avocat à la Cour d'appel de Paris.

Conseiller général du canton des Andelys, il fut nommé député de l'Eure, comme candidat républicain, au scrutin de liste, le 17 avril 1887, par 41.019 voix contre 38.255 accordées à M. Mettrais-Cartier, candidat de la droite.

Aux élections du 22 septembre 1889 il fut, au scrutin uninominal, candidat républicain contre M. Louis Passy ; il obtint 6.256 voix contre 7.560, et ne fut pas élu.

Le 13 avril 1890, lors d'une élection partielle motivée par le décès du marquis de Maleville, sénateur inamovible, M. Milliard fut élu sénateur de l'Eure par 591 voix contre 460 obtenues par M. le marquis de Chambray, candidat de la droite.

Aux élections législatives du 20 août 1893, M. Milliard se présenta de nouveau dans l'arrondissement des Andelys, contre son ancien concurrent à la Chambre des députés, M. Louis Passy, député sortant, mais ne fut pas élu.

M. Milliard a été réélu sénateur de l'Eure, le 7 janvier 1894, au premier tour de scrutin, sans concurrent, par 842 voix.

Au Sénat, M. Milliard a fait partie de plusieurs commissions importantes et pris la parole à diverses reprises.

Il siège à gauche.

EURE-ET-LOIR

—

2 SÉNATEURS (1 à nommer)

MM. VINET, ÉMILE LABICHE

Le 30 janvier 1876, le département d'Eure-et-Loir, nomma 2 sénateurs : MM. Delacroix et Émile Labiche, républicains.

Aux élections du 25 janvier 1885, M. Émile Labiche, sénateur sortant, et M. Jumeau, républicains, furent élus.

Le 13 décembre 1885, M. Dreux, républicain, remplaça M. Jumeau, décédé le 23 octobre.

Le 14 octobre 1888, M. Vinet, républicain, fut élu en remplacement de M. Dreux, décédé le 16 juillet.

Le 7 janvier 1894, le scrutin a donné les résultats suivants :

Inscrits : 739 — Votants : 733 — Suffrages exprimés : 733

MM. Emile Labiche, R..... .... 652 Élu.
Vinet, R., s. s................... 617 Élu.

VINET (Louis-Charles)

M. Vinet est né à Garancière (Eure-et-Loir) le 9 janvier 1840.

Il est propriétaire, agriculteur. Il fut élu, le 14 octobre 1888, lors d'une élection partielle, en remplacement de M. Dreux-Linguet, décédé, par 481 voix contre 217 obtenues par M. le marquis d'Argent.

Il a été réélu, le 7 janvier 1894, au premier tour de scrutin, sans concurrent, par 671 voix sur 733 votants.

M. Vinet s'est très activement occupé de toutes les questions ayant trait à la défense des intérêts agricoles.

Il siège à gauche.

———

LABICHE (Emile-Charles-Didier)

M. Emile Labiche est né à Béville-le-Comte (Eure-et-Loir), le 25 novembre 1827.

Avocat à la cour d'appel de Paris, docteur en droit, M. Labiche fut candidat de l'opposition libérale, sous l'Empire, aux élections législatives de 1863 et de 1868; ce fut le candidat officiel qui l'emporta.

En 1864, M. Emile Labiche fut élu conseiller général pour le canton d'Auneau; depuis lors, il a été constamment réélu. Il est depuis 1871, sans interruption, président du Conseil général d'Eure-et-Loir.

Après le 4 septembre 1870, M. Emile Labiche fut nommé préfet d'Eure-et-Loir par le gouvernement de la Défense nationale; il se distingua dans ce poste que l'invasion rendit particulièrement difficile.

Lorsque M. Thiers eut été élu chef du pouvoir exécutif de la République française, M. Labiche fut nommé secrétaire général du ministère de l'intérieur, par M. Ernest Picard, qu'il suivit dans sa retraite. Il fut présenté comme candidat au Conseil d'État par la commission de l'Assemblée nationale; il échoua de quelques voix.

Aux élections sénatoriales du 20 janvier 1876, M. Emile Labiche fut élu, au premier tour, par 309 voix sur 485 votants. En 1885, il fut réélu, également au premier tour, par 501 voix sur 723 votants, et le 7 janvier 1894, par 652 voix sur 733 votants.

Au Sénat, M. Labiche fait partie de la gauche républicaine. En 1894, il s'est représenté en rappelant cette déclaration de sa profession de foi de 1863 : « Le problème à résoudre par notre siècle, c'est de concilier la démocratie et la liberté. Trop souvent les démocrates ont méconnu les droits de la liberté et les libéraux ont nié la légitimité de la démocratie. »

Durant ces dix-huit dernières années, M. Emile Labiche a pris une part très active, dans les commissions et à la tribune, aux travaux parlementaires. Il a été rapporteur de très nombreux projets et propositions de loi : liberté de réunion; marine marchande; suppression du privilège des plus imposés; divorce; procédure du divorce; liberté des funérailles; vices rédhibitoires; taux de l'intérêt en matière commerciale; syndicats des communes; dotation de 300 millions aux chemins vicinaux; réforme de l'impôt des prestations; crédit agricole.

M. Emile Labiche a été l'auteur de propositions qui ont abouti à la reprise de l'étude du code rural, à l'insertion dans la loi municipale de la publicité des séances des conseils municipaux, etc.

Il a collaboré, comme membre de diverses commissions, à la préparation et à la discussion des lois concernant la réforme de la magistrature, la caisse des écoles, la caisse des chemins vicinaux, la relégation des récidivistes, l'organisation de l'assistance médicale dans les campagnes, etc.

Il s'est particulièrement occupé des questions relatives à l'agriculture, et c'est sur ses rapports, en mars 1887, qu'ont été adoptés les premiers relèvements de droits sur les céréales et les bestiaux.

Il a fait de nombreux voyages ayant pour objet l'étude des questions économiques et sociales et aussi la colonisation de l'Algérie.

FINISTÈRE

—

5 SÉNATEURS

MM. HALLÉGUEN, ASTOR, DELOBEAU, SAVARY, DROUILLARD

Aux élections du 30 janvier 1876, le département du Finistère avait à élire 4 sénateurs. Il nomma MM. Monjaret de Kerjégu, Soubigou, le vicomte de Forsanz et de Raismes.

Le 5 novembre 1882, M. le contre-amiral Halna du Fretay fut élu en remplacement de M. Monjaret de Kerjégu, décédé le 12 février 1882, et M. Le Guen remplaça M. le vicomte de Forsanz, décédé le 11 août 1882.

Le 25 janvier 1885, MM. Soubigou, de Raismes, le contre-amiral Halna du Fretay et Le Guen, sénateurs sortants, furent réélus; mais leur élection ayant été invalidée le 26 juin, ils se représentèrent le 26 juillet et furent validés le 1er août.

Le 13 avril 1890, M. Astor remplaça M. Grandperret, sénateur inamovible, décédé.

Le 23 juillet 1893, M. Delobeau, républicain, remplaça M. l'amiral Halna du Fretay, décédé.

Le 7 janvier 1894, le scrutin a donné les résultats suivants :

Inscrits : 1.235 — Votants : 1.228 — Suffrages exprimés : 1.223

MM. Halleguen, R	685 Elu.
Astor, R., s. s	683 Elu.
Delobeau, R., s.	670 Elu.
Savary, R	664 Elu.
Drouillard, R.	649 Elu.
Soubigou, D., s. s	561
Le Guen, D., s. s	534
de Raismes, D., s. s	518
de Saint-Luc, cons. gén., D ..	544
de Brémond d'Ars, c. gén., D.	556

14.

HALLÉGUEN (Corentin)

M. Halléguen est né à Pleyben le 10 décembre 1832.

Avoué au tribunal de Châteaulin depuis le 24 février 1858, maire de Châteaulin depuis février 1881, membre du Conseil général du Finistère depuis 1883, président de la Société d'agriculture de l'arrondissement de Châteaulin, membre du Conseil départemental de l'instruction publique, M. Halléguen a été élu le 7 janvier 1894, sénateur sur la liste réplicaine qui comprenait les noms de MM. Astor, Delobeau, Drouillard, Savary et qui se présenta avec un programme commun réclamant une politique démocratique, à la fois progressive et modérée.

Il s'est fait inscrire à la gauche républicaine.

ASTOR (Joseph)

M. Astor est né à Ajaccio le 27 juin 1824.

Sorti de l'école de Saint-Cyr en 1843, il servit dans l'infanterie légère. Promu capitaine en 1854, il donna sa démission l'année suivante, se maria à cette époque et se fixa dans le Finistère où il avait sa famille et ses intérêts.

Depuis 1870, il est maire de Quimper.

Membre du Conseil général du Finistère depuis 17 ans, il est le vice-président de cette assemblée. Il a été promu officier de la Légion d'honneur en 1887. Il est officier de l'instruction publique.

Une première fois candidat au Sénat, dans le Finistère, en 1885, M. Astor échoua avec toute la liste républicaine qui fut battue à dix voix de minorité.

Il fut nommé sénateur, le 3 avril 1890, en remplacement de M. Grandperret, sénateur inamovible décédé. Il obtint, au premier tour 654 voix contre 560 obtenues par M. Chevillotte, candidat de la droite.

Il a été réélu, le 7 janvier 1894, au premier tour, avec la liste républicaine.

M. Astor fait partie de la gauche républicaine.

DELOBEAU (Louis-Arthur)

M. Delobeau est né à Brest le 2 septembre 1834.

Avoué à Brest, M. Delobeau est un républicain de vieille date ; ardent adversaire de l'Empire, il fut un des membres les plus actifs du comité antiplébiscitaire de la ville de Brest, laquelle, lors du plébiscite du 8 mai 1870, se prononça par 5.597 *non* contre 2.437 *oui*.

En 1871, M. Delobeau fut élu, pour la première fois, conseiller municipal de Brest et, la même année, conseiller d'arrondissement, pour le troisième canton de Brest.

Depuis 1884, M. Delobeau est maire de Brest et conseiller général ; il a rendu, en cette double qualité, de signalés services. En 1891, il présida aux fêtes par lesquelles la ville de Brest célébra la visite des navires russes.

M. Delobeau fut, pour la première fois, élu sénateur, le 23 juillet 1893, comme candidat républicain, lors d'une élection partielle, en remplacement de l'amiral Halna du Fretay, décédé.

Dans sa circulaire, M. Delobeau se prononça : pour un gouvernement fort, assurant l'ordre ; dans la liberté pour le maintien des lois « qui sont les meilleures conquêtes de la République et qui pour cette raison sont le plus violemment attaquées » ; pour le respect de la liberté de conscience ; pour la protection agricole et commerciale ; pour l'affermissement de l'alliance franco-russe.

Il a été réélu le 7 janvier 1894 par 670 voix.

M. Delobeau est membre de la commission sénatoriale et de la commission extraparlementaire de la marine.

Il est chevalier de la Légion d'honneur et commandeur de l'ordre de Saint-Stanislas de Russie.

Républicain progressiste, il est inscrit à la gauche républicaine.

SAVARY (Alexis)

M. Savary est né à Quimperlé le 29 mai 1851.

Ingénieur, ancien élève de l'école des Arts et Métiers d'Angers, M. Savary créa à Quimperlé d'importants ateliers de constructions ; leur rapide extension et les perfectionnements qu'il apporta à la machinerie agricole, lui valurent la croix de la Légion d'honneur à l'exposition universelle de 1878.

M. Savary est maire de Quimperlé depuis 1886, membre de la Chambre de commerce de Quimper.

Il fait partie d'un groupe d'ingénieurs et d'industriels nommés par le ministre du commerce en vue de l'organisation de l'enseignement technique en France et s'en est beaucoup occupé.

M. Savary s'est présenté aux élections sénatoriales du 7 janvier 1894 sur la liste républicaine, « comme un républicain libéral et tolérant, respectueux de la liberté de tous et de chacun ; voulant que les représentants du pays s'occupent des véritables intérêts des classes laborieuses.

« Le concours de l'Etat doit être assuré à toutes les œuvres de mutualité et de prévoyance ; mais ces œuvres doivent être constituées par l'initiative privée que l'État secondera, n'intervenant que comme auxiliaire. »

Il a été élu sénateur du Finistère, le 7 janvier 1894.

Il s'est fait inscrire à la gauche républicaine.

DROUILLARD (Hippolyte)

M. Drouillard est né à Paris le 16 juillet 1833.

Il est propriétaire et habite le château de Kerhaudy, commune de Plouénan.

Elève de l'Ecole des mines de Paris, M. Drouillard fut pendant plusieurs années attaché, en qualité d'ingénieur, au chemin de fer du Nord de l'Espagne.

Rentré en France avant la guerre, il fit la campagne de 1870. Il s'occupa ensuite d'améliorer ses propriétés et fit avec succès de l'agriculture et de l'élevage.

Il se consacra très activement à la propagation des idées républicaines dans le département du Finistère.

Conseiller général de 1871 à 1874, il fut candidat républicain à la députation contre M. de Kermenguy, mais ne fut pas élu. Maire de Saint-Pol-de-Léon pendant sept ans, M. Drouillard est actuellement maire de Roscoff.

En 1885, lors des élections sénatoriales, M. Drouillard, porté sur la liste républicaine, arriva le premier en tête de celle-ci ; il lui manqua cinq voix pour être élu.

Il a été nommé sénateur le 7 janvier 1894.

Membre du Conseil supérieur de l'agriculture et des haras, M. Drouillard se consacrera particulièrement à défendre les intérêts des agriculteurs et des éleveurs ; républicain progressiste, « il appuiera toutes les mesures ayant pour objet d'améliorer le sort des ouvriers et celui des malheureux. »

Il siège à gauche.

GARD

3 SÉNATEURS

MM. SILHOL, BONNEFOY-SIBOUR, DESMONS

Le 30 janvier 1876, le département du Gard nomma 3 sénateurs : MM. le colonel Meinadier, Bonnefoy-Sibour et Laget, rép.

Le 5 janvier 1879, M. Gazagne, rép., remplaça M. Bonnefoy-Sibour, décédé le 16 décembre 1876.

Aux élections du 25 janvier 1885, M. le colonel Meinadier, sénateur sortant et MM. Claris et Dide, républicains, furent élus.

Le 7 janvier 1894, le scrutin donna les résultats suivants :

PREMIER TOUR

Inscrits : 846 — Votants : 842 — Suffrages exprimés :

MM. Silhol, R.....................	430 Elu.
Bonnefoy-Sibour, anc. dép., rad.	398
Desmons, dép., rad.............	376
Claris, R., s. s.................	256
Dide, R., s. s.................	153
le colonel Meinadier, R., s. s....	103

Ballottage pour deux sièges.

DEUXIÈME TOUR

MM. Bonnefoy-Sibour, anc. dép., R..	575 Elu.
Desmons, dép., rad.............	534 Elu.
Claris, R., s. s.................	197
le colonel Meinadier, R., s. s..	143
Dide, R., s. s.................	39

SILHOL (Alfred)

M. Silhol est né, le 12 octobre 1829, à Saint-Ambroise. Il est industriel.

Conseiller général du Gard, il fut élu député, le 4 septembre 1881, au scrutin de ballottage, comme républicain, par 8.988 voix contre 7.075 à M. de Rocy-Laruy, légitimiste.

Il a été élu sénateur du Gard, le 7 janvier 1894, par 429 voix sur 843 votants, au premier tour de scrutin.

Il siège à gauche.

BONNEFOY-SIBOUR (Georges-Auguste)

M. Georges Bonnefoy-Sibour est né à Pont-Saint-Esprit (Gard), le 28 novembre 1849.

Il est le fils de M. Adrien Bonnefoy-Sibour qui fut maire de Pont-Saint-Esprit, vice-président du Conseil général du Gard et sénateur en 1876.

Propriétaire, conseiller municipal, puis maire de Pont-Saint-Esprit, M. G. Bonnefoy-Sibour fait, depuis 1877, partie du Conseil général du Gard.

Il a été député de l'arrondissement d'Uzès de 1889 à 1893.

Il a été élu sénateur du Gard, le 7 janvier 1894, au second tour, par 579 voix; au 1er tour il en avait obtenu 398.

Il est inscrit à la gauche démocratique du Sénat.

DESMONS (Frédéric)

M. Desmons est né à Brignon (Gard) le 14 octobre 1832. Après avoir fait ses études à Genève, et les avoir terminées à la Faculté de théologie protestante de Strasbourg, alors française (1856), il fut nommé pasteur à Vals (Ardèche) et plus tard à Saint-Geniez (Gard). Il est président du consistoire de Saint-Chaptes (Gard).

Candidat républicain dans la première circonscription d'Alais, lors d'une élection partielle, en 1878, il se désista au scrutin de ballottage, en faveur de son concurrent, dans le but d'éviter ainsi la nomination d'un député réactionnaire.

Il fut élu, lors d'une seconde élection partielle en juin 1881. Il se fit inscrire à l'extrême gauche, dont il fut un peu plus tard nommé vice-président.

Réélu aux élections générales de 1881, il prit plusieurs fois la parole, notamment sur les grèves du Gard, sur les lois relatives à l'organisation de l'enseignement primaire, etc. En 1884, au Congrès de Versailles, il prit la parole pour soutenir une proposition de loi tendant à la suppression de la Présidence de la République. Il vota pour toutes les propositions ou projets de loi présentés par le parti avancé : la suppression de l'ambassade de France auprès du Vatican, la revision de la Constitution, l'élection des sénateurs au suffrage universel, etc.

M. Desmons fut porté le 4 octobre 1885, sur la liste républicaine du Gard, et sans obtenir la majorité absolue, il fut, de tous les candidats républicains, celui qui obtint le plus grand nombre de voix. Au scrutin de ballottage, il fut élu avec toute la liste républicaine.

En 1886, il fut délégué par la Chambre des députés à New-York, avec son collègue Spuller, aujourd'hui ministre de l'instruction publique, et les deux sénateurs désignés par le Sénat, le général Pélissier et l'amiral Jaurès, à l'occasion de l'inauguration de la statue « de la Liberté éclairant le monde ».

C'est dans cette même législature qu'il vota pour l'expulsion des princes, pour l'urgence sur la proposition de reviser la Constitution.

Il se prononça contre le général Boulanger « qu'il avait loyalement défendu aussi longtemps que le général s'était montré républicain ».

En 1889, M. Desmons fut élu, le 22 septembre, au premier tour, contre trois autres candidats, dont un boulangiste.

Pendant la dernière législature, M. Desmons a été membre de plusieurs commissions importantes : de la grande commission du travail ; de la commission des chemins de fer ; de la commission des sociétés coopératives ; de la commission de la réforme des prisons ; de la commission supérieure de la Caisse nationale des retraites pour la vieillesse, etc.

En 1889, il fut, comme président du conseil de l'ordre du Grand-Orient de France, appelé à présider à Paris la grande assemblée de la franc-maçonnerie internationale.

Il fut réélu député, le 20 août 1893, au premier tour par 7.400 voix sur 10.000 votants.

Il a été élu sénateur du Gard le 7 janvier 1894, au second tour de scrutin, par 545 voix ; il en avait obtenu 376 au 1er tour.

Il fait partie de la gauche démocratique.

Série B

Élue pour 3 ans en 1879. — Réélue en 1879 et en 1888. — A réélire en 1897

HAUTE-GARONNE

—

4 SÉNATEURS

MM. PAUL DE RÉMUSAT, ADRIEN HÉBRARD, CAMPARAN, CONSTANS

Aux élections du 30 janvier 1876, le département de la Haute-Garonne, appelé à élire 3 sénateurs pour une période de 3 ans, nomma MM. Sacaze, le général Pourcet et de Belcastel (droite).

Ils furent remplacés, le 5 janvier 1879, par MM. Paul de Rémusat, Adrien Hébrard et Camparan, républicains.

Le 29 août 1886, M. Féral remplaça M. Laurent-Pichat, sénateur inamovible, décédé.

Le 5 janvier 1888, les sénateurs sortants furent réélus.

Décédé le 7 octobre 1889, M. Féral fut remplacé le 29 décembre par M. Constans, républicain.

RÉMUSAT (Paul-Louis-Etienne, comte de)

M. Paul de Rémusat est né à Paris le 17 novembre 1831.

Il est le fils de M. Charles de Rémusat, l'éminent écrivain, qui fut, en 1871, comme ministre des affaires étrangères, l'un des principaux collaborateurs de M. Thiers.

15

Après avoir fait ses études de droit, M. Paul de Rémusat devint l'un des collaborateurs assidus du *Courrier du dimanche*, du *Journal des Débats*, de la *Revue des Deux-Mondes*. Il publia, en 1857, un ouvrage remarqué sur les *Sciences naturelles, leur histoire, leurs plus récents progrès.*

Conseiller municipal de Toulouse depuis 1865, M. Paul de Rémusat se présenta aux élections législatives de 1869 comme candidat indépendant dans la Haute-Garonne. Il échoua contre le comte de Campaigno, candidat officiel, mais avec une forte minorité.

En octobre 1870, M. Paul de Rémusat accompagna, en qualité de secrétaire, M. Thiers pendant son long voyage diplomatique auprès des diverses cours de l'Europe.

Elu, le 8 février 1871, le deuxième sur dix, député de la Haute-Garonne à l'Assemblée nationale, par 83.428 voix, M. Paul de Rémusat siégea au centre gauche, défendit la politique de M. Thiers et, en 1875, vota les lois constitutionnelles.

Pendant trois ans, il fut l'un des secrétaires de l'Assemblée nationale.

Le 20 février 1876, il fut élu député de l'arrondissement de Muret par 11.521 voix contre 11.363 obtenues par M. Niel, candidat bonapartiste.

Après le 16 mai, M. Paul de Rémusat vota avec les 363. Aux élections du 14 octobre, il obtint 11.578 voix contre 12.456 accordées à M. Niel, qui fut élu ; mais M. Niel ayant été invalidé, M. de Rémusat fut définitivement nommé, le 5 mai 1878, par 13.038 voix contre 11.240 à M. Niel.

Le 5 janvier 1879, M. Paul de Rémusat fut élu sénateur de la Haute-Garonne. Il a été réélu le 5 janvier 1888.

En dehors des œuvres que nous avons signalées et de plusieurs autres, M. Paul de Rémusat a fait paraître les *Mémoires de Mme de Rémusat,* sa grand'mère, qui fut dame du palais sous Napoléon Ier. Cet ouvrage a eu de nombreuses éditions.

M. Paul de Rémusat est membre libre de l'Académie des sciences morales et politiques.

Au Sénat, il fait partie du centre gauche.

HÉBRARD (François-Marie-Adrien)

M. Adrien Hébrard est né à Grisolles (Tarn-et-Garonne), le 1er juin 1833.

Après avoir fait à la Faculté de Toulouse ses études de droit, il fut tout d'abord avocat à Moissac.

Il vint ensuite à Paris, entra au journal le *Temps* dont il fut un des collaborateurs, puis le gérant et enfin le directeur, lors de la retraite de M. Nefftzer en 1873.

M. Adrien Hébrard donna un développement nouveau au *Temps* qui, sous sa direction, acquit dans la presse une situation tout à fait prépondérante.

En mars 1870, M. Hébrard avait été l'un des fondateurs du syndicat de la presse parisienne qui réclama la réforme de l'impôt du timbre, aboli après la chute de l'Empire. M. Hébrard est président de ce syndicat.

Aux élections du 8 février 1871 à l'Assemblée nationale, M. Hébrard obtint, à Paris, 47.322 voix.

Il fut élu sénateur de la Haute-Garonne, le 5 janvier 1879, par 347 voix sur 671. Il a été réélu, le 5 janvier 1888, par 540 voix sur 1.009.

Il a prononcé au Sénat plusieurs discours très remarqués, notamment sur l'amnistie, sur la protection de l'enfance, etc.

M. Hébrard est membre du Conseil général de la Haute-Garonne dont il a été le président; il est membre de la commission des bâtiments civils et palais nationaux; du conseil supérieur des beaux-arts; du conseil supérieur des monuments historiques, etc.

M. Hébrard fait partie, au Sénat, de la gauche républicaine.

CAMPARAN (Victor)

M. Camparan est né à Saint-Gaudens, le 29 novembre 1832.

Il fit ses études médicales à Paris et, après avoir été reçu docteur, revint dans son pays où il pratiqua la médecine et fut nommé inspecteur des eaux thermales de Saint-Gaudens.

Il fut destitué de ces fonctions, en 1869, à cause de ses opinions républicaines.

Il écrivit alors dans divers journaux de nombreux articles sur la politique, l'agriculture, l'hygiène.

Après le 4 septembre 1870, il fut réintégré dans ses fonctions d'inspecteur des eaux thermales.

Elu conseiller général, il fut dans l'arrondissement de Saint-Gaudens, en 1876 et en 1877, le candidat des républicains contre M. Tron, député bonapartiste, et obtint, mais sans être élu, un grand nombre de voix.

Le 5 janvier 1879 il fut élu, sur la liste républicaine, sénateur de la Haute-Garonne par 377 voix contre M. Sacase, sénateur sortant, candidat de la droite, qui en obtint 260.

M. Camparan fut réélu sénateur le 5 janvier 1888, au premier tour, par 527 voix contre 350 à M. Oldekopp.

Il siège à gauche.

CONSTANS (Jean-Antoine-Ernest)

M. Ernest Constans est né à Béziers (Hérault), le 3 mai 1833. Il est fils d'un conservateur des hypothèques.

Elevé à Toulouse, il s'y fit recevoir avocat, puis habita quelques années l'Espagne, où il s'occupa d'affaires commerciales. Rentré en France, il fut successivement professeur agrégé à la Faculté de droit de Douai, puis à celle de Dijon.

Appelé, en 1872, à professer le droit romain à Toulouse, il y devint promptement conseiller municipal, puis adjoint au maire.

Après le 24 mai, il fut l'objet des rigueurs de M. de Cumont, ministre de l'instruction publique, à la suite de l'organisation, à Toulouse, des écoles communales laïques.

En 1876, M. Constans posa sa candidature dans la première circonscription de Toulouse :

« Après quatre-vingts ans, disait-il, dans sa circulaire d'alors, la France a fixé ses destinées : elle a fondé la

République, le seul gouvernement digne d'une démocratie... Le rôle du parti républicain comme parti d'opposition est fini ; malheur à qui ne le comprendrait pas. Il est désormais un parti de gouvernement dont le devoir est de développer les germes d'avenir contenus dans la Constitution. »

M. Constans terminait sa circulaire en appelant de ses vœux le jour où « la législature serait d'accord avec nos mœurs démocratiques, avec le principe du gouvernement » et où « la France compterait moins de factieux et plus de citoyens ».

M. Constans siégea à l'Union républicaine et fut l'un des principaux lieutenants de M. Gambetta.

Il prit une part active à la résistance contre le Seize-Mai et fut l'un des 363.

Il fut réélu le 14 octobre 1877.

Après l'élection de M. Jules Grévy à la présidence de la République, M. Constans entra, comme sous-secrétaire d'Etat au département de l'intérieur, dans le ministère présidé par M. de Freycinet qui, le 28 décembre 1879, remplaça le cabinet Waddington.

Lorsque M. Lepère, ministre de l'intérieur, se retira à la suite d'un échec subi à la Chambre, au cours de la discussion de la loi sur la liberté de réunion, il eut pour successeur M. Constans. Presque dès le lendemain du jour où il reçut le portefeuille de l'intérieur, M. Constans eut à répondre à une interpellation qui lui fut adressée par l'Extrême-Gauche au sujet des mesures énergiques qu'il avait prises pour réprimer une manifestation organisée par les comités révolutionnaires et blanquistes en l'honneur des fédérés morts en combattant pour la Commune.

La Chambre, par 300 voix contre 28, approuva la fermeté dont avait fait preuve M. Constans.

Le nouveau ministre eut, d'autre part, à pourvoir à l'exécution du second des décrets contre les congrégations non autorisées, notamment contre les jésuites. Interpellé par la droite, M. Constans revendiqua hautement les responsabilités qu'il avait assumées. Une divergence s'étant produite à ce sujet entre le président du conseil et ses collègues, M. de Freycinet se retira et fut remplacé, comme

chef du cabinet, par M. Jules Ferry. M. Constans conserva
le portefeuille de l'intérieur dans le ministère du 23 septembre 1880, où il passait pour représenter, avec
MM. le général Farre et Cazot, l'influence de M. Gambétta.

Dans la session suivante, M. Constans monta souvent à
la tribune. Il eut à répondre notamment à deux interpellations : l'une qui lui fut adressée au Sénat par M. de Lam-
bert-Sainte-Croix sur la laïcisation des hôpitaux, l'autre à
la Chambre sur le rattachement des services de l'Algérie
aux divers ministères.

M. Constans présida, en qualité de ministre de l'intérieur, aux élections du 21 août 1881 qui furent, pour le
parti républicain, une éclatante victoire. Elu à la fois dans
les deux circonscriptions, de Toulouse et de Bagnères-de-
Bigorre, M. Constans opta pour celle de Toulouse qu'il avait
toujours représentée. Il quitta le ministère de l'intérieur
le 14 novembre 1881, lorsque le cabinet Gambetta remplaça
le cabinet Ferry.

Depuis lors, M. Constans prit plusieurs fois la parole à
la Chambre dans diverses discussions et renouvela, avec
l'appui d'un grand nombre de ses collègues de la gauche,
la proposition relative au rétablissement du scrutin de liste
qui, prise en considération en 1884, fut votée en 1885.

Lorsqu'à la suite de l'émotion produite par la nouvelle de
la défaite de Lang-Son, le second ministère Ferry donna sa
démission, M. Constans fut appelé par M. Jules Grévy qui
lui confia la mission de constituer un cabinet; mais
M. H. Brisson, président de la Chambre, étant revenu sur
sa résolution première de ne pas accepter la présidence du
Conseil, M. Constans renonça spontanément au mandat
dont il avait été chargé.

Aux élections générales d'octobre 1885, M. Constans fut
réélu, au scrutin de ballottage, sur la liste républicaine,
député de la Haute-Garonne.

Ce fut peu après qu'il accepta de M. de Freycinet qui
venait de succéder à M. Brisson, à la présidence du
Conseil, la mission, à titre temporaire en sa qualité
de député, de terminer les négociations engagées avec
le Céleste-Empire concernant l'application du traité
de commerce franco-chinois. Il s'acquitta avec succès de

cette mission et fut ensuite envoyé en mission temporaire en Indo-Chine française pour exercer les fonctions de gouverneur général.

Il conserva ces fonctions jusqu'en mai 1888 et fut mêlé à des négociations importantes avec l'Annam et le Cambodge.

Rentré en Europe, il fut mis en demeure d'opter entre ses hautes fonctions coloniales et le mandat de député. A la suite d'une vive discussion à la Chambre, le 18 juillet 1888, avec M. de La Porte, sous-secrétaire d'Etat aux colonies, il donna sa démission de gouverneur général, et fut remplacé en Indo-Chine par M. Richaud, le 14 septembre 1888.

Après la chute du cabinet Floquet (février 1889), M. Tirard, président du Conseil, confia à M. Constans, le portefeuille de l'intérieur, dont il avait été titulaire, lors des élections générales de 1881.

M. Constans interdit, dès le lendemain de sa rentrée au ministère, les manifestations sur la voie publique projetées par les syndicats ouvriers.

Il concourut énergiquement à la dissolution de la Ligue des patriotes qui détermina, ainsi que plusieurs autres mesures, le départ du général Boulanger. Il envoya aux préfets des instructions très catégoriques concernant la répression de toute tentative séditieuse et la stricte observation des règles de la hiérarchie administrative. Il eut à répondre à la Chambre à plusieurs interpellations de la droite et du groupe boulangiste qui, toutes, se terminèrent, jusqu'à la séparation de la Chambre, par le vote d'ordres du jour de confiance.

Dans la presse, il fut, plus que jamais à cette époque, l'objet des plus violentes attaques de la part des organes de la droite et des journaux boulangistes.

Le 6 octobre 1889, M. Constans fut élu, au scrutin de ballottage, par 8.400 voix contre 6.894 obtenues par M. de Susini, boulangiste, député sortant (de la Corse).

Une vacance s'étant produite dans la représentation sénatoriale de la Haute-Garonne, par suite du décès de M. Féral, M. Constans fut désigné comme son successeur par le comité républicain et élu sénateur, le 29 décembre

1889, au premier tour de scrutin, par 603 voix contre 357 obtenues par M. d'Aiguevives.

M. Constans donna le 1er mars 1890 sa démission de ministre de l'intérieur, à l'occasion d'un dissentiment avec le président du Conseil, M. Tirard, et fut remplacé par M. Léon Bourgeois. Mais le ministère Tirard s'étant retiré, le 13 mars, à la suite d'un vote du Sénat relativement au traité de commerce avec la Turquie, le quatrième cabinet Freycinet lui succéda, et M. Constans reprit, le 17 mars 1890, le portefeuille de l'intérieur qu'il conserva jusqu'à la formation du cabinet Loubet (27 février 1892).

Pendant cette période, M. Constans prit, en qualité de ministre de l'intérieur, part à de nombreuses discussions et eut à répondre, tant à la Chambre qu'au Sénat, à plusieurs interpellations. Il déposa plusieurs projets de loi importants, notamment sur l'organisation de l'assistance publique dans les campagnes et sur celle d'une caisse nationale de retraites ouvrières, etc.

A l'approche des élections de 1893, le 3 juin, M. Constans prononça à Toulouse un discours qui eut un très grand retentissement et dans lequel il exposa son programme politique.

Il a succédé à M. Jules Ferry, comme président de la commission d'enquête sur l'Algérie.

GERS

—

2 SÉNATEURS (1 à nommer)

MM. LACAVE-LAPLAGNE, DUC DE MONTESQUIOU-FEZENSAC

Le 30 janvier 1876, le Gers nomma 2 sénateurs : MM. Lacave-Laplagne et Batbie (droite).

Ils furent réélus aux élections du 5 janvier 1879.

Décédé le 12 juin 1887, M. Batbie fut remplacé le 14 août, par M. le duc de Montesquiou-Fézensac (droite).

Aux élections du 5 janvier 1888, les deux sénateurs sortants furent réélus.

LACAVE-LAPLAGNE (Louis)

M. Louis Lacave-Laplagne est né à Paris le 3 octobre 1835.

Il est le fils de M. Lacave-Laplagne qui, sous le règne de Louis-Philippe, fut député, ministre des finances, administrateur des biens du duc d'Aumale, et, après la révolution de Février, représentant à l'Assemblée législative.

Propriétaire dans l'arrondissement de Mirande, M. Louis Lacave-Laplagne a été conseiller général du Gers de 1861 à 1883 ; il a été réélu en cette qualité en 1889.

Sous l'Empire, M. Louis Lacave-Laplagne se présenta deux fois, en 1863 et en 1869, comme candidat indépendant, dans l'arrondissement de Mirande, contre M. Granier de Cassagnac ; il ne fut pas nommé, mais obtint, en 1869, une importante minorité.

Aux élections du 8 février 1871, M. Lacave-Laplagne fut élu par le département du Gers, membre de l'Assemblée ationale.

Il siégea au centre droit et fut membre, secrétaire ou rapporteur de plusieurs commissions importantes (commission d'enquête sur la situation du commerce, commission des marchés de la guerre, etc.).

Après la séparation de l'Assemblée nationale, M. Lacave-Laplagne fut élu, en janvier 1876, sénateur du Gers sur la liste conservatrice. Il a depuis lors été constamment réélu.

M. Lacave-Laplagne a été secrétaire du Sénat.

Il est « orléaniste de sentiments, royaliste de conviction, parlementaire de raisonnement, catholique de foi et libéral d'opinion ».

Il siège à droite.

MONTESQUIOU-FEZENSAC (Philippe-André-Aiméry-Charles, duc de)

M. le duc de Montesquiou-Fézensac est né à Paris le 26 septembre 1843.

Il est l'arrière-petit-neveu de l'abbé de Montesquiou qui fut ministre de la Restauration, et du général de Montesquiou-Fezensac.

Il fut élu pour la première fois sénateur du Gers, le 14 août 1887, en remplacement de M. Batbie, décédé, contre M. le docteur Lannelongue, républicain.

Il a été réélu sénateur le 5 janvier 1891, au premier tour par 422 voix contre 326 obtenues par M. Marcel, républicain.

M. le duc de Montesquiou-Fézensac est membre de la commission des accidents du travail.

En 1887, lors du procès Boulanger-Rochefort, M. de Montesquiou-Fézensac déclina de faire partie de la Haute-Cour.

Il appartient à la droite royaliste.

GIRONDE

5 SÉNATEURS

MM. CADUC, DUPOUY, TRARIEUX, ANDRÉ LAVERTUJON, MONIS

Aux élections du 30 janvier 1876, la Gironde nomma 4 sénateurs : MM. Hubert-Délisle, le vicomte de Pelleport-Burète, Béhic et Raoul-Duval (droite).

Le 5 janvier 1879, ils furent remplacés par MM. le comte Henry de Lur-Saluces, Dupouy, Issartier et Callen, tous quatre républicains.

Le 26 avril 1885, M. Caduc remplaça M. Dupuy de Lôme, sénateur inamovible, décédé.

Le 31 juillet 1887, M. André Lavertujon fut élu en remplacement de M. Issartier, décédé le 22 mai 1887.

Aux élections du 5 janvier 1878, la Gironde nomma de nouveau les sénateurs sortants à l'exception de M. Callen qui fut remplacé par M. Trarieux, républicain.

Le 25 octobre 1891, M. Monis, républicain, remplaça M. le comte Henri de Lur-Saluces, décédé.

CADUC (Armand)

M. Armand Caduc est né à Ladaux (Gironde) le 13 septembre 1818.

Avocat à la Réole depuis 1840, il fut activement mêlé au mouvement républicain.

Au 2 décembre 1851, il s'efforça d'organiser la résistance dans la Gironde et fut poursuivi par les commissions mixtes.

Il se réfugia en Angleterre, puis en Espagne, d'où il fut expulsé lors de l'attentat d'Orsini.

Il ne rentra en France qu'après l'amnistie de 1859 et reprit son œuvre de propagande républicaine.

Il se présenta aux élections du 8 février 1871 pour l'Assemblée nationale, mais il ne fut pas nommé. Il y fut élu le 20 octobre 1872 lors d'une élection partielle, en remplacement de M. Richier, décédé; M. Caduc l'emporta alors de plus de 20.000 voix sur M. de Forcade La Roquette, ancien ministre de l'intérieur sous l'Empire, soutenu par la coalition des bonapartistes et des légitimistes.

M. Caduc ne fut pas réélu le 20 février 1876, mais il redevint député de l'arrondissement de la Réole, lors d'une élection partielle, le 10 février 1879, et fut réélu aux élections législatives de 1881.

Il fut élu sénateur lors d'une élection partielle, le 26 avril 1885, en remplacement de M. Dupuy de Lôme, sénateur inamovible, décédé. Il fut nommé, au premier tour, par 774 voix contre 476 obtenues par M. le duc Decazes.

M. Caduc a été réélu, le 5 janvier 1888, au premier tour par 747 voix contre 449 accordées à M. Johnston.

M. Caduc a été, au Sénat, membre de nombreuses commissions.

Il fait partie de l'Union républicaine.

DUPOUY (Bernard-Eugène-Alexandre)

M. Dupouy est né le 1er juillet 1825.

Avocat à Bordeaux depuis 1851, il fut porté sur la liste républicaine qui échoua dans la Gironde aux élections du 8 février 1871, mais il fut élu à l'Assemblée nationale, lors d'une élection partielle, en remplacement de M. Journu, décédé, le 27 avril 1873, par 75.153 voix contre M. Adrien Maître. Il siégea à l'Union républicaine dont il a depuis lors toujours fait partie.

Depuis le 8 octobre 1871, il est membre du Conseil général de la Gironde dont il a été le vice-président, puis le président.

Aux élections du 20 février 1876, il fut nommé député de la 3e circonscription de Bordeaux. Après le 16 mai 1877, il fut l'un des 363. Réélu député aux élections du 14 octobre, il fut nommé pour la première fois sénateur en janvier 1879; il fut réélu en 1888 par 701 voix sur 762 votants.

Il siège à gauche et en toutes circonstances a voté avec la majorité républicaine.

TRARIEUX (Ludovic)

M. Trarieux est né, le 30 novembre 1840, à Aubeterre (Charente).

Il est avocat à la Cour d'appel de Paris. Il a été bâtonnier de l'ordre des avocats de Bordeaux avant son entrée au Parlement.

Conseiller municipal de Bordeaux (1874-1879), député de la 5° circonscription de la Gironde (1879-1881), conseiller général de la Charente (1883-1889), M. Trarieux est sénateur de la Gironde depuis janvier 1888.

Républicain libéral depuis son entrée dans la vie politique, M. Trarieux défendit, dès l'Empire, les idées qu'il n'a cessé de soutenir et qu'il avait eu l'occasion de manifester dans de nombreux procès politiques avant d'appartenir au Parlement.

M. Trarieux a prononcé, au Sénat, dont il est un des plus éloquents orateurs, de nombreux discours, notamment dans une interpellation adressée au ministère Floquet (avril 1888); dans la discussion de la loi de l'armée (taxe militaire, etc.) (juillet 1888); dans la question de la loi sur les agents commissionnés de chemins de fer; dans une interpellation adressée à M. Constans, ministre de l'intérieur, sur le marchandage (mars 1889); dans la discussion de la loi sur la mise en accusation devant le Sénat; dans la discussion de la loi sur les accidents d'ouvriers, qui fut votée sur les bases d'un amendement de M. Trarieux, définissant la portée du risque professionnel; dans la discussion relative aux modifications à apporter à la législation sur la presse; dans la discussion de la proposition Bovier-Lapierre tendant à modifier la loi sur les syndicats professionnels qui, au Sénat, fut rejetée sur son rapport.

M. Trarieux participa tout particulièrement à l'élaboration et à la discussion des projets de loi relatifs au nouveau régime douanier, à l'indigénat, à l'organisation coloniale, à l'arbitrage entre patrons et ouvriers, au travail des femmes et des enfants mineurs, à la marine marchande, aux lois contre les attentats anarchistes (décembre 1893), etc. Il est membre de la commission des finances, dont il a été nommé rapporteur général (mai 1894), et de plusieurs autres commissions importantes.

Il a été l'un des quatre membres du Sénat chargés d'instruire le procès du général Boulanger devant la Haute-Cour.

M. Trarieux a plaidé, comme avocat, dans trois causes célèbres : 1° l'affaire de l'Union générale, au nom du syndic de la faillite; 2° l'affaire Chambige, au nom des parties

viles; 3° le procès de M. Raynal contre M. Denayrouse.

M. Trarieux est inscrit au centre gauche dont il a été le président, ainsi qu'à la gauche républicaine.

LAVERTUJON (André)

M. André Lavertujon est né, le 23 juillet 1827, à Périgueux.

Il entra de bonne heure dans la presse; dès 1849, il collaborait à la *République de la Dordogne*.

Il vint ensuite à Paris, et, de juillet 1849 au 2 décembre 1851, fit partie du comité démocratique.

Après le Coup d'État, il quitta la France et fit plusieurs voyages, notamment dans les principautés danubiennes.

C'est en 1855, qu'il devint le rédacteur en chef de la *Gironde*, qui venait d'être acquise par son beau-frère, M. Gounouilhou.

Sous la direction de M. André Lavertujon, la *Gironde*, qui n'avait été jusqu'alors qu'une feuille de peu d'importance, conquit une situation prépondérante. Elle devint, dans le sud-ouest de la France, le principal organe de l'opposition libérale et démocratique ; ni les avertissements, ni les procès, ni les condamnations ne lui furent ménagés par le gouvernement impérial.

Aux élections législatives de 1863, M. André Lavertujon se présenta dans la circonscription de Bordeaux, comme candidat de l'opposition ; il eut la majorité dans la ville de Bordeaux, mais le vote des campagnes l'empêcha d'être élu.

En 1869, M. André Lavertujon obtint au premier tour 11.707 voix contre 10.955 accordées à M. Johnston, le candidat officiel de l'Empire, et 7.730 à M. Clausel, candidat monarchiste. Au second tour, M. Lavertujon ne fut pas nommé, mais il eut 15.071 voix contre 16.073.

Il continua la lutte contre l'Empire et combattit le plébiscite avec une très grande ardeur. Il fonda, à Paris, avec MM. Pelletan et Glais-Bizoin, la *Tribune*.

Après le 4 septembre 1870, M. André Lavertujon fut nommé secrétaire du gouvernement de la Défense nationale, puis rédacteur en chef du *Journal officiel*, et vice-président de la commission chargée de la publication des papiers de la famille impériale.

Lors de l'armistice, M. André Lavertujon vint à Bordeaux avec M. Jules Simon, et, sous ses ordres, concourut à la publicité et à l'exécution des décrets du gouvernement de Paris.

En avril 1871, il fut nommé consul général à Amsterdam. Il donna sa démission après le 24 mai 1873 et rédigea alors la partie économique du *Temps*. En avril 1879, le parti républicain présenta sa candidature, à Bordeaux, contre celle de Blanqui qui fut élu.

Peu après M. Lavertujon fut nommé consul général à Anvers (octobre 1880), puis à Naples (octobre 1881), ministre plénipotentiaire près la République Argentine et le Paraguay (octobre 1883), délégué du gouvernement français à la Conférence internationale du Danube (septembre 1883), ministre plénipotentiaire à Mexico (octobre 1885). Il ne prit pas possession de ce dernier poste, et fut nommé président de la commission internationale des Pyrénées. Le 11 juillet 1881, il avait été nommé chevalier de la Légion d'honneur.

M. André Lavertujon fut, pour la première fois, élu sénateur de la Gironde, lors d'une élection partielle, le 31 juillet 1887, par 670 voix contre 435, accordées à M. Gasqueton, et réélu sur la liste républicaine sénatoriale, le 5 janvier 1888 par 572 voix.

Il fait partie de la gauche républicaine.

MONIS (Antoine-Emmanuel-Ernest)

M. Ernest Monis est né à Châteauneuf-sur-Charente (Charente), le 23 mai 1846.

Il est avocat.

Après avoir terminé ses études de droit, il se fit inscrire, comme avocat, au barreau de Cognac. Il fut élu, dans cette ville, conseiller municipal, puis conseiller d'arrondissement. Pendant la période du 16 mai 1877, il plaida pour plusieurs journaux de la région.

En 1879, il se fit inscrire au barreau de Bordeaux.

Lors des élections législatives du 4 octobre 1885, il fut élu, au scrutin de liste, sur la liste républicaine, le sixième sur onze, par 88.872 voix.

Il fit partie du groupe des Indépendants, fut membre de plusieurs commissions importantes, notamment de la commission du budget, et prit souvent la parole.

Il ne fut pas réélu député en 1889.

Il fut élu sénateur, lors d'une élection partielle, le 25 octobre 1891, par 714 voix contre 380 obtenues par M. de Montesquieu.

Au Sénat, il a prononcé plusieurs discours remarqués.

Il siège à gauche.

HÉRAULT

---

3 SÉNATEURS

MM. COMBESCURE, GRIFFE, GALTIER

Le 30 janvier 1876, le département de l'Hérault, appelé à élire 3 sénateurs, avait nommé : MM. Pagézy, vicomte de Rodez-Bénavent et Bonafous (droite).

Aux élections du 5 janvier 1879, ils furent remplacés par MM. Gaston Bazille, Clément Combescure et Griffe, républicains.

Le 5 janvier 1888, les sénateurs sortants ont été réélus à l'exception de M. Gaston Bazille qui a été remplacé par M. Lisbonne.

M. Lisbonne, étant décédé, fut remplacé, le 19 avril 1891, par M. Galtier, républicain.

COMBESCURE (Jean-Clément)

M. Combescure est né à Gignac (Hérault), le 15 janvier 1819.

Ancien professeur de mathématiques de l'Université, docteur en médecine, il s'engagea volontairement comme médecin de la garde mobile, en 1870. Il fut fait prisonnier près de Jouars-Pontchartrain et réussit à s'évader.

Dès avant 1848, M. Combescure appartenait à l'opinion républicaine qu'il a toujours défendue.

Il a été élu pour la première fois sénateur sur la même liste que MM. Gaston Bazille et Griffe. Il a été réélu, en 1888, par 576 voix.

Il a fait partie, au Sénat, de plusieurs commissions importantes.

16.

GRIFFE (Charles-Antoine-Jules)

M. Griffe est né à Thézan-lez-Béziers (Hérault), le 18 octobre 1825.

Il fit son droit à Toulouse, puis se fit inscrire au barreau de Béziers.

Après le 4 septembre 1870, M. Griffe fut nommé président du tribunal civil de Nîmes: Il est conseiller honoraire à la Cour d'appel de Paris, officier de la Légion d'honneur.

Il est depuis 1871 conseiller général de l'Hérault.

Il fut élu sénateur, au renouvellement triennal de 1879, par 212 voix sur 418 et réélu le 5 janvier 1888 par 543 sur 816, au premier tour de scrutin.

M. Griffe a souvent pris la parole au Sénat dans des discussions juridiques et politiques, mais ce qu'il est surtout, c'est le défenseur infatigable des intérêts de la viticulture nationale en faveur de laquelle il a déposé et défendu à la tribune de nombreuses propositions ayant pour objet de protéger les vins français soit contre les falsifications et les fraudes de toute nature, soit contre la concurrence étrangère.

M. Griffe fait partie de la gauche républicaine.

GALTIER (Jean-Antoine-Auguste)

M. Galtier est né le 23 janvier 1842.

Nommé sous-préfet de Lodève après le 4 septembre 1870, il se démit de ses fonctions pour s'engager et fut pendant la guerre commandant d'un bataillon de mobilisés de l'Hérault.

Il rentra dans l'administration après l'échec du gouvernement du 16 mai et fut successivement sous-préfet d'Aix et préfet du Doubs. Il fut nommé chevalier de la Légion d'honneur, le 13 juillet 1881.

Il fut élu député de l'arrondissement de Lodève lors d'une élection partielle le 9 décembre 1883, au deuxième tour de scrutin, par 7.142 voix, contre M. Paul Leroy-Beaulieu qui en obtint 7.069. Il ne fut pas réélu au scrutin de liste en 1885.

Le 19 avril 1891, M. Galtier a été élu sénateur de l'Hérault, lors d'une élection partielle, en remplacement de M. Lisbonne, décédé, par 393 voix sur 729 votants.

Il fait partie de plusieurs commissions et a pris, à diverses reprises, la parole notamment sur les lois touchant aux ntérêts viticoles des populations du Midi.

Il siège à gauche.

ILLE-ET-VILAINE

—

3 SÉNATEURS (1 à nommer)

MM. LE VICE-AMIRAL VERON, LE COMTE DE LA VILLEGONTIER, GRIVART

Aux élections du 30 janvier 1876, le département d'Ille-et-Vilaine nomma 3 sénateurs appartenant à la droite : MM. Grivart, général Loysel et comte de Kergariou, décédé le 9 octobre 1878.

Le 5 janvier 1879, le même département eut également à nommer 3 sénateurs : MM. Jouin, Roger-Marvaise et Le Bastard, républicains, furent élus.

Le 21 juin 1885, M. le vice-amiral Véron (droite) remplaça M. Jouin, décédé le 25 mars.

Aux élections du 5 janvier 1888, le département d'Ille-et-Vilaine a réélu M. le vice-amiral Véron, sénateur sortant, et nommé pour la première fois MM. le comte de Callac et le comte de la Villegontier (droite).

M. le comte de Callac, étant décédé, fut remplacé le 2 juillet 1893 par M. Grivart, qui avait déjà été sénateur de 1876 à 1879, et qui siège à droite.

VÉRON (Auguste-Joseph)

M. le vice-amiral Véron est né à Saint-Servan (Ille-et-Vilaine) le 4 janvier 1819.

Sorti de l'Ecole navale en qualité d'aspirant le 1er septembre 1837, enseigne le 1er décembre 1844, lieutenant de vaisseau le 25 août 1847, capitaine de frégate le 2 décembre 1854, capitaine de vaisseau le 31 décembre 1862, contre-amiral le 16 mars 1874, vice-amiral le 18 septembre 1880, M. Véron a exercé de nombreux commandements à la mer et a pris part à presque toutes nos expéditions de guerre : La Plata, le Mexique, le Maroc, la Crimée, etc. ;

dé 1871 à 1874, il a été attaché naval à l'ambassade de France à Londres ; de 1875 à 1878 il a commandé la division navale des mers de Chine et du Japon ; en 1879, il fut nommé membre du conseil d'amirauté et, en 1881, préfet maritime à Rochefort. Il a été admis au cadre de réserve en 1884. Il est grand officier de la Légion d'honneur.

Il a été pour la première fois élu sénateur d'Ille-et-Vilaine le 24 janvier 1885, lors d'une élection partielle, en remplacement de M. Jouin, décédé. Il obtint, au premier tour, 577 voix contre 534 accordées à M. Courtois, sur 1.145 votants. Il fut réélu, aux élections du 5 janvier 1888, par 626 voix contre 539.

M. l'amiral Veron a pris à plusieurs reprises la parole sur les questions touchant au budget de la marine et des colonies et à la protection des intérêts maritimes, notamment sur les pêcheries de Terre-Neuve, etc.

Il siège à droite.

VILLEGONTIER (Pierre-Marie-Sébastien-Gérard-Francis, comte de la)

M. le comte de la Villegontier est né au château de la Villegontier (Ille-et-Vilaine) le 10 janvier 1841.

Il a servi en qualité d'officier de mobiles pendant la guerre franco-allemande et fut alors décoré de la Légion d'honneur. Il est conseiller général et maire de Parigny.

Il se présenta, comme candidat royaliste aux élections du 20 février 1876 dans l'arrondissement de Fougères et obtint 8.405 voix contre 9.660 accordées à M. Delmas, qui fut élu.

Le 15 octobre 1877, il fut élu par 9.601 voix contre 9.057 à M. Roger-Marvaise, mais invalidé.

Aux élections du 21 août 1881, il fut élu par 9.114 voix contre 8.836 accordées à M. Riban ; son élection ayant été invalidée, M. de la Villegontier ne fut pas réélu le 29 janvier 1881, mais il obtint 9.113 voix contre 9.129 à M. Riban qui fut invalidé à son tour. L'élection ayant été recommencée le 30 avril 1882, ce fut M. de la Riboisière qui fut nommé.

Aux élections législatives du 4 septembre 1885, M. de la Villegontier fut porté dans l'Ille-et-Vilaine sur la liste de la droite, mais il échoua avec celle-ci.

Il a été élu sénateur d'Ille-et-Vilaine, le 5 janvier 1888, au premier tour, par 559 voix contre 544 obtenues par M. Roger-Marvaise sur 1.153 votants.

M. le comte de la Villegontier siège à droite.

GRIVART (Louis-René-Joachim)

M. Grivart est né à Rennes en 1829.

Avocat en 1850, docteur en droit, M. Grivart entra à la Faculté de droit de Rennes, comme suppléant en 1853, et fut ensuite chargé du cours de droit criminel. Il quitta le professorat en 1857 pour se consacrer exclusivement au barreau. Membre du Conseil de l'ordre des avocats près la cour de Rennes, depuis 1862, sans interruption, il en a été quatre fois le bâtonnier.

Aux élections du 8 février 1871, M. Grivart fut nommé député d'Ille-et-Vilaine à l'Assemblée nationale. Inscrit au centre droit, il fit partie de plusieurs commissions importantes. Il fut notamment rapporteur de la loi sur les titres au porteur; sur l'hypothèque maritime; sur la répression des délits en matière de presse, etc.

De février 1873 au 24 mai 1874, M. Grivart fut l'un des secrétaires de l'Assemblée nationale.

Lorsque le cabinet Chabaud-Latour succéda au cabinet de Broglie (23 mai 1874), M. Grivart fut nommé ministre de l'agriculture et du commerce. Il donna sa démission le 10 mars 1875.

Peu après, il fut envoyé comme délégué du gouvernement français à la conférence internationale, réunie à Bruxelles, pour préparer le renouvellement de la convention sur le régime des sucres.

En février 1875, il vota pour les lois constitutionnelles.

En février 1876, M. Grivart fut élu sénateur par le département d'Ille-et-Vilaine. Il fit partie de la série B qui ne siégea que trois ans, et ne fut pas réélu en janvier 1879.

Le 1er octobre 1877, M. Grivart fut nommé gouverneur du Crédit foncier de France. En février 1878, il fut remplacé par M. Albert Christophle.

Il a été réélu sénateur, le 2 juillet 1893, par 518 voix.

Il appartient au centre droit.

INDRE

—

3 SÉNATEURS

MM. CLÉMENT, BÉNAZET, BRUNET

Le 30 janvier 1876, le département de l'Indre nomma 2 sénateurs : MM. Léon Clément et comte de Bondy (droite).
Aux élections des 5 janvier 1879 et 5 janvier 1888, ils furent
réélus.
Décédé le 28 novembre 1890, M. le comte de Bondy a été
remplacé par M. Bénazet (droite).
Le sort ayant désigné le département de l'Indre pour élire un
troisième sénateur, M. Brunet, rép., fut élu le 19 juillet 1891.

CLÉMENT (Léon)

M. Léon Clément est décédé le 13 mars 1894.
Il n'est pas encore remplacé.
A l'ouverture de la séance du 15 mars, M. Magnin, vice-
président, qui, ce jour-là, présidait le Sénat, a dans les termes qui suivent et que nous empruntons au *Journal officiel*,
rendu hommage à la mémoire de l'honorable sénateur.
M. LE PRÉSIDENT. — Messieurs les sénateurs, le Sénat vient
encore d'être frappé par un nouveau deuil.
M. Clément, sénateur de l'Indre, est mort avant-hier,
après une longue et cruelle maladie, qui, depuis plusieurs
mois, le tenait éloigné de nos séances.
Il était entré à l'Assemblée nationale, le 8 février 1871,
à l'âge de quarante et un ans; depuis lors, il n'a cessé de
faire partie du Parlement; il siégeait au Sénat depuis sa
création. Elu le 30 janvier 1876, il fut réélu en 1879 et en
1888.
Avant d'être élu à l'Assemblée nationale, il avait acquis
à la cour de cassation la réputation d'un jurisconsulte distingué.
Dans les deux Assemblées, dont il fut membre sans
interruption pendant vingt-trois ans, il sut conquérir une

place importante comme orateur d'affaires; il prenait souvent la parole avec autorité et compétence, et savait, par sa science juridique, éclairer les questions les plus ardues et les plus difficiles. (*Très bien! très bien!*)

Il fut toujours un collègue affable et courtois, entretenant avec tous des relations aimables.

Pendant de longues années, il représenta la droite au bureau du Sénat comme secrétaire.

En 1875, M. Clément, après avoir voté contre l'amendement Wallon, avait voté l'ensemble des lois constitutionnelles, et c'est comme conservateur constitutionnel qu'il se présenta pour la première fois au corps électoral sénatorial.

Il prit place au centre droit et fut l'un des orateurs autorisés des conservateurs, devenus, dès 1879, la minorité du Sénat.

Assidu à nos séances, prenant une part importante aux travaux des bureaux et des commissions, il fut entouré de l'estime générale.

Homme de travail, consciencieux dans ses opinions, servant fidèlement son parti, il emporte les regrets de tous. (*Très bien! très bien! — Approbation sur tous les bancs.*)

BÉNAZET (Paul-Antoine-Théodore)

M. Théodore Bénazet est né à Paris le 22 novembre 1843.

Il obtint le diplôme de licencié en droit, fut admis à l'école de Beaux-Arts (section d'architecture), puis attaché par M. Rouher au ministère d'Etat. En 1868, M. Bénazet dirigeait le journal *le Public*, dont M. Ernest Dréolle était le rédacteur en chef.

Chevalier de la Légion d'honneur en 1869, capitaine au 2e bataillon de la garde mobile de l'Indre à l'armée de la Loire en 1870-71, M. Bénazet fut, après la guerre, nommé maire de Mérigny, puis conseiller général du canton de Tournon.

Après la mort de M. Clément Laurier en 1878, il fut élu député de l'arrondissement du Blanc par 7.323 sur 13.000 votants; il se fit inscrire au groupe de l'Appel au peuple et fut pendant cinq années secrétaire de la Chambre des députés.

Il fut réélu dans le même arrondissement, le 21 août 1881, puis le 4 octobre 1885, le deuxième sur cinq, au scrutin de liste, par 35.633 voix sur 69.748 votants.

En 1889, M. Bénazet se présenta pour la quatrième fois aux élections législatives et fut nommé au scrutin uninominal, sans concurrent, par 9.798 voix.

A la Chambre, M. Bénazet prit une part active à la discussion des budgets et surtout à celle des lois relatives à l'armée. Il a fait adopter plusieurs de ses amendements.

M. Bénazet fait partie, en qualité de lieutenant-colonel de l'armée territoriale, de l'état-major du 9e corps d'armée.

Une élection sénatoriale ayant eu lieu dans l'Indre par suite de la mort de M. le comte de Bondy, M. Bénazet a été nommé sénateur de l'Indre au mois de février 1891. Il siège à droite.

BRUNET (Arthur-Denis)

M. Brunet est né à Charost (Cher) le 18 mai 1845.

Il entra en 1863 à l'école d'Alfort et en sortit en 1867 pour se fixer à Issoudun, en qualité de vétérinaire.

Conseiller municipal d'Issoudun depuis 1871, adjoint de 1876 à 1888, maire de 1888 à 1892, membre du conseil d'arrondissement et président de ce conseil de 1877 à 1881, conseiller général depuis 1881 et président du conseil général en 1892, M. Brunet fut élu sénateur, au premier tour, le 19 juillet 1891, lors d'une élection partielle, comme candidat républicain, contre M. de Bonneval.

M. Brunet est président de la société vigneronne de l'arrondissement d'Issoudun, et s'est beaucoup occupé des questions relatives au phylloxera.

Il est officier d'académie et chevalier du mérite agricole. Il obtint, à l'Exposition universelle de 1889, une médaille d'argent pour un travail sur l'histoire de l'enseignement à Issoudun.

Il siège à gauche.

INDRE-ET-LOIRE

2 SÉNATEURS (1 à nommer)

MM. NIOCHE, BELLE

Le 30 janvier 1876, le département d'Indr -et-Loire eut à nommer 2 sénateurs. Il élut : MM. Houssard et le marquis de Quinemont (droite).

Ils furent remplacés, le 5 janvier 1879, par MM. Guinot et Fournier, républicains.

Le 5 janvier 1888, M. Guinot, sénateur sortant, fut réélu et M. Fournier remplacé par M. Nioche, rép.

M. Guinot étant décédé en décembre 1893 a été remplacé, le 4 mars 1894, par M. Belle, rép.

NIOCHE (Aristide)

M. Nioche est né à Loches, le 9 août 1820 ; il est le petit-fils d'un représentant d'Indre-et-Loire à l'Assemblée constituante de 1789 et à la Convention nationale.

Avocat, ancien sous-préfet de Loches après le 4 septembre 1870, M. Nioche fut élu député d'Indre-et-Loire à l'Assemblée nationale, lors d'une élection partielle, le 20 octobre 1872 ; il appuya de ses votes le gouvernement de M. Thiers, combattit le gouvernement du 24 mai et vota les lois constitutionnelles.

M. Nioche rentra dans la vie privée lors de la séparation de l'Assemblée nationale.

En janvier 1888, il fut candidat républicain aux élections sénatoriales d'Indre-et-Loire. Il obtint, au premier tour, 276 voix contre 224 à M. Belle et 164 à M. le général Barry. Il fut élu au second tour, par 438 voix contre 130 à M. le général Barry.

M. Nioche a fait, au Sénat, partie de diverses commissions.

Il appartient à la gauche républicaine.

BELLE (Antoine-Dieudonné)

M. Belle est né à Montlouis-sur-Loire, le 8 décembre 1824.

Avocat, juge suppléant au tribunal de Tours, il a été conseiller municipal, adjoint, puis maire de cette ville. Il est actuellement maire de Rouziers (Indre-et-Loire).

Aux élections législatives du 20 février 1876, il fut élu député de la première circonscription de Tours et siégea à la gauche républicaine. Après le 16 mai 1877, il fut l'un des 363, et fut réélu le 14 octobre 1877, puis le 21 août 1881.

Le 4 octobre 1885, M. Belle fut élu, au scrutin de liste, député d'Indre-et-Loire, sur la liste républicaine.

En 1889, il fut battu, dans la première circonscription de Tours, par M. du Saussay, candidat boulangiste.

Aux élections sénatoriales de 1891, M. Belle fut candidat, mais ne fut pas élu.

Il a été nommé sénateur d'Indre-et-Loire le 4 mars 1894, en remplacement de M. Guinot, décédé.

Il fut élu, au troisième tour de scrutin, par 325 voix contre 315 accordées à M. Pic Pâris, maire de Tours, républicain.

ISÈRE

3 SÉNATEURS (1 à nommer)

MM. REY, COUTURIER, ÉMILE DURAND-SAVOYAT

Aux élections du 30 janvier 1876, le département de l'Isère nomma 3 sénateurs : MM. Michal-Ladichère, Eymard-Duvernay et Brillier, républicains.

Le 5 janvier 1879, les sénateurs sortants furent réélus à l'exception de M. Brillier qui fut remplacé par M. Ronjat.

Le 25 janvier 1885, MM. Couturier et Marion remplacèrent l'un, M. Michal-Ladichère, décédé le 16 octobre 1884; l'autre, M. Ronjat, démissionnaire le 25 octobre 1884.

Aux élections du 5 janvier 1888, MM. Couturier et Marion, sénateurs sortants, furent réélus et M. Rey, nommé pour la première fois.

M. Marion, étant décédé, fut, le 12 avril 1891, remplacé par M. Emile Durand-Savoyat.

REY (Edouard)

M. Edouard Rey est né à Grenoble le 13 juillet 1836.

Il est le frère de M. Aristide Rey, ancien conseiller municipal de Paris, député de l'Isère.

Maire de Grenoble, chevalier de la Légion d'honneur, M. Edouard Rey fut élu sénateur le 5 janvier 1888, par 897 voix sur 1.253 votants.

Il siège à gauche.

COUTURIER (Jean-Baptiste-Henri)

M. Couturier est né le 15 juillet 1813 à Vienne (Isère).

Il est docteur en médecine.

17.

Conseiller général de l'Isère, il fut élu député par l'arrondissement de Vienne le 20 février 1876.

Après le 16 mai 1877, il fut l'un des 363.

Il fut réélu le 14 octobre 1877 aux élections législatives de 1881.

Il est l'auteur d'une proposition de loi tendant à créer une caisse de dotation pour les enfants abandonnés.

Il fut élu sénateur de l'Isère, le 25 janvier 1885, au premier tour, en remplacement de M. Michal-Ladichère, décédé.

Il a été réélu le 5 janvier 1888, au premier tour, par 831 voix sur 1.241 votants.

Il fait partie de l'Union républicaine.

DURAND-SAVOYAT (Léonce-Émile)

M. Emile Durand-Savoyat est né au Monestier-de-Clermont, le 14 février 1847.

Il est propriétaire-cultivateur.

Il fit ses études au lycée de Grenoble, puis à l'école Sainte-Barbe, suivit les cours de l'école de droit de Grenoble, et se fit inscrire au barreau de cette ville. Il combattit ouvertement l'Empire, notamment lors du plébiscite, et fut un des fondateurs du *Réveil du Dauphiné*.

Entré au conseil municipal de Grenoble en 1874, il a rempli à trois reprises différentes les fonctions d'adjoint ; il fut élu, en 1880, conseiller général par le canton du Monastier-de-Clermont qu'il représente encore aujourd'hui. Il est vice-président du Conseil général.

Aux élections législatives de 1885, le département de l'Isère le nomma député au premier tour de scrutin. En 1889, M. Emile Durand-Savoyat déclina toute candidature.

Il a été élu sénateur, le 15 février 1891, lors d'une élection complémentaire.

Il appartient à l'Union républicaine. Dans sa circulaire aux électeurs sénatoriaux il s'exprimait ainsi :

« Je suis de ces républicains qui, dès la première heure, se rallièrent à la politique large et féconde de Gambetta.

Je suis de ceux qui n'ont pu se consoler de sa perte. Je reste fidèle à sa mémoire.

« Elu député en 1885, je suis allé siéger parmi ses amis et les continuateurs de sa tradition, aux côtés, je ne crains pas de le dire, de Jules Ferry, calomnié comme lui, insulté comme lui par ceux qui renversèrent le glorieux inspirateur de la défense nationale, au moment où il se préparait à faire de grandes choses. »

M. Emile Durand-Savoyat s'occupe plus spécialement des questions qui intéressent l'agriculture. Il a pris une part active à tous les travaux du groupe agricole, ainsi qu'à l'élaboration et au vote des nouveaux tarifs de douanes et des lois protectrices de l'agriculture.

JURA

—

3 SÉNATEURS

MM. LELIÈVRE, THUREL, LE GÉNÉRAL GRÉVY

Le 30 janvier 1876, le département du Jura, appelé à élire 2 sénateurs, avait nommé : MM. Tamisier et Thurel, républicains. Ils furent réélus le 5 janvier 1879.

Le 15 août 1880, M. le général Grévy remplaça M. Tamisier, décédé le 21 mai.

Aux élections du 5 janvier 1888, MM. Thurel et le général Grévy, sénateur sortants, furent réélus, et M. Lelièvre remplaça M. le vice-amiral Jauréguiberry, sénateur inamovible, décédé.

LELIÈVRE (Adolphe-Achille)

M. Adolphe Lelièvre est né à Besançon, le 25 juillet 1836.

Ancien employé supérieur de l'enregistrement et des domaines, puis avocat près la cour d'appel de Besançon, il a été, de 1871 à 1884, membre et président du Conseil général du Jura.

Elu député pour l'arrondissement de Lons-le-Saunier, le 20 février 1876, par 7.595 voix, M. Lelièvre fut, après le 16 mai 1877, l'un des 363. Réélu le 14 octobre 1877 et en 1881, M. Lelièvre fut sous-secrétaire d'État des finances dans le cabinet Gambetta (14 novembre 1881-30 janvier 1882).

M. Lelièvre fut élu pour la première fois sénateur du Jura, le 5 janvier 1888, par 567 voix contre 330 obtenues par M. Lamy.

A la Chambre, M. Lelièvre fut chargé de nombreux rap-

ports, notamment sur la déduction des dettes dans les déclarations de succession, les affouages forestiers, l'administration des bois communaux, etc. Il fit partie pendant
sept ans de la commission du budget, de la commission de
la presse, etc.

Au Sénat, il a été membre de la commission des finances et rapporteur du budget des finances (1888-1889).

De 1876 à 1885, il a été successivement secrétaire, vice-
président, président du groupe de l'Union républicaine.

Il est républicain de gouvernement.

THUREL (Jean-Hermann)

M. Thurel est né à Orgelet (Jura), le 18 août 1818.

Il est ingénieur civil et a pris part à la construction de
plusieurs lignes de chemins de fer.

Il se signala, sous l'Empire, par son hostilité contre le
gouvernement.

Nommé le premier sur la liste du conseil municipal de
Lons-le-Saulnier, le 7 août 1870, il fut, après le 4 septembre,
investi des fonctions de maire et se distingua, pendant
l'occupation prussienne, par les services qu'il rendit à ses
concitoyens.

Aux élections législatives du 8 février 1871, il fut élu
député du Jura, à l'Assemblée nationale, par 23.950 voix.

Il prit la parole sur les questions relatives aux chemins
de fer.

En 1871, il fut élu par la ville de Lons-le-Saulnier,
membre du Conseil général dont il devint le vice-président
en 1873.

Aux premières élections sénatoriales, le 20 février 1876,
M. Thurel fut, avec M. Tamisier, élu sénateur du Jura.

Il a été réélu, le 5 janvier 1879, par 555 voix sur 653
votants et, le 5 janvier 1888, au premier tour, par 553 voix
contre 318, obtenues par M. Reverchon.

Lors des obsèques de M. Jules Grévy, ancien président
de la République française, le 14 septembre 1891, à Mont-
sous-Vaudrey, M. Thurel prononça un discours très remar-

qué dans lequel il rendit hommage à la mémoire de son illustre compatriote.

Au Sénat comme à l'Assemblée nationale, M. Thurel fait partie de la gauche républicaine.

GRÉVY (général)

M. le général Grévy (Paul-Louis-Jules), est né le 5 septembre 1820, à Mont-sous-Vaudrey (Jura). Il est le frère de M. Jules Grévy, ancien président de la République, et de M. Albert Grévy, sénateur inamovible.

Entré à l'École polytechnique en 1841, il en sortit deux ans après dans l'artillerie. Il fit campagne en Algérie, en Crimée, en Italie ; il fut décoré pour sa belle conduite devant Sébastopol ; il était à Solférino l'aide de camp du général Auger, lorsque celui-ci fut tué dans cette bataille.

Chef d'escadron le 20 février 1864, lieutenant-colonel le 17 août 1870, M. Paul Grévy, fit partie de l'armée de Châlons. Fait prisonnier à Sedan, il réussit à s'échapper. Chef d'état-major de l'artillerie de l'armée de Paris, il créa la théorie de la manœuvre de la pièce de 24 court. Il se distingua particulièrement pendant le siège et la Commune.

Nommé colonel le 18 août 1871 et général de brigade le 30 décembre 1875, il commanda successivement l'artillerie du 4ᵉ corps d'armée au Mans, puis celle du 19ᵉ corps.

Le 15 août 1880, le général Grévy fut élu sénateur du Jura, lors d'une élection partielle, en remplacement de M. Tamisier, décédé. Il fut réélu le 5 janvier 1888.

Promu général de division en 1880, il commanda en cette qualité, l'artillerie de la place et des forts de Paris ; il fut admis au cadre de réserve le 5 septembre 1885.

Commandeur de la Légion d'honneur depuis le 24 juin 1871, il fut promu grand officier le 29 décembre 1882, et ultérieurement nommé membre du conseil de l'ordre.

Au Sénat, M. le général Grévy siège à gauche ; membre et vice-président de la commission de l'armée pendant plusieurs années, il a pris une part très active à l'élaboration des lois militaires ; il a été le rapporteur de plusieurs de ces lois.

LANDES

---

3 SÉNATEURS

MM. PAZAT, LOURTIES, DEMOULINS DE RIOLS

Le 30 janvier 1876, le département des Landes nomma 2 sénateurs : MM. le baron de Ravignan et de Gavardie (droite).

Aux élections du 5 janvier 1879, les 2 sénateurs sortants
furent réélus.

Le 26 juin 1887, M. de Cès-Caupenne, républicain, remplaça
M. le général Farre, sénateur inamovible, décédé.

Aux élections du 5 janvier 1888, M. de Cès-Caupenne fut réélu,
et MM. Pazat et Lourties, républicains, remplacèrent MM. le
baron de Ravignan et de Gavardie.

M. de Cès-Caupenne, étant décédé, fut le 20 mars 1892 remplacé par M. Demoulins de Riols, républicain.

PAZAT (Louis-Childebert)

M. Pazat est né à Mont-de-Marsan (Landes) le 8 février
1839.

Avocat, bâtonnier de l'ordre, maire de Mont-de-Marsan,
M. Pazat se présenta en 1876, 1877, 1881 contre M. de
Guilloutet, député sortant, appartenant à la droite.
obtint un grand nombre de voix, mais ne fut pas élu.

Il fut nommé sénateur, le 5 janvier 1888, par 417 voix sur
708 votants.

Il a pris la parole dans plusieurs discussions.

Il siège à gauche.

LOURTIES (Victor-Christophle-Gabriel)

M. Victor Lourties est né, le 21 juillet 1844, à Aire-sur-l'Adour (Landes)..

Il est docteur en médecine, ancien médecin militaire.

Conseiller d'arrondissement en 1877, conseiller général depuis 1878, maire d'Aire-sur-l'Adour depuis 1885, M. Lourties est, depuis 1892, président du Conseil général des Landes.

Il a été élu pour la première fois sénateur des Landes le 5 janvier 1888, au second tour de scrutin, par 398 voix (au premier tour il en avait obtenu 304).

M. Lourties a pris une part très active aux travaux du Sénat. Il a été notamment rapporteur des projets de loi relatifs à la création de l'Ecole de santé de la marine, au rengagement des sous-officiers, à l'approvisionnement de la population civile des places fortes en cas de guerre, à l'augmentation du nombre des décorations accordées aux armées de terre et de mer, à l'avancement des sous-lieutenants dans l'infanterie, la cavalerie et le train des équipages, à l'organisation de l'armée coloniale, aux sociétés coopératives de consommation, de production et de crédit et au contrat de participation, etc.

M. Lourties est, depuis plusieurs années, l'un des secrétaires du Sénat ; il a été réélu pour la session de 1894.

Il est membre du Conseil supérieur du travail au ministère du commerce et de l'industrie, président de la Société nationale pour l'étude et la propagation du crédit populaire en France, président de la Ligue nationale de la prévoyance et de la mutualité, officier d'académie. Il est le fondateur d'une école professionnelle, commerciale et agricole à Aire-sur-l'Adour.

Il est républicain progressiste..

DEMOULINS DE RIOLS (Jean-Henry-Eugène)

M. Demoulins de Riols est né à Mimbaste (Landes) le 15 novembre 1833.

Il est docteur en médecine.

Vice-président du Conseil général des Landes, maire de Saint-Lon (Landes), secrétaire général de la Société landaise d'encouragement à l'agriculture, officier du Mérite agricole, M. Demoulins de Riols a créé de nombreux syndicats agricoles. En vue de l'extension et de l'amélioration de l'agriculture il a publié beaucoup d'articles et plusieurs brochures et fait de nombreuses conférences.

Il a été élu, le 20 mars 1892, en remplacement de M. de Cès-Caupenne, décédé ; il eut au second tour de scrutin 446 voix contre 188 obtenues par M. de Gavardie.

Il appartient à la gauche républicaine.

LOIR-ET-CHER

2 SÉNATEURS (1 à nommer)

MM. DUFAY, TASSIN

Le 30 janvier 1876, le département de Loir-et-Cher nomma 2 sénateurs : MM. Bozérian, républicain, et le général Riffault, constitutionnel.

Aux élections du 5 janvier 1879, M. Bozérian fut réélu, et M. Dufay, républicain, remplaça M. le général Riffault.

Le 5 janvier 1888, MM. Bozérian et Dufay, sénateurs sortants, furent réélus.

M. Bozérian, étant décédé, fut remplacé, le 28 mai 1893, par M. Tassin, républicain.

DUFAY (Jean-Charles-François)

M. Dufay est né à Blois le 24 juin 1815. Il fit ses études médicales à Paris, obtint le diplôme de docteur en avril 1845 et se fixa dans sa ville natale.

Médecin-expert près le tribunal de première instance, médecin des prisons, des enfants assistés, des épidémies, membre de la commission des logements insalubres et du conseil départemental d'hygiène et de salubrité (1849-1871), M. Dufay fut honoré d'une médaille d'argent pour services rendus pendant l'épidémie cholérique de 1849.

Il a été ultérieurement nommé officier d'académie, puis officier de l'instruction publique, et enfin chevalier de la Légion d'honneur.

Il est président — réélu tous les cinq ans — de l'Association médicale de Loir-et-Cher ; vice-président de l'Association générale des médecins de France ; membre de la commission de surveillance de l'asile départemental d'aliénés ; membre de la Société d'anthropologie de Paris, de la Société de psychologie physiologique, et de l'Association française pour l'avancement des sciences, etc.

Il a adressé à l'Académie de médecine et à l'Académie des sciences, plusieurs mémoires sur le choléra, sur l'éthérisation, sur l'hydrothérapie.

Membre de la Ligue de l'enseignement et de la Société pour l'instruction élémentaire, il a fondé à ses frais, en 1874, un concours annuel de géographie entre les élèves des écoles communales de chacun des 24 cantons de son département. Pendant l'occupation allemande, en 1870, remplissant les fonctions de maire de Blois, il installa, grâce au concours empressé de ses concitoyens, une vaste ambulance dans les salles du château des Valois.

Après la guerre, il fut élu conseiller municipal, conseiller général et nommé maire de Blois, le 16 mai 1871. Il quitta la mairie le 25 juillet 1873, lorsque M. le duc de Broglie devint ministre de l'intérieur.

Il fut, comme candidat républicain, élu représentant à l'Assemblée nationale, aux élections complémentaires du 2 juillet 1871, par 30.443 voix sur 54.471 votants.

M. Dufay siégea à gauche, vota *pour* le gouvernement de M. Thiers, *contre* le ministère de Broglie, *pour* les lois constitutionnelles.

Après la séparation de l'Assemblée nationale, nommé député dans la première circonscription de Blois, le 20 février 1876, par 10.478 voix sur 18.349 votants, il reprit sa place à gauche jusqu'au 16 mai 1877, et fut un des 363.

Réélu le 14 octobre 1877 par 12.015 voix sur 18.961 votants, il soutint les ministères républicains qui se succédèrent au pouvoir.

Lors des élections sénatoriales du 5 janvier 1879, M. Dufay fut nommé sénateur de Loir-et-Cher par 281 voix sur 348 votants.

Son mandat lui a été renouvelé le 5 janvier 1888.

Après cette élection, il donna sa démission de conseiller général. Il avait cessé d'être maire de Blois depuis le mois d'avril 1882.

Au Sénat comme à la Chambre, M. Dufay a toujours fait partie de la gauche.

« Radical en théorie, modéré par caractère, c'est un républicain progressiste, un évolutionniste en politique comme en philosophie.

« Partisan résolu et respectueux de la liberté de conscience, il a toujours admis comme conséquence logique et condition nécessaire, la séparation et l'indépendance réciproque des Églises et de l'État.

« Il a voté jadis l'extension du droit de suffrage à *tous* les membres des conseils élus, pour les élections sénatoriales, de manière que ces élections soient faites entièrement *à deux degrés.* »

Il a publié, en 1888, une étude sur son compatriote Armand Baschet, intitulée *Armand Baschet et son œuvre* (1 vol. in-8°, Rouquette éditeur), laquelle a été honorée de la souscription du ministre de l'instruction publique.

Plusieur communications scientifiques faites par M. le Dr Dufay à la Société de psychologie physiologique ont été insérées dans la *Revue philosophique* sous les titres suivants :

Contribution à l'étude du somnambulisme provoqué à distance et à l'insu du sujet (t. 26, p. 301), 1888 ;

La vision mentale, ou double vue, dans le somnambulisme provoqué et dans le somnambulisme spontané (t. 27, p. 205), 1889 ;

Les somnambules criminels (t. 34, p. 108), 1890.

Une brochure, qui se trouve également à la Bibliothèque du Sénat, contient une *Observation de somnambulisme naturel, ou spontané, avec conscience de double personnalité,* lecture faite à la Société des sciences et lettres de Loir-et-Cher (1892).

TASSIN (Pierre)

M. Pierre Tassin est né à Noyers, le 21 janvier 1837. Il est propriétaire-viticulteur.

En juin 1869, il se présenta comme candidat indépendant et, après une lutte très vive, fut élu.

Au Corps législatif, il siégea au centre gauche, signa l'interpellation des 116 et vota avec l'opposition.

Élu à l'Assemblée nationale en 1871, il appuya la politique de M. Thiers, fit une vive opposition au gouvernement du 24 mai, combattit le ministère de Broglie et vota les lois constitutionnelles de 1875.

Elu député de la deuxième circonscription de Blois, le 20 février 1876, il fut, après le 16 mai 1877, l'un des 363, et fut réélu le 14 octobre 1877.

Depuis lors, M. Tassin fut réélu à toutes les élections législatives.

Membre du Conseil général pour le canton de Saint-Aignan depuis 1871, il est depuis 1883 le président de cette assemblée.

En 1889, M. Tassin fut élu, le 22 septembre, au premier tour, par 8.868 voix, contre 4.553 obtenues par M. Duchalais, conservateur, et 3.070 par M. Raguin, radical.

Le 28 mai 1893, il a été élu sénateur du Loir-et-Cher, au premier tour de scrutin, en remplacement de M. Bozérian, décédé, par 332 voix contre 290, données à ses quatre concurrents, MM. de Sonnier, de Rochambeau, Georges Martin et Papillon.

Il fait partie de la gauche républicaine.

LOIRE

5 SÉNATEURS

MM. REYMOND, BROSSARD, MADIGNIER, BRUNON, ALBERT DE LA BERGE.

Aux élections du 30 janvier 1876, le département de la Loire, appelé à élire 3 sénateurs, nomma : MM. de Montgolfier, le vicomte de Meaux (droite) et Arbel, républicain.

Le 5 janvier 1879, M. Arbel, sénateur sortant, fut réélu et MM. Cherpin et Chavassieu, républicains, remplacèrent MM. de Montgolfier et vicomte de Meaux.

Le 25 janvier 1885, M. Brossard remplaça M. Cherpin, décédé le 13 novembre 1884.

Le 2 janvier 1887, M. Madignier fut élu en remplacement de M. Joseph de Carayon La Tour, sénateur inamovible, décédé.

Aux élections du 5 janvier 1888, MM. Brossard et Madignier, sénateurs sortants, furent réélus, et MM. Reymond et Brunon nommés pour la première fois.

REYMOND (Francisque)

M. Francisque Reymond est né, le 15 mai 1829, à Montbrison (Loire).

Il est ingénieur civil, ancien élève de l'école centrale des arts et manufactures.

Membre du Conseil général de la Loire, dont il a été le vice-président et le président, M. F. Raymond se présenta, comme candidat républicain, lors d'une élection partielle, à l'Assemblée nationale, le 12 octobre 1873, contre M. Faure Belon, monarchiste. Il fut élu par 61.480 voix, et se fit inscrire à la gauche républicaine avec laquelle il vota.

Aux élections législatives du 20 février 1876, il fut nommé

député de la deuxième circonscription de Montbrison par
9.334 voix contre 4.040. Après le 16 mai 1877, il fut l'un
des 363. Il fut réélu le 14 octobre, par 9.631 voix contre
4.824, et le 21 août 1881, sans concurrent. Au scrutin du 4
octobre 1885 il fut élu le premier sur la liste républicaine,
par 66.227 voix.

Il a été nommé sénateur de la Loire, le 5 janvier 1888,
par 495 voix, contre 435 obtenues par M. Palluat.

A la Chambre et au Sénat, M. Francisque Reymond a pris
une part importante à l'étude et à la discussion des lois
relatives aux questions économiques et financières et aux
travaux publics. Il provoqua l'enquête sur les industries
de la soie.

Il est le promoteur du projet du grand canal du Rhône
et de la Loire.

Il siège à gauche.

BROSSARD (Étienne)

M. Brossard est né le 9 mars 1839, à Pouilly-sous-
Charlieu (Loire).

Sorti en 1868, en qualité d'ingénieur civil de l'Ecole
des mines, il fut successivement envoyé en mission dans
le département de Constantine, puis employé comme
ingénieur aux mines de Malfidano (Sardaigne).

Il fut capitaine de l'artillerie des mobilisés pendant la
guerre de 1870-71

Elu maire de Pouilly après la guerre, il fut, après le
24 mai 1873, révoqué par le gouvernement du maréchal
de Mac-Mahon.

Il fut élu député le 20 février 1876.

Après le 16 mai 1877, il fut l'un des 363.

Il fut réélu député le 14 octobre suivant et le 21 août
1881.

Il a été élu sénateur de la Loire le 25 janvier 1885, lors
d'une élection partielle, en remplacement de M. Cherpin,
décédé. Il fut nommé au premier tour par 549 voix contre
344 obtenues par M. Mulsant.

Il a été réélu le 5 janvier 1888 au premier tour par 489 voix contre 437 obtenues par M. Bouchetal.

M. Brossard a fait partie de plusieurs commissions importantes.

Il siège à gauche.

MADIGNIER (Pierre)

M. Madignier est né à Saint-Etienne le 2 juillet 1831.

Maire de Saint-Etienne, conseiller d'arrondissement, il fut élu pour la première fois sénateur le 2 janvier 1887, en remplacement de M. de Carayon-Latour, décédé, par 516 voix contre 403, obtenues par M. de la Rochetaillée. Il fut réélu le 5 janvier 1888, au premier tour, par 486 voix contre 446 obtenues par M. Nayrand sur 938 votants.

M. Madignier a pris une part active aux travaux du Sénat, notamment à l'élaboration du tarif général des douanes.

Il fait partie de plusieurs commissions importantes.

Il siège à gauche.

BRUNON

M. Brunon est né à Rive-de-Gier (Loire), le 8 mai 1836. Il est maître de forges.

Conseiller municipal, chevalier de la Légion d'honneur, M. Brunon a été élu sénateur de la Loire, le 7 janvier 1888, par 480 voix sur 938 votants, contre 440 obtenues par M. de Rochetaillée.

Il siège à gauche.

BERGE (Albert-Marchais de la)

M. Albert de la Berge est né à Paris le 24 juin 1845.

Il fit ses études de médecine, puis entra dans la presse et collabora, à la fin de l'Empire, à plusieurs journaux politiques et littéraires. En 1867, il fut arrêté sous l'inculpation de participation à une société secrète et ne fut relâché qu'au bout d'un mois. Il fut ensuite rédacteur de *l'Eclaireur*, de Saint-Etienne, avec son ami, M. Dorian.

Pendant la guerre il fit partie de l'armée des Vosges en qualité de lieutenant, puis de capitaine et prit part aux combats d'Autun, de Montbard, de Messigny, de Fontaine et de Dijon.

Après la paix, il rentra dans la presse et collabora à plusieurs journaux de Paris et de province, notamment au *Peuple souverain*, au *Progrès du Midi* d'Avignon, au *Petit Provençal* de Marseille. A partir de 1882, il devint l'un des principaux rédacteurs du *Siècle* et l'un des correspondants du *Lyon républicain*.

En 1888, il fut, au scrutin de liste, lors d'une élection partielle, nommé député de Saint-Etienne, mais en 1889 il ne fut pas réélu au scrutin d'arrondissement; il obtint 8.720 voix contre M. Girodet ancien député socialiste, maire de Saint-Etienne qui en eut 9.002 et qui fut élu.

A la Chambre des députés, M. Albert de la Berge a déposé des propositions ayant trait à la réforme du notariat, à la répression des fraudes électorales, à l'augmentation de la durée du privilège des ouvriers en cas de faillite. Il déposa aussi une proposition tendant à faire l'essai, après entente avec le Saint-Siège, de la séparation de l'Eglise et de l'Etat dans un département ayant nommé des députés favorables à la séparation.

En août 1891, lors d'une élection partielle, M. de la Berge fut élu sénateur de la Loire, au premier tour, par 540 voix contre 300 accordées à M. Gaudet, conservateur, et 80 à M. Girodet, socialiste.

Au Sénat, M. de la Berge a pris la parole dans la discussion du tarif des douanes sur les soies, et dans la discussion de la loi sur le travail des femmes et des enfants.

Il a publié, en 1890, dans la *Revue des Deux-Mondes*, une étude très documentée sur *les tarifs de douane et les industries de la soie*.

Républicain de gouvernement, M. Albert de la Berge est hostile à l'intervention de l'Etat dans la réglementation du travail et partisan de la liberté commerciale.

LOIRE (HAUTE-)

3 SÉNATEURS (1 à nommer)

MM. VISSAGUET, ALLEMAND

Le 30 janvier 1876, le département de la Haute-Loire nomma 2 sénateurs : MM. Edmond de Lafayette et Jacotin.

Aux élections du 5 janvier 1879, M. Edmond de Lafayette fut réélu et M. Jacotin, démissionaire le 7 novembre 1878, remplacé par M. Vissaguet.

Le 5 janvier 1888, MM. Edmond de Lafayette et Vissaguet sénateurs sortants, furent réélus.

Décédé le 11 décembre 1890, M. Edmond de Lafayette a été remplacé, le 10 mars 1891, par M. Allemand.

VISSAGUET (Marie-Xavier-Ernest)

M. Vissaguet est né au Puy (Haute-Loire) le 4 novembre 1834.

Il est avocat.

M. Vissaguet fut un des fondateurs et rédacteurs du premier journal d'opposition libérale et démocratique publié, sous l'Empire, dans la Haute-Loire.

Il a publié, dans divers recueils, de nombreux travaux d'histoire locale, entre autres un *Essai sur l'histoire municipale du Puy*, et collaboré aux journaux républicains de son département.

Procureur de la République au Puy, du 4 septembre 1870 au mois de juin 1871, M. Vissaguet fut candidat aux élections pour l'Assemblée nationale, le 8 février 1871, sur la liste républicaine ; ce fut alors la liste monarchiste qui l'emporta.

En 1871, il fut élu membre du Conseil général de la Haute-Loire dont il est actuellement le président.

Député de la 2ᵉ circonscription du Puy en 1876, il fut, en 1877, l'un des 363 ; lors des élections du 14 octobre, il ne fut pas réélu ; le candidat officiel du gouvernement du 16 mai fut nommé.

Le 5 juin 1879, il fut élu, au premier tour, sénateur de la Haute-Loire par 206 voix contre 117 obtenues par M. Philis. Il fut réélu, le 5 janvier 1888, au troisième tour, par 362 voix contre 329 accordées à M. Malartre.

Il est membre, au Sénat, de plusieurs commissions (élection des tribunaux de commerce, instruction criminelle, etc.).

Il a fait partie, à la Chambre des députés et au Sénat, du groupe de la gauche républicaine.

ALLEMAND (Clément)

M. Allemand est né à Brioude (Haute-Loire) le 17 octobre 1826.

Il est ancien avoué, ancien juge au tribunal de Brioude.

Très jeune il fut, dans la Haute-Loire, l'un des défenseurs de l'opinion républicaine. En 1851, lors du coup d'État de décembre, il fut arrêté et emprisonné pendant trois mois.

Sous l'Empire il se fit élire au conseil municipal de Brioude comme candidat de l'opposition.

Après le Quatre-Septembre il fut nommé par le gouvernement de la Défense nationale membre de la commission républicaine, à laquelle tous les pouvoirs étaient remis, et présida à l'organisation d'une compagnie de francs-tireurs.

Après la guerre il fut élu conseiller général par le canton de Langeac.

Il s'est toujours beaucoup occupé des questions relatives à l'instruction publique ; il est délégué cantonal, membre du conseil académique de Clermont-Ferrand, officier d'Académie, etc.

Il a été élu sénateur de la Haute-Loire, lors d'une élection partielle, le 10 mars 1891, en remplacement de M. de Lafayette, décédé. Il se présenta avec un programme républicain progressiste où il se prononçait notamment pour la diminution des frais de justice, l'accord du capital et du travail « qu'on ne peut séparer sans les annuler », la réorganisation de l'assistance publique, la création d'une caisse de retraite pour les invalides du travail, etc.

Il fut élu, au 3ᵉ tour, par 369 voix contre 304 obtenues par le candidat de droite.

Il fait partie du groupe de la gauche démocratique.

LOIRE-INFÉRIEURE

4 SÉNATEURS (1 à nommer)

MM. LE BARON DE LAREINTY,
LE GÉNÉRAL COMTE ESPIVENT DE LA VILLESBOISNET
DECROIX, GUIBOURD DE LUZINAIS

Aux élections du 30 janvier 1876, le département de la Loire-Inférieure nomma 3 sénateurs : MM. le baron de Lareinty, le général comte Espivent de la Villesboisnet et de Lavrignais (droite).

Ils furent réélus le 5 janvier 1879.

Le 18 avril 1886, M. Decroix remplaça M. Foubert, sénateur inamovible, décédé.

Le 26 août suivant, M. Guibourd de Luzinais a été élu en remplacement de M. de Lavrignais, décédé le 11 juin 1886.

Aux élections du 5 janvier 1888, MM. le baron de Lareinty, le général comte Espivent de Villesboisnet, Decroix et Guibourd de Luzinais (droite), furent réélus.

DECROIX (Adolphe)

M. Decroix est né à Nogent-le-Rotrou (Eure-et-Loir), le 7 mai 1810.

Ancien négociant à Nantes, M. Decroix est membre du Conseil général de la Loire-Inférieure depuis 44 ans ; il y est entré en avril 1852. Il a toujours fait partie de la droite.

M. Decroix fut élu pour la première fois sénateur, le 18 avril 1886, par 630 voix sur 991 votants, en remplacement de M. Foubert, sénateur inamovible décédé. Il a été réélu le 5 janvier 1888 par 664 voix sur 1.005 votants.

Il siège à droite.

19.

GUIBOURD DE LUZINAIS (Ernest-François-James)

M. Guibourd de Luzinais est né à Angrie (Maine-et-Loire). Il est avocat et docteur en droit.

Secrétaire de la Conférence des avocats de Paris de 1856 à 1858, il fut, en 1858, chargé du discours de rentrée (éloge de Bellecocq).

Chef du cabinet de M. Dufaure, garde des sceaux, de 1871 à 1873, président du tribunal civil de Nantes de 1878 à 1883, M. Guibourd de Luzinais fut remplacé dans ces fonctions à la suite de la loi qui suspendit l'inamovibilité de la magistrature. Il fut élu bâtonnier de l'ordre des avocats de Nantes, dans le mois qui suivit son remplacement à la présidence du tribunal.

Elu conseiller municipal de Nantes en 1884, réélu en 1888 et 1892, il a été maire de Nantes de 1888 à 1892.

Il est conseiller général de Maine-et-Loire pour le canton de Pouancé, sans interruption, depuis 1871.

Il a été élu, pour la première fois, sénateur de la Loire-Inférieure, lors d'une élection partielle en 1886, et réélu au renouvellement de janvier 1888.

M. Guibourd de Luzinais siège à droite et a souvent pris la parole au Sénat.

LAREINTY (Clément-Gustave-Henri de Baillardel, baron de)

M. le baron de Lareinty est né à Toulon (Var), le 19 janvier 1824.

Il est fils d'un intendant général de la marine.

Il entra tout d'abord dans la diplomatie.

Après la révolution de 1848, il fut capitaine d'état-major de la garde nationale et officier d'ordonnance du général Changarnier, qu'il suivit dans sa retraite, lorsque le général fut relevé de son commandement quelque temps avant le coup d'Etat du 2 décembre 1851.

M. de Lareinty fut sous l'Empire, dans la Loire-Inférieure, l'un des principaux représentants de l'opinion légitimiste.

En 1861, il fut élu conseiller général du deuxième canton

de Nantes et délégué de la Martinique, où il avait d'importantes sucreries. Après la déclaration de la guerre, M. de Lareinty fut nommé commandant d'un bataillon de mobiles de la Loire-Inférieure. Il prit part à la défense de Paris et s'y distingua brillamment. A Montretout il fut fait prisonnier et conduit en Allemagne.

Revenu de sa captivité, il fut, après le 18 mars 1871, envoyé à Paris par le ministre de la guerre pour tenter de dégager les généraux Lecomte et Clément Thomas. Arrêté lui-même, il fut emprisonné par la Commune et n'échappa à la mort que grâce au dévouement de deux officiers de la garde nationale.

Il reprit alors le service dans l'armée et participa aux opérations du second siège de Paris, à la fin duquel il fut nommé officier de la Légion d'honneur (8 juin 1871). Il a ensuite commandé pendant plusieurs années le 81e régiment territorial de la Loire-Inférieure.

Le 20 février 1876, M. le baron de Lareinty fut élu, comme candidat royaliste, sénateur de la Loire-Inférieure, le premier sur trois, par 162 voix contre 115 obtenues par M. Simon. Il a été réélu, le 5 janvier 1879, par 186 voix contre 130 et, le 5 janvier 1888, par 660 voix contre 341.

Au Sénat, M. le baron de Lareinty fait partie de la droite. Il a souvent pris la parole à la tribune, notamment dans les questions intéressant l'armée, la marine, les colonies, les travaux publics, etc.

Il eut avec le général Boulanger, alors ministre de la guerre, à la suite d'une discussion au Sénat, un duel qui fit grand bruit.

M. le baron de Lareinty est depuis vingt ans président du Conseil général de la Loire-Inférieure où il a représenté successivement plusieurs cantons et en dernier lieu le canton de Saint-Père-en-Retz.

ESPIVENT DE LA VILLESBOISNET (général comte Henry)

M. Espivent de la Villesboisnet est né à Londres (Angleterre), le 30 mars 1813.

En sortant de Saint-Cyr en 1832, il entra à l'école d'état-major et fut nommé lieutenant en 1835.

Il fit les campagnes d'Afrique, comme aide de camp du général Bedeau, fut mis à l'ordre du jour après la bataille d'Isly et rentra en France en 1848, avec le grade de chef d'escadron et la croix d'officier de la Légion d'honneur.

Attaché à la personne du général Oudinot, commandant en chef l'expédition de Rome, il reçut, après la prise de Rome (1849), la mission de venir rendre compte des opérations militaires au gouvernement français.

Nommé colonel le 15 août 1852, promu commandeur de la Légion d'honneur en 1855, il prit part à la campagne d'Italie, en 1859, en qualité de chef d'état-major général du corps Niel. Nommé, en 1860, général de brigade, il fut appelé aux fonctions de chef d'état-major général de l'armée de Lyon et les conserva jusqu'au 14 juillet 1870, date à laquelle il fut promu général de division.

Le général Espivent de la Villesboisnet fut alors envoyé à Lille, puis au 5e corps, aux opérations duquel il prit une part active.

Lors de la Commune, il fut appelé à commander l'état de siège à Marseille et réprima rigoureusement l'insurrection qui avait éclaté dans cette ville.

Il fut alors nommé commandant du 15e corps d'armée et de la 15e division militaire, dont le quartier général est à Marseille et qui comprenait les départements des Basses-Alpes, des Alpes-Maritimes, des Bouches-du-Rhône, de la Corse, du Gard, du Var et du Vaucluse.

Jusqu'en 1876, le général Espivent de la Villesboisnet continua à commander l'état de siège dans cette vaste région. Il fut alors élevé à la dignité de grand-croix de la Légion d'honneur. Il est, en outre, grand cordon de l'ordre de Saint-Grégoire-le-Grand et a été nommé comte romain par le pape Pie IX. Il a été autorisé à porter ce titre par décret du 19 juin 1877.

En janvier 1876, M. le général Espivent de la Villesboisnet fut élu sénateur sur la liste légitimiste, en même temps que MM. le baron de Lareinty et de la Vrignais. Il a été réélu en 1879 et en 1888.

Il fait, au Sénat, partie de la droite, avec laquelle il a toujours voté.

LOIRET

—

2 SÉNATEURS (1 à nommer)

MM. FOUSSET, ADOLPHE COCHERY

Le 30 janvier 1876, le Loiret nomma 2 sénateurs : MM. Dumesnil et Jahan.

Le 5 janvier 1879, M. Dumesnil, sénateur sortant, fut réélu et M. Robert de Massy remplaça M. Jahan.

Aux élections du 5 janvier 1888, les deux sénateurs sortants furent remplacés par MM. Fousset et Adolphe Cochery, républicains.

FOUSSET (Ernest-Eugène)

M. Fousset est né à Orléans, le 24 juillet 1830.

Négociant, juge au tribunal de commerce, adjoint au maire, conseiller général de l'un des cantons d'Orléans, M. Fousset fut nommé député de la première circonscription d'Orléans, lors d'une élection partielle, en remplacement de M. Robert de Massy, élu sénateur du Loiret.

A la Chambre des députés, M. Fousset fit partie de la gauche radicale.

Il fut réélu député en 1881 et en 1885.

Il a été nommé sénateur, lors du renouvellement de janvier 1888, au deuxième tour de scrutin, par 485 voix contre 262 obtenues par M. Richou.

COCHERY (Louis-Adolphe)

M. Adolphe Cochery est né à Paris.

Avocat à la cour d'appel de Paris, ancien secrétaire de Liouville et de Crémieux, M. Cochery fut nommé, après la

Révolution de 1848, chef du cabinet du garde des sceaux.

Il rentra ensuite au barreau où il resta jusqu'au jour où il fut élu, en 1869, dans l'arrondissement de Montargis, au second tour de scrutin, par 13.911 voix contre le candidat officiel de l'Empire.

Au Corps législatif, M. Cochery fit partie du groupe d'opposition, signa la demande d'interpellation des 116 et fut l'un des principaux défenseurs de la politique de la gauche. C'est lui qui déposa, au mois de juillet 1870, l'interpellation au sujet de la candidature du prince de Hohenzollern à la couronne d'Espagne. Il vota contre la guerre.

Après le 4 septembre, M. Cochery réclama, avec MM. Thiers et Jules Grévy, la réunion d'une Assemblée nationale constituante.

Il fut nommé, dans le Loiret, commissaire général de la Défense.

Il accompagna M. Thiers à Versailles et à Paris lors de ses négociations avec M. de Bismarck en vue de l'armistice et de la paix.

Aux élections du 8 février 1871, M. Adolphe Cochery fut élu député du Loiret à l'Assemblée nationale par 58,247 voix. Il siégea à gauche et fit partie d'un grand nombre de commissions importantes, notamment de la commission du budget.

M. Cochery soutint le gouvernement de M. Thiers, combattit le gouvernement du 24 mai et vota les lois constitutionnelles de 1875.

Il fut élu député aux élections du 20 février 1876. Rapporteur général de la commission du budget à l'époque du 16 mai 1877, il monta à la tribune pour proposer à la Chambre le rejet de la loi de finances. Il fut l'un des 363.

Réélu le 14 octobre 1877, M. Cochery fut, lors de la formation du second cabinet Dufaure, nommé sous-secrétaire d'Etat au ministère des finances, dont M. Léon Say était le titulaire. Il y fut spécialement chargé des postes et télégraphes, dont il devint, après l'élection de M. Grévy à la présidence de la République, le ministre dans le cabinet Waddington (4 février 1879).

M. Adolphe Cochery conserva son portefeuille dans les

diverses combinaisons ministérielles qui se succédèrent jusqu'à la formation du cabinet Brisson (6 avril 1885).

Pendant cette longue période M. Adolphe Cochery, de l'avis de tous, réalisa dans l'administration des postes et télégraphes d'importantes innovations et de très considérables améliorations : fusion des services postaux et télégraphiques ; réduction des taxes de près de 50 0/0 ; création des services des colis postaux, des recouvrements, des abonnements, de la caisse d'épargne postale ; amélioration et accroissement des services maritimes subventionnés ; multiplication des ambulants, des lignes télégraphiques ; création de nombreux bureaux de poste, de bureaux télégraphiques ; perfectionnement du matériel ; amélioration des petits traitements ; établissement de lignes de câbles maritimes, etc., etc. C'est sur son initiative que, la première en Europe, la France inaugura le téléphone.

En 1885, M. Cochery fut réélu, au scrutin de liste, député du Loiret. Il fut nommé sénateur de ce département, le 5 janvier 1888. Il fait partie, au Sénat, de commissions importantes, notamment de la commission des finances, dont il avait été le rapporteur général et le président à la Chambre des députés.

M. Cochery est président du Conseil général du Loiret depuis 1877.

Au Sénat comme précédemment à la Chambre et à l'Assemblée nationale, il fait partie de la gauche républicaine.

LOT

—

3 SÉNATEURS

MM. BÉRAL, DE VERNINAC, PAULIAC

Le 30 janvier 1876, MM. le maréchal Canrobert et Depeyre furent élus sénateurs du Lot. Le 5 janvier 1879, ils furent remplacés par MM. Roques et Delord, républicains.

Le 4 février 1883, M. de Verninac remplaça M. Roques, décédé le 6 novembre 1882, et le 10 juin suivant M. Béral a été nommé en remplacement de M. Delord, décédé le 28 mars 1883.

Aux élections du 5 janvier 1888, MM. de Verninac et Béral, sénateurs sortants, républicains, ont été réélus.

BÉRAL (Eloi-Bernard)

M. Béral est né à Cahors le 1er août 1838.

Il est inspecteur général des mines en retraite.

Son père, procureur de la République à Cahors en février 1848, fut transporté en Afrique après le coup d'Etat du 2 décembre 1851; son beau-père, M. Delord, juge à Cahors, fut exilé à la même époque; son frère, qui avait été avec lui à l'école polytechnique, est mort en 1884, commandant du génie en retraite, à la suite d'une maladie contractée pendant la guerre de 1870.

Sorti le premier de l'école polytechnique en 1857 et entré alors à l'école des mines comme élève ingénieur, M. Béral fut nommé, en 1861, ingénieur ordinaire à Montpellier. Envoyé en mission, en 1863, par le gouvernement français auprès du gouvernement ottoman, il resta en Turquie, où il étudia spécialement les mines de l'Asie Mineure, jusqu'au moment de la guerre.

Au mois de novembre 1870, il fut appelé par Gambetta, son compatriote, à la préfecture du Lot; il donna sa démission après l'armistice, fin février 1871. Il retourna alors en Turquie où, sous la pression de l'Allemagne, le contrat qu'il avait conclu avec le gouvernement ottoman ne fut pas renouvelé. Il revint en France à la fin de 1871, prit un congé renouvelable et entra en 1872, comme ingénieur-conseil, à la Banque franco-italienne pour l'étude de toutes les questions industrielles (mines, tramways, chemins de fer, etc.).

En 1877, il rentra dans le service actif et fut chargé en 1878, par M. de Freycinet, ministre des travaux publics, d'une mission pour l'étude des chemins de fer économiques dans toute l'Europe. Le rapport qu'il rédigea à la suite de cette mission, en collaboration avec M. de Bazire, ingénieur des ponts et chaussées, fut, par ordre du ministre, imprimé à l'Imprimerie nationale.

M. Béral fut nommé chevalier de la Légion d'honneur en février 1878.

Nommé conseiller d'Etat en juillet 1879 et membre de la section des travaux publics, il resta dans cette assemblée jusqu'en juin 1883, époque à laquelle il fut élu sénateur. Il fut alors nommé conseiller d'Etat honoraire.

En août 1883, il fut élu conseiller général pour le canton de Montcuq qu'il représente au conseil Général du Lot. Il est maire de Fraissinet-le-Gélat.

Dès son entrée au Sénat, M. Béral se fit inscrire au groupe de l'Union républicaine dont il fait encore partie et dont il a été vice-président en 1887 et président en 1888. A plusieurs reprises, il a été, au Sénat, membre des commissions annuelles des finances, des chemins de fer et de l'armée.

VERNINAC (Henri-François-Charles de)

M. Charles de Verninac est né à Rochechouart (Haute-Vienne) le 18 mai 1841.

Il est agriculteur, au château de Croze, par les Quatre-Routes (Lot).

Son grand-oncle, Raymond de Verninac, conseiller au Châtelet sous Louis XVI, fut l'un des commissaires chargés par la Constituante de procéder à l'annexion du Comtat Venaissin. Ambassadeur à Stockholm en 1792, il fut chargé, en cette qualité, de notifier au gouvernement suédois la mort du roi. Ambassadeur à Constantinople en 1795, préfet de Lyon, puis ambassadeur en Suisse sous le Consulat, il rentra dans la vie privée sous l'Empire, pour n'en sortir qu'un instant pendant les Cent Jours; il mourut dans l'opposition républicaine en 1825.

Son oncle, le contre-amiral de Verninac, fut ministre de la marine en 1848 et représenta le Lot à l'Assemblée législative en 1849.

Docteur en droit en 1864, M. Charles de Verninac prit part au concours d'agrégation pour les facultés de droit en 1866. Retiré à la campagne en 1867, pour raison de famille, il devint agriculteur.

M. de Verninac fut élu conseiller général du Lot, sous l'Empire, en juin 1870, comme candidat républicain; depuis lors, il a été réélu sans interruption; successivement secrétaire et vice-président du Conseil général du Lot, il en est le président depuis trois ans.

Pendant la guerre, il fut colonel des mobilisés du Lot.

Inscrit comme candidat à l'Assemblée nationale, aux élections du 8 février 1871 sur la liste de Gambetta, il arriva le second avec 20.000 voix, mais ne fut pas élu, la liste républicaine tout entière ayant alors été battue par la liste conservatrice.

M. de Verninac se présenta à la Chambre des députés, dans l'arrondissement de Gourdon, en 1876, 1877, 1881, contre le baron Dufour, député bonapartiste.

Il fut élu sénateur, lors d'une élection partielle, le 4 février 1883, par 226 voix contre 114 obtenues par M. Pagès-Duport. Il fut réélu, le 5 janvier 1888, par 400 voix contre 166 accordées à M. Calmeilles.

M. de Verninac prit une part très active aux travaux du Sénat.

En 1885, il fut le rapporteur de la loi sur les récidivistes.

Depuis lors il a été, presque sans interruption, membre des commissions des chemins de fer, de l'armée, de la marine, des finances. En 1890, il a été rapporteur de la loi sur les sucres et, en 1894, de la loi sur les boissons. Il est actuellement chargé du rapport sur la proposition de loi relative aux associations.

Il a été secrétaire du Sénat de 1885 à 1888.

M. de Verninac fit partie, à son entrée au Sénat, du groupe de l'Union républicaine; après l'avoir quitté, il fut, il y a trois ans, l'un des premiers fondateurs de la gauche démocratique, dont il est actuellement le président.

Il est républicain de gouvernement et appartient à la nuance de la gauche radicale.

PAULIAC

M. Pauliac est né à Saint-Girones, le 9 octobre 1843.

Il est avocat au barreau de Figeac.

Il a été élu le 31 mai 1891, au second tour de scrutin, par 372 voix sur 684.

Il siège à gauche.

LOT-ET-GARONNE

—

3 SÉNATEURS

MM. FAYE, DURAND, FALLIÈRES

Le 30 janvier 1876, le département de Lot-et-Garonne avait à élire 2 sénateurs. Il nomma : MM. le colonel comte Octave de Bastard et Noubel (droite).

Aux élections du 5 janvier 1879, ils furent remplacés par MM. Faye et Pons, républicains.

Le 25 janvier 1885, M. Laporte fut élu en remplacement de M. le comte de Douhet, sénateur inamovible, décédé.

Aux élections du 5 janvier 1888, MM. Faye et Laporte, sénateurs sortants, furent réélus, et M. Durand, républicain, nommé pour la première fois.

Le 8 juin 1890, M. Fallières remplaça M. Laporte, décédé le 22 mars.

FAYE (Etienne-Léopold)

M. Léopold Faye est né à Birac, arrondissement de Marmande (Lot-et-Garonne), le 16 novembre 1828.

Il est avocat.

Maire de Marmande après le 4 septembre 1871, il fut élu membre de l'Assemblée nationale, aux élections complémentaires du 2 juillet 1871, par 50.000 suffrages contre 28.000 obtenus par le général de Gondrecourt, candidat bonapartiste.

A l'Assemblée nationale, M. Faye siégea à gauche, vota pour le gouvernement de M. Thiers, contre le ministère de Broglie, pour les lois constitutionnelles.

Nommé, le 20 février 1876, député de l'arrondissement

de Marmande, M. Faye fut élu questeur de la Chambre
des députés.

Il fut sous-secrétaire d'État au ministère de l'intérieur
dans le cabinet Jules Simon (12 décembre 1876-17 mai
1877).

Après le Seize-Mai, il vota avec les 363 et fut réélu le 14
octobre 1877.

Lors de création du Sénat, M. Faye fut nommé sénateur
du Lot-et-Garonne, le 5 janvier 1879, au premier tour de
scrutin, par 211 voix contre 184 à M. Noubel. Il a été
réélu, le 5 janvier 1888, par 402 voix contre 306 à M. Doll-
fus.

Un peu plus tard, M. Faye fut nommé conseiller-maître à
la Cour des comptes et en exerça les fonctions durant plusieurs années; lorsqu'il les quitta, il fut nommé conseiller
maître honoraire.

Dans le premier cabinet Tirard (12 décembre 1887-
3 avril 1888), M. Faye eut le portefeuille de ministre de
l'instruction publique, des cultes et beaux-arts.

Il a ensuite été ministre de l'agriculture dans la 2e cabinet Tirard (23 février 1889-17 mars 1890).

Depuis lors M. Faye a pris une part active aux travaux
parlementaires, notamment aux discussions juridiques et
financières.

M. Faye n'a pas cessé, depuis 1871, d'appartenir au
groupe de la gauche républicaine, à l'Assemblée nationale,
à la Chambre et au Sénat. Il a été président de ce
groupe, au Sénat, en 1887.

DURAND (Jean-Baptiste)

M. Durand est né à Moiran (arrondissement d'Agen), le
22 décembre 1843.

Il exerçait les fonctions d'avoué près le tribunal civil
d'Agen, lorsqu'il fut élu sénateur.

Conseiller municipal, puis maire d'Agen, toujours réélu
depuis le 5 février 1880, M. Durand est conseiller général
du deuxième canton d'Agen depuis le 12 août 1883.

20

Il fut candidat aux élections législatives du 4 octobre 1885, sur la liste des républicains de gouvernement, en tête de laquelle était inscrit le nom de M. Fallières, ancien président du conseil, mais il ne fut pas élu, quoique ayant obtenu 41.397 voix; la majorité absolue était de 42.379.

Aux élections sénatoriales du 5 janvier 1888, M. Durand, dont le nom était porté sur la même liste que MM. Faye, ancien ministre, et Laporte, fut élu, au second tour de scrutin, par 373 voix.

Il fait partie de la gauche républicaine du Sénat.

FALLIÈRES (Clément-Armand)

M. Armand Fallières est né à Mézin (Lot-et-Garonne), le 6 novembre 1841.

Avocat, conseiller général du canton de Nérac, M. Fallières fut révoqué de ses fonctions de maire de Nérac par le gouvernement du 24 mai.

Aux élections du 20 février 1876, il se présenta comme candidat républicain dans l'arrondissement de Nérac et fut nommé pour la première fois député.

« Bien aveugle, disait-il dans sa profession de foi, qui ne voit pas qu'après tant de secousses et de malheurs, ce qu'il faut à la France, c'est le repos, la tranquillité, l'assurance du lendemain, et que, dans un pays de suffrage universel, la forme républicaine seule peut assurer ces bienfaits. »

Après le Seize-Mai, M. Armand Fallières fut l'un des 363; il fut réélu le 14 octobre 1877.

Il se distingua alors par plusieurs discours et fut nommé rapporteur de la loi sur la presse et vice-président de la gauche républicaine.

Le 17 mai 1880, lorsque M. Constans, de sous-secrétaire d'Etat devint ministre de l'intérieur et des cultes, M. Fallières fut nommé sous-secrétaire d'Etat à ce ministère. Il défendit en cette qualité le maintien du Concordat.

Réélu le 21 août 1881, M. Fallières quitta les fonctions

de sous-secrétaire d'Etat au ministère de l'intérieur, au moment de l'arrivée du ministère Gambetta (14 novembre).

Le 7 août 1882, lors de la formation du cabinet Duclerc, M. Fallières succéda à M. Goblet en qualité de ministre de l'intérieur. Le 29 janvier 1883, après que l'affichage du manifeste du prince Jérôme eut soulevé la question des prétendants, M. Fallières, tout en restant ministre de l'intérieur, accepta la présidence du conseil, en remplacement de M. Duclerc, démissionnaire.

M Fallières défendit les mesures relatives au bannissement des prétendants, mais, comme il était à la tribune, surmené et épuisé, il se trouva subitement indisposé; il dut s'arrêter court et on le transporta dans un des bureaux de la Chambre (30 janvier). Il fut suppléé par M. Devès, alors garde des sceaux. Le Sénat ayant rejeté la loi, le cabinet Fallières donna sa démission; il fut, le 21 février 1883, remplacé par le second ministère Ferry.

En novembre 1883, lorsque M. Challemel-Lacour, membre de ce dernier cabinet, eut donné sa démission de ministre des affaires étrangères, M. Ferry prit ce portefeuille et fut remplacé par M. Fallières à l'instruction publique.

M. Fallières intervint alors, en qualité de ministre, dans toutes les discussions relatives à la réorganisation de l'enseignement primaire. Il se retira, le 30 mars 1885, avec le cabinet Ferry.

Le 8 avril, il fut candidat à la présidence de la Chambre, devenue vacante par suite de la nomination de M. Brisson à la présidence du conseil; il y eut trois tours de scrutin; au premier tour, M. Fallières obtint 163 voix, M. Floquet, 147 et M. Philippoteaux, 83; au second tour, MM. Fallières et Floquet obtinrent chacun 184 voix; au troisième tour, M. Floquet fut élu par 179 voix contre 175 accordées à M. Fallières.

Réélu député en 1885, au scrutin de liste, M. Fallières redevint ministre de l'intérieur, en mai 1887, dans le cabinet Rouvier. Il fit signer par le Président de la République un décret qui annulait la délibération du conseil municipal de Paris invitant à une fédération toutes les communes de France à l'occasion du Centenaire de 1889.

Après l'avènement de M. Carnot à la présidence de la République, M. Fallières fut appelé à faire partie du premier ministère Tirard, en qualité de ministre de la justice (12 décembre 1887-3 avril 1888). Il se retira lors de l'arrivée du ministère Floquet, mais, après le renversement de celui-ci, il accepta dans le second ministère Tirard le portefeuille de l'instruction publique, dont il avait déjà été titulaire de 1883 à 1885.

M. Fallières fut élu député le 22 septembre 1889, au premier tour, par 8.967 voix contre 6.484, obtenues par M. Cornélis de Witt, conservateur.

M. Fallières resta ministre de l'instruction publique jusqu'au 17 mars 1890, date à laquelle M. Tirard fut remplacé par M. de Freycinet à la présidence du conseil.

M. Fallières fut alors nommé garde des sceaux, ministre de la justice et des cultes. Il conserva ces fonctions jusqu'à l'arrivée du cabinet Loubet (27 février 1892).

Dans l'intervalle, M. Fallières avait élu été sénateur de la Haute-Garonne par 417 voix contre 23 obtenues par M. Besse (8 juin 1890), en remplacement de M. Laporte, décédé.

M. Fallières est inscrit à la gauche républicaine.

LOZÈRE

—

2 SÉNATEURS

MM. THÉOPHILE ROUSSEL, DE ROZIÈRE

Le 30 janvier 1876, MM. de Colombet et le comte de Chambrun (droite) furent élus sénateurs de la Lozère ; ils furent remplacés le 5 janvier 1879 par MM. Théophile Roussel et de Rozière, républicains.

Aux élections du 5 janvier 1888, les deux sénateurs sortants ont été réélus.

ROUSSEL (Jean-Baptiste-Victor-Théophile)

M. Théophile Roussel est né à Saint-Chély-d'Apcher (Lozère), le 27 juillet 1816.

Docteur en médecine, il fut, en 1849, élu membre d l'Assemblée législative ; en 1871, membre de l'Assemblée nationale ; en 1876, député de l'arrondissement de Florac ; en 1879 et en 1888, sénateur de la Lozère.

Dans ces diverses assemblées, M. Théophile Roussel s'est consacré à la réforme de la législation relative à l'hygiène, à l'assistance publique, à l'amélioration du sort des classes ouvrières.

Il réussit à faire aboutir plusieurs propositions de loi importantes dont il fut l'auteur et le rapporteur.

Il faut citer notamment :

1° la loi du 4 février 1873, ayant pour objet de réprimer l'ivresse publique et les progrès de l'alcoolisme ;

2° La loi du 23 décembre 1874, connue sous le nom de loi Roussel, sur la protection des enfants du premier âge ;

3° La loi du 23 juillet, relative à la protection des enfants moralement abandonnés et délaissés, laquelle a donné

20.

lieu à une importante enquête et qui fut précédée d'un rapport de M. Roussel (en trois volumes, 1882);

4° La loi du 11 juillet 1893 sur l'organisation de l'assistance médicale gratuite, qui a été l'objet de longues discussions, notamment en 1874 et 1876, et dont la promulgation ne date que de quelques mois ;

5° Une proposition de loi, en 1872, renouvelée à plusieurs reprises et actuellement pendante devant la Chambre, concernant la revision de la loi de 1838 sur les aliénés, etc.

L'œuvre philanthropique et humanitaire de M. Roussel a reçu les plus hautes récompenses, et l'a fait élire membre de l'Institut (académie des sciences morales et politiques).

De 1871 à 1874, M. Théophile Roussel a été membre de la gauche et du centre gauche de l'Assemblée nationale ; depuis 1876, il a été inscrit à la gauche républicaine de la Chambre, puis du Sénat.

ROZIÈRE (Thomas-Louis-Marie-Eugène de)

M. de Rozière est né à Paris le 2 mai 1820.

Il fut élève, puis répétiteur à l'École des Chartes.

En 1851, il fut, au ministère de l'instruction publique, chef de cabinet de M. Giraud, son beau-père.

Il fut nommé inspecteur général des archives et en exerça les fonctions jusqu'en décembre 1881.

Il est membre du Conseil supérieur de l'instruction publique, où il remplaça M. Quicherat, comme représentant des professeurs de l'École des Chartes.

Il fut élu membre de l'Académie des inscriptions et belles-lettres, le 29 juin 1881. Il est officier de la Légion d'honneur.

Il a été au Collège de France le suppléant de M. Edouard Laboulaye.

De 1851 à 1871, il a été conseiller général de la Lozère pour le canton de Sévérette.

M. de Rozière fut élu sénateur de la Lozère, le 5 janvier 1879, par 114 voix sur 148 votants, et, le 5 janvier 1888, par 207 voix sur 292 votants.

Au Sénat, M. de Rozière a pris une part importante aux travaux des commissions chargées de l'examen des lois relatives à l'enseignement. Il a prononcé un discours très remarqué lors de la discussion du projet de loi relatif aux universités.

M. de Rozière a publié un grand nombre d'ouvrages d'archéologie et d'histoire. Il a activement collaboré à un grand nombre de publications savantes, notamment à la *Bibliothèque de l'École des Chartes,* à la *Revue du droit français et étranger,* etc.

Il fait partie du centre gauche.

MAINE-ET-LOIRE

—

3 SÉNATEURS (1 à nommer)

MM. LE GÉNÉRAL MARQUIS D'ANDIGNÉ, BLAVIER, MERLET

Aux élections du 30 janvier 1876, le département de Maine-et-Loire nomma 3 sénateurs : MM. le général marquis d'Andigné, baron Le Guay et Achille Joubert (droite).

Ils furent réélus le 5 janvier 1879.

Le 25 janvier 1885, M. Blavier (droite) remplaça M. Achille Joubert, décédé le 10 octobre 1883.

Aux élections du 5 janvier 1888, MM. le général marquis d'Andigné, le baron Le Guay et Blavier, sénateurs sortants, ont été réélus.

Le 19 janvier MM. Merlet remplaça M. le baron Le Guay, décédé.

ANDIGNÉ (Henri-Marie-Léon, marquis d')

M. le général marquis d'Andigné est né à Orléans (Loiret) le 10 novembre 1821.

Il est le fils du général vendéen comte d'Andigné, pair de France et, par sa mère, le petit-fils du marquis de Blacons, député de la noblesse du Dauphiné aux États généraux de 1789.

Reçu à Saint-Cyr en novembre 1840, il en sortit comme sous-lieutenant et entra dans le corps de l'état-major. Lorsqu'il eut atteint sa vingt-cinquième année, il fut admis, le 11 mars 1847, à occuper à la Chambre des pairs, en vertu de la Charte constitutionnelle, le siège laissé vacant par son père démissionnaire, en 1830, pour avoir refusé de prêter serment à Louis-Philippe.

M. d'Andigné, qui fut le dernier pair héréditaire, siégea à la Chambre des pairs jusqu'au 24 février 1848.

Promu capitaine le 4 septembre 1848, il prit part, comme chef d'escadron, à la campagne d'Italie en 1859. Il fut nommé attaché militaire à l'ambassade de France à Londres et rappelé comme lieutenant-colonel, en 1866, au ministère de la güerre, en qualité de secrétaire du comité d'état-major. Il fut promu colonel en 1869.

Attaché, en 1870, au 1er corps de l'armée du Rhin comme chef d'état-major de la 4e division (Lartigue), il eut un cheval tué sous lui à Reichshoffen. A Daigny, lors de la bataille de Sedan, il eut deux chevaux successivement tués sous lui, le bras droit fracassé, les deux jambes traversées par des balles.

Attaché, après la guerre, à l'état-major général du gouverneur de Paris, M. d'Andigné fut, le 3 mai 1875, promu général de brigade.

Il est commandeur de la Légion d'honneur, chevalier de l'ordre de Pie IX, et de l'ordre de la valeur militaire de Savoie.

Il représentait, au Conseil général de Maine-et-Loire, le canton de Segré depuis 1861, lorsqu'il fut élu sénateur aux élections générales du 30 janvier 1876, le premier sur trois, par 345 voix sur 471 électeurs ; par suite de la loi sur les incompatibilités, il fut alors placé dans le cadre de réserve de l'état-major général.

M. le général d'Andigné fut réélu, le 5 janvier 1879, par 321 voix sur 459 votants, et le 5 janvier 1888 le premier sur trois par 710 voix sur 982 électeurs.

M. le général d'Andigné a toujours voté avec la droite.

Il a notamment pris part aux discussions sur les travaux publics et les lois militaires.

BLAVIER (Aimé-Etienne)

M. Blavier est né à Montjean (Maine-et-Loire), le 21 août 1827.

Fils et petit-fils d'ingénieurs des mines très distingués et qui ont laissé une œuvre considérable, M. Blavier

entra à l'Ecole polytechnique en 1845 et en sortit l'un des
premiers dans le service des mines.

Aux journées de juin 1848, il fut blessé en combattant
les insurgés et nommé chevalier de la Légion d'honneur.

Ingénieur des mines à Angers (1851-1853), puis ingénieur du matériel et de la traction aux chemins de fer de
l'Ouest 1853-1855), M. Blavier revint à Angers et se consacra au développement des industries minières de l'Ouest
(ardoisières d'Angers, mines d'anthracite de la Mayenne et
de la Sarthe, etc.).

Commandant des mobilisés de Maine-et-Loire en 1870, il
fut blessé au combat de Monnaie (Indre-et-Loire) et promu
officier de la Légion d'honneur.

Il a été président du Conseil d'arrondissement d'Angers,
maire d'Angers (1874-1876). Il est président de la Société
agricole et industrielle de Maine-et-Loire, de la commission
des ardoisières d'Angers, etc. Il est l'auteur d'une étude
sur l'industrie ardoisière d'Angers et de nombreux mémoires sur les questions industrielles et agricoles intéressant l'Anjou.

M. Blavier fut pour la première fois élu sénateur de
Maine-et-Loire le 25 janvier 1885, lors d'une élection partielle, en remplacement de M. Achille Joubert. Il a été
réélu le 5 janvier 1888 avec une très forte majorité.

M. Blavier fait partie de la droite sénatoriale dont il est
un des principaux orateurs ; il a pris la parole dans toutes
les discussions intéressant les finances ou les questions
d'organisation du travail. Il a pris l'initiative de plusieurs
interpellations, notamment à deux reprises différentes,
sur la situation du Crédit foncier de France.

MERLET (Jules-Marie)

M. Jules Merlet est né à Martigné-Briand (arrondissement de Saumur) le 26 novembre 1830. Ancien conseiller
de préfecture à Angers, préfet de Maine-et-Loire sous le
gouvernement du 24 mai 1873, chevalier de la Légion
d'honneur, M. Merlet fut élu député en 1885, au scrutin de
liste, sur la liste conservatrice, par 73.049 voix sur 123.710

votants. Il fit partie, à la Chambre des députés, de l'Union des droites.

Il a été élu sénateur le 19 janvier 1891, au premier tour, par 658 voix sur 976 votants, en remplacement de M. le baron Le Guay, décédé.

Il siège à droite.

MANCHE

—

4 SÉNATEURS

MM. SÉBIRE, JULES LABICHE, MOREL, BRIENS

MM. de Saint-Germain, le comte Daru et le comte d'Auxais, élus le 30 janvier 1876 sénateurs de la Manche, furent remplacés le 5 janvier 1879 par MM. Émile Lenoël, Dufresne et Jules Labiche.

Le 7 juin 1885, M. Sébire remplaça M. Dufresne, décédé le 1er avril.

Aux élections du 5 janvier 1888, les sénateurs sortants furent tous réélus.

Le 19 janvier 1890, M. Morel, républicain, fut élu en remplacement de M. le général de Chabron, sénateur inamovible, décédé.

M. Émile Lenoël, étant décédé, fut remplacé le 7 janvier par M. Briens, républicain.

SÉBIRE (Auguste-Louis-Hyacinthe)

M. Sébire est né à Valognes (Manche) le 2 novembre 1807.

Il est docteur en médecine. Il exerce sa profession à Valognes depuis 1831.

Il a été maire de Valognes de 1848 à 1851. Il fut de nouveau nommé maire de cette ville en 1878. Il est membre et vice-président du Conseil général de la Manche.

Il est officier de la Légion d'honneur.

Il fut candidat républicain aux élections législatives du 20 février 1876, mais ne fut pas été élu.

Il a été nommé sénateur le 7 juin 1885, lors d'une élection partielle, en remplacement de M. Dufresne, décédé.

Il obtint alors 745 voix contre 471 à l'amiral de Gueydon.

Il fut réélu le 5 janvier 1888 au premier tour, par 777 voix contre 460 obtenues par M. Rémont.

M. Sébire siège à gauche.

LABICHE (Jules-Hyacinthe-Romain)

M. Jules Labiche est né à Sourdeval (Manche) le 9 août 1836.

Délégué cantonal depuis 34 ans, président de la délégation cantonale, conseiller général de la Manche depuis 1871, maire de Sourdeval depuis le 12 février 1878, ancien chef de bataillon de la garde nationale de Sourdeval en 1870-71, M. Jules Labiche a été pour la première fois élu sénateur de la Manche, comme candidat républicain, en janvier 1879. Il a été réélu, le 5 janvier 1888, au premier tour par 394 voix sur 740 votants.

Il a fait partie, au Sénat de nombreuses commissions.

Il est inscrit à la gauche républicaine.

MOREL (Hippolyte-Aimé-Pierre)

M. Hippolyte Morel est né à Saint-Malo (Ille-et-Vilaine) le 9 octobre 1846.

Auditeur au Conseil d'Etat, capitaine de mobiles dans l'armée de la Loire en 1870, conseiller général du canton de Saint-James, M. H. Morel fut élu député de la 1re circonscription d'Avranches, comme candidat républicain, contre M. Bouvattier, bonapartiste, le 20 février 1876.

Après le 16 mai 1877, il fut l'un des 363. Il ne fut pas réélu le 14 octobre 1877, mais son concurrent, M. Bouvattier, ayant été invalidé, M. Morel fut de nouveau nommé le 5 mai 1878. Il fut réélu aux élections de 21 août 1881.

Aux élections de 1885, M. Morel était porté sur la liste républicaine, il échoua avec elle au scrutin de liste.

Il fut élu sénateur de la Manche le 19 janvier 1890 en remplacement de M. le général de Chabron, sénateur inamovible, décédé.

A la Chambre des députés et au Sénat, M. H. Morel a pris une part active aux travaux parlementaires.

Il est membre de la commission des chemins de fer; de la commission des finances, de la commission de la marine.

Il a pris la parole à diverses reprises, notamment dans la discussion de la loi municipale, et fait voter une loi sur les occupations temporaires en matière de travaux publics.

M. Morel est secrétaire du Sénat depuis mai 1893; il a été réélu en cette qualité au début de la session de 1894.

Il est président du Conseil général de la Manche et maire de Saint-James.

Il est membre de la gauche républicaine et du centre gauche.

BRIENS (Ernest-François)

M. Ernest Briens est né à Cérences (Manche) le 13 août 1837.

Sous-préfet de Coutances du 30 décembre 1877 au 6 novembre 1881, préfet de la Corrèze du 6 novembre 1881 au mois d'avril 1883, il donna sa démission à cette date pour poser sa candidature à la députation. Elu député de la Manche, il siégea du 6 mai 1883 au 4 octobre 1885, à la gauche républicaine, avec laquelle il vota. Il ne fut pas réélu aux élections du 4 octobre 1885.

Il est président de la Société d'agriculture de l'arrondissement de Coutances depuis 1883. Il est chevalier de la Légion d'honneur.

M. Briens disait dans sa profession de foi de 1889 : « Je m'associerai dès le début de la session aux républicains résolus à constituer une majorité de gouvernement. Au nombre des réformes que vous êtes en droit de réclamer, je placerai en première ligne la protection de notre agriculture, de nos industries, la répartition plus équitable de l'impôt foncier, la création cantonale d'hospices pour les invalides du travail, l'amélioration des tarifs en petite vitesse. »

En 1889, M. Briens fut élu, au premier tour, par 6.761 voix contre 5.637 obtenues par M. Chevalier, député sortant, conservateur.

En 1893, il fut réélu par 7.161 voix contre son concurrent de 1889, M. Chevalier, qui en obtint cette fois 4.952.

M. Briens a été élu sénateur le 7 janvier 1894, au premier tour, en remplacement de M. Émile Lenoël, décédé, par 992 voix sur 1.169 votants.

Il fait partie de la gauche républicaine.

MARNE

—

2 SÉNATEURS (1 à nommer)

MM. DIANCOURT, POIRRIER

Le 30 janvier 1876, le département de la Marne, appelé à élire 2 sénateurs, nomma MM. le général de Boissonnet (droite) et Dauphinot, républicain.

Aux élections du 5 janvier 1879, M. Dauphinot fut réélu et le général de Boissonnet remplacé par M. Leblond, républicain.

Le 21 juillet 1886, le siège de M. Leblond devint vacant par suite de son décès ; ce fut M. Diancourt qui lui succéda le 17 octobre.

Aux élections du 5 janvier 1888. M. Diancourt, sénateur sortant, fut réélu, et M. Margaine, rép., remplaça M. Dauphinot.

M. Margaine, étant décédé en 1892, a été remplacé, lors des élections triennales, le 7 janvier 1894, par M. Poirrier, républicain.

PREMIER TOUR

Inscrits :.... — Votants : 983 — Suffrages exprimés : 968

MM. Poirrier, R.	483
Guyot, anc. dép., rép.	173
le docteur Langlet, soc.	166
Bergère.	80
Gérard, R.	48

Ballottage.

DEUXIÈME TOUR

MM. Poirrier, R.	645 Élu.
Guyot, anc. dép., rép.	289
Gérard, R.	31
Docteur Langlet, anc. dép., soc.	3

DIANCOURT (Louis-Victor)

M. Diancourt est né à Reims, le 5 décembre 1825.

Il a été maire de Reims, de 1872 à 1880, et député de cette ville, de 1879 à 1881.

En 1886 il fut élu sénateur de la Marne, par 650 voix, en remplacement de M. Leblond, décédé.

Il a été réélu par 688 voix le 7 janvier 1888.

M. Diancourt s'est particulièrement occupé des questions concernant le travail, les réformes sociales, l'amélioration du sort des classes laborieuses, le régime douanier, etc. Il a été rapporteur de plusieurs projets de loi, notamment de celui qui a trait aux habitations à bon marché.

Il a publié plusieurs travaux historiques et littéraires : *Les Allemands à Reims*, 1870-71 ; *Deux originaux rémois, les Hédoin de Pons-Ludon ; une Philippique inconnue*, etc.

M. Diancourt siège à gauche.

POIRRIER (Alfred)

M. Poirrier est né à Esternay (Marne), le 30 novembre 1826.

Maire d'Esternay, vice-président du Conseil général de la Marne, chevalier de la Légion d'honneur, il a été nommé sénateur de la Marne, le 7 janvier 1894, au second tour de scrutin, par 644 voix, contre 289 accordées à M. Guyot.

Il siège à gauche.

HAUTE-MARNE

—

3 SÉNATEURS

MM. DANELLE-BERNARDIN, BIZOT DE FONTENY, DARBOT

Aux élections sénatoriales du 30 janvier 1876, le département de la Haute-Marne nomma MM. le général Pélissier et Robert-Dehault, républicains. Ils furent réélus le 5 janvier 1879.

Le 7 juin 1881, le siège de M. Robert-Dehault devint vacant par suite de décès, et ce fut M. Donnot qui lui succéda le 8 janvier 1882.

Le 13 mars 1887, M. Danelle-Bernadin remplaça M. Donnot, démissionnaire le 16 décembre 1886.

Aux élections du 5 janvier 1888, M. Danelle-Bernardin, sénateur sortant, fut réélu et M. Bizot de Fonteny, républicain, remplaça M. le général Pélissier, décédé le 2 août 1887.

Le 30 septembre 1888, M. Darbot, républicain, fut nommé en remplacement de M. le vicomte de Lorgeril, sénateur inamovible, décédé.

DANELLE-BERNARDIN (Jean-Baptiste-Fernand)

M. Danelle-Bernardin est né à Montreuil-sur-Blaise, le 14 septembre 1827.

Il est maître de forges et occupe dans l'industrie métallurgique une importante situation.

Conseiller d'arrondissement de 1855 à 1870 pour le canton de Vassy (Haute-Marne), conseiller général de ce canton depuis 1871, maire de la commune de Louvemont depuis 1859, il fut candidat au Corps législatif en 1863 et obtint près de 11.000 voix.

En mars 1874, il fut nommé, dans une élection partielle

membre de l'Assemblée nationale par plus de 35.000 voix.

Le 20 février 1876 il fut élu député de l'arrondissement. de Vassy par 14.350 voix, sans concurrent.

Il fut membre et secrétaire du centre gauche.

Il fut réélu député le 21 août 1881 et le 4 octobre 1885.

Le 13 mars 1887, lors d'une élection partielle, M. Danelle-Bernardin fut élu, comme candidat républicain, sénateur de la Haute-Marne, au premier tour, par 422 voix contre 353 accordées à M. de Montrol et réélu, le 5 janvier 1888, au premier tour, par 452 voix contre 338 obtenues par le même concurrent.

M. Danelle-Bernardin a pris une part active à l'examen du tarif général des douanes.

BIZOT DE FONTENY (Pierre)

M. Bizot de Fonteny est né à Versailles, le 20 août 1825.

Nommé après le 4 septembre 1870 sous-préfet de Vassy, il lutta énergiquement contre l'invasion allemande; fait prisonnier en 1871, il fut conduit à Nancy, mis au secret, puis condamné par un conseil de guerre prussien à deux ans de détention dans une forteresse. Il ne recouvra la liberté qu'après la paix.

Il donna sa démission de sous-préfet après le 24 mai 1873.

Aux élections générales de 1876, il se présenta comme candidat républicain et fut élu député par l'arrondissement de Langres, fit partie des 363 et fut réélu en octobre 1877, puis en 1881 et en 1885. Il fut nommé sénateur, au premier tour, le 5 janvier 1888.

M. Bizot de Fonteny a été l'auteur et le rapporteur de diverses propositions de loi sur la suppression des prestations, sur un article complémentaire de la loi de 1842, relative à la chasse, adopté par le Sénat et actuellement soumis à la Chambre.

DARBOT (Jean-Ernest)

M. Darbot est né à Fresnoy (Haute-Marne) le 8 septembre 1841.

Il est médecin-vétérinaire.

Diplomé de l'école vétérinaire de Lyon en 1863, M. Darbot en sortit le premier avec la trousse d'honneur. Il a exercé la médecine vétérinaire à Langres de 1864 à 1888.

Conseiller municipal depuis 1869, il a été maire de Langres, de 1880 à 1888. Il fut, en 1884, à l'occasion de l'inauguration de la statue de Diderot, nommé chevalier de la Légion d'honneur.

Il est secrétaire, puis président du comice du canton de Langres depuis 1868, conseiller général depuis 1872, secrétaire de la Société d'agriculture de Langres depuis sa fondation en 1873.

Il a été élu sénateur de la Haute-Marne, le 30 septembre 1888, par 426 voix contre 160.

Au Sénat, M. Darbot a pris une part très active aux discussions concernant les questions agricoles et économiques, la législation sur les épizooties, la réforme de diverses dispositions du code rural, etc.

Il est républicain sans épithète.

MAYENNE

---

3 SÉNATEURS (1 à nommer)

MM. LE BRETON, P. BERNARD-DUTREIL

Le 30 janvier 1876, la Mayenne nomma 2 sénateurs : MM. le général Dubois-Fresnay, républicain, et Jules Bernard-Dutreil (droite).

Le 20 août 1876, M. Paul Bernard-Dutreil (droite) a été élu en remplacement de son père, décédé le 15 juin.

Aux élections du 5 janvier 1879, M. le général Dubois-Fresnay, sénateur sortant, fut réélu, et M. Gustave Denis, républicain, remplaça M. Paul Bernard-Dutreil.

Aux élections du 5 janvier 1888, MM. Le Breton et Paul Dutreil (droite) ont remplacé les sénateurs sortants.

LE BRETON (Paul-Anselme)

M. Le Breton est né à Laval le 12 septembre 1833.

Il est propriétaire agriculteur, licencié en droit, membre du Conseil de la Société des agriculteurs de France.

Secrétaire du comice agricole de Laval et de l'Association des agriculteurs de la Mayenne depuis 1868, M. Le Breton devint président de ces deux sociétés en 1878, publia, en 1881, une monographie sur le *Métayage dans la Mayenne*, qui obtint l'objet d'art décerné par la Société des agriculteurs de France au meilleur ouvrage écrit à l'occasion du concours ouvert sur la question du métayage. Il présida les trois congrès agricoles qui eurent lieu, à l'occasion du concours régional, à Laval en 1879 et en 1886, à Rennes en 1887.

M. Le Breton n'avait jamais été candidat à aucune élection législative lorsqu'il fut élu sénateur le 5 janvier 1880, au premier tour, par 399 voix contre 280 à M. Le Comte, sur 689 votants.

M. Le Breton siège à droite. Il a réclamé l'application d'une politique conservatrice et libérale basée sur la défense de la liberté de conscience, du droit des pères de famille, du droit des agriculteurs contre les entreprises des sectaires et les manœuvres des libre-échangistes.

Dans son premier discours au Sénat, M. Le Breton demanda que les écoles ne fussent laïcisées qu'après l'avis conforme du Conseil municipal. Depuis il a pris la parole, notamment dans la discussion de la nouvelle loi militaire (26 juin 1888), à propos des entraves apportées à l'exportation du bétail français en Angleterre (26 décembre 1888) ; — de la privation temporaire des droits politiques pour certains condamnés en récidive ; — de la responsabilité des accidents dont les ouvriers sont victimes (21 mars 1889) ; — sur les articles 4 et 5 du livre 3 du projet de Code rural (19 novembre 1889 et 8 mars 1890) ; — sur la nécessité de consulter les sociétés agricoles concernant les modifications à apporter aux tarifs de douane (9 décembre 1890) ; — sur le budget des haras (22 décembre 1890) ; — sur la nécessité de maintenir le droit de recours devant le Conseil d'Etat contre les décisions des Conseils de préfecture en matière d'élections municipales (2 février 1891) ; — sur la réduction du droit d'entrée des blés étrangers et l'établissement de droits gradués inversement aux cours des marchés (8 juin 1891) ; — sur le tarif général des douanes (27 novembre et 7 décembre 1891) ; — sur la révocation des gardes particuliers (7 mars 1892) ; — sur la modification des circonscriptions cantonales du Mans (13 juillet 1892) ; — sur le projet portant modification de la loi du 29 juillet sur la presse (19 et 20 janvier 1893) ; — sur la proposition tendant à modifier l'article 80 du Code d'instruction criminelle (6 mars 1893), — sur le projet tendant à modifier le régime des boissons (15 juin 1893).

En dehors du Parlement, M. Le Breton n'a cessé de s'occuper très activement de toutes les questions agricoles. C'est ainsi qu'il a fait au mois de décembre 1893, à Amiens, et au mois de janvier 1894, à Nantes, des conférences très remarquées sur la production du blé et la nécessité de substituer au droit d'importation prétendu fixe, des droits d'importation gradués variant inversement au cours moyen des marchés français. Il a également défendu, et fait triompher ce système à la session générale de Société des agriculteurs de France.

DUTREIL (Paul-Marie-Bernard)

M. Paul Dutreil est né à Laval (Mayenne) le 1er novembre 1831.

Ancien chef de cabinet du duc Decazes, ministre des affaires étrangères, M. Paul Dutreil était ministre plénipotentiaire, quand il fut élu sénateur, le 20 août 1876, lors d'une élection partielle en remplacement de son père, M. Bernard Dutreil, sénateur de la Mayenne, ancien membre de l'Assemblée nationale, décédé le 15 juin 1876.

Aux élections du 5 janvier 1879, M. Paul-Bernard Dutreil ne fut pas réélu, mais il fut de nouveau nommé sénateur de la Mayenne. le 5 janvier 1888, par 393 voix sur 693 votants.

Il siège à droite.

MEURTHE-ET-MOSELLE

3 SÉNATEURS (1 à nommer)

MM. MARQUIS, VOLLAND

Aux élections sénatoriales du 30 janvier 1876, le département de Meurthe-et-Moselle avait nommé MM. Varroy et Bernard, républicains.

Ils furent réélus le 5 janvier 1879.

Le 10 juin 1883, M. Berlet remplaça M. Varroy, décédé le 23 mars, et le 18 novembre 1883, M. Marquis, républicain, fut élu en remplacement de M. Bernard, décédé le 18 août.

Le 24 octobre 1886, M. Volland remplaça M. Berlet, décédé le 28 juillet.

Aux élections du 5 janvier 1888, MM. Marquis et Volland, sénateurs sortants, ont été réélus.

MARQUIS (Henri-Etienne)

M. Marquis est né, le 22 septembre 1834, à Thiaucourt (Meurthe).

Avocat au barreau de Nancy, membre et vice-président du Conseil général de Meurthe-et-Moselle, il fut nommé, le 18 novembre 1883, sénateur de ce département, lors d'une élection partielle, en remplacement de M. Bernard, décédé. Il obtint 424 voix contre 237 accordées à M. Welche.

Il fut réélu, le 5 janvier 1888, par 699 votants contre 251 obtenues par M. de Bizemont.

Au Sénat, M. Marquis a fait partie de nombreuses commissions et a pris souvent la parole.

Il siège à gauche.

VOLLAND (François-Adrien)

M. Volland est né à Nancy, le 1er août 1838.

Il est avocat et ancien bâtonnier de l'Ordre à la Cour de Nancy.

Dès 1859, M. Volland soutint la lutte contre l'Empire. Il fut l'un des signataires du programme dit de Nancy sur la décentralisation. Il participa à la fondation du *Progrès de l'Est*.

Il a été maire de la ville de Nancy, d'août 1879 à avril 1888.

Depuis 1879, il fait partie du Conseil général de Meurthe-et-Moselle, dont il est l'un des vice-présidents. Il est chevalier de la Légion d'honneur.

Il a été élu pour la première fois sénateur en octobre 1886, en remplacement de M. Berlet, décédé, au premier tour, par 704 voix contre 241 à M. de Lutre. Il a été réélu en janvier 1888, par 692 voix contre 247 à M. Carenne, au premier tour.

M. Volland a fait partie au Sénat de nombreuses commissions et pris souvent la parole, notamment dans les discussions ayant un caractère juridique.

Il appartient à la réunion de la gauche républicaine.

MEUSE

—

3 SÉNATEURS

MM. ERNEST BOULANGER, DEVELLE, BUVIGNIER

Le 30 janvier 1876, le département de la Meuse nomma sénateurs : MM. Salmon et Bompard (droite).

Aux élections du 5 janvier 1879, les sénateurs sortants furent remplacés par MM. Vivenot et Honnoré, républicains.

Le 25 janvier 1885, M. Develle, républicain, remplaça M. Vivenot, décédé le 14 novembre 1884.

Le 25 juillet 1886, M. Ernest Boulanger républicain, fut élu en remplacement de M. Honnoré, décédé le 15 mai.

Aux élections du 5 janvier 1888, MM. Develle et Boulanger ont été réélus.

BOULANGER (Ernest-Théophile)

M. Ernest Boulanger est né à Nantillois (Meuse), le 12 octobre 1831.

Docteur en droit, il fut successivement rédacteur à l'administration centrale des domaines au ministère des finances ; après avoir parcouru les grades intermédiaires, il fut nommé, en 1880, administrateur de l'enregistrement, des domaines et du timbre et, en 1883, directeur général de cette administration.

Il occupait ces fonctions quand il fut élu, lors d'une élection partielle, le 25 juillet 1886, au premier tour de scrutin, sénateur de la Meuse par 620 voix contre 224 accordées à M. Salmon, candidat de la droite.

Il fut alors nommé directeur général honoraire et promu commandeur de la Légion d'honneur le 23 octobre 1886.

Il fut réélu sénateur au premier tour, le 5 janvier 1888, par 739 voix sur 856 votants, sans concurrent.

M. Boulanger a pris une part des plus laborieuses aux travaux du Sénat. Depuis 1888 jusqu'au 19 mars 1894, il n'a cessé d'être rapporteur de la commission des finances et, en cette qualité, a présenté de nombreux et importants rapports sur la situation financière et pris très souvent la parole dans la discussion des budgets et des mesures financières proposées au Parlement.

Il fut nommé ministre des colonies le 20 mars 1894, lorsque le sous-secrétariat des colonies, alternativement rattaché au commerce et à la marine, fut, sur la demande du cabinet Casimir-Perier, érigé en ministère spécial.

M. Boulanger donna alors sa démission des fonctions de président de la Compagnie générale des omnibus de Paris qu'il exerçait depuis plusieurs années.

M. Boulanger a publié plusieurs ouvrages spéciaux, notamment une *Etude sur la novation en matière d'enregistrement,* précédée d'une introduction historique et du développement de la doctrine romaine sur la novation (1860, in 8°) ; un *Traité pratique et théorique des radiations hypothécaires* (1863, in 8° ; 2e édit. 1880, 2 vol. in 8°), etc.

DEVELLE (Louis-Charles-Edmond)

M. Edmond Develle est né à Bar-le-Duc, le 6 avril 1831.
Il est avocat.

Il fut élu député de l'arrondissement de Bar-le-Duc en remplacement de M. Grandpierre décédé, le 6 avril 1879, par 11.724 voix, sans concurrent, et réélu en 1881, également sans concurrent.

Il fut nommé sénateur le 25 janvier 1885 contre M. Salmon, conseiller à la Cour de cassation, ancien sénateur, et réélu, en 1888, sans concurrent.

Il est président du Conseil général de la Meuse, président de la Société des agriculteurs, etc.

Il est membre suppléant de la Haute Cour.

M. Edmond Develle fait partie des réunions de la gauche républicaine et de l'union républicaine.

BUVIGNIER (Jean-Charles-Victor)

M. Buvignier est né Verdun, le 1er janvier 1823.

Après s'être fait recevoir licencié en droit, il fut nommé, en 1848, sous-préfet de Montmédy. Au coup d'Etat du 2 décembre, son frère aîné, Eusèbe-Isidore, député de la Haute-Saône, avait été condamné à la déportation à Cayenne pour ses idées républicaines et s'était réfugié à Bruxelles.

A son tour, le cadet fut proscrit par la commission mixte du département de la Meuse. Tous deux ne purent rentrer en France qu'après l'amnistie de 1860, l'un pour y mourir la même année d'une maladie contractée en exil, l'autre pour être employé pendant quelque temps aux bureaux de la compagnie du canal de Suez.

De 1877 à 1881, M. Buvignier, qui avait précédemment fait de nombreuses publications et recherches archéologiques sur l'histoire de Lorraine et des Trois-Evêchés, fut attaché au service des travaux historiques de la ville de Paris.

Candidat aux élections législatives de 1881 dans l'arrondissement de Verdun, il fut élu au scrutin de ballottage, le 4 septembre, comme républicain, par 9.807 voix contre 8,831 à M. Salles, candidat bonapartiste. Inscrit sur la liste républicaine de la Meuse le 4 octobre 1885, il fut réélu le premier sur cinq, par 38.378 voix. Il appuya les ministères Gambetta et Ferry.

Il a voté pour le rétablissement du scrutin uninominal, pour l'ajournement indéfini de la revision de la Constitution, pour les poursuites contre le général Boulanger, etc.

Professeur honoraire de l'Association polytechnique, il est officier d'Académie.

En 1889. M. Buvignier fut élu, au premier tour de scrutin, par 8.745 voix, contre 7.217 à M. le comte Defossy de Czerneck, royaliste.

En 1893, il fut réélu député le 20 août, au premier tour, par 10.459 voix contre 5.452 à M. de Verneville, rallié.

MORBIHAN

3 SÉNATEURS (1 à nommer)

MM. AUDREN DE KERDREL, COMTE DE LA MONNERAYE, FRESNEAU

Aux élections du 30 janvier 1876, le Morbihan avait nommé sénateurs, MM. Andren de Kerdrel, comte de la Monneraye et de Kéridec (droite).

Le 5 janvier 1879, le même département a réélu les sénateurs sortants, à l'exception de M. de Kéridec, décédé le 14 avril 1878, qui fut remplacé par M. Fresneau.

Aux élections du 5 janvier 1888, MM. Audren de Kerdrel, comte de la Monneraye et Fresneau, sénateurs sortants, ont été réélus.

AUDREN DE KERDREL (Vincent-Paul-Casimir-Marie)

M. Audren de Kerdrel est né à Lorient (Morbihan), le 27 septembre 1815. Il appartient à une vieille famille bretonne dont plusieurs membres ont fait partie des assemblées parlementaires.

Ancien élève de l'Ecole de Chartes, M. Audren de Kerdrel rédigea, sous Louis Philippe, un journal d'opposition légitimiste, le *Journal de Rennes*.

Elu représentant d'Ille-et-Vilaine à l'assemblée constituante, puis à l'assemblée législative, M. Audren de Kerdrel siégea sur les bancs de la droite monarchique. Il fut membre et secrétaire du comité de la rue de Poitiers.

Lors de l'élection présidentielle du 10 décembre 1848, M. de Kerdrel vota pour le général Cavaignac et fit connaître les motifs de son vote dans une lettre adressée au *Journal de Rennes*.

Lors du 2 décembre 1851, il fut au nombre des représentants qui, à la mairie du dixième arrondissement, protestèrent contre le coup d'Etat et furent arrêtés.

Nommé député au Corps législatif par la circonscription de Fougères en 1852, M. de Kerdrel prononça trois discours dans cette assemblée, dont un devant Louis-Napoléon, encore président de la République; ce fut la seule fois que Napoléon III assista dans une tribune à une séance du Corps législatif. Peu après M. de Kerdrel donna sa démission pour protester contre le rétablissement de l'Empire, dont il resta l'adversaire persistant.

Aux élections législatives de 1863, il fut candidat dans la circonscription de Vitré et Fougères contre M. de Dalmas, candidat officiel, mais ne fut pas élu.

En 1867, M. de Kerdrel fut nommé membre du Conseil général d'Ille-et-Vilaine.

Aux élections du 8 février 1871, M. Audren de Kerdrel fut simultanément élu membre de l'Assemblée nationale par les départements du Morbihan et d'Ille-et-Vilaine; il opta pour le premier.

Dès le mois d'avril 1871, M. Audren de Kerdrel déclara que le rétablissement de la monarchie était aux yeux de ses amis et aux siens le « couronnement de l'édifice ». Il s'employa activement à cette œuvre en toutes circonstances et fut, à Versailles, un des chefs de la droite légitimiste, en même temps qu'un des membres les plus actifs de l'Assemblée nationale.

Il fit partie d'un grand nombre de commissions, et fut notamment président de la commission de l'armée.

Il interpella, à plusieurs reprises, le gouvernement de M. Thiers, notamment après le Message adressé à l'Assemblée nationale par le président de la République en novembre 1872.

En plusieurs circonstances mémorables, il fut chargé de porter à la tribune les déclarations de la droite.

En décembre 1874, il fut élu vice-président de l'Assemblée nationale.

A plusieurs reprises, M. Audren de Kerdrel refusa alors de faire partie du ministère. Lorsque M. de Goulard fut chargé par le maréchal de former un cabinet de concilia-

tion, il offrit à M. de Kerdrel le portefeuille de l'instruction publique et, sur son refus, celui de la marine que,
pour des raisons d'ordre privé et des considérations politiques, il déclina également.

En novembre 1877, le cabinet de Broglie ayant été mis
en minorité à la Chambre des députés, le maréchal appela
M. de Kerdrel pour lui offrir la tâche de former un ministère. M. de Kerdrel refusa cette mission qu'il jugeait trop
lourde et conseilla la formation d'un ministère d'attente
et d'affaires. Ce conseil, que donnèrent également au maréchal plusieurs autres hommes politiques, fut suivi ; c'est
alors que fut formé le cabinet Rocheboüet, qui n'eut
qu'une existence éphémère.

M. de Kerdrel vota, en février 1875, contre les lois
constitutionnelles.

Après la création du Sénat (janvier 1876), M. Audren
de Kerdrel fut élu sénateur du Morbihan et depuis lors
réélu, en cette qualité, en janvier 1879 et en janvier 1888.

Il a été vice-président du Sénat.

Au Luxembourg, M. Audren de Kerdrel a constamment
voté avec la droite dont il a été, à plusieurs reprises, à la
tribune, l'interprète autorisé, notamment lors de la discussion des lois Ferry sur l'enseignement et de la revision
de la Constitution, au Congrès de Versailles, en 1884, où
il fut chargé par la droite des deux Chambres de porter la
parole.

Il est souvent intervenu dans les discussions du Sénat,
notamment dans l'examen des questions maritimes et
coloniales.

Lors du procès du général Boulanger, ce fut M. de Kerdrel qui, au nom de la droite sénatoriale, pourtant hostile
au boulangisme, présenta un déclinatoire fondé sur des
motifs juridiques.

Il prit la parole, en des termes empreints d'une éloquente émotion, lors de la demande en autorisation de
poursuites formée contre plusieurs membres du Parlement, à propos de l'affaire du Panama.

Il est et a toujours été président de la droite du Sénat.

FRESNEAU (Armand-Félix)

M. Fresneau est né à Rennes le 6 janvier 1823.

Contrairement à ce qu'ont dit diverses biographies, notamment l'article qui lui est consacré dans le dictionnaire de Larousse, M. Fresneau n'a jamais été secrétaire particulier de M. Duchâtel, ministre de l'intérieur dans le cabinet Guizot ; il ne connaissait même pas M. Duchâtel avant 1848.

Lors des élections à l'Assemblée nationale constituante, M. Fresneau fut élu représentant du département d'Ille-et-Vilaine par 120.000 voix.

Il prit part à la discussion de la Constitution de 1848 contre le préambule de laquelle il prononça un discours très remarqué.

Réélu en 1849, le premier de la liste d'Ille-et-Vilaine, à l'Assemblée législative, M. Fresneau fut notamment un des promoteurs et rédacteurs de la loi de 1850 sur l'enseignement.

Durant tout l'Empire il resta en dehors de la vie politique.

Lors des élections du 8 février 1871, il fut élu député du Morbihan à l'Assemblée nationale. Il y siégea à l'extrême droite et prit une part importante aux travaux parlementaires. Membre de la commission de l'armée, il proposa et fit adopter la loi sur l'aumônerie militaire. Il combattit le gouvernement de M. Thiers et se prononça pour le rétablissement de la monarchie légitime. En mai 1874, il vota contre le ministère de Broglie et, en février 1875, contre les lois constitutionnelles.

Après la proclamation de la République, il refusa toute candidature soit à la Chambre des députés, soit au Sénat jusqu'en 1879.

Lors du premier renouvellement sénatorial, il fut élu sénateur du Morbihan le 5 janvier 1879 ; il a été réélu le 5 janvier 1888, par 650 voix sur 950 votants.

Catholique et royaliste, M. Fresneau n'a cessé de défendre, à la tribune et dans la presse, les convictions de toute sa vie. Il est activement intervenu dans les discussions du Sénat, notamment en matière économique, agricole, financière, et pour la défense des intérêts religieux. Il a pris à cet égard l'initiative de plusieurs interpellations.

M. Fresneau qui habite le château de Kermadé, par Auray (Morbihan), s'est beaucoup occupé de questions agricoles. Il a publié divers ouvrages, économiques et politiques, entre autres : *Une réfutation de l'Eclectisme* ; un livre sur *la Constitution politique des Etats de l'Eglise* ; une brochure intitulée : *Une nation au pillage*, et un grand nombre d'articles de revues et de journaux.

MONNERAYE (Charles-Ange, comte de la)

M. le comte de la Monneraye (1) est né à Rennes (Ille-et-Vilaine) le 3 février 1812.

Il a été officier d'état major et quitta l'armée avec le grade de capitaine.

Il est depuis 1843 membre du Conseil général pour le canton de Malestroit où il possède d'importantes propriétés ; il a été plusieurs fois président du Conseil général du Morbihan.

En 1869, il fut nommé député au Corps législatif et au 8 février 1871 membre de l'Assemblée nationale, le deuxième sur dix, par 89.700 voix.

Il fit partie de la droite légitimiste, et vota en faveur des propositions relatives au rétablissement de la monarchie.

Il fut élu sénateur du Morbihan, le 30 janvier 1876 et réélu le 5 janvier 1879 et le 5 janvier 1888.

Il a toujours voté avec la droite.

M. de la Monneraye a publié divers travaux, notamment un *Essai sur l'histoire de l'architecture en Bretagne* pendant la durée des XIe et XIIe siècles.

---

(1) M. de la Monneraye a adressé sa démission au président du Sénat le 14 avril 1894.

NIÈVRE

—

2 SÉNATEURS (1 à nommer)

MM. DE LAUBESPIN, DE SAVIGNY DE MONCORPS

Le 30 janvier 1876, le département de la Nièvre nomma 2 sénateurs : MM. le général marquis d'Espeuilles et le comte de Bouillé (droite).

Ils furent remplacés le 5 janvier 1879, par MM. Tenaille-Saligny et Massé, républicains, qui, aux élections du 5 janvier 1888, eurent eux-mêmes pour successeurs MM. le comte de Laubespin et Decray (droite).

Le 16 juin 1889, M. le comte de Savigny de Moncorps (droite) a été élu en remplacement de M. Decray, décédé le 19 avril.

LAUBESPIN (Léonel-Antoine comte de)

M. le comte de Laubespin est né à Paris le 6 septembre 1810.

Ancien élève de l'école polytechnique, il fut l'aide de camp du maréchal Valée, gouverneur général de l'Algérie. Il fit plusieurs campagnes en Afrique où il se distingua particulièrement. En 1840, il fut mis à l'ordre du jour de l'armée et décoré.

M. le comte de Laubespin a largement contribué à des œuvres scientifiques, philanthropiques et charitables, notamment à la fondation de l'Institut Pasteur.

M. de Laubespin a été élu sénateur de la Nièvre par 375 voix contre 363 obtenues par M. Tenaille-Saligny, lors des élections du 5 janvier 1888.

Il siège à droite.

———

SAVIGNY DE MONCORPS (Charles-Louis, comte de)

M. le comte Savigny de Moncorps est né le 17 mars 1836.

Il est l'arrière-petit-fils du comte de Moncorps, député de la noblesse aux Etats généraux.

Il fut, sous l'Empire, auditeur au conseil d'Etat et chef de cabinet de M. Armand Béhic, ministre de l'agriculture et du commerce.

Il est conseiller général du canton de Saint-Saulge depuis 1871 et maire de Saint-Saulge. Il est chevalier de la Légion d'honneur.

Il fut élu le 16 juin 1889, lors d'une élection partielle, en remplacement de M. Decray, décédé, par 382 voix contre 301 voix obtenues par M. Hérisson, député.

Il siège à droite.

NORD

—

MM. MERLIN, ALFRED GIRARD, CLAEYS, SCREPEL, GÉRY-LEGRAND, MAXIME LECOMTE, TRYSTRAM

Aux élections du 30 janvier 1876, le département du Nord avait à nommer 5 sénateurs. Il élut : MM. Jules Brame, Mailliet, comte d'Hespel, de Staplande et Maurice (droite).

Le 5 janvier 1879, ils eurent pour successeurs : MM. Jules Dutilleul, Massiet du Biest, général Faidherbe, Charles Merlin et Casimir Fournier républicains.

Le 25 janvier 1885, M. Fiévet remplaça M. Dutilleul, décédé le 17 août 1883 et le 19 juin 1887, M. Alfred Girard fut élu en remplacement de M. Casimir Fournier, décédé le 20 mars.

Aux élections du 5 janvier 1888, MM. Charles Merlin et Alfred Girard, sénateurs sortants ont été réélus et MM. Cirier, Claeys et Scrépel, républicains nommés pour la première fois.

Le 21 juin 1888, M. Géry-Legrand, remplaça M. Carnot, sénateur inamovible, décédé.

Le 4 janvier 1891, M. Maxime Lecomte a été nommé, en remplacement de M. Cirier, décédé le 20 octobre 1890.

Le 13 janvier 1892, le département du Nord ayant été de nouveau désigné par le sort pour donner un successeur à un sénateur inamovible décédé, a élu M. Trystram, républicain.

MERLIN (Charles-Auguste)

M. Charles Merlin est né à Lille, le 22 décembre 1825.

Il est avocat. Il a été élu quatre fois bâtonnier de l'ordre des avocats près la Cour d'appel de Douai.

Il fut nommé pour la première fois sénateur le 5 janvier 1879 ; il a été réélu, le premier, sur la liste républicaine, le 5 janvier 1888.

Il avait siégé à la Chambre des députés, où il fut l'un des 363, de 1876 à 1879.

De 1891 à 1894, M. Merlin a été vice-président du Sénat.

Il a présidé, en 1889, la commission d'instruction et d'accusation de la Haute Cour et fait, en cette qualité, l'instruction du procès Boulanger-Dillon-Rochefort.

Il a été membre d'un grand nombre de commissions et a souvent pris la parole dans la discussion des questions juridiques.

Il a toujours appartenu à la réunion de la gauche républicaine dont il a été le président.

GIRARD (Alfred-Louis-Joseph)

M. Alfred Girard est né à Valenciennes le 11 août 1837.

Elève du collège de Valenciennes, puis du lycée Bonaparte (aujourd'hui Condorcet), docteur en droit, secrétaire de la conférence des avocats, il se fit inscrire au barreau de Paris, et fut le secrétaire de M. Le Blond, qui devint procureur général près la Cour de Paris, puis sénateur.

En septembre 1870, M. Alfred Girard, qui, dès le principe, s'était montré un adversaire irréconciliable de l'Empire, fut membre du comité administratif faisant les fonctions de sous-préfet de Valenciennes. Volontaire aux mobilisés du Nord, en octobre 1870, il fut élu capitaine au 4e de marche et fit, en cette qualité, toute la campagne dans l'armée commandée par le général Faidherbe.

Après la guerre M. Alfred Girard se fit inscrire au barreau de Valenciennes ; il en fut le bâtonnier.

Aux élections du 8 février 1871, il fut candidat à l'Assemblée nationale, mais il fut battu avec toute la liste républicaine sur laquelle il était inscrit.

Il fut également candidat républicain aux élections du 21 février 1876 et du 14 octobre 1877; il échoua avec une très forte minorité. A cette époque ses affiches furent lacérées, ses circulaires saisies, et il fut traduit en police correctionnelle à l'occasion de sa profession de foi.

M. Alfred Girard fut réélu le 21 juillet 1878, au scrutin

de ballottage, par 11.429 voix contre 11.169 accordées à l'ancien candidat du gouvernement du 16 mai, M. Renard.

En 1881 et 1885, il fut réélu député et, le 19 juin 1887 dans une élection partielle, nommé sénateur, au troisième tour de scrutin, par 1.154 voix contre 1.128. Aux élections du 5 janvier 1888, il fut réélu sénateur, au premier tour, le second sur cinq par 1.166 voix sur 2.297 votants.

A la Chambre des députés, et ensuite au Sénat, M. Alfred Girard a toujours appartenu à l'union républicaine.

Il a pris une part très active aux travaux parlementaires. Il a déposé de nombreuses propositions, notamment sur les modifications à introduire dans la loi du 22 mai 1838 sur les justices de paix ; sur la nécessité d'assurer le secret du vote dans les scrutins publics ; sur la suspension transitoire de l'inamovibilité de la magistrature jusqu'à la promulgation d'une loi d'ensemble sur la réorganisation judiciaire ; sur la substitution, dans les élections législatives, du renouvellement partiel au renouvellement intégral, etc.

Il fut le rapporteur de nombreux projets et propositions de loi notamment sur les délégués mineurs, sur la responsabilité des accidents dont les ouvriers sont victimes dans l'exercice de leur travail, sur l'amélioration des canaux du Nord, etc.

M. Alfred Girard est membre du Conseil supérieur du commerce et de l'industrie depuis 1882. Il a publié plusieurs ouvrages juridiques et historiques.

CLAEYS (Léon-Gustave-Adolphe)

M. Claeys est né à Bergues (Nord), le 1er décembre 1829.

Il y exerce la profession de brasseur.

Il a été lieutenant de pompiers de 1855 à 1872, membre du conseil de direction de la caisse d'épargne depuis 1856. Il est conseiller municipal de Bergues depuis 1860. Elu second adjoint au maire le 15 février 1872, il donna sa démission après le 16 mai 1877. Le 15 mai 1880, il fut nommé maire. Lors des diverses élections municipales, M. Claeys a toujours obtenu à Bergues l'unanimité des suffrages pour le confirmer dans son mandat. Il s'est particulièrement consacré à la défense des intérêts agricoles et industriels de Bergues et de la région, ainsi qu'à l'amélioration des divers services municipaux.

M. Claeys fait partie du Conseil général du Nord depuis le 20 juin 1880; il en est le vice-président depuis la session d'août 1893.

M. Claeys préside, depuis sa fondation, le comice agricole de Bergues qui ne compte pas moins de 700 membres. Il est aussi fondateur et président du *Herd-book* flamand (livre généalogique de la bête bovine flamande pure). C'est aussi sur son initiative qu'une station d'étalons a été créée à Bergues.

Il est président de la société des agriculteurs du Nord et membre du conseil d'administration de la Société nationale d'encouragement à l'agriculture.

M. Claeys a été élu sénateur du Nord, le 5 janvier 1888, au second tour de scrutin, par 1.155 voix contre 1.100 obtenues par M. Déjardin, candidat de la droite.

Au Sénat, M. Claeys a été élu notamment membre de la Commission des douanes, dont il fait encore partie; il y a défendu les revendications de l'agriculture.

Il est inscrit au groupe de la gauche républicaine.

SCRÉPEL (Achille)

M. Scrépel est né à Roubaix le 22 janvier 1822.

Propriétaire, ancien industriel, M. Scrépel fut élu pour la première fois député par la troisième circonscription de Lille, lors d'une élection partielle, en remplacement de M. Deregnaucourt, décédé.

Après le 16 mai 1877, il fut l'un des 363. Réélu le 14 octobre 1877 et le 5 septembre 1881, il fut nommé sénateur aux élections du 5 janvier 1888 par 1.154 voix contre 1.106 obtenues par M. Dejardin, candidat de la droite.

Il a fait partie de plusieurs commissions importantes à la Chambre des députés et au Sénat,

Il appartient à la gauche républicaine.

LEGRAND (Géry)

M. Géry Legrand est né le 28 mai 1837 à Lille.

Il est fils d'un ancien député du Nord et frère de M. Pierre Legrand, député, ancien ministre du commerce.

Il est homme de lettres et publiciste. Il est chevalier de la Légion d'honneur.

Il a fondé et dirigé la *Revue du Mois*, le *Journal Populaire*, le *Progrès du Nord* et la *Feuille des campagnes*.

Il a fait représenter plusieurs pièces de théâtre : Les *Grâces d'état*, comédie en 2 actes, en collaboration avec M. Gaston Bergeret (1863) ; les *Augures*, comédie en 3 actes et en prose, sous le pseudonyme de Jonathan Muler (1869) ; *Spectacles pompéiens*, comédie en vers (Lille 1880).

Maire de Lille, depuis 1881, il fut élu sénateur du Nord, le 21 juin 1888, lors d'une élection partielle en remplacement de M. Hippolyte Carnot, sénateur inamovible, décédé ; par 1.194 voix contre 1.059 obtenues par M. le général Lhéritier et 78 par M. Liard.

Au Sénat, M. Géry Legrand a pris part aux travaux de nombreuses commissions. Il siège à l'union républicaine.

LECOMTE (Maxime)

M. Maxime Lecomte est né à Bavai (Nord), le 1er mars 1846.

Reçu docteur en droit de la Faculté de Douai en 1870, il contribua au mouvement antiplébiscitaire et à la lutte contre le gouvernement impérial.

Pendant la guerre, il fit partie du 46e régiment de marche et prit part aux batailles de l'armée du Nord ; il se distingua particulièrement à Bapaume, où il fut nommé lieutenant. En 1872, il a publié des *Souvenirs de la campagne du Nord*, dédiés au général Faidherbe.

Après la signature de la paix, M. Maxime Lecomte se fit inscrire, en 1876 au barreau d'Amiens, occupa dès 1878 la chaire de droit commercial à la *Société industrielle* de la même ville, devint en 1880 président de la *Conférence littéraire et scientifique de Picardie*, membre de l'Académie d'Amiens délégué de la *Société industrielle* au Congrès international du commerce et de l'industrie à Bruxelles, membre de la *Société des agriculteurs du Nord*, etc.

M. Lecomte a fait paraître plusieurs ouvrages : la *Vie commerciale dans ses rapports avec la loi; —* une *Etude sur les législations européennes en matière de faillite; —* le *Répertoire analytique de jurisprudence et de législation;* enfin, en 1887, chez Hetzel : les *Leçons d'un père à son fils sur la Constitution et la loi:*

En 1884, M. Lecomte fut élu député du Nord en remplacement de M. de Marcère nommé sénateur, et se fit inscrire à l'union républicaine qui le choisit pour secrétaire en 1885.

Aux élections générales de 1885 il subit l'échec commun à tous les candidats républicains dans le Nord.

Réélu aux élections partielles du 29 novembre 1887 par 146.095 voix, il fut un des adversaires les plus déterminés du boulangisme.

A la Chambre, M. Maxime Lecomte s'est associé à toutes les mesures qui avaient pour but la défense des institutions républicaines, l'amélioration du sort de travailleurs, la protection de l'agriculture et de l'industrie, l'égalité dans le service militaire, et la réduction à trois ans de la durée de ce service. Il a fait adopter une réforme de la loi des faillites, une proposition sur la nationalité, une augmentation du traitement des facteurs ruraux. Il a aussi défendu le scrutin d'arrondissement à la tribune, le 11 février 1889.

Aux élections de 1889, M. Maxime Lecomte fut élu député de la 2e circonscription d'Avesnes par 7.118, contre 5.965 accordées au candidat boulangiste, M. Turcas.

Pendant cette législature, M. Maxime Lecomte fit, à la Chambre, partie de la commission des tarifs de douane, en 1889; il réussit à faire modifier la loi du 4 mars 1889 sur la liquidation judiciaire; il intervint aussi dans la discussion de la proposition de loi, adoptée par le Sénat, tendant à rendre aux tribunaux correctionnels la connaissance des délits d'injure, outrage et diffamation commis par la voie de la presse contre les pouvoirs et les fonctionnaires publics.

Le 4 janvier 1891, M. Maxime Lecomte fut élu sénateur du Nord, au second tour de scrutin, avec 246 voix de majorité, en remplacement de M. Jules Cirier, décédé.

En 1891, il adressa une question au garde des sceaux relativement à l'application de l'article 20 de la loi du 18 germinal an X, concernant l'obligation de résidence des évêques.

Il prit une part active à la discussion du tarif général des douanes au cours de laquelle il fit adopter plusieurs amendements. Il a été rapporteur du projet de loi portant approbation de la convention franco-belge sur le service militaire dans les deux pays, d'une proposition modifiant la loi sur le travail des enfants et filles mineures dans les manufactures, d'une autre proposition relative aux règlements d'atelier et au payement des salaires, etc.

M. Maxime Lecomte fait partie de l'union républicaine.

TRYSTRAM (Jean-Baptiste-Louis-François)

M. Trystram est né à Ghyvelde (Nord) le 9 janvier 1824.

Chef d'une importante maison d'importation et d'une raffinerie de pétrole, M. Trystram fut sous-préfet de Dunkerque après le 4 septembre 1870. Il donna sa démission après l'armistice.

Président de la Chambre de commerce de Dunkerque, vice-président du Conseil général, il fut élu pour la première fois député en 1876, par 5.874 voix contre 3.930 à M. Dupuy de Lôme. Il fut l'un des 363. Non réélu le 14 octobre 1877, il rentra à la Chambre le 7 juillet 1878 et fut réélu le 21 août 1881 sans concurrent.

En 1885 il échoua avec la liste républicaine du Nord et en 1889 fut battu, dans la première circonscription de Dunkerque, par M. Charles Lalou, boulangiste.

M. Trystram a été élu sénateur, le 13 janvier 1892, lors d'une élection partielle, au premier tour de scrutin par 1233 voix contre 1078 obtenues par M. Outters, candidat de la droite.

OISE

—

3 SÉNATEURS

MM. CUVINOT, FRANCK-CHAUVEAU, CHOVET

Le 20 janvier 1876, le département de l'Oise ayant à nommer 3 sénateurs, avait élu : MM. le comte de Malherbe, Aubrelicque (droite), et le général comte d'Andlau, constitutionnel.

Aux élections du 5 janvier 1879, M. le général comte d'Andlau, sénateur sortant, fut réélu ; mais les deux autres furent remplacés par MM. Célestin Lagache et Cuvinot.

Le 5 janvier 1888, M. Cuvinot, sénateur sortant, a été réélu, et MM. Franck-Chauveau et Chovet républicains, nommés pour la première fois, remplacèrent MM. d'Andlau et Lagache.

CUVINOT (Louis-Joseph)

M. Cuvinot est né à Liancourt (Oise), le 1er juin 1837.

Il est inspecteur général des ponts et chaussées en retraite.

Sorti de l'École polytechnique en 1855, comme ingénieur des ponts et chaussées, il fut attaché, en 1870, au gouvernement de la Défense nationale à Paris, puis à Tours et à Bordeaux.

Il a été directeur du cabinet et du personnel au ministère des travaux publics en 1878.

Il fut élu pour la première fois sénateur de l'Oise en 1879, puis réélu en 1888, le premier sur la liste républicaine.

Il a pris une part très active aux travaux du Sénat, notamment pour toutes les questions relatives aux chemins de fer, aux travaux publics, aux finances, à l'organisation du travail dans les manufactures, etc.

M. Cuvinot est président du conseil général de l'Oise. Il est président de la Caisse nationale des retraites pour la vieillesse.

Il est inscrit à la gauche républicaine du Sénat.

CHAUVEAU (Joseph-Charles-Franck)

M. Franck Chauveau est né à Paris le 1er septembre 1846.

Il est avocat.

Il fut élu député par l'arrondissement de Senlis, le 20 février 1876.

Il fit partie des deux réunions du centre gauche et de la gauche républicaine.

Après le 16 mai 1877, il fut l'un des 363. Il fut réélu le 14 octobre 1877 et le 21 août 1881.

En 1885, au scrutin de liste il partagea l'échec de la liste républicaine.

Le 5 janvier 1888, M. Franck Chauveau fut élu sénateur de l'Oise par 635 voix contre 429 accordées à M. de Luçay.

Au Sénat, dont il a été l'un des secrétaires, M. Franck Chauveau a été rapporteur de lois importantes.

Il a prononcé plusieurs discours, notamment sur des questions juridiques ou sur les affaires algériennes, en sa qualité de membre de la commission d'enquête sur l'Algérie, dont il est l'un des rapporteurs.

Il fait partie du centre gauche.

CHOVET (Alphonse-Désiré)

M. Chovet est né à Compiègne le 26 novembre 1831.

Il est avocat et avoué honoraire.

Maire de Compiègne depuis le 18 février 1878, après avoir été successivement conseiller municipal (1870), adjoint au maire, conseiller d'arrondissement (1873), conseiller général (1878), M. Chovet a été élu sénateur de l'Oise, sur la liste républicaine, le 5 janvier 1888, au troisième tour de scrutin, par 517 voix contre 343 obtenues par M. de Chezelles.

Il fait partie, depuis 1878, du Conseil général de l'Oise dont il est le vice-président.

M. Chovet est président de la Société des sauveteurs de l'Oise, chevalier de la Légion d'honneur, officier d'académie, titulaire d'une médaille d'honneur pour acte de dévouement. Président pendant seize ans de la Société de secours mutuels la *Fraternelle*, il a beaucoup contribué au développement des sociétés de secours mutuels dans l'arrondissement de Compiègne.

Membre de plusieurs commissions importantes du Sénat M. Chovet a souvent pris la parole notamment sur les questions juridiques ou sur les réformes ayant un caractère économique ou social.

Il appartient à la gauche républicaine.

Série C

*Élue pour 6 ans en 1876. — Réélue en 1882
et en 1891
Rééligible en 1900*

ORNE

—

3 SÉNATEURS

MM. DE LA SICOTIÈRE, PORIQUET, LABBÉ

Aux élections du 30 janvier 1876, le département de l'Orne, appelé à élire pour 6 ans, 3 sénateurs, nomma : MM. de La Sicotière, Poriquet et le comte de Flers (droite).

Ils furent réélus le 8 janvier 1882.

Le 25 janvier 1885, M. Libert (droite) remplaça M. le comte de Flers, décédé le 23 juin 1883.

Aux élections du 4 janvier 1891, l'Orne a réélu MM. de La Sicotière, Poriquet et Libert, sénateurs sortants.

Le 24 février 1892, M. Labbé, républicain, remplaça M. Libert décédé.

LA SICOTIÈRE (Pierre-François-Léon DUCHESNE de)

M. de la Sicotière est né le 3 février 1812 à Valframbert (Orne).

Il fit ses études au collège d'Alençon et son droit à la faculté de Caen. En 1835, M. de la Sicotière se fit inscrire au barreau d'Alençon, dont il a été plusieurs fois le bâtonnier.

Successivement conseiller municipal d'Alençon, conseiller d'arrondissement, conseiller général de l'Orne, M. de la Sicotière, qui avait énergiquement soutenu la candidature présidentielle du général Cavaignac, donna sa démission des fonctions électives qu'il remplissait, apres le coup d'Etat du 2 décembre 1851.

Il se consacra plus que jamais alors à de nombreux et remarquables travaux historiques sur l'histoire de la Normandie et sur celle de la Révolution française ; il n'a cessé de les poursuivre jusqu'à ce jour ; son œuvre est considérable.

Aux élections législatives de 1869, M. de la Sicotière fut candidat indépendant ; il ne fut pas élu, mais obtint un grand nombre de voix.

Aux élections du 8 février 1871, il fut élu député de l'Orne à l'Assemblée nationale par 57.820 voix.

Il fit partie du centre droit et vota notamment contre le gouvernement de M. Thiers, le 24 mai. Il fut membre et rapporteur de plusieurs commissions importantes, notamment de la commission chargée d'examiner les actes du gouvernement de la Défense nationale. Il fut rapporteur du projet de loi sur l'ivresse publique, de la proposition relative à la représentation des minorités, etc.

Il s'abstint lors du vote de l'amendement Wallon et vota l'ensemble des lois constitutionnelles.

Le 20 février 1876, il fut élu sénateur de l'Orne, comme candidat de l'union conservatrice, le premier sur trois, par 374 voix sur 595 électeurs.

Il a été réélu, le premier sur trois, en 1882 et en 1891.

M. de la Sicotière, au Sénat, a pris la parole en plusieurs circonstances, notamment pour défendre le projet qu'il avait présenté pour empêcher la destruction des petits oiseaux.

Il siège au centre droit.

PORIQUET (Charles-Paul-Eugéne)

M. Poriquet est né à Paris le 31 juillet 1816.

Reçu docteur en droit, il entra dans la magistrature et fut successivement de 1852 à 1858, substitut à Pontoise et à Meaux.

Après la Révolution de 1848 il collabora au *Pays* qui défendait le programme du prince Louis-Napoléon.

Du 1er février 1852 jusqu'en mars 1853, il fut, à Nantes, inspecteur général du ministère de la police.

En mai 1854, il fut élu conseiller général du canton de Carrouges (Orne).

En juin 1858 il fut nommé préfet du Morbihan, puis de la Meuse (29 avril 1861), de la Mayenne (15 janvier 1865), de Maine-et-Loire (16 octobre 1865).

Il occupait ces dernières fonctions lors du 4 septembre 1870. Il avait été nommé, le 14 août 1863, officier de la Légion d'honneur ; il est officier de l'Instruction publique.

En 1871, M. Poriquet fut élu conseiller général du canton de Mortrée (Orne) en remplacement de M. le duc d'Audiffret-Pasquier et réélu en 1873.

Aux élections sénatoriales du 30 janvier 1876, M. Poriquet se présenta dans l'Orne comme candidat conservateur partisan de l'appel au peuple.

Il se fit inscrire au Sénat au groupe de l'Appel au peuple et vota, après le 16 mai 1877, la dissolution de la Chambre des députés.

M. Poriquet a pris, en plusieurs circonstances, la parole à la tribune du Sénat sur les questions ayant un caractère administratif. En février 1882, notamment, il combattit l'abrogation dans la loi municipale de l'adjonction des plus imposés.

Il siège à droite.

LABBÉ (Léon)

M. Léon Labbé est né au Merlerault (Orne), le 29 septembre 1832.

Il fit ses études médicales à Paris, fut interne à l'hôpital de Caen, en 1857, interne aux hôpitaux de Paris en 1860, et obtint le diplôme de docteur en 1861.

Reçu agrégé en 1863 et médecin du bureau central des hôpitaux en 1864, il fut successivement attaché à l'hospice de la Salpêtrière en 1865, à l'hôpital du Midi en 1867, à l'hôpital Saint-Antoine en 1868, à la Pitié en 1872, à Lariboisière en 1889 et enfin à Beaujon.

Longtemps secrétaire de la société de chirurgie, il fut élu membre de l'Académie de médecine le 14 mars 1880.

A l'élection sénatoriale partielle du 14 avril 1892, dans le département de l'Orne, il posa sa candidature républicaine et fut élu par 506 voix contre 410 partagées entre ses deux concurrents monarchistes.

Comme praticien, il s'est particulièrement signalé par une célèbre opération chirurgicale, dite la *gastrotomie*, et par laquelle il réussit à retirer de la cavité stomacale une fourchette avalée par un jeune homme. Cette opération de l'ouverture de l'estomac est entrée depuis, dans la pratique chirurgicale. Officier de la Légion d'honneur depuis le 15 octobre 1871, il a été nommé commandeur en avril 1891.

On a de M. le docteur Léon Labbé sa thèse d'agrégation : *De la coxalgie* (1863, avec planches); *Traité des tumeurs bénignes du sein* (1876, in-8o, av. pl. et. fig); *Leçons de clinique chirurgicale professées à l'hôpital des cliniques* (1876, in-8o). Il a recueilli et édité les *Leçons sur les hernies abdominales* (1864, in-8o); *Traité des fibres de la paroi abdominales*, (1888, in-8o).

PAS-DE-CALAIS

---

5 SÉNATEURS

MM. HUGUET, DÉPREZ, BOULLIEZ, CAMESCASSE, RINGOT

Le 30 janvier 1876, le département du Pas-de-Calais avait élu 4 sénateurs : MM. Pâris, Dubrulle, de Rosamel (droite), et Huguet républicain.

Aux élections du 8 janvier 1882, M. Huguet fut réélu, et les autres sénateurs sortants remplacés par : MM. Boucher-Cadart, Demiautte et Devaux républicains.

Le 25 janvier 1885, M. Pâris (droite), remplaça M. Devaux, décédé le 25 janvier 1884, et M. Hamille (droite), fut nommé en remplacement de M. Boucher-Cadart, démissionnaire.

Le 14 février 1886, M. Hamille, décédé le 20 novembre 1885, fut remplacé par M. le marquis d'Havrincourt (droite).

Aux élections du 4 janvier 1891, M. Huguet, sénateur sortant, fut de nouveau réélu, et MM. André Déprez, Achille Bouilliez et Camescasse républicains, nommés pour la première fois.

Le 15 mai 1892, M. Ringot, républicain, fut élu en remplacement d'un sénateur inamovible décédé.

HUGUET (Auguste-Victor)

M. Auguste Huguet est né à Boulogne-sur-Mer le 24 décembre 1822.

Il a été maire de Boulogne pendant douze ans. Le 9 novembre 1873, il présenta à M. Thiers une adresse des habitants de Boulogne sollicitant l'ancien Président de défendre la République contre les auteurs du 24 mai. Il fut alors suspendu de ses fonctions de maire, mais le ministère de Broglie ne lui trouva pas de successeur. Ne pouvant se décider à le renommer, il lui laissa continuer ses fonctions, et sa nomination officielle ne fut signée que quinze mois après.

M. Auguste Huguet, fut nommé sénateur du Pas-de-Calais le 20 janvier 1876, lors de la fondation du Sénat ; il fut alors le seul candidat élu de la liste républicaine.

Comme secrétaire du centre gauche du Sénat, il signa après le 16 mai 1877, l'adresse que les bureaux des gauches sénatoriales envoyèrent aux électeurs pour les engager à réélire les 363 ; il fut immédiatement révoqué de ses fonctions de maire de Boulogne ; ce fut la première révocation de maire prononcée par le ministère du 16 mai.

M. Auguste Huguet fut réélu sénateur du Pas-de-Calais, le premier de la liste républicaine, aux élections du 8 janvier 1882 et du 4 janvier 1891.

Au Sénat, M. Huguet a donné son concours au gouvernement républicain pour toutes les principales lois que celui-ci a déposées : celle des grands travaux publics, les lois sur l'enseignement, l'organisation de l'armée et la protection du travail national.

Il a été membre des grandes commissions extra-parlementaires de la marine.

En 1889, il a fait partie de la commission des douanes et a présenté plusieurs rapports sur les tarifs de douane. Il est membre du comité consultatif des chemins de fer depuis plusieurs années et, en 1894, il a été appelé à faire partie de la commission extra-parlementaire chargée d'étudier l'administration des ports et l'organisation des services administratifs de la marine.

Il fait partie du centre gauche.

DÉPREZ (André-Louis)

M. Déprez est né à Harnes le 23 juin 1839.

Cultivateur et fabricant de sucre, il était conseiller général pour le canton de Lens et maire de Lens, lorsqu'il se présenta, comme candidat républicain aux élections du 21 août 1881, dans la deuxième circonscription de Béthune et fut élu, par 11.768 voix contre 9.596 données à M. de Clercq, monarchiste, député sortant. Il prit une grande part à l'élaboration des lois sur les sucres.

Inscrit sur la liste républicaine du Pas-de-Calais, aux élections générales du 4 octobre 1885, faites au scrutin de liste, il échoua avec toute la liste après avoir réuni 76.153 voix.

Aux élections législatives du 22 septembre 1889, après le rétablissement du scrutin uninominal, il se présenta dans son ancienne circonscription de Béthune et fut élu au premier tour, par 10.568 voix, contre 5.339 données à M. de Clercq, député conservateur sortant.

Au renouvellement triennal du Sénat, du 4 janvier 1891, il fut porté sur la liste du Pas-de-Calais et élu, le premier sur quatre, par 1.266 voix sur 1.762 votants.

Il siège à gauche.

***

BOUILLIEZ (Ferdinand-Achille)

M. Bouilliez est né à Izel-lès-Hameaux (Pas-de-Calais) le 23 janvier 1839.

Il est propriétaire-agriculteur.

Républicain de la veille, il fit au régime impérial une ardente opposition.

Il fut, en 1867, élu conseiller d'arrondissement du canton d'Aubigny-en-Artois, comme candidat indépendant

Conseiller général en 1889, il fut élu sénateur du Pas-de-Calais, en 1891, par 1.250 voix, au premier tour.

Issu d'une vieille famille de cultivateurs établis depuis plusieurs siècles, dans l'arrondissement de Saint-Paul, M. Bouilliez personnifie surtout l'élément agricole dans la représentation du Pas-de-Calais.

Protectionniste convaincu et militant, il a pris une part active à la discussion du tarif des douanes et de la loi sur la réforme des boissons.

CAMESCASSE (Jean-Louis-Ernest)

M. Ernest Camescasse est né à Brest le 23 septembre 1838.

Docteur en droit, avocat à la Cour d'appel de Paris après le 4 septembre 1870, nommé préfet du Finistère (1870), du Loir-et-Cher (1871), du Cher (1872).

Démissionnaire après le 24 mai 1873, il se présenta, comme candidat républicain, aux élections du 20 février 1877 à Brest, mais il ne fut pas élu.

Il entra alors dans l'administration comme préfet de la Haute-Savoie. Il fut révoqué par le gouvernement du Seize Mai. Lorsque celui-ci eut fait place au second ministère Dufaure, M. Camescasse fut nommé préfet du Pas-de-Calais en décembre 1877. Le 11 janvier 1880, il fut appelé aux fonctions de directeur des affaires communales et départementales au ministère de l'intérieur et nommé conseiller d'Etat en service extraordinaire. Le 17 juillet 1881, il remplaça M. Andrieux comme préfet de police; il occupa ce poste jusqu'au 27 avril 1885, après la chute du ministère Ferry.

Le 17 juillet 1881, M. Camescasse avait été élu député par la 1re circonscription de Brest.

En octobre 1885, il échoua au scrutin de liste, dans le Pas-de-Calais et le Finistère.

Le 14 février 1886, M. Camescasse se présenta dans le Pas-de-Calais, au Sénat, lors d'une élection partielle; il obtint 850 voix contre 876 accordées à M. le marquis d'Havrincourt, qui fut élu.

Le 27 novembre 1887 il fut élu député du Pas-de-Calais au scrutin de liste par 86.356 voix.

Non réélu en 1889, il fut nommé sénateur du Pas-de-Calais le 4 janvier 1891.

M. Camescasse fait partie de la gauche républicaine. Il a été membre de nombreuses commissions et a pris la parole en diverses circonstances, notamment: sur le pari mutuel, la réorganisation du tribunal de la Seine, la loi contre les anarchistes, l'hygiène des campagnes, les graines oléagineuses, les halles centrales.

Il est commandeur de la Légion d'honneur et officier d'académie.

Il est président de la Compagnie générale des omnibus de Paris.

RINGOT (Francois-Hubert)

M. Ringot est né, le 7 mars 1838, à Marck.

Maire de Saint-Omer, conseiller général, il a été élu sénateur du Pas-de-Calais, le 15 mai 1892, au premier tour de scrutin, par 1.540 voix sur 1.761 votants, en remplacement de M. Lalanne, sénateur inamovible, décédé.

Il siège à gauche.

PUY-DE-DOME

4 SÉNATEURS

MM. GAILLARD, GOMOT, GUYOT-LAVALINE, BARRIÈRE

Aux élections du 30 janvier 1876, le département du Puy-de-Dôme nomma 3 sénateurs : MM. le baron de Barante (droite), Mège et Salneuve, républicains.

Le 5 janvier 1879, M. Guyot-Lavaline, républicain, fut élu en remplacement de M. Mège, décédé le 26 janvier 1878.

Le 8 janvier 1882, MM. Salneuve et Guyot-Lavaline, sénateurs sortants, furent réélus et M. Goutay, républicain, nommé pour la première fois, en remplacement de M. de Barante.

Le 23 août 1885, M. Girot-Pouzol, républicain, remplaça M. le général de Chabaud-La-Tour, sénateur inamovible décédé.

Le 16 juin 1889, M. Gilbert Le Guay succéda à M. Goutay, décédé le 19 avril 1889.

Le 17 novembre 1889, M. Gilbert Gaillard, fut nommé en remplacement de M. Salneuve, décédé le 17 septembre 1889.

Aux élections du 4 janvier 1891, le même département, ayant à élire 4 sénateurs, nomma MM. Guyot-Lavaline et Gilbert Gaillard sénateurs sortants et MM. Gomot et Barrière républicains qui remplacèrent MM. Girot-Pouzol et Gilbert Le Guay.

GAILLARD (Gilbert)

M. Gaillard est né à Maringues (Puy-de-Dôme), le 19 novembre 1843.

Conseiller municipal et adjoint au maire, puis maire de Clermont-Ferrand jusqu'en mai 1884, conseiller général du Puy-de-Dôme de décembre 1881 à janvier 1889, vice-président du tribunal de commerce de Clermont, vice-président de la chambre de commerce de Clermont, chevalier de la

Légion d'honneur, M. Gaillard a été député du Puy-de-Dôme du 8 avril 1883 jusqu'au mois d'août 1889.

Il a été élu sénateur le 17 novembre 1889, lors d'une élection partielle en rémplacement de M. Salneuve, décédé.

Il fut nommé au premier tour, par 762 voix contre 366 obtenues par M. Burin des Roziers.

Il a été réélu, le 14 janvier 1891, par 650 voix contre 368 accordées à M. Le Guay.

A la Chambre et au Sénat, M. Gaillard a été membre de plusieurs commissions et rapporteur de diverses propositions de loi.

Il fait partie de l'union républicaine.

GOMOT (Pierre-Eugène-Hippolyte)

M. Hippolyte Gomot est né à Riom en 1837.

Avocat au barreau de Riom, puis substitut, il fut nommé, le 7 octobre 1870, procureur de la République au tribunal de Riom.

Il donna sa démission après le 16 mai 1877.

Elu député par 9.000 voix contre 6.000 dans l'arrondissement de Riom le 21 août 1881, M. Gomot fut réélu, en 1885, au scrutin de liste, par 78.000 suffrages. Il avait été appelé à faire partie du cabinet Brisson en qualité de ministre de l'agriculture (6 avril 1885-7 janvier 1886).

M. Gomot s'est particulièrement occupé de la question de l'assistance publique dans les campagnes, de l'extension de la compétence des juges de paix, de la réforme de la procédure, de la diminution des frais de justice, etc.

Il a été, à la Chambre, le rapporteur de la loi sur la libération conditionnelle et la réhabilitation ; il a été président de la commission du scrutin d'arrondissement, etc.

Il a déposé, au Sénat, un projet de code sur la police rurale.

Pendant son passage au ministère, il a créé les champs d'expérience et de démonstration, et insisté sur la nécessité de protéger les produits agricoles contre la concurrence étrangère.

Il est membre du conseil supérieur de l'agriculture, vice-président du comité international agricole, etc.

M. Gomot a été élu sénateur du Puy-de-Dôme en janvier 1891. Il disait notamment dans sa profession de foi : « Je ne cesserai jamais d'être un républicain démocrate et réformateur. »

Il est actuellement directeur politique du journal le *Voltaire*. Il a publié plusieurs ouvrages sur l'histoire d'Auvergne.

GUYOT-LAVALINE (Jean-Baptiste-Charles)

M. Guyot-Lavaline est né à Vic-le-Comte (Puy-de-Dôme), le 15 juillet 1827.

Il se fit connaître de bonne heure par ses idées démocratiques, et fut, en 1865, révoqué des fonctions de maire de sa ville natale, qu'il reprit en 1871.

Membre du Conseil général, en 1856, il en fut élu depuis, vice-président en 1874.

Il fut nommé sénateur du Puy-de-Dôme, lors d'une élection partielle, le 8 janvier 1879, par 372 voix sur 568 votants.

Il se fit inscrire au groupe de la gauche républicaine. Au renouvellement triennal du 8 janvier 1882, il fut réélu le deuxième sur trois, par 415 voix sur 564 votants.

A celui du 4 janvier 1891, il le fut encore, le troisième sur quatre, par 642 voix sur 1.151 votants.

M. Guyot-Lavaline a fait partie de nombreuses commissions.

Il siège à gauche.

BARRIÈRE (Claude)

M. Barrière est né, le 26 septembre 1837, à Saint-Germain-l'Hermitte (Puy-de-Dôme).

Il est avocat au barreau de Clermont-Ferrand.

Pendant la guerre, il commanda un bataillon de mobilisés. Il est chevalier de la Légion d'honneur.

Maire de Saint-Germain-l'Hermitte et conseiller général depuis 1871, il se présenta aux élections législatives du 14 octobre 1877, mais ne fut pas élu.

Aux élections du 4 octobre 1885, il fut élu, le premier sur neuf, sur la liste républicaine avec 78.533 voix sur 132.128 votants.

Il a pris une part active aux travaux du Sénat.

Il appartient à l'union républicaine.

PYRÉNÉES (BASSES-)

—

3 SÉNATEURS

MM. MARCEL BARTHE, HAULON, VIGNANCOUR

Le 30 janvier 1876, le département des Basses-Pyrénées, appelé à élire 3 sénateurs, nomma : MM. de Lestapis, Daguenet et le vicomte de Gontaut-Biron (droite).

Ils furent remplacés le 8 janvier 1882, par MM. Marcel Barthe, Louis La Caze et Michel Renaud, républicains.

Le 26 avril 1885, M. Plantié, rép., remplaça M. Michel Renaud, décédé le 29 janvier.

Le 9 mars 1890, M. Haulon, rép., succéda à M. Plantié décédé le 11 décembre 1889.

Aux élections du 4 janvier 1891, MM. Marcel Barthe et Haulon, sénateurs sortants, ont été réélus et M. Vignancour, républicain, nommé pour la première fois.

BARTHE (Marcel)

M. Marcel Barthe est né à Pau le 15 janvier 1813.

Élève du collège de Pau, il fit à Paris ses études de droit, fut reçu licencié et de très bonne heure se livra à l'étude des questions économiques et sociales sur lesquelles il publia, de nombreux articles dans le *Temps*, la *Nouvelle Minerve*, etc.

En 1839, M. Marcel Barthe se fit inscrire au tableau des avocats de Pau où il plaida dans d'importantes affaires, notamment en 1842, dans celle des troubles de Toulouse, occasionnés par le recensement.

Sous Louis-Philippe, il défendit les idées de l'opposition libérale et, malgré l'hostilité préfectorale, fut, en

1846, nommé membre du conseil municipal de Pau dans des conditions qui attirèrent particulièrement sur lui l'attention de ses concitoyens.

Aux élections complémentaires du 4 juin 1848, M. Marcel Barthe fut élu membre de l'Assemblée constituante, aux travaux de laquelle il prit, dans les rangs de la gauche modérée, une part importante, notamment dans les discussions relatives aux questions constitutionnelles et sociales.

Non réélu à la Législative, M. Marcel Barthe reprit l'exercice de sa profession d'avocat, mais sans jamais cesser de servir les idées républicaines et libérales.

En 1866 et en 1869, il se présenta comme candidat de l'opposition dans les Basses-Pyrénées.

Après la guerre, le 8 février 1871, il fut élu, dans ce département, membre de l'Assemblée nationale par 58.734 voix, le deuxième sur 9. Il siégea à gauche, défendit la politique de M. Thiers et fut rapporteur d'un grand nombre de projets de loi.

Il déposa plusieurs motions importantes. C'est ainsi qu'il formula une proposition ayant pour objet la dissolution de l'Assemblée et l'élection pour une nouvelle représentation nationale dans les deux mois qui suivraient la libération du territoire.

Il prit la parole dans la discussion des propositions relatives à l'abrogation des lois d'exil, du projet de loi relatif aux matières premières, des lois électorales et constitutionnelles, des réformes administratives, de l'abolition de la candidature officielle, etc.

Il attacha notamment son nom à un amendement sur lequel se comptèrent la droite et la gauche de l'Assemblée nationale (22 juillet 1871). Cet amendement, qui fut repoussé par 387 voix contre 273, avait trait aux pétitions des évêques « appelant l'attention du gouvernement sur la situation intolérable faite par le gouvernement italien au souverain pontife et sur la nécessité d'y porter remède. » L'ordre du jour proposé par M. Marcel Barthe était ainsi conçu : « l'Assemblée nationale, confiante dans le patriotisme et la prudence du chef du pouvoir exécutif de la République, passe à l'ordre du jour ».

Le 20 février 1876, M. Marcel Barthe fut élu député par la première circonscription de Pau contre le candidat royaliste, M. de Luppé. Il fut l'un des 363. Non réélu le 14 octobre 1877, il fut, après l'invalidation de son concurrent, réélu le 7 juillet 1878 par 6.566 voix contre 5.804 obtenues par M. de Luppé. Aux élections de 1881, il fut réélu au scrutin de ballottage contre ses deux concurrents monarchistes.

Porté sur la liste républicaine en janvier 1882, M. Marcel Barthe fut élu sénateur des Basses-Pyrénées, le premier sur trois, par 432 voix sur 648 votants. Il fut réélu en janvier 1891.

A la Chambre et au Sénat comme à l'Assemblée constituante de 1848 et à l'Assemblée nationale de 1871, M. Marcel Barthe s'est signalé par la plus laborieuse activité. Il serait difficile de citer toutes les discussions auxquelles il a pris part. Ses principaux rapports et propositions ont eu trait à la réunion des services de l'assiette et du recouvrement des contributions directes, aux conditions d'admission et d'avancement dans les fonctions publiques, aux associations, aux questions ouvrières et sociales (caisses des retraites, syndicats professionnels), à la nécessité de prévenir les conflits entre la Chambre et le Sénat en matière de budget, au rétablissement du scrutin uninominal pour l'élection des députés, à l'organisation du crédit mobilier agricole, aux modifications à introduire dans la loi sur la presse de 1881, etc.

Depuis 1871, M. Marcel Barthe n'a cessé d'appartenir à la réunion de la gauche républicaine.

HAULON (Séraphin)

M. Haulon est né à Charlas (Haute-Garonne), le 2 octobre 1822.

Dès sa sortie du collège, il travailla dans la maison de commerce de son père qu'il devait ensuite diriger.

Il a été maire de Bayonne, juge, puis président du tribunal de commerce, conseiller général, président de la commission départementale. Il est chevalier de la Légion d'honneur.

Aux élections législatives de 1889, il fut désigné, comme candidat républicain, par les délégués des cantons de Bayonne et d'Ustaritz. Il fut élu, comme républicain progressiste, au premier tour, contre M. de Laborde-Noguez, député sortant, monarchiste, et M. Schmitt, boulangiste.

Le 9 mars 1890, lors d'une élection partielle, il fut élu sénateur des Basses-Pyrénées au 1er tour par 727 voix contre 279. Il a été réélu, le 4 janvier 1891, par 725 voix contre 285.

M. Haulon a pris une part active à la discussion des tarifs douaniers. Il est membre de plusieurs commissions importantes, notamment de celle des chemins de fer.

Il siège à gauche.

VIGNANCOUR (Louis)

M. Louis Vignancour est né le 22 août 1841, à Saint-Palais.

Il est avocat. Son père fut pendant plus de vingt ans président du tribunal d'Orthez. Pendant la guerre, M. Vignancour a servi comme officier d'artillerie dans les mobilisés de son département.

Avocat à la cour d'appel de Paris, il se présenta pour la première fois à la députation, comme candidat républicain dans l'arrondissement d'Orthez, aux élections générales du 20 février 1876, contre M. Chesnelong. « Si vous me faisiez l'honneur de m'élire, disait alors M. Vignancour, je prendrais place dans ce groupe illustre du centre gauche qui, plus que tout autre, a contribué à la fondation de la République, en réconciliant 1830 et 1848 et en opérant la *vraie fusion*, la seule honnête et possible, celle des parlementaires libéraux et des républicains modérés. »

M. Vignancour ajoutait qu'en 1873 il avait combattu ceux qui complotaient le renversement de la République au profit du comte de Chambord.

M. Vignancour, aux élections du 20 février 1876, eut

trois voix de moins que M. Chesnelong, mais celui-ci ayant été invalidé, M. Vignancour obtint, au second tour, 193 voix de majorité et fut élu.

Après le 16 mai 1877, M. Vignancour fut l'un des 363; il fut réélu. En 1881, il n'eut pas de concurrent dans l'arrondissement d'Orthez et fut nommé par 12.226 voix.

Il a fait partie du centre gauche et de la gauche républicaine.

En 1885, M. Vignancour échoua au scrutin de liste, dans les Basses-Pyrénées avec la liste républicaine.

Peu après, il rentra à la Chambre, lors d'une élection partielle, en remplacement de M. Destandau, décédé.

M. Vignancour fut réélu député par 9.265 voix, contre 7.604 obtenues par M. le duc Agénor de Gramont, monarchiste.

Il a été nommé sénateur des Basses-Pyrénées, au premier tour de scrutin, le 4 janvier 1891, par 720 voix, contre 282 obtenues par M. Carenne.

PYRÉNÉES (HAUTES-)

---

2 SÉNATEURS

MM. JEAN DUPUY, BAUDENS

Le 30 janvier 1876, le département des Hautes-Pyrénées nomma 2 sénateurs : MM. Cazalas et Adnet (droite).

Aux élections du 8 janvier 1882, il élut 2 nouveaux sénateurs : MM. le général Deffis et Dupré, républicains.

Le 4 juin 1891, M. le général Deffis, sénateur sortant, fut réélu, et M. Jean Dupuy, républicain, remplaça M. Dupré.

M. le général Deffis, étant décédé, fut remplacé, le 22 janvier 1893, par M. Baudens, républicain.

DUPUY (Jean)

M. Jean Dupuy est né le 1er octobre 1844, à Saint-Palais (Gironde).

Il est directeur du journal le *Petit Parisien*.

Il a été élu pour la première fois sénateur, le 4 janvier 1891, par 401 voix.

Il a pris en diverses circonstances la parole au Sénat.

Il est membre de la commission de la marine et de la commission des finances.

Il fait partie de la gauche républicaine.

BAUDENS (Gustave-Paul-Charles)

M. Baudens est né à Castelnau-Magnoac (Hautes-Pyrénées) le 1er octobre 1843.

Il est propriétaire-agriculteur.

Licencié en droit, conseiller général depuis le mois de mai 1870, secrétaire du Conseil général depuis 1871 jusqu'en 1883, vice-président depuis 1883, M. Baudens a été élu sénateur pour la première fois, lors d'une élection partielle, le 22 janvier 1893, au second tour de scrutin, par 351 voix contre 330 accordées à M. Bergès.

Il est l'auteur de divers travaux historiques, notamment : *Une petite ville pendant la Révolution; Une série de procès sous l'ancien régime*, etc.

Il est républicain libéral depuis le 4 septembre 1870.

PYRÉNÉES-ORIENTALES

—

2 SÉNATEURS

MM. EMMANUEL ARAGO, EDOUARD VILAR

Aux élections du 30 janvier 1876, le département des Pyrénées-Orientales nomma 2 sénateurs : MM. Emmanuel Arago et Pierre Lefranc, républicains.

Le 2 décembre 1877, M. Paul Massot remplaça M. Pierre Lefranc, décédé le 16 juin.

Le 8 janvier 1882, M. Emmanuel Arago, sénateur sortant, fut réélu, et M. Farines succéda à M. Paul Massot, décédé le 27 mars 1881.

Son élection ayant été invalidée le 4 février, M. Farines se représenta le 26 février et fut de nouveau élu. Puis il donna sa démission le 15 mai.

M. Escarguel républicain le remplaça le 16 juillet.

Aux élections du 4 janvier 1891, MM. Emmanuel Arago, sénateur sortant, fut réélu, et M. Edouard Vilar, rép., nommé pour la première fois.

ARAGO (François-Victor-Emmanuel)

M. Emmanuel Arago est né à Paris, le 6 juin 1812.

Il est le fils aîné du célèbre astronome, François Arago, qui fut, en 1848, membre du gouvernement provisoire.

Inscrit en 1838 au tableau de l'Ordre des avocats de Paris, M. Emmanuel Arago plaida, sous Louis-Philippe, dans de nombreux procès politiques, notamment en 1839 pour Barbès et Martial Bernard.

En 1848, après la Révolution du 24 février, il fut nommé commissaire général près le département du Rhône. Elu, le

16 avril, représentant des Pyrénées-Orientales à l'Assemblée constituante, il fut envoyé à Berlin, en qualité de ministre plénipotentiaire. Il donna sa démission de ses fonctions diplomatiques après l'élection de Louis-Napoléon Bonaparte à la présidence de la République, le 10 décembre 1848. Réélu à la Législative, il vota constamment contre la droite monarchique et contre la politique présidentielle.

Après le 2 décembre 1851, M. Emmanuel Arago rentra au barreau et plaida dans de nombreux procès politiques. Il fut le défenseur de Berezowski, puis celui de Delescluze, en même temps que Gambetta, lors des poursuites intentées à l'occasion de la souscription Baudin.

Le 22 novembre 1869 il fut élu député par la 8e circonscription de la Seine, en remplacement de M. Jules Simon qui avait opté pour la Gironde. Il vota contre le cabinet Ollivier et se prononça contre le plébiscite et contre la guerre.

Après le 4 septembre, il fut membre du gouvernement de la Défense nationale et nommé, par intérim, à Paris, ministre de la justice pour suppléer M. Crémieux, membre de la délégation de Tours.

Après l'armistice, fin janvier 1871, M. Emmanuel Arago fut envoyé à Bordeaux pour faire exécuter le décret du gouvernement de Paris relatif à la convocation des électeurs.

Il remplaça M. Gambetta comme ministre de l'intérieur et conserva ces fonctions jusqu'au 19 février 1871.

Le 8 février, il avait été nommé député des Pyrénées-Orientales à l'Assemblée nationale.

Il siégea à la gauche républicaine dont il fut le président, soutint M. Thiers, combattit le gouvernement du 24 mai et vota les lois constitutionnelles de 1875.

Élu sénateur des Pyrénées-Orientales, lors de la création du Sénat en 1876, M. Arago a été réélu en 1882 et en 1891. Il siège à gauche.

Depuis le mois de février 1880, M. Emmanuel Arago a été ambassadeur de la République française près la République helvétique. En avril 1894, il a été mis en disponibilité.

VILAR (Edouard-Paul-Yves)

M. Edouard Vilar est né à Prades (Pyrénées-Orientales), le 26 janvier 1847.

Avocat à Prades, ancien bâtonnier de l'Ordre, conseiller général depuis le mois de novembre 1877, ancien président du Conseil général, ancien maire de Prades, il fut nommé député une première fois en octobre 1885, au scrutin de liste, en même temps que MM. Floquet et Brousse. Il a toujours voté avec la gauche radicale. Il s'est déclaré partisan de la revision de la Constitution, mais en stipulant qu'il la voulait faite par les républicains et favorable au bon fonctionnement des institutions républicaines et au succès des réformes sociales que la démocratie réclame et qu'elle doit obtenir, et qu'il ne voterait la revision que dans ce cas seulement. Au point de vue économique, M. Vilar fit une déclaration nettement protectionniste.

En 1889, il fut nommé, au premier tour, député de l'arrondissement de Prades par 5.459 voix contre 2.321 accordées à M. Albiot, revisionniste.

Il a été élu sénateur le 4 janvier 1894, par 257 voix, au deuxième tour de scrutin, sur 472 votants.

RHIN (HAUT-)-BELFORT

—

1 SÉNATEUR

M. LE GÉNÉRAL JAPY

Le 30 janvier 1876, M. Thiers fut nommé sénateur du département du Haut-Rhin-Belfort. Son élection fut validée le 9 mars.

Ayant opté pour la Chambre des députés, M. Thiers donna sa démission de sénateur le 11 mars.

M. Viellard-Migeon (droite) le remplaça le 11 juin.

Il fut réélu, le 8 janvier 1882.

M. Viellard Migeon étant décédé le 2 octobre 1886, M. Fréry, républicain, lui succéda le 2 janvier 1887.

Aux élections du 4 janvier 1891, M. Fréry, sénateur sortant, fut réélu.

Le 2 août 1891, M. Fréry, décédé, fut remplacé par M. le général Japy.

JAPY (Général)

M. le général Japy (Frédéric-Pierre) est né à Badevel (Doubs), le 26 février 1826. Il appartient à la famille des grands manufacturiers et industriels de Beaucourt (Haut-Rhin).

Entré à Saint-Cyr en 1844, il en sortit, en 1846, dans l'infanterie.

Lieutenant en 1850, capitaine en 1855, chef de bataillon en mars 1864, lieutenant-colonel le 13 août 1865, colonel le 24 décembre 1869, général de brigade le 4 novembre 1874, général de division le 30 mars 1881, M. Japy prit part à toutes les campagnes du second empire ; il fut blessé à l'assaut de Malakoff ; il commandait une compagnie du 3ᵉ zouaves pendant la campagne d'Italie ; il fit la campagne du Mexique où il se signala par un brillant fait d'armes à la bataille de Majora.

Pendant la guerre de 1870, il fit partie de l'armée du Rhin, où il se distingua en plusieurs circonstances.

A son retour de captivité, il fut nommé colonel du 53ᵉ d'infanterie, puis en qualité de général de brigade et de général de division, appelé à plusieurs commandements successifs.

En 1885, il fut nommé commandant en chef du 12ᵉ corps à Limoges et, en 1888, du 15ᵉ corps à Marseille.

Il est grand officier de la Légion d'honneur depuis le 11 juillet 1887.

En février 1891, atteint par la limite d'âge, il entra dans le cadre de réserve de l'état-major général.

Il fut élu sénateur de Belfort, le 2 août 1891, comme candidat républicain modéré, lors d'une élection partielle, par 97 voix contre 53 à M. Lesmann.

Au Sénat, M. le général Japy fait partie de la commission de l'armée et a pris, à diverses reprises, la parole sur le budget de la guerre.

Il appartient au centre gauche.

RHONE

5 SÉNATEURS

MM. MUNIER, ÉDOUARD MILLAUD, PERRAS, GUYOT, THÉVENET

Aux élections du 30 janvier 1876, le Rhône nomma 4 sénateurs : MM. Jules Favre, Mangini, Perret et Valentin.

Le 14 mars 1880, M. Vallier remplaça M. Valentin, décédé le 31 octobre 1879, et M. Édouard Millaud succéda à M. Jules Favre, décédé le 19 janvier 1880.

Aux élections du 8 janvier 1882, MM. Vallier et Édouard Millaud, sénateurs sortants, furent réélus, et MM. Guyot et Munier remplacèrent MM. Mangini et Perret.

Le 25 janvier 1885, M. Perras remplaça M. Vallier, décédé le 18 juin 1883.

Aux élections du 4 janvier 1891, MM. Édouard Millaud, Guyot, Munier et Perras, républicains, ont été réélus.

Le 10 janvier 1892, M. Thévenet, rép., fut élu, en remplacement d'un sénateur inamovible décédé.

MUNIER (Louis)

M. Munier est né à Gex (Ain), le 23 novembre 1820.

Nommé avoué près la cour d'appel de Lyon en 1848, il a exercé jusqu'en mai 1882, époque à laquelle son fils lui a succédé.

Il a souvent fait partie de la chambre de discipline, qu'il a longtemps présidée.

Il est avoué honoraire depuis 1882.

Républicain sous l'Empire, il fut plus d'une fois persécuté pour ses opinions, notamment lorsqu'en 1851 le gouvernement impérial voulut soumettre les officiers ministériels à une nouvelle investiture.

Il a longtemps été membre du Conseil municipal de Lyon, où il représente les électeurs républicains du premier arrondissement. Il a été souvent président de ce Conseil. C'est M. Munier qui, en décembre 1879, inaugura la belle Faculté de médecine de Lyon. Il prononça, à cette occasion, un discours reproduit par toute la presse lyonnaise, notamment par le *Courrier de Lyon* du 13 janvier 1880, et qui posa en présence du pouvoir central les questions, depuis lors souvent débattues, de la décentralisation scientifique et de l'autonomie des facultés de province.

M. Munier était, depuis le rétablissement de la mairie centrale de Lyon, premier adjoint chargé du contentieux, lorsqu'en janvier 1882 il a été élu sénateur du Rhône; il a été réélu en janvier 1891.

Il est, au Sénat, membre de nombreuses commissions.

En 1889, il fut choisi par ses collègues pour faire partie de la commission des neuf chargée d'instruire devant la haute cour le procès du général Boulanger et consorts.

M. Munier fait partie de l'Union républicaine, avec laquelle il a toujours voté.

MILLAUD (Edouard)

M. Edouard Millaud est né à Tarascon le 7 septembre 1834. Il est avocat.

Inscrit au barreau de Lyon dès 1857, il y plaida un grand nombre d'importants procès et se signala de bonne heure comme l'un des adversaires déterminés du régime impérial.

En 1869, avec un groupe de jeunes avocats, il organisa une école de droit, qui fut l'origine de la Faculté de Lyon existant aujourd'hui.

Après le 4 septembre 1871, M. Edouard Millaud fut nommé premier avocat général près la cour d'appel de Lyon, en même temps que M. Le Royer en devenait le procureur général. Après l'élection de M. Le Royer à l'Assemblée nationale, M. Edouard Millaud remplit par intérim les fonctions de procureur général dans des circonstances particulièrement difficiles. Il donna sa démission pour ne pas avoir à conclure contre des journaux républicains.

Aux élections du 2 juillet 1871, M. Edouard Millaud fut élu député du Rhône à l'Assemblée nationale par 62.000 voix. Il fut l'un des fondateurs du groupe de l'Union républicaine. Il prit une part active aux travaux de l'Assemblée, notamment aux discussions auxquelles donnèrent lieu les franchises municipales de Lyon.

Le 14 février 1876, M. Edouard Millaud fut élu député de la première circonscription de Lyon. Après le 16 mai 1877, il fut l'un des 363, et les électeurs de la Croix-Rousse lui confirmèrent son mandat par 16.000 voix sur 18.000 votants.

A la Chambre, M. Edouard Millaud fit partie des commissions les plus importantes, notamment de la commission du budget et de la commission des traités de commerce. Il fit sur le budget de l'instruction publique un rapport très remarqué et défendit, également comme rapporteur, les intérêts de l'industrie lyonnaise.

La presse lui doit l'abrogation de l'article 6 de la loi de 1849, qui interdisait le colportage des écrits imprimés.

Elu sénateur du Rhône, M. Edouard Millaud continua au Luxembourg la tâche qu'il avait poursuivie au Palais-Bourbon. Il a prononcé de nombreux discours, notamment sur le rétablissement de la mairie centrale de Lyon, sur la loi électorale, sur le budget, etc. Membre de la commission des finances, il en a été le vice-président, et, à plusieurs reprises, le rapporteur général. Il a été secrétaire du Sénat.

En novembre 1886, M. Edouard Millaud fut nommé ministre des travaux publics, dans le troisième cabinet Freycinet, et conserva ces fonctions dans le cabinet Goblet (11 décembre 1886-1er juin 1887).

Depuis lors, M. Edouard Millaud a continué à collaborer activement à toutes les lois relatives aux questions d'affaires, de finances et d'économie sociale et politique.

Il a été ou il est président du conseil supérieur de statistique, délégué à la commission des finances de l'Exposition universelle, membre des principaux comités institués à l'instruction publique, aux beaux-arts, à la justice, à l'intérieur ou aux finances.

M. Edouard Millaud a écrit de nombreux articles dans les journaux et les revues. Il a publié plusieurs ouvrages historiques, artistiques ou littéraires : *Daniel Manin, l'Orateur Hortensius, le Soufflet. le Colportage, le Suffrage universel, la Réforme militaire*, etc.

Il fait partie de l'Union républicaine du Sénat.

PERRAS (Jean-Claude-Etienne-Edmond)

M. Perras est né à Cublize (Rhône) le 7 juillet 1835.

Il est manufacturier.

Successivement conseiller municipal et adjoint au maire, il est maire de Cublize depuis 1871.

Aux élections législatives du 20 février 1876, M. Perras fut élu, comme candidat républicain, député de la deuxième circonscription de Villefranche contre M. de Saint-Victor, député sortant, monarchiste, et M. Vernhette, constitutionnel, par 12.526 voix.

Il fit partie de la gauche modérée et, après le 16 mai 1877, fut l'un des 363. Il fut réélu député le 14 octobre 1877 et le 21 août 1881.

A la Chambre, il fit partie de nombreuses commissions et s'occupa particulièrement des questions touchant aux intérêts économiques et commerciaux du pays.

Il prit, en diverses circonstances, la parole, notamment en janvier 1884 pour défendre une proposition de loi relative aux incompatibilités parlementaires et qui, adoptée par les Chambres, étendit aux sénateurs les mêmes exceptions qu'aux députés.

Le 6 janvier 1885, M. Perras fut élu sénateur du Rhône, en remplacement de M. Vallier, décédé, par 441 voix sur 729 votants.

GUYOT (Émile)

M. Emile Guyot est né à Saint-Dizier (Haute-Marne), le 13 mai 1830.

Il étudia la médecine, fut reçu docteur en 1833, et s'établit à Saint-Georges-de-Reneins (Rhône).

Conseiller d'arrondissement de Villefranche, il fut désigné comme candidat républicain à l'Assemblée nationale, conjointement avec M. Ranc, dans une élection partielle du département du Rhône, et élu le 11 mai 1873, par 88.126 suffrages.

Il siéga sur les bancs de l'extrême gauche, prit souvent la parole dans les discussions des questions d'impôts, et vota l'ensemble des lois constitutionnelles.

Aux élections du 20 février 1876, pour la nouvelle Chambre des députés, M. Guyot se présenta dans la première circonscription de l'arrondissement de Villefranche, et fut élu par 12.995 suffrages, contre 5.275 à M. Humbelat, son concurrent.

Il fit partie du groupe de l'extrême gauche et, après le 16 mai 1877, fut un des 363 députés qui refusèrent un vote de confiance au cabinet de Broglie.

Le 14 octobre suivant, M. Guyot fut réélu par 13.722 voix contre 5.078 obtenues par le candidat officiel. Il le fut également aux élections générales du 21 août 1881, dans la même circonscription, par 12.356 voix, sans concurrent. Puis il se porta candidat sénatorial pour le renouvellement triennal du 8 janvier 1882 ; il fut élu, le 3 sur 4, par 231 voix sur 325 votants. Au renouvellement triennal de 1891, il fut réélu sénateur du Rhône par 403 voix sur 750 votants.

THÉVENET (François-Marie)

M. Thévenet est né à Lyon en 1845.

Avocat au barreau de Lyon, il a été conseiller municipal de Lyon et ensuite membre, puis président du Conseil général du Rhône. Il fut élu pour la première fois député en octobre 1885, le sixième sur onze, par 86.672 voix, sur la liste du comité radical du Rhône.

A la Chambre, M. Thévenet fit partie de plusieurs commissions et prit souvent la parole. Il déposa une proposition relative à la modification de la législation sur les faillites et une autre sur les sociétés commerciales.

Nommé garde des sceaux, ministre de la justice, lors de la formation du second ministère Tirard (février 1889), M. Thévenet eut une part importante à la répression des tentatives boulangistes.

Il prit l'initiative des poursuites intentées au comité directeur de la Ligue des patriotes et transmit à la Chambre la demande tendant à autoriser le gouvernement à poursuivre devant la Haute-Cour le général Boulanger et consorts. En cette circonstance, il releva des fonctions de procureur général près la Cour de Paris M. Camille Bouchez, qui fut remplacé par M. Quesnay de Beaurepaire.

M. Thévenet prononça alors, à la Chambre et au Sénat, plusieurs discours pour défendre les actes du gouvernement.

Le 22 septembre 1889, M. Thévenet fut réélu député par la seconde circonscription de Lyon, au premier tour, par 5.120 voix contre 2.823 voix obtenues par M. Robert Boubée, monarchiste, et 1.159 par M. Farjat, socialiste.

En janvier 1892, il fut nommé sénateur du Rhône en remplacement de M. Testelin, sénateur inamovible, décédé, par 448 voix sur 737 votants.

M. Thévenet a pris plusieurs fois la parole, au Sénat, sur des questions juridiques.

Il siège à gauche.

SAONE (HAUTE-)

3 SÉNATEURS

MM. BRUSSET, LEVREY, COILLOT

Le 30 janvier 1876, le département de la Haute-Saône, ayant à élire 2 sénateurs, nomma : MM. Dufournel (droite) et Jobard, républicain.

Le 8 janvier 1882, le même département a réélu M. Jobard et remplacé M. Dufournel par M. Noblot.

Aux élections du 4 janvier 1891, les sénateurs sortants ont été remplacés par MM. Brusset et Levrey, républicains.

Le 19 mars 1893, M. Coillot, républicain, fut élu en remplacement d'un sénateur inamovible, décédé.

BRUSSET (Jean-Baptiste)

M. Brusset est né à Charcenne (Haute-Saône), le 7 février 1839.

Il est notaire honoraire.

Il a été élu, comme candidat républicain, aux élections sénatoriales du 4 janvier 1891, par 749 voix sur 886 votants.

Il siège à gauche.

LEVREY (Jean-Baptiste)

M. Levrey est né à Lure (Haute-Saône), le 16 janvier 1839.

Il est docteur en médecine et propriétaire faisant de la culture et de l'élevage.

Il fut élu député de la Haute-Saône, au scrutin de liste au second tour de scrutin, en octobre 1885 par 38.279 voix. Il siégea à l'Union républicaine.

Il a été élu sénateur le 4 janvier 1891, par 733 voix contre 46 obtenues par M. Schwob.

Il est républicain de gouvernement progressiste.

COILLOT (Rose-Prothade-Achille)

M. Coillot est né à Montbozon (Haute-Saône), le 11 août 1832.

Il est docteur en médecine.

Maire de Montbozon depuis 1872 jusqu'à ce jour, — sauf les interruptions des deux périodes du 24 mai 1873 et du 16 mai 1877, époques auxquelles il fut révoqué à cause de son active propagande républicaine, — M. Coillot est depuis 1877 conseiller général de la Haute-Saône.

Il a été, pendant la guerre de 1870-71, médecin-major de la 2e légion des mobilisés.

Il est, depuis 1879, président du comité agricole de Montbozon-Rioz, président de la délégation cantonale depuis 1879, secrétaire du Conseil général, juré départemental dans les concours régionaux depuis 1880, examinateur délégué par le Conseil général pour les élèves de la ferme départementale de Saint-Remy. Il a été nommé, le 1er janvier 1888, chevalier de la Légion d'honneur en récompense de 28 ans de services publics.

Il a été élu lors d'une élection partielle, le 19 mars 1893, au premier tour de scrutin, par 475 voix contre 371 obtenues par M. Mercier.

M. Coillot est républicain progressiste.

SAONE-ET-LOIRE

---

3 SÉNATEURS (2 r. à nommer)

MM. DEMOLE, FÉLIX MARTIN, DULAC

Aux élections du 30 janvier 1876, le département de Saône-et-Loire élut 3 sénateurs : MM. Charles Rolland, le général Guillemaut et Pernette, républicains.

Le 5 janvier 1879, M. Alfred Mathey, républicain, remplaça M. Charles Rolland, décédé, et M. Demôle, républicain, succéda à M. Pernette, décédé le 14 juillet 1878.

Le 8 janvier 1882, MM. le général Guillemaut, Mathey et Demôle, sénateurs sortants, furent réélus.

Le 13 mars 1887, M. Félix Martin fut nommé en remplacement de M. le général Guillemaut, décédé le 17 décembre 1886.

Aux élections du 4 janvier 1891, MM. Demôle, Mathey, Félix Martin, sénateurs sortants, furent réélus.

Le 18 septembre 1892, M. Dulac fut élu en remplacement de M. Mathey, décédé.

DEMOLE (Charles-Etienne-Emile)

M. Demôle est né à Charolles, le 22 mars 1828.

Il est avocat.

Sous l'Empire, il fut l'un des défenseurs de l'opinion républicaine. Il fut candidat de l'opposition aux élections législatives du 24 mai 1869 et porté sur la liste républicaine, en Saône-et-Loire, lors des élections du 8 février 1871, mais il ne fut pas nommé.

Il fut élu sénateur de Saône-et-Loire, le 5 janvier 1879, en remplacement de M. Pernette, décédé, par 539 voix sur 690, et réélu le 8 janvier 1882 par 559 voix sur 681 et, le 4 janvier 1891, par 975 voix sur 1.300.

M. Demôle a pris une très grande part aux discussions

qui ont eu lieu au Sénat. En 1880, il fut le rapporteur de la commission concluant au rejet des pétitions catholiques contre les décrets relatifs aux congrégations non autorisées ; en 1884, il eut la tâche particulièrement laborieuse d'être le rapporteur de la loi sur l'organisation municipale, puis de la nouvelle loi électorale sénatoriale augmentant le nombre des électeurs de la Chambre haute.

Le 16 avril 1885, M. Demôle fut appelé à faire partie, en qualité de ministre des travaux publics, du cabinet présidé par M. Brisson. Lorsque celui-ci fit place à M. de Freycinet nommé pour la troisième fois président du conseil, M. Demôle fut nommé garde des sceaux, ministre de la justice ; il occupa ces fonctions du 7 janvier au 10 décembre 1886.

Depuis lors M. Demôle n'a cessé, comme précédemment, de prendre une part importante aux nombreuses discussions juridiques qui ont eu lieu au Sénat ; il a été notamment le rapporteur de la loi qui a institué le régime de la liquidation judiciaire et il est, en ce moment, rapporteur du projet relatif aux conseils de prud'hommes.

En 1889, il a été élu par le Sénat membre de la commission d'instruction de la Haute-Cour de justice (procès du général Boulanger) ; il a été réélu en cette qualité en 1890, 1891, 1892. En 1893, M. Demôle dut quitter cette commission, un vote du Sénat l'ayant appelé, comme vice-président, à diriger les débats de la Haute-Cour, en cas d'empêchement du président du Sénat. Il a été réélu à la même fonction en janvier 1894.

M. Demôle a été à plusieurs reprises vice-président du Sénat et il a été réélu, en cette qualité, en janvier 1894.

Il est membre de l'Union républicaine et en a été président.

MARTIN (Jean-François-Félix)

M. Félix Martin est né au Creuzot (Saône-et-Loire) le 18 juillet 1840.

Il est docteur en médecine.

M. Félix Martin exerçait la médecine au Creuzot quand

il fut élu député, le 8 juin 1884, dans la deuxième circonscription d'Autun, lors d'une élection partielle, en remplacement de M. Reynaud.

Porté le 4 octobre 1885 sur la liste républicaine, il se désista avec celle-ci, lors du scrutin de ballottage, en faveur de la liste radicale.

Il fut, pour la première fois, élu sénateur de Saône-et-Loire, le 13 mars 1887, au premier tour par 888 voix, en remplacement du général Guillemaut, décédé.

Il a été réélu au renouvellement triennal, en janvier 1891, au premier tour, par 972 voix.

M. Félix Martin a pris une part très active aux travaux du Sénat, notamment à la discussion de presque toutes les questions économiques et ouvrières. Il a déposé et défendu, à la tribune, de nombreuses propositions.

M. Félix Martin est membre de la Société d'économie politique de Paris.

Il a publié plusieurs ouvrages : les *Cimetières et la crémation;* la *Morale naturelle* et la *Science du bonheur*, etc.

DULAC (François-Étienne)

M. Dulac est né à Charolles, le 18 octobre 1836.

Architecte, maire de Savianges, vice-président du Conseil général, M. Dulac a été élu sénateur de Saône-et-Loire, le 18 septembre 1892, en remplacement de M. Mathey, décédé, par 699 voix, contre 529 accordées à M. de Lacretelle, au second tour de scrutin, sur 1.297 votants.

Il siège à gauche.

SARTHE

—

3 SÉNATEURS

MM. LE MONNIER, LEPORCHÉ, CORDELET

Le 30 janvier 1876, le département de la Sarthe, appelé à élire pour six ans 3 sénateurs, nomma MM. le marquis de Talhouët, Vétillart et Caillaux (droite).

Au renouvellement du 8 janvier 1882, le même département les remplaça par MM. Cordelet, Rubillard et Le Monnier, républicains.

Le 4 janvier 1891, la Sarthe a réélu les mêmes sénateurs, à l'exception de M. Rubillard, qui fut remplacé par M. Leporché, républicain.

LE MONNIER (Henri-Pierre)

M. Le Monnier est né, le 4 septembre 1814, au Lude (Sarthe).

Docteur en médecine en 1838, M. Le Monnier vint pratiquer sa profession à Château-du-Loir, où depuis plus de cinquante-cinq ans il n'a cessé de prodiguer ses soins, surtout aux malheureux.

Conseiller municipal à 28 ans, adjoint à 32, conseiller d'arrondissement, il fut révoqué de ses fonctions de médecin de l'hospice et du bureau de bienfaisance et emprisonné pendant un an à Nantes, en 1852, par le gouvernement impérial, à cause de ses opinions républicaines.

En 1858, après la promulgation de la loi de sûreté générale, il fut brusquement, sans autre motif que son attachement à la République, arrêté pendant la nuit et transporté en Algérie où il fut interné.

Revenu en France après l'amnistie de 1859, il fut appelé à siéger au Conseil général de la Sarthe dont il n'a cessé depuis cette époque de faire partie et dont il a été le vice-président. M. Le Monnier obtint alors 3.200 voix contre 300 accordées au candidat officiel.

Après le 24 mai 1873, il fut révoqué de ses fonctions de maire de Château-du-Loir.

Aux élections du 20 février 1876, M. Le Monnier fut élu à une très forte majorité député de l'arrondissement de Saint-Calais, par 10.776 voix contre 3.886 accordées au candidat de la droite. Il fut, après le 16 mai, l'un des 363. Il fut réélu le 14 octobre 1877 et le 21 août 1881 sans concurrent. Il siégea à l'Union républicaine.

Le 8 janvier 1882, il fut élu sénateur de la Sarthe sur la liste républicaine, au premier tour, par 244 voix contre 210 à M. Caillaux, et remplacé à la Chambre par M. Godefroy Cavaignac. Il fut réélu le premier, le 4 janvier 1891, sur la liste républicaine, par 501 voix contre 197, obtenues par le général Bourbaki.

Au Sénat comme à la Chambre, M. Le Monnier a fait partie d'un grand nombre de commissions. Au Luxembourg, il est le principal rapporteur de la commission d'intérêt local et l'on ne saurait guère supputer le nombre des rapports qu'il a déposés au nom de celle-ci.

M. Le Monnier fait partie de la gauche démocratique.

LEPORCHÉ (Alphonse-Joseph-François-Jules)

M. Alphonse Leporché est né à Noyen-sur-Sarthe (Sarthe), le 21 février 1840.

Il est avocat.

Inscrit au barreau du Mans depuis 1863, il a été membre du conseil de l'Ordre et bâtonnier.

Il a plaidé dans un très grand nombre de procès criminels, notamment dans l'affaire de l'enlèvement des enfants de la duchesse de Chaulnes, dont il fut le défenseur.

Il plaida aussi un grand nombre de procès de presse en faveur des journaux républicains.

Conseiller municipal du Mans en 1874, conseiller général du 2ᵉ canton du Mans le 6 décembre 1874, il fut, en août 1880. élu à la fois dans le 2ᵉ canton du Mans et dans celui de Malicorne qu'il représente encore aujourd'hui.

Choisi par le comité républicain comme candidat dans la 1ʳᵉ circonscription de Mamers, le 21 août 1881, il obtint une forte minorité contre M. le duc de la Rochefoucauld-Bisaccia, député sortant.

Le 22 février 1882, il fut élu député de la 1ʳᵉ circonscription du Mans par 12.289 voix.

Il est conseiller municipal et maire de Noyen depuis le 18 mai 1884.

Aux élections législatives de 1885, qui furent faites au scrutin de liste et qui donnèrent lieu dans la Sarthe à une lutte très vive, puisque des candidats appartenant aux deux listes furent nommés, il fut élu le premier par plus de 54.000 suffrages.

En 1889, il fut battu, dans la 1ʳᵉ circonscription du Mans, par le candidat boulangiste, M. Vilfeu.

Le 4 janvier 1891, il fut élu sénateur de la Sarthe par 483 voix sur la même liste que MM. Le Monnier et Cordelet, en remplacement de M. Rubillard, sénateur sortant.

A la Chambre des députés, M. Leporché faisait partie de la gauche radicale dont il fut successivement secrétaire et président. Il y fut membre de la commission des chemins de fer et des commissions relatives à la réforme du code d'instruction criminelle, aux pensions militaires, etc.

Au Sénat, où il a pris plusieurs fois la parole, il est inscrit à la réunion de la gauche démocratique dont il est un des vice-présidents.

CORDELET (Louis-Auguste)

M. Cordelet est né à Parigné-l'Evêque (Sarthe) le 17 janvier 1834.

Il a été avoué au Mans de 1861 à 1883.

En 1871, M. Cordelet fut élu par le troisième canton du Mans membre du Conseil général; il en fut l'un des secrétaires, de 1871 à 1874, et le président de 1877 à 1885.

En mars 1878, M. Cordelet qui, depuis novembre 1872,

était conseiller municipal, fut nommé maire du Mans; il en a occupé les fonctions pendant dix ans, de mars 1878 à mai 1888. Sous son administration, d'importants travaux municipaux furent entrepris et menés à bien. M. Cordelet fut, en 1880, nommé chevalier de la Légion d'honneur.

En janvier 1876, M. Cordelet fut candidat républicain de la deuxième circonscription du Mans contre M. Haentjens.

Aux élections de janvier 1882, il fut élu sénateur ; il a été réélu en janvier 1891.

Au Sénat, M. Cordelet a fait partie d'un grand nombre de commissions importantes, notamment de presque toutes celles qui, en ces dernières années, ont eu à étudier les questions juridiques ou les réformes à apporter à notre législation. Il prit notamment la parole sur le projet de loi relatif à la responsabilité des patrons à l'occasion des accidents dont les ouvriers sont victimes dans leur travail, et proposa l'un des contre-projets qui servirent de base à la rédaction définitive votée par le Sénat.

Il s'est aussi occupé spécialement des projets de loi relatifs à l'instruction primaire, aux syndicats de communes, au rétablissement du scrutin uninominal pour l'élection de la Chambre des députés, aux caisses d'épargne, à la protection de la santé publique, etc.

Il a été rapporteur de la proposition de M. Marcel Barthe ayant pour objet de rendre à la police correctionnelle la connaissance des délits d'injure, outrage et diffamation contre les dépositaires ou agents de l'autorité publique et toutes personnes chargées d'un service ou d'un mandat public; cette proposition fut adoptée par le Sénat, mais repoussée par la Chambre.

M. Cordelet fut élu par le Sénat (12 avril 1889), le troisième sur neuf, membre de la commission d'instruction de la Haute Cour de justice, puis nommé par ses collègues de cette commission, membre de la sous-commission de quatre membres appelés à accomplir tous les actes de l'instruction qui aboutit à la mise en jugement du général Boulanger et consorts.

Depuis lors, M. Cordelet a été, chaque année, réélu membre de la commission d'instruction de la Haute Cour.

M. Cordelet fait partie de la gauche républicaine dont il a été récemment élu président ; le discours qu'il a prononcé en prenant possession de la présidence a été très remarqué.

———

SAVOIE

—

2 SÉNATEURS (1 r. à nommer)

MM. CHARLES FOREST, GRAVIN

Aux élections du 30 janvier 1876, la Savoie nomma 2 sénateurs : MM. le baron d'Alexandry et Dupasquier (droite).

Le 13 juin 1880, M. Parent, républicain, succéda à M. Dupasquier, décédé le 16 avril. Il fut réélu le 8 janvier 1882, et M. Carquet, républicain, remplaça alors M. le baron d'Alexandry.

Le 6 juillet 1890, M. Charles Forest républicain, fut nommé en remplacement de M. Parent, décédé le 18 avril.

Aux élections du 4 janvier 1891, M. Forest, sénateur sortant, fut réélu et M. Gravin, républicain, nommé pour la première fois.

FOREST (Charles-Romain)

M. Forest est né, le 3 août 1827, à Chambéry (Savoie). Il est fabricant de papier.

Il a été professeur de chimie, de physique et de mécanique à l'École préparatoire à l'enseignement supérieur.

En 1870, il fut nommé par le gouvernement de la Défense nationale, lieutenant-colonel commandant la 1re légion des mobilisés de la Savoie, qui n'est rentrée en Savoie qu'en mars 1871. Il a été conseiller municipal à Chambéry, et président du Conseil d'arrondissement. Il est depuis quinze ans conseiller général du canton sud de Chambéry. Il est officier de l'Instruction publique, chevalier des Saints-Maurice et Lazare.

Il a été élu pour la première fois sénateur de la Savoie

le 6 juillet 1890, en remplacement de M. Parent, décédé, et réélu le 4 janvier 1891, par 499 voix sur 530 votants.

M. Forest fait partie de la gauche républicaine.

GRAVIN (François)

M. Gravin est né à Albertville (Savoie) le 19 octobre 1843. Il est industriel.

Elu conseiller municipal d'Albertville en janvier 1878, il fut nommé adjoint au maire en 1882 et maire en 1884; il a été réélu maire en 1888 et en 1892, à l'unanimité des suffrages. Il est officier d'académie.

M. Gravin fut élu conseiller général du canton d'Albertville en septembre 1884 et réélu en 1886 et 1892. Il est vice-président du Conseil général de la Savoie depuis août 1889.

Il a été élu sénateur de la Savoie, le 4 janvier 1891, par 399 voix contre 213 obtenues par divers candidats également républicains.

Il s'est prononcé pour le maintien des lois militaires et scolaires; pour la protection de l'agriculture et de l'industrie; pour une répartition plus équitable de l'impôt; pour le vote de lois susceptibles d'améliorer le sort des travailleurs, etc.

Au Sénat, M. Gravin s'est surtout occupé des intérêts des classes laborieuses.

M. Gravin siège à gauche. Il est républicain progressiste.

SAVOIE (HAUTE-)

—

2 SÉNATEURS (1 r. à nommer)

MM. FRANCOZ, FOLLIET

Le 30 janvier 1876, le département de la Haute-Savoie nomma 2 sénateurs : MM. Chaumontel et Chardon, républicains.

Ils furent réélus aux élections du 8 janvier 1882 et à celles du 4 janvier 1891.

Le 8 janvier 1893, M. Francoz, républicain, remplaça M. Chaumontel décédé et, le 7 janvier 1894, M. Folliet républicain fut élu comme successeur de M. Chardon décédé. Voici le résultat de ce dernier scrutin.

Inscrits : 665 — Votants : 648 — Suffrages exprimés : 585

MM. Folliet, dép., R............... 476 Elu.
Chautemps, dép., rad.......... 92

FRANCOZ (Félix-Aimé)

M. Francoz est né à Tréguier (Savoie) le 3 juillet 1847. Il est docteur en médecine.

Interne des hôpitaux de Lyon, puis aide-major au titre auxiliaire pendant la guerre 1870-71 (siège de Bitche), il exerce la médecine à Annecy depuis 1874. Il a été médecin de l'hôpital d'Annecy, médecin-inspecteur des enfants du premier âge, membre du conseil départemental d'hygiène, etc. Il est officier d'académie.

Conseiller municipal d'Annecy depuis les élections de 1881, adjoint au maire de 1881 à 1888, vice-président du bureau de bienfaisance pendant douze ans, il a été nommé conseiller général de la Haute-Savoie par le canton d'Alby en 1886, réélu en 1892, nommé président du Conseil général au mois d'août 1893.

Il a été élu pour la première fois sénateur, le 8 janvier 1893, lors d'une élection partielle, par 407 voix sur 666 votants, en remplacement de M. Chaumontel, décédé.

Républicain convaincu. « il n'a jamais varié dans sa politique ; il admet la République sans réserve avec toutes ses conséquences ».

FOLLIET (André-Eugène)

M. André Folliet est né le 18 mars 1838, à Saint-Jean-de-Maurienne (Savoie), d'une famille de la Haute-Savoie.

Il est avocat à la cour d'appel de Paris.

Il fut élu député de la Haute-Savoie à l'Assemblée nationale le 2 juillet 1871. Depuis lors il fut constamment réélu député. Après le 16 mai 1877, il fut l'un des 363.

Il a appartenu à la gauche républicaine de 1871 à 1881, c'est-à-dire pendant que ce groupe a existé à la Chambre. Depuis 1881, il n'appartient plus à aucun groupe ; il a constamment voté avec la majorité républicaine.

Il a été un des auteurs de la loi municipale du 5 avril 1884, dont il fut aussi l'un des rapporteurs.

De 1885 à 1889 il a été rapporteur des projets de loi sur l'organisation municipale de la ville de Paris, l'organisation du Conseil général de la Seine, la codification des lois électorales, le renouvellement partiel de la Chambre, etc.

Il a déposé diverses propositions de loi sur la réforme de l'impôt des boissons, la réforme des prestations et du classement des chemins, la codification des lois électorales, etc.

Dans sa circulaire de 1889, M. Folliet demandait que l'attention du Parlement se concentrât sur les lois d'affaires ; il déclarait nécessaire la formation d'une majorité de gouvernement « que le pays considère avec raison comme la condition première de tout progrès intérieur et de toute force extérieure ».

Il demandait la prompte adoption des réformes nom-

breuses et utiles préparées par les précédentes assemblées :
réduction des frais de justice par la réforme du code de
procédure civile ; réforme de l'impôt sur les boissons par
la suppression de l'exercice ; enseignement agricole ;
réduction des droits de succession en ligne directe ; assistance publique dans les campagnes, etc.

Il était d'avis que le devoir des républicains est de
repousser énergiquement la formule vague de la revision,
qui sert de drapeau à la coalition des ennemis de la
République, et de s'associer à toutes les mesures destinées
à assurer le respect de la Constitution républicaine.

Le programme de M. Folliet est resté le même.

Pendant la dernière législature, M. Folliet a été membre
de la commission du budget et rapporteur du budget des
travaux publics. Il a fait partie de nombreuses commissions.
Il est membre de la commission supérieure des bâtiments
civils et palais nationaux.

En 1893, il a déposé une proposition de loi ayant pour
objet d'assurer la défense de la zone neutralisée de la
Haute-Savoie. Il a voté contre le nouveau tarif des douanes
et pour le projet de traité franco-suisse.

M. André Folliet est vice-président du Conseil général
de la Haute-Savoie.

Il a publié sur la Savoie divers ouvrages patriotiques :
1° le *Général Desaix, sa vie politique et militaire* (1879) ;
2° *les Volontaires de la Savoie en 1792* (1887) ; 3° *les Députés
savoisiens aux assemblées de la Révolution* (1887) ; 4° *le
Centenaire de la réunion de la Savoie à la France*, discours
prononcé à Thonon en septembre 1892, etc.

M. Folliet fut réélu député le 20 août 1893, au premier
tour, par 8.619 voix, sans concurrent.

Il a été nommé le 7 janvier 1894, sénateur de la Haute-
Savoie, en remplacement de M. Chardon, décédé, par
476 voix contre 92 données à M. Chautemps, député de la
Seine, originaire de la Haute-Savoie.

SEINE

6 SÉNATEURS (4 r. à nommer)

MM. DE FREYCINET, POIRRIER, TOLAIN, RANC, ALEXANDRE LEFÈVRE, CHARLES FLOQUET

Aux élections du 30 janvier 1876, la Seine nomma 5 sénateurs : MM. de Freycinet, Tolain, Hérold, Victor Hugo et Peyrat républicains.

Le 8 janvier 1882, MM. de Freycinet, Tolain, Victor Hugo et Peyrat, sénateurs sortants, furent réélus ; M. Labordère remplaça M. Hérold, décédé le 1er janvier 1882.

M. Labordère ayant donné sa démission le 10 décembre 1884, M. Georges Martin fut élu à sa place le 25 janvier 1885.

Le 9 août 1885, M. Songeon succéda à M. Victor Hugo, décédé le 12 mai.

Le 12 mai 1889, M. Poirrier fut élu en remplacement de M. Songeon, décédé le 17 février 1889.

Aux élections du 4 janvier 1891, MM. de Freycinet, Tolain et Poirrier, sénateurs sortants, furent réélus, et MM. Ranc et Alexandre Lefèvre, nommés pour la première fois en remplacement de MM. Peyrat, décédé, et G. Martin, non réélu.

Peu après, M. Goblet, républicain, fut élu en remplacement d'un sénateur inamovible décédé.

Le 7 janvier 1894, M. Floquet, républicain, a été élu en remplacement de M. Goblet, élu député et démissionnaire.

FREYCINET (Charles-Louis de Saulses de)

M. de Freycinet est né à Foix (Ariège), le 14 novembre 1828.

Elève de l'école polytechnique, il en sortit avec le n° 4 en 1848 et, après quelques années passées au service de l'État, comme ingénieur des mines, il entra à la Compagnie des chemins de fer du Midi, à la direction et à l'organisation de laquelle il collabora très activement. Il publia, à cette époque, de nombreux ouvrages scientifiques : *Traité de mécanique rationnelle ; Théorie mathématique de la dépense des rampes de chemins de fer ; Étude sur l'analyse infinitési- male ou essai sur la métaphysique du haut calcul*, etc.

Rentré en 1862 au service de l'Etat, M. de Freycinet fut chargé de diverses missions scientifiques industrielles en France et à l'étranger et s'occupa particulièrement des questions relatives à l'hygiène publique, à l'assainisse- ment industriel, au travail des enfants et des femmes dans les manufactures. Il adressa au ministère du commerce et des travaux publics une série de rapports très remarqués qui furent couronnés par l'Institut en 1867.

Après le 4 septembre 1870, M. de Freycinet fut nommé par le gouvernement de la Défense nationale préfet du Tarn- et-Garonne. Quelques semaines après, lorsque M. Gambetta vint prendre à Tours la direction des affaires, comme ministre de l'intérieur et de la guerre, il appela auprès de lui M. de Freycinet et le nomma son délégué au dépar- tement de la guerre.

En cette qualité, M. de Freycinet eut part prépondérante à l'organisation des armées de province et à la direction des opérations militaires (10 octobre 1870-9 février 1871),

M. de Freycinet, dans son livre *la Guerre en province pendant le siège de Paris*, a présenté un tableau d'ensemble de l'œuvre qu'il accomplit alors.

Après l'armistice M. de Freycinet se retira en même temps que M. Gambetta. Il ne reparut sur la scène politique qu'aux élections sénatoriales de janvier 1876. Il fut élu le 1er sur la liste républicaine des sénateurs de la Seine ; le discours qu'il prononça à la veille du scrutin eut un reten- tissement considérable.

En novembre 1876, M. de Freycinet fut, au Sénat, le rap- porteur de la loi sur l'administration de l'armée.

Lors de la formation du cabinet Dufaure (14 décembre 1877), M. de Freycinet fut appelé à en faire partie en qua- lité de ministre des travaux publics.

Peu de mois après, il proposa aux Chambres, qui les adoptèrent, les projets relatifs à l'achèvement du réseau des chemins de fer français, des voies navigables et l'amélioration des ports de commerce ; ce programme d'ensemble est connu sous le nom de « plan Freycinet » ; son exécution fut activement poursuivie par son auteur qui, au cours des années suivantes, ne cessa de le défendre dans les nombreuses discussions auxquelles il donna lieu dans le Parlement et dans le pays.

Après l'élection de M. Jules Grévy à la présidence de la République, M. de Freycinet conserva le portefeuille des travaux publics dans le cabinet Waddington, avec M. Sadi Carnot comme sous-secrétaire d'État.

Le 28 décembre 1879, M. de Freycinet fut, pour la première fois, nommé président du conseil; il devint en même temps ministre de affaires étrangères et fut remplacé par M. Varroy au ministère des travaux publics.

Le premier ministère Freycinet fut marqué par les discussions relatives à l'amnistie et à la loi sur l'enseignement supérieur, dont le fameux article 7 fut rejeté par le Sénat, malgré les efforts du gouvernement qui procéda alors par voie de décrets contre les congrégations religieuses non autorisées.

Un dissentiment ayant ultérieurement surgi entre les membres du cabinet au sujet de l'exécution de ces décrets, M. de Freycinet donna sa démission de président du conseil et de ministre des affaires étrangères et fut, au cours des vacances parlementaires, remplacé par M. Jules Ferry (19 septembre 1880).

Lors du renouvellement sénatorial de janvier 1882, M. de Freycinet fut simultanément élu par les départements du Tarn-et-Garonne, de l'Ariège, de la Seine et par l'Inde française; il opta pour la Seine.

Après la chute du cabinet Gambetta (janvier 1882), M. de Freycinet fut de nouveau appelé à la présidence du conseil et constitua le cabinet du 30 janvier 1882, dans lequel entrèrent notamment MM. Jules Ferry et Léon Say.

Il fut renversé à la suite de la discussion sur les affaires d'Egypte, et remplacé, le 7 août 1882, par le cabinet Duclerc.

Au mois d'avril 1885, M. de Freycinet entra dans le cabinet Brisson comme ministre des affaires étrangères.

M. Brisson s'étant retiré après la réélection de M. Jules Grévy à la présidence de la République (fin décembre 1885), M. de Freycinet redevint président du conseil (7 janvier 1886) ; le ministère qu'il constitua alors fut renversé le 3 décembre, sur la question des sous-préfectures.

En mai et en novembre 1887, le président Grévy offrit de nouveau à M. de Freycinet, qui ne l'accepta point, la présidence du conseil.

Lors de la réunion du Congrès à Versailles, le 3 décembre 1887, M. de Freycinet fut l'un des candidats à la présidence de la République ; ce fut M. Carnot qui fut élu.

A la formation du cabinet Floquet (3 avril 1888), M. de Freycinet accepta le portefeuille de la guerre qu'il conserva sans interruption jusqu'au 10 janvier 1893, époque à laquelle il donna sa démission.

Pendant ces cinq années, qui furent pour lui particulièrement laborieuses, M. de Freycinet fit voter de nombreux projets de loi, et prit d'importantes mesures ayant pour objet de parfaire l'organisation de la défense nationale.

Durant cette période, M. de Freycinet, tout en restant ministre de la guerre, était pour la quatrième fois redevenu président du conseil, le 17 mars 1890 ; il dirigea les affaires publiques jusqu'au 27 février 1892, date à laquelle il eut pour successeur à la présidence du conseil M. Loubet, dans le cabinet duquel il conserva son portefeuille, ainsi que sous le premier cabinet Ribot. Il quitta le ministère de la guerre, le 10 janvier 1893, et y fut remplacé par le général Loizillon.

Au mois de janvier 1894, M. de Freycinet a été élu président de la commission de l'armée.

En janvier 1891, M. de Freycinet avait été réélu sénateur de la Seine, à la presque unanimité des suffrages.

Déjà membre de l'Académie des sciences depuis le mois de mai 1882, M. de Freycinet fut nommé membre de l'Académie française, en remplacement de M. Emile Augier dont il prononça l'éloge dans la séance du 10 décembre 1891.

POIRRIER (François-Alcide)

M. Poirrier est né à Clermont-en-Argonne, le 20 novembre 1832.

Après avoir fait des études commerciales, il vint à Paris en 1848 et fut employé dans plusieurs maisons de commerce.

Dès 1858, il devint l'un des chefs de la manufacture de matières colorantes de Saint-Denis à laquelle il donna, par suite de l'application presque immédiate qu'il fit à son industrie de la découverte des couleurs dérivées du goudron de houille, une importance des plus considérables ; un succès complet récompensa son initiative. En 1868, il acquit la propriété des brevets visant la fabrication d'autres matières colorantes, également dérivées du goudron de houille, que lui concéda la société la Fuchsine.

M. Poirrier a établi dans ses usines le système de la participation aux bénéfices et des caisses de retraites pour ses ouvriers. Il a pris une part importante aux diverses Expositions universelles. Il est officier de la Légion d'honneur.

Membre de la Chambre syndicale des produits chimiques en 1870, M. Poirrier en fut nommé le président; il occupa ce poste pendant le temps réglementaire fixé par les statuts.

En 1879, il fut élu membre de la Chambre de commerce de Paris ; depuis 1880 il en a été le secrétaire, le vice-président et trois fois le président.

En 1871, M. Poirrier fut candidat à l'Assemblée nationale, à Paris. Il obtint de nombreux suffrages, mais ne fut pas élu.

A l'époque du 16 mai 1877, il fut membre du conseil d'administration de la *République française* alors dirigée par Gambetta.

En 1879, M. Poirrier fut nommé membre du Conseil général de Seine-et-Marne, en remplacement de M. de la Rochette, conservateur ; en 1885, les comités électoraux de Paris le portèrent sur les listes républicaines, pour la Chambre des députés, et il ne lui manqua que peu de voix pour entrer au Palais-Bourbon.

.. Le 12 mai 1889, M. Poirrier fut élu sénateur de la Seine en remplacement de M. Songeon, décédé, qui, lui-même, avait succédé à Victor Hugo.

M. Poirrier a été réélu, au premier tour de scrutin, le 4 janvier 1891, par 392 voix.

M. Poirrier a pris une part très active aux travaux du Sénat, notamment aux discussions ayant un caractère économique et commercial au cours desquelles il combattit le système protectionniste.

Il a publié plusieurs brochures sur le régime douanier, l'impôt des patentes, le régime et les tarifs de chemins de fer. Il a été chargé par la commission d'enquête du département de la Seine du rapport sur Paris port de mer. Il a présenté une proposition de loi sur la séparation du Conseil municipal de Paris et du Conseil général de la Seine. Il est intervenu dans l'élaboration de plusieurs lois importantes, notamment dans la discussion du tarif général des douanes où il défendit les intérêts de l'industrie parisienne et de l'exportation française, dans l'examen des modifications à introduire dans la loi sur les sociétés, etc., etc.

M. Poirrier fait partie de l'Union républicaine dont il vient d'être élu vice-président.

TOLAIN (Henri-Louis)

M. Tolain est né à Paris le 18 juin 1828.

Ouvrier ciseleur, il s'occupa de bonne heure de l'étude des questions sociales et ouvrières. En 1862, il fut un des délégués des ouvriers de Paris à l'exposition de Londres; ses rapports et ses travaux furent très remarqués. Il contribua à la fondation de l'Association internationale des travailleurs dont le but était, à l'origine, d'imiter les Trade's Unions.

En 1864, M. Tolain rédigea, au nom des délégués ouvriers, le *Manifeste des Soixante*, qui posait le principe de la représentation ouvrière et réclamait pour les travailleurs une part d'influence dans la direction politique du pays.

A cette époque, M. Tolain fut lui-même candidat ouvrier dans la 5ᵉ circonscription de la Seine.

Il fut délégué de la section parisienne de l'association internationale des travailleurs aux congrès de Londres (1865), Genève (1866), Lausanne (1867), Bruxelles (1868) et Bâle (1869). Il ne cessa d'y maintenir contre les prétentions collectivistes les droits de la liberté individuelle.

Quelque temps après, M. Tolain se sépara de l'Internationale et contribua à former une autre association : *la Fédération ouvrière.*

Après le 4 septembre 1870, M. Tolain fut nommé membre des comités de vigilance et d'armement du IIᵉ arrondissement de Paris, et le 5 novembre 1870 élu adjoint au maire de cet arrondissement.

Aux élections du 8 février 1871 il fut élu député de la Seine par 89.100 voix. Après le 18 mars, il prit une part active aux négociations qui se poursuivirent pendant plusieurs jours entre le gouvernement de Versailles et le comité central, mais les promesses qu'il avait obtenues de ce comité n'ayant pas été tenues, M. Tolain revint à Versailles reprendre son siège de député. Il fut alors décrété d'accusation par la Commune.

A l'Assemblée nationale, M. Tolain fit partie de l'Union républicaine. Il prononça des discours très remarqués dans la plupart des discussions politiques et économiques qui eurent lieu à cette époque (organisation municipale, loi sur l'Internationale, impôt des boissons, marine marchande, lois sur les conseils généraux, demande d'ouverture de crédit pour l'envoi de délégations ouvrières à l'Exposition de Vienne, etc.)

Il combattit le gouvernement du 24 mai et, en 1875, vota les lois constitutionnelles.

En 1876, M. Tolain fut élu sénateur de la Seine le deuxième sur cinq par 136 voix sur 209 votants. Il a été réélu le 8 janvier 1882 et le 4 janvier 1891.

Au Sénat comme à l'Assemblée nationale, M. Tolain a très souvent pris la parole sur les questions ayant trait à l'amélioration du sort des classes laborieuses.

Il a beaucoup contribué au vote de la nouvelle législation

qui règle l'organisation des syndicats professionnels.

Il a, en outre, pris part aux discussions relatives aux lois sur l'enseignement, sur les associations, sur le bannissement des prétendants, sur les conventions de chemins de fer, sur le règlement des heures de travail, sur les accidents dont les ouvriers sont victimes, etc.

Il s'est montré l'un des adversaires les plus déterminés du boulangisme et a contribué, en 1885, à la formation du comité de l'alliance républicaine constitué pour tenter de faire l'union entre les différentes nuances du parti républicain.

En 1890, M. Tolain fut l'un des cinq délégués choisis par le gouvernement français pour le représenter à la conférence réunie à Berlin, sur l'initiative de l'empereur d'Allemagne, afin d'étudier les questions relatives à l'organisation du travail.

En 1893, M. Tolain a été nommé questeur au Sénat en remplacement de M. Margaine, décédé.

RANC (Arthur)

M. Arthur Ranc est né à Poitiers le 20 décembre 1831.

Il fit ses études au collège de Poitiers, puis vint à Paris suivre les cours de l'Ecole de droit et de l'Ecole des chartes.

Connu dès cette époque pour ses opinions républicaines, M. Ranc fut, lors de l'affaire dite du complot de l'Opéra-Comique, en 1853, arrêté, acquitté en cour d'assises, puis condamné en police correctionnelle à un an de prison, pour société secrète. Deux ans après, il était de nouveau arrêté et transporté sans jugement à Lambèze d'où il réussit à s'évader avec deux de ses compagnons, le 24 juin 1856.

Rentré en France après l'amnistie de 1859, il collabora à un grand nombre de journaux d'opposition, le *Nain jaune*, le *Journal de Paris*, la *Cloche*, le *Réveil*, le *Diable à quatre*, etc.

Plusieurs fois poursuivi, il fut en 1868, condamné à quatre mois de prison, et enfermé à Sainte-Pélagie.

Après le 4 septembre 1870, M. Ranc fut nommé maire du IXᵉ arrondissement de Paris. Le 14 octobre, il partit en ballon pour rejoindre Gambetta qui, le 26 octobre, le nomma directeur de la sûreté générale du territoire de la République.

M. Ranc eut alors un rôle des plus actifs. Il procéda à l'organisation d'un service de renseignements militaires et politiques, qui eut une influence marquée sur les opérations des armées et sur la direction imprimée à la marche des affaires gouvernementales.

Lors de la retraite de M. Gambetta, M. Ranc donna sa démission de directeur de la sûreté générale.

Le 8 février 1871, il fut élu député à l'Assemblée nationale, le 17ᵉ sur 43, par le département de la Seine, avec 126.533 voix.

Il vota, à Bordeaux, contre les préliminaires de la paix, donna sa démission de député, et revint à Paris.

Le 26 mars, il fut élu membre de la Commune par le IXᵉ arrondissement ; il fit partie de la commission de justice et de la commission des relations extérieures ; mais, le 6 avril, après le décret relatif à l'exécution des otages, il donna sa démission, non sans avoir fait de vaines tentatives pour amener une entente entre les maires élus et les pouvoirs insurrectionnels.

Tout d'abord, après l'entrée des troupes dans Paris, M. Ranc ne fut pas inquiété.

Au mois de décembre 1871, lorsque Gambetta fonda la *République française*, M. Ranc en devint un des principaux collaborateurs et y publia un feuilleton politique intitulé : *Sous l'Empire*.

Le 30 juillet 1871, M. Ranc avait été nommé conseiller municipal de Paris par le quartier Sainte-Marguerite.

Devant la commission d'enquête sur le Quatre-septembre nommée par l'Assemblée nationale, M. Ranc fit une déposition dans laquelle il prit la défense de la politique de résistance à outrance qui avait été, en 1870-71, celle de M. Gambetta. Il protesta, en outre, avec énergie, contre les allégations dont il avait été l'objet de la part de la commission d'enquête sur l'insurrection du 18 mars.

Le 11 mai 1873, moins de quinze jours avant le renversement de M. Thiers, M. Ranc, lors d'une élection partielle, fut nommé député du Rhône à l'Assemblée nationale, par 89.095 suffrages ; il alla siéger à l'extrême-gauche.

A peine le maréchal de Mac-Mahon eût-il été élu président de la République, que le garde des sceaux, M. Ernoul, saisit la Chambre d'une demande en autorisation de poursuites adressée par le général de Ladmirault, commandant de l'état de siège à Paris, contre M. Ranc, à raison de sa participation au mouvement insurrectionnel de 1871. Appuyée par M. Raoul Duval, au nom de la droite, cette autorisation fut votée, le 19 juin 1873, par 467 voix contre 140.

M. Ranc se réfugia en Belgique, où il publia une lettre détaillée sur son rôle pendant la guerre et la Commune.

Il fut le 13 octobre 1873, condamné à mort, par contumace, par le 3e conseil de guerre.

Pendant près de six ans, M. Ranc resta en Belgique d'où il continua à collaborer très activement à la *République française*. Il y publia notamment une série d'articles intitulés : *De Bordeaux à Versailles*, qui parurent ensuite en volume.

Leur auteur étant, aux termes de la loi, empêché de les signer, ces articles portaient la signature de son père, M. O. Ranc.

Lorsque M. Jules Grévy eût remplacé le maréchal de Mac-Mahon à la présidence de la République, M. Ranc rentra en France (février 1879).

Aux élections législatives de 1881, il fut élu député de la deuxième circonscription du IXe arrondissement de Paris. Au scrutin de liste en 1885, il ne fut pas réélu.

Dans le *Mot d'Ordre*, dans le *Voltaire*, auxquels il collabora successivement, dans le *Paris* dont il devint le rédacteur en chef en juin 1890, dans le *Matin*, dont il est un des *leaders*, et dans plusieurs autres organes de la presse parisienne, M. Ranc, tout en continuant à défendre les idées radicales et à combattre le cléricalisme, se prononça en faveur d'une action gouvernementale très forte, et très suivie, pour une politique de concentration républicaine, pour le développement colonial.

Il fut un des adversaires déterminés du général Boulanger et fonda, en avril 1883, avec MM. Joffrin et Clémenceau, la société des Droits de l'homme pour combattre la propagande boulangiste.

Le 4 janvier 1891, M. Ranc fut élu sénateur de la Seine, le troisième, au 3e tour, par 346 voix, contre 246 accordées à M. Georges Martin, sénateur sortant, sur 662 votants.

M. Ranc a été l'un des fondateurs du groupe de la gauche démocratique sénatoriale ; il en a été le premier président.

M. Ranc est président de l'Association des journalistes républicains.

En dehors des articles presque quotidiens, qu'il a publiés sans interruption dans les divers organes de la presse, depuis plus de trente ans, M. Ranc a fait paraître en volumes plusieurs ouvrages : le *Roman d'une Conspiration* ; l'*Histoire de la Conspiration de Babœuf par Buonarotti*, avec préface et notes ; une *Évasion de Lambèze* ; *De Bordeaux à Versailles, histoire de l'Assemblée de 1871* ; *Sous l'Empire, mémoires d'un républicain*.

LEFÈVRE (Alexandre-Auguste-Placide)

M. Alexandre Lefèvre est né à Ercheu (Somme) le 28 novembre 1834.

Il a été pendant plus de vingt ans chef d'institution à Montreuil-sous-Bois. Durant de longues années, il a été le directeur des cours supérieurs municipaux de la ville de Vincennes. Il est officier de l'Instruction publique.

Ancien conseiller municipal de Montreuil, M. Alexandre Lefèvre fut, le 13 janvier 1878, élu conseiller général du canton de Vincennes, qu'il n'a pas cessé de représenter jusqu'à son élection au Sénat, époque à laquelle il a donné sa démission.

À trois reprises différentes, il fut élu vice-président du Conseil général de la Seine, aux travaux duquel il prit la part la plus active.

Président de la commission des routes et chemins et de celle des omnibus et tramways, M. Alexandre Lefèvre est l'auteur d'un grand nombre de rapports et de projets sur la vicinalité du département de la Seine, sur la création d'hospices cantonaux, la transformation du dépôt de mendicité de Villers-Coterets, l'organisation de voyages scolaires pour les élèves de la banlieue, l'étude d'un réseau départemental du chemin de fer métropolitain, la suppression de la zone militaire, etc.

M. Alexandre Lefèvre fit un rapport très remarqué sur les conditions de la participation du département de la Seine à l'Exposition universelle de 1889. Il s'occupa aussi tout particulièrement de la question de la séparation du Conseil général de la Seine et du Conseil municipal de Paris ; il présenta, dès 1885, au Conseil général, un projet de vœu, très complet et très étudié, sur l'organisation du département de la Seine.

En qualité de vice-président du Conseil général, M. Alexandre Lefèvre, prononça, au nom de cette assemblée, un discours aux obsèques de Victor Hugo.

Une première fois candidat au Sénat lors de l'élection du 12 mai 1889, il ne lui manqua alors que trois voix pour être élu.

Il fut nommé sénateur de la Seine, au troisième tour de scrutin, lors du renouvellement du 4 janvier 1891, avec un programme radical progressiste. Après avoir rappelé les travaux qu'il avait accomplis au Conseil général de la Seine et son long passé de luttes et de dévouement à la République, M. Lefèvre ajoutait : « J'ai vivement réclamé la séparation des deux Conseils (général et municipal) et la rentrée du département de la Seine dans le droit commun.

« Cette séparation est la réforme capitale à laquelle devront travailler tout d'abord vos élus. Sa réalisation permettra de donner plus facilement à la banlieue toutes les améliorations qu'elle attend en vain depuis si longtemps. »

Au Sénat, M. Alexandre Lefèvre a fait partie de plusieurs commissions importantes. Il a pris plusieurs fois la parole sur les questions intéressant le département de la Seine et la ville de Paris, ainsi que sur les questions d'enseignement.

Il est inscrit à la gauche démocratique.

FLOQUET (Charles-Thomas)

M. Charles Floquet est né à Saint-Jean-Pied-de-Port
(Basses-Pyrénées), le 20 octobre 1828.

Il venait de terminer ses études au lycée Saint-Louis,
lorsqu'éclata la Révolution de 1848. Il fut un des premiers
à prendre part au mouvement du 24 février.

M. Floquet entra à l'Ecole d'administration que venait
de fonder M. H. Carnot, alors ministre de l'instruction
publique, et se fit recevoir avocat et docteur en droit.

Au 2 décembre 1851, M. Floquet fut de ceux qui s'effor-
cèrent d'organiser la résistance contre le coup d'Etat.

Entré au barreau de Paris en 1851 et bientôt désigné
par ses confrères de la conférence Molé comme vice-président, M. Floquet ne cessa dès lors de mettre sa parole
au service des accusés républicains, notamment lors des
complots de l'Hippodrome et de l'Opéra-Comique en 1853.
Compris dans le *procès des Treize* intenté en 1864 aux
membres d'un Comité électoral dont faisaient partie
MM. Carnot, Garnier-Pagès, Hérold, Dréo, Jules Ferry,
Clamageran, etc., M. Floquet se fit remarquer par l'énergie de sa protestation contre les procédés des agents de
l'Empire chargés d'opérer chez lui une saisie. Il fut
condamné, ainsi que les douze autres accusés, à 500 francs
d'amende.

Aux élections de 1863, M. Floquet avait posé sa candidature radicale dans l'Hérault, où il avait obtenu 5.861
voix. En 1869, dans ce même département, il eut 8.854
voix, contre 15.309 données à M. Roulleaux-Dugage, candidat officiel.

Dans les dernières années de l'Empire, M. Charles Floquet plaida dans un grand nombre de procès politiques,
notamment pour la famille de Victor Noir devant la
Haute-Cour de Tours chargée de juger le prince Pierre
Bonaparte, et pour M. Cournet, inculpé dans l'affaire du
complot de 1870, devant la Haute-Cour de Blois. Il prit
aussi la parole dans les réunions publiques pour combattre le plébiscite.

Au 4 septembre, M. Charles Floquet fut, à l'Hôtel-de-
Ville, un de ceux qui proclamèrent la République. Le

gouvernement de la Défense nationale le nomma adjoint au maire de Paris, avec MM. H. Brisson et Clamageran.

Au 31 octobre, M. Floquet, qui avait signé avec MM. Etienne Arago, H. Brisson, etc., la proclamation appelant la population à nommer le lendemain une nouvelle municipalité, proclamation désavouée par le gouvernement, donna sa démission d'adjoint au maire de Paris.

Il fut élu député de la Seine, au 8 février 1871, par 93.579 voix et siégea à l'extrême gauche jusqu'au jour où, la lutte s'engageant entre Paris et Versailles, il donna, ainsi que M. Lockroy, sa démission de représentant. La lettre des deux députés démissionnaires était ainsi conçue : « Nous avons là conscience d'avoir fait tout ce que nous pouvions pour conjurer la guerre civile en face des Prussiens encore armés sur notre sol. Nous jurons devant la nation que nous n'avons aucune responsabilité dans le sang qui coule en ce moment. Mais, puisque, malgré nos efforts passés, malgré ceux que nous tentons encore pour arriver à une conciliation, la bataille est engagée et une attaque dirigée sur Paris, nous, représentants de Paris, nous croyons que notre place n'est plus à Versailles. Elle est au milieu de nos concitoyens, avec lesquels nous voulons partager, comme pendant le siège prussien, les souffrances et les périls qui leur sont réservés. Nous n'avons plus d'autre devoir que de défendre comme citoyens, et selon les inspirations de notre conscience, la République menacée. »

Il déclina toute candidature aux élections complémentaires pour la Commune et quitta Paris au mois de mai ; il fut arrêté à Biarritz par ordre du gouvernement comme entretenant des relations avec la Commune et, malgré ses protestations, détenu au château de Pau jusqu'à la fin de juin 1871.

Aux élections complémentaires du 2 juillet 1871, il posa sans succès sa candidature à l'Assemblée nationale dans le département de la Seine ; il n'obtint que 67.000 voix.

En avril 1882, M. Floquet fut nommé, par le quartier Saint-Ambroise, conseiller municipal de Paris.

En novembre 1874, il fut réélu membre du Conseil

municipal dont il devint vice-président en janvier 1875, et président au mois de mai et au mois de juillet suivants.

Aux élections générales du 20 février 1876, il fut désigné comme candidat à la Chambre des députés par le comité républicain du XI° arrondissement de Paris et élu par 24.889 voix, à la presque unanimité des suffrages exprimés.

M. Floquet alla siéger à l'extrême-gauche après avoir donné sa démission de conseiller municipal. Il vota l'amnistie pleine et entière, signa la protestation des 363 et vota l'ordre du jour de défiance contre le cabinet de Broglie-Fourtou.

Le 14 octobre 1877, il fut réélu député du XI° arrondissement à une très forte majorité. Après avoir voté pour la nomination d'une Commission d'enquête chargée de constater les abus de pouvoir commis par le ministère pendant la période électorale, il prit le 24 novembre suivant, au nom de la gauche, la parole contre le cabinet Rochebouët et contre la politique de résistance suivie par le maréchal de Mac-Mahon.

Réélu en août 1881 par 11,779 voix, M. Floquet fut, en janvier 1882, nommé préfet de la Seine, sous le ministère Gambetta, en remplacement de M. Hérold, décédé; il se démit alors de son mandat de député.

En qualité de préfet de la Seine, M. Floquet inaugura l'Hôtel-de-Ville de Paris, mais le gouvernement ayant annulé un vœu du Conseil municipal relatif à l'établissement de la mairie centrale, M. Floquet donna sa démission, et la maintint, malgré un ordre du jour l'invitant à conserver ses fonctions. L'arrondissement de Perpignan lui ayant offert une candidature, il l'accepta et fut élu député le 22 octobre. En janvier 1883, il déposa une proposition tendant à expulser les familles dynastiques et à priver de leurs droits civils les membres de ces familles.

Au Congrès d'août 1884, il présenta un amendement relatif aux prérogatives financières de la Chambre, et, en décembre de cette même année, fit voter par la Chambre, qui revint bientôt sur cette décision, l'élection du Sénat par le suffrage universel.

Le 8 avril 1885, M. Floquet fut élu président de la

Chambre des députés. Il fut réélu à ces hautes fonctions après les élections générales du 14 octobre 1885, lors desquelles, ayant été nommé par la Seine et les Pyrénées-Orientales, il opta pour ce dernier département. Il ne quitta le fauteuil présidentiel qu'à la fin de mars 1888, lorsqu'après le renversement du premier ministère Tirard, M. Carnot, président de la République, lui confia la mission de constituer un ministère. Il devint président du conseil le 3 avril 1888.

Le passage de M. Floquet aux affaires fut marqué par le dépôt de trois grands projets de lois politiques : loi sur les associations (préliminaire de la séparation des Églises et de l'État), loi sur la réforme de l'impôt, loi sur la réforme constitutionnelle et aussi par le rattachement au ministère de l'intérieur de la direction générale de l'assistance et de l'hygiène publique ; le ministère de M. Floquet fut, en outre, marqué par la lutte contre le boulangisme, par sa véhémente réplique au général Boulanger, lorsque celui-ci vint, le 4 juin 1888, lire à la Chambre sa proposition de revision ; par le duel qu'il eut le 12 juillet, avec l'ancien ministre de la guerre qui, dans cette rencontre, fut blessé par le président du conseil, M. Floquet ; par l'inauguration du monument de Gambetta ; par l'élection du général Boulanger à Paris le 27 janvier 1889 ; par le vote relatif au rétablissement du scrutin d'arrondissement. Après avoir obtenu, à diverses reprises, le vote d'ordres du jour de confiance, le cabinet Floquet fut, à la fin de février 1889, renversé sur la question de revision par un vote de la Chambre et remplacé par le second ministère Tirard.

Candidat dans le XIe arrondissement de Paris, M. Charles Floquet fut réélu le 6 octobre 1889, au scrutin de ballottage, par 5.284 voix contre 3.208 données à M. Lucien Nicot, candidat boulangiste.

Dès la réunion de la nouvelle Chambre, M. Floquet fut élu président provisoire, puis président définitif, à une très forte majorité.

Il fut successivement réélu président en 1890, 1891 et 1892.

Le 10 janvier 1893, à la suite d'une violente campagne

dirigée contre lui, à l'occasion de l'affaire du Panama, notamment par l'ancien parti boulangiste, M. Ch. Floquet ne fut pas réélu président de la Chambre et fut remplacé par M. Casimir-Périer. Il reprit sa place à la gauche radicale.

Aux élections législatives de 1893, M. Floquet fut remplacé, dans la première circonscription du XIe arrondissement, par M. Faberot, candidat socialiste-allemaniste.

Il a été élu sénateur de la Seine en remplacement de M. Goblet, démissionnaire, le 7 janvier 1894, par 372 voix au premier tour de scrutin.

Il fait partie de la gauche démocratique.

SEINE-INFÉRIEURE

—

4 SÉNATEURS (1 r. à nommer)

MM. LESOUEF, PAUL CASIMIR-PÉRIER, RICHARD WADDINGTON, ROULAND

Le 30 janvier 1876, le département de la Seine-Inférieure, appelé à élire 4 sénateurs, nomma MM. Pouyer-Quertier, Ancel, général Robert et Rouland (droite).

Anx élections du 8 janvier 1882, ils furent réélus, à l'exception de M. Rouland, décédé le 12 décembre 1878, auquel succéda M. Lizot (droite).

Le 4 janvier 1891, MM. Lesouëf, Paul Casimir Périer, Dautresme et Richard Waddington, républicains, remplacèrent les sénateurs sortants.

Le 24 avril 1872, M. G. Rouland, fils du sénateur décédé en 1878, fut élu, comme candidat républicain, en remplacement d'un sénateur inamovible, décédé.

LESOUEF (Pierre-Jules)

M. Lesouëf est né au Havre le 19 août 1831.

Il est docteur en médecine, mais s'est surtout consacré à l'agriculture.

Conseiller général de la Seine-Inférieure pour le canton d'Yerville depuis 1871, il fut élu député, au scrutin de liste, le 4 octobre 1885 par 80,297 voix.

Il a été élu sénateur de la Seine-Inférieure le 4 janvier 1891, au premier tour de scrutin, sur la liste républicaine par 866 voix contre 727 obtenues par M. Pouyer-Quertier, sénateur sortant.

Au Sénat, M. Lesouëf a fait partie de nombreuses commissions. Il a pris à divers reprises la parole, notamment dans la discussion de la loi relative à l'organisation de l'assistance publique dans les campagnes.

Il siège à gauche.

—

CASIMIR-PÉRIER (Paul)

M. Paul Casimir-Périer est né le 10 décembre 1812 à Paris.

Il est le fils de l'ancien président du conseil de Louis Philippe, le frère du ministre de l'intérieur de M. Thiers l'oncle de M, Casimir-Périer, député de l'Aube, naguère président du Conseil.

Propriétaire du château de la Roumainerie, conseiller général, il échoua le 14 octobre 1877 dans la deuxième circonscription du Havre, avec 4.502 contre M. Dubois candidat de la droite qui fut élu avec 4.954 voix, mais M. Dubois ayant été invalidé M. Paul Casimir-Périer fut élu avec 5.014 voix contre 3.132. Il fut réélu en 1881 par la même circonscription et, en 1885, au scrutin de liste, en tête de la liste républicaine de la Seine-Inférieure, par 89.949 votants. Il fit partie de l'Union républicaine.

Il fut élu sénateur, le 4 janvier 1891, par 854 voix contre 621 obtenues par M. Ancel, candidat de la droite, sénateur sortant.

Il siège à gauche.

WADDINGTON (Richard).

M. Richard Waddington est né à Rouen (Seine-Inférieure), le 22 mai 1838.

Fils d'un riche filateur d'origine anglaise, qui fut plus tard naturalisé français, — frère de l'ancien sénateur, membre de l'Institut, ancien ministre des affaires étrangères puis ambassadeur à Londres, récemment décédé, — M. Richard Waddington est lui-même manufacturier à Saint-Léger-du-Bourg-Denis (Seine-Inférieure).

Juge au tribunal de commerce et secrétaire de la Chambre de commerce de Rouen, il organisa pendant la guerre l'artillerie de la garde mobilisée de la Seine-Inférieure, en fut capitaine, et obtint la décoration de la Légion d'honneur, au titre militaire, à la fin de la campagne.

Candidat républicain aux élections législatives du 20 février 1876, il fut élu par 11.521 voix contre 5.192 obtenues par le candidat conservateur. Il siégea au centre gauche et fut, après le 16 mai 1877, un des 363.

M. Richard Waddington fut réélu le 14 octobre par 11,854 voix contre 7.621 obtenues par le candidat officiel. Il fut de nouveau réélu député en 1877, 1881, 1885, 1889.

Il a été nommé sénateur de la Seine-Inférieure le 4 janvier 1891, au deuxième tour de scrutin, par 785 voix contre 702 obtenues par M. Pouyer-Quertier.

A la Chambre et au Sénat, M. Richard Waddington a pris une part importante à toutes les discussions économiques. Il s'est particulièrement occupé des questions relatives à l'industrie et au commerce, aux ouvriers, aux chemins de fer, aux traités de commerce, aux tarifs douaniers, notamment ceux de l'Indo-Chine.

Il représente le canton de Darnetal au conseil général de la Seine-Inférieure.

Il est membre du centre gauche.

ROULAND (Hippolyte-Gustave)

M. Rouland est né à Evreux, le 6 octobre 1831.

Il est le fils de M. Rouland, qui fut depuis longtemps ministre de l'instruction publique, puis ministre présidant le Conseil d'Etat et gouverneur de la Banque de France sous l'Empire.

M. Gustave Rouland a été successivement secrétaire général du ministère de l'instruction publique et des cultes, conseiller d'Etat en service ordinaire hors section, trésorier payeur général de divers départements, et, en dernier lieu, de celui de l'Eure.

Il est conseiller général du canton d'Yvetot.

Il a été élu sénateur de la Seine-Inférieure lors d'une élection partielle, le 24 avril 1892, au premier tour de scrutin, par 978 voix contre 416 obtenues par M. Guerrand.

Il siège au centre gauche.

SEINE-ET-MARNE

---

3 SÉNATEURS

MM. RÉGISMANSET, BENOIST, PRÉVET

Le 30 janvier 1876, le département de Seine-et-Marne nomma 2 sénateurs : MM. Foucher de Careil et Adam, républicains.

Ils furent réélus le 8 janvier 1882.

Le 27 septembre 1885, M. Dufraigne républicain remplaça M. Adam, décédé le 5 août.

Aux élections du 4 janvier 1891, M. Foucher de Careil, sénateur sortant, fut réélu et M. Régismanset, républicain, nommé pour la première fois.

Le 15 mars 1891, M. Benoist, républicain, remplaça M. Foucher de Careil, décédé.

Le 7 janvier 1894, M. Prévet, républicain, a été élu en remplacement de M. Tirard, sénateur inamovible, décédé.

Ce dernier scrutin donna les résultats suivants :

PREMIER TOUR

Inscrits : 934 — Votants : 922

MM. Prévet, anc. dép., R	294
Chazal, R	228
Nivet, R	185
Droz, R	125
Hardon, R	62
le baron Tristan Lambert, anc. dép., D	22
Clavé-Bertrand, cons. gén., R	21

Ballottage.

DEUXIÈME TOUR

MM. Prévet	476 Elu.
Chazal	435

RÉGISMANSET (Paul)

M. Régismanset est né à Carcassonne (Aude), le 27 janvier 1849.

Avocat, inscrit au barreau de Paris, de 1869 à 1875, il fut ensuite avoué près le tribunal de Fontainebleau; il céda sa charge aussitôt après son élection au Sénat.

M. Régismanset est conseiller municipal de Fontainebleau depuis 1878; pendant cinq ans, il a rempli les fonctions d'adjoint au maire.

Elu conseiller général de Seine-et-Marne, le 4 décembre 1881, il a représenté dans l'assemblée départementale le canton de Fontainebleau jusqu'aux dernières élections de 1892.

Pendant plus de dix ans, il a activement collaboré au journal l'*Union républicaine* de Fontainebleau, dont il était l'un des administrateurs.

Il a été élu sénateur de Seine-et-Marne, le 4 janvier 1891, par 479 voix contre 425, accordées à M. Dethomas, son concurrent.

Dans son programme M. Régismanset demandait notamment la liberté religieuse, la séparation de l'Eglise et de l'Etat, le maintien des lois scolaires fixant le principe de l'enseignement laïque gratuit et obligatoire, la loi militaire s'appliquant sans distinction et également à toutes les classes des citoyens.

M. Régismanset est inscrit, au Sénat, à la réunion de la gauche démocratique.

BENOIST (Louis-Désiré)

M. Louis Benoist est né à Mitry-Mory (Seine-et-Marne), le 19 février 1821.

Vice-président du conseil général, chevalier de la Légion d'honneur, officier de l'Instruction publique, il fut élu sénateur de Seine-et-Marne, le 15 mars 1891, en remplacement de M. Foucher de Careil, décédé. Il fut nommé au premier tour de scrutin, par 513 voix contre 408 obtenues par M. Chazal, sur 922 votants.

29.

M. Benoist a publié des monographies historiques sur plusieurs communes de Seine-et-Marne.

Il est républicain gouvernemental progressiste.

PREVET (Frédéric-Alphonse-Charles)

M. Charles Prevet est né à Paris le 18 mars 1852.

Industriel, il possède et dirige à Meaux plusieurs fabriques de produits alimentaires.

Il est membre et président de plusieurs sociétés commerciales et industrielles.

Il a été commissaire général de la France à l'Exposition de Barcelone en 1888 et membre du comité supérieur de l'Exposition universelle de 1889.

Il est secrétaire du Conseil d'administration du *Petit Journal*.

Il est officier de la Légion d'honneur.

Conseiller municipal de Meaux depuis 1881, il fut en 1885 élu au premier tour député de Seine-et-Marne, le premier de la liste radicale par 44.820 voix.

Il a été, à la Chambre, rapporteur du budget des travaux publics et des chemins de fer.

M. Prevet fut réélu député en 1889 par 10.206 voix, contre 7.957 à M. de Ferry, conservateur, et 1.049 à M. Chabrier, boulangiste.

Il ne fut pas réélu aux élections législatives de 1893.

Il a été nommé sénateur de Seine-et-Marne, le 7 janvier 1894, au deuxième tour de scrutin, par 476 voix contre 435 obtenues par M. Chazal.

SEINE-ET-OISE

—

4 SÉNATEURS

MM. MARET, DECAUVILLE, LE BARON DE COURCEL, ERNEST HAMEL

Le 30 janvier 1876, le département de Seine-et-Oise, appelé à élire 3 sénateurs, nomma : MM. Léon Say, Feray et Gilbert-Boucher, républicains.

Ils furent tous trois réélus le 8 janvier 1882.

Le 4 avril 1886, M. Hippolyte Maze, républicain, remplaça M. Gilbert-Boucher, décédé le 5 janvier.

Le 18 avril 1886, M. Journault, républicain, fut élu en remplacement de M. le comte de Tréville, sénateur inamovible, décédé.

Le 2 février 1890, M. Paul Decauville succéda à M. Léon Say, élu député et démissionnaire le 22 novembre 1889.

Aux élections du 4 janvier 1891, MM. Maze, Journault et Decauville, sénateurs sortants, furent réélus et M. Maret, nommé pour la première fois en remplacement de M. Feray, qui ne se représentait pas.

Le 10 janvier 1892, M. le baron de Courcel remplaça M. H. Maze décédé.

Le 9 octobre 1892, M. Ernest Hamel fut élu en remplacement de M. Journault décédé.

MARET (Jean-Baptiste-Paul-Anastase)

M. Maret est né à Paris le 19 novembre 1832.

Conseiller municipal et maire de Breuil, il est depuis 1871 membre du Conseil général de Seine-et-Oise pour le canton de Limay ; il en est, depuis plusieurs années, le président.

. Chevalier de la Légion d'honneur, le 14 août 1876, il a été promu officier le 30 décembre 1886. Il est officier de l'Instruction publique. Il a été élu le 4 janvier 1891, comme républicain libéral, sénateur de Seine-et-Oise ; il est inscrit au centre gauche.

Il fait partie de plusieurs commissions. Il interpella le cabinet Dupuy, lors du remplacement de M. Bargeton, préfet de Seine-et-Oise, à l'occasion du banquet de Hoche, à Versailles (juin 1893).

DECAUVILLE (Paul)

M. Paul Decauville est né à Petit-Bourg (Seine-et-Oise), le 7 juin 1846.

Il fit ses études au collège Sainte-Barbe, puis devint le collaborateur de son père, M. Armand Decauville, plus connu sous le nom de Decauville aîné, fondateur et propriétaire de l'importante exploitation agricole de Petit-Bourg.

Pendant la guerre, M. Paul Decauville fit la campagne de Paris, comme simple soldat, dans une batterie d'artillerie.

Après la mort de son père, M. P. Decauville prit la direction des établissements de Petit-Bourg et s'occupa surtout des perfectionnements à apporter à l'outillage agricole. A l'Exposition de 1878, il exposa le chemin de fer portatif auquel il a donné son nom. En 1889, il installa de l'Esplanade des Invalides au Champ-de-Mars la ligne de démonstration de 0m60 qui transporta six millions et demi de voyageurs en six mois. A la suite de l'Exposition de 1889, M. Paul Decauville, qui était chevalier depuis 1878, fut nommé officier de la Légion d'honneur.

En 1890, après la constitution de la Société anonyme à laquelle MM. Decauville frères vendirent leurs usines, brevets et établissements, M. Paul Decauville fut nommé président du conseil d'administration de cette société.

Lors d'une élection partielle le 2 février 1891, M Paul Decauville fut élu sénateur de Seine-et Oise par 688 voix contre 609 accordées à M. Edmond Goudchaux, en remplacement de M. Léon Say, qui avait accepté le mandat de député dans les Basses-Pyrénées. Au renouvellement triennal de 1891, il fut réélu.

Il siège au centre gauche. Il a été le secrétaire et l'un des rapporteurs de la commission sénatoriale des douanes.

COURCEL (Alphonse CHODRON, baron de)

M. Alphonse de Courcel est né à Paris, le 30 juillet 1835.

Issu d'une ancienne famille lorraine, il est, par sa mère, petit-fils du comte Boulay de la Meurthe, ancien ministre de Napoléon Ier; son père était secrétaire de légation.

Après des études classiques complétées par des séjours prolongés à l'étranger, et notamment en Allemagne où il obtint le titre de docteur en droit, M. de Courcel entra, en 1859, au département des affaires étrangères et fut envoyé à Bruxelles, puis à Saint-Pétersbourg.

Il fut ensuite attaché au cabinet de M. Drouyn de Lhuys, ministre des affaires étrangères.

Lors du 4 septembre 1870, M. de Courcel était à la tête de la sous-direction politique du Nord; il conserva ce poste jusqu'en 1880, époque à laquelle il fut nommé directeur des affaires politiques et conseiller d'Etat en service extraordinaire.

A la fin de 1881, M. Gambetta, devenu président du conseil et ministre des affaires étrangères, nomma M. de Courcel ambassadeur de France à Berlin, en remplacement du comte de Saint-Vallier. Il remplit ce poste important jusqu'en septembre 1886. Il demanda alors sa mise en disponibilité et fut remplacé par M. Herbette.

M. de Courcel est grand-officier de la Légion d'honneur.

En 1891, il a été élu président du conseil d'administration du chemin de fer d'Orléans.

Propriétaire du château d'Athis-sur-Orge, dans Seine-et-Oise, il se présenta aux élections sénatoriales de Seine-et-Oise en janvier 1891, mais ne fut pas élu. Après la mort de son concurrent d'alors, M. Hippolyte Maze, M. le baron de Courcel posa de nouveau sa candidature et fut élu en janvier 1892, par 722 voix contre 594 accordées à M. Ernest Hamel.

M. le baron de Courcel, partisan d'une politique gouvernementale conservatrice, siège au centre gauche du Sénat.

Il a présidé, en 1893, le tribunal d'arbitrage qui avait été constitué, à la demande de l'Angleterre et des États-Unis d'Amérique pour régler le litige qui avait surgi entre ces deux puissances à l'occasion des pêcheries de la mer de Behring

HAMEL (Louis Ernest)

M. Ernest Hamel est né à Paris le 2 juillet 1826.

Il est arrière-petit-neveu du grammairien Lhomond. Son père tenait, au Palais Royal, la maison Hamel-Véfour.

Élève du Lycée Henri IV, M. Ernest Hamel achevait son droit quand la révolution de 1848 éclata. Nommé lieutenant dans la garde nationale il prit part à la répression de l'insurrection de juin.

Inscrit au barreau de Paris, il le quitta bientôt pour la littérature. Il écrivit un grand nombre d'ouvrages de genres différents : le Droit du mari, les Derniers Chants, Étienne Marcel, le Duc de Guise, les Vanités bourgeoises, l'Histoire de Marie Tudor, les Principes de 1789 et les titres de noblesse, etc. Mais bientôt M. Hamel se consacra à l'histoire, et particulièrement à celle de la Révolution française et de l'époque contemporaine.

C'est ainsi qu'il fit successivement paraître l'Histoire de Saint-Just, poursuivie en 1859, l'Histoire de Robespierre et du coup d'État du 9 thermidor, un Précis de l'histoire de la Révolution, l'Histoire de la République sous le Directoire et le Consulat, l'Histoire des Deux Conspirations du général Malet, l'Histoire du second Empire, l'Histoire du premier Empire, l'Histoire de la Restauration, etc.

De bonne heure M. Ernest Hamel professa des opinions démocratiques et républicaines. Dès 1857 il se présenta dans la Somme comme candidat de l'opposition contre le docteur Conneau, médecin de Napoléon III. Il posa de nouveau sa candidature en 1863, en réclamant l'abolition de la loi de sûreté générale édictée après l'attentat d'Orsini,

l'instruction gratuite et obligatoire, les franchises municipales, la liberté de la presse et le droit de réunion.

En 1870, M. Ernest Hamel, qui avait combattu le plébiscite comme étant le précurseur de la guerre, servit comme
simple soldat dans un bataillon de francs-tireurs et dans la
garde nationale de Paris.

Aux élections du 8 février 1871 à l'Assemblée nationale, il
fut porté sur la liste républicaine dans la Somme, mais
cette liste fut battue.

Lors des élections aux conseils généraux, M. Hamel, sans
s'être présenté, fut élu conseiller général de la Somme,
par le canton de Moreuil dont il fut le représentant jusqu'en 1876.

En 1878, M. Hamel fut élu conseiller général de la Seine
et conseiller municipal de Paris pour le quartier des
Quinze-Vingts (XIIᵐᵉ arrondissement) puis successivement
réélu aux élections municipales de 1881 et de 1884.

Sous l'Empire et après 1870, M. Ernest Hamel a très activement collaboré au *Courrier du Dimanche*, à l'*Opinion nationale*, au *Siècle*, à l'*Avenir national*, à *la Presse libre*, à la *Réforme*, au *Réveil*, à la *Revue contemporaine*. Il fonda avec
Louis Blanc l'*Homme libre*, dont il devint ensuite le directeur.

M. Ernest Hamel est président honoraire de la Société
des gens de lettres, à laquelle il a rendu, comme membre
et comme président, de nombreux et signalés services.

Maire de Richebourg (Seine-et-Oise), M. Ernest Hamel a
été élu, le 9 octobre 1892, en remplacement de M. Léon
Journault décédé, sénateur de Seine-et-Oise par 748 voix,
contre 595 à M. Massicault, au second tour de scrutin.

Au Sénat, M. Hamel a pris la parole dans plusieurs discussions, notamment sur la loi relative aux ministres et
ambassadeurs étrangers, sur la modification apportée au
code d'instruction criminelle en matière de témoins, sur
l'Algérie, sur les habitations ouvrières, sur l'électorat des
femmes, etc.

Il est président de la commission de la propriété artis-
tique et littéraire.

Il fait partie du groupe de l'Union républicaine et de la
gauche démocratique.

SÈVRES (DEUX-)

—

2 SÉNATEURS (1 r. à nommer)

MM. GARRAN DE BALZAN, CAMILLE JOUFFRAULT

Aux élections du 30 janvier 1876, le département des Deux-Sèvres nomma 2 sénateurs : MM. Taillefert et Monnet (droite).

Le 8 janvier 1882, ils furent remplacés par MM. de Reignié et Goguet, républicains.

Le 26 avril 1885, M. Bergeon remplaça M. de Reignié, décédé le 30 janvier.

Le 28 mars 1886, M. Garran de Balzan succéda à M. Goguet, décédé le 25 janvier.

Aux élections du 4 janvier 1891, M. Garran de Balzan, sénateur sortant, fut réélu et M. Léo Aymé remplaça M. Bergeon.

Le 16 août 1891, M. Jouffrault, républicain, remplaça M. Léo Aymé, décédé.

GARRAN DE BALZAN (François-Gabriel-Emile)

M. Garran de Balzan est né à Saint-Maixent le 30 janvier 1838.

Il est propriétaire.

Pendant le siège de Paris, il s'enrôla dans le 115e de marche et fit la campagne en qualité de sergent.

Conseiller municipal d'Augé depuis 1869, puis maire d'Augé en 1875, il prit une part active aux luttes du parti républicain dans les Deux-Sèvres.

Révoqué sous le gouvernement du 16 mai 1877 de ses fonctions de maire de la commune de Vausseroux, il posa, lors des élections du 14 octobre, sa candidature dans l'arrondissement de Parthenay, mais au second tour se désista en faveur de l'autre candidat républicain, M. Ganne, qui fut élu.

En 1878, M. Garran de Balzan fut réintégré dans ses

fonctions de maire et élu conseiller général du canton de Ménigoute. En 1886, un siège sénatorial étant devenu vacant par suite de la mort de M. Goguet, M. Garran de Balzan fut choisi comme candidat par le parti républicain et nommé, contre l'amiral Juin, candidat conservateur, par 420 voix sur 778 votants. Il a été réélu en janvier 1891.

Il siège à gauche.

JOUFFRAULT (Camille)

M. Jouffrault est né le 22 mars à Argenton-Château.

Il fit ses études au collège de Parthenay et au lycée de Poitiers, et son droit à Paris où il fut reçu avocat.

En avril 1870, il devint propriétaire et directeur du *Journal des percepteurs*.

Pendant la guerre, il fit partie du régiment de la garde mobile des Deux-Sèvres ; il fut fait prisonnier à Beaune-la-Rolande et envoyé à Leipsick.

Rentré en France, il reprit la direction de son journal.

En 1872, il fut nommé, en remplacement de son père, conseiller général par le canton d'Argenton-Château.

Elu en janvier 1873 conseiller municipal d'Argenton-Château, il devint maire de cette ville et n'a pas cessé de l'être, sauf pendant la période du Seize-mai.

Lors des élections législatives du 14 octobre 1877, M. Jouffrault fut désigné par le parti républicain comme candidat dans l'arrondissement de Bressuire contre M. le marquis de la Rochejaquelein ; il ne fut pas élu, mais, l'élection de M. de la Rochejaquelein ayant été invalidée, M. Jouffrault fut nommé lors de cette seconde élection.

A la Chambre, il fit partie des groupes de l'Union républicaine et de l'extrême gauche et vota avec la majorité.

En 1881 M. Jouffrault ne fut pas réélu. En octobre 1885, il fut nommé au scrutin de liste, au deuxième tour, député des Deux-Sèvres par 44.500 voix.

Il a été nommé sénateur des Deux-Sèvres, le 16 août 1891, en remplacement de M. Léo Aymé, décédé, par 440 voix contre 340 à M. le général Ségrétain, au premier tour de scrutin, sur 789 votants.

SOMME

3 SÉNATEURS (1 r. à nommer)

MM. DAUPHIN, FRÉDÉRIC PETIT, BERNOT

Aux élections du 30 janvier 1876, le département de la Somme nomma 3 sénateurs : MM. Dauphin, républicain, le vicomte de Rainneville et le vice-amiral Dompierre d'Hornoy, droite.

Le 8 janvier 1882, M. Dauphin, sénateur sortant fut réélu et les deux autres furent remplacés par MM. Magniez et Labitte, républicains.

Le 31 janvier 1886, M. Frédéric Petit, républicain, succéda à à M. Labitte, décédé le 3 novembre 1885.

Le 15 juin 1890, M. Jametel remplaça M. Magniez, décédé le 6 avril.

Aux élections du 4 janvier 1891, la Somme a réélu MM. Dauphin, Frédéric Petit et Jametel, sénateurs sortants.

M. Jametel étant décédé fut, le 21 mai 1892, remplacé par M. Bernot, républicain.

DAUPHIN (Albert)

M. Dauphin est né à Amiens, le 26 août 1827.

Après avoir fait ses études de droit, il se fit inscrire comme avocat au barreau d'Amiens et en devint le bâtonnier.

Il était maire d'Amiens lors de l'invasion allemande et se distingua dans l'exercice de ces fonctions. Après avoir réfusé la candidature aux élections du 8 février 1871 à l'Assemblée nationale, il remplit d'abord par intérim, puis

en titre, les fonctions de préfet de la Somme, de mars à
juillet 1871. Lors de l'élection complémentaire du 7 janvier 1872, en remplacement du général Faidherbe, démissionnaire, il fut porté, sans son consentement, comme
candidat républicain conservateur, et élu député de la
Somme par 52.826 voix contre 40.660 obtenues par
M. Barni, radical. Il donna aussitôt sa démission et
M. Barni fut élu à sa place.

Après la chute de M. Thiers, M. Dauphin donna sa démission de maire d'Amiens, et peu après fut élu président
du Conseil général de la Somme, où il représentait le canton sud-est d'Amiens.

Il fut nommé sénateur de la Somme aux élections du
20 février 1876, le premier sur trois, par 502 voix sur 936
votants. Il se fit inscrire au centre gauche. En février 1879,
il fut nommé procureur général à la cour de Paris et
conserva ces fonctions jusqu'en 1882, époque à laquelle il
fut nommé premier président de la cour d'appel d'Amiens.
Depuis le 11 juillet 1881, il est commandeur de la Légion
d'honneur.

En 1881, M. Dauphin avait été le rapporteur du projet
de loi relatif au rétablissement du scrutin de liste, mais
ne réussit pas à le faire voter par le Sénat.

En 1882, M. Dauphin fut réélu sénateur par 609 voix
sur 936 votants. Son rôle parlementaire fut alors très actif. Il se prononça notamment pour la réforme de la magistrature, pour le rétablissement du divorce, pour le ministère Ferry, pour la nouvelle loi militaire, etc.

Il intervint dans de nombreuses discussions, et fut rapporteur général des budgets de 1884 et de 1885. Au Congrès
d'août 1884, à Versailles, il fut le président de la commission de trente membres chargée d'examiner le texte des
propositions de révision constitutionnelle, et en octobre
1884, déposa une proposition qu'il fit adopter et qui avait
pour objet de fixer le nombre des électeurs sénatoriaux
proportionnellement à la population de chaque commune.

Il fut nommé ministre des finances lors de la formation
du cabinet Goblet le 11 décembre 1886. Ce cabinet fut renversé, le 17 mai 1887 sur la question des économies budgétaires, et M. Dauphin se retira avec lui.

Il fut réélu, le 4 janvier 1891, sénateur de la Somme par 914 voix sur 1.337 votants.

Il fut le rapporteur général de la commission du tarif général des douanes et prit souvent la parole au cours de cette importante discussion.

FRÉDÉRIC PETIT (François)

M. Frédéric Petit est né à Bussy-les-Daours, le 3 juin 1836.

Il est conseiller général, maire d'Amiens.

Il a pour la première fois été élu sénateur, lors d'une élection partielle en remplacement de M. Labitte, décédé, par 736 voix contre 585 accordées à M. de Rainneville.

Il a été réélu, le 4 janvier 1891, par 888 voix contre 378 obtenues par M. Briet de Rainvillier.

M. Frédéric Petit siège à gauche.

BERNOT (Achille-Joseph)

M. Bernot est né à Ham (Somme), le 10 juin 1842.

Il est propriétaire-cultivateur.

Conseiller général du canton de Ham il fut élu député de la première circonscription de Péronne, le 21 août 1881, par 6.116 voix contre 4.982 accordées à M. Fervet, monarchiste.

A la Chambre, il fit partie de l'Union républicaine.

Aux élections législatives du 4 octobre 1885, qui eurent lieu au scrutin de liste, M. Bernot ne fut pas réélu député.

Il a été élu sénateur, lors d'une élection partielle, le 21 mai 1893, par 868 voix contre 425 obtenues par M. le comte de Douville-Maillefeu.

Il siège à gauche.

TARN

---

2 SÉNATEURS (1 r. à nommer)

MM. BARBEY, BERNARD LAVERGNE

Le 30 janvier 1876, le Tarn nomma 2 sénateurs : MM. Espinasse (droite) et de Voisins-Lavernière, républicain.

Ayant été élu sénateur inamovible, M. de Voisins-Lavernière donna sa démission le 29 novembre 1881.

Aux élections du 8 janvier 1882, MM. Espinasse, sénateur sortant et de Voisins-Lavernière furent remplacés par MM. Rigal et Barbey, républicains.

Le 18 août 1889, M. Bernard Lavergne, républicain, succéda à M. Rigal, décédé le 1er juin.

Aux élections du 4 janvier 1891, MM. Barbey et Bernard Lavergne, sénateurs sortants, furent réélus.

BARBEY (Edouard-Polydore-Isaac)

M. Barbey est né à Béziers, le 2 septembre 1831.

Il fit ses études au lycée Louis-le-Grand et entra à l'Ecole navale de Brest en 1847. Il en sortit comme aspirant.

Enseigne de vaisseau le 25 mars 1854, lieutenant de vaisseau le 26 août 1861, il fit les campagnes de Crimée et de Chine. Il fut décoré, comme enseigne de vaisseau, pour sa belle conduite dans l'expédition de la Cazamance (Côtes d'Afrique).

Démissionnaire en 1863, M. Barbey prit la direction de la filature de laine que son père possédait à Mazamet (Tarn).

Après les premiers revers de la guerre de 1870, M. Barbey reprit du service, fut attaché à l'un des secteurs de la rive gauche de Paris comme commandant d'artillerie et promu officier de la Légion d'honneur, le 29 janvier 1871.

Elu conseiller général et maire de Mazamet, M. Barbey fut plusieurs fois le candidat du parti républicain dans le Tarn aux élections sénatoriales et législatives, notamment après le 16 mai 1877, contre M. le baron Reille, alors sous-secrétaire d'Etat au ministère de l'intérieur.

Il fut élu sénateur du Tarn, le 8 janvier 1882 par 225 voix sur 396 votants.

Il eut une part active aux travaux du Sénat, dont il fut, pendant plusieurs années, l'un des secrétaires. Il prit la parole dans plusieurs discussions notamment sur la loi municipale, la loi relative à l'instruction primaire, les questions maritimes et coloniales, le budget de la marine dont il fut plusieurs fois le rapporteur.

En 1883, lors de la discussion du projet de loi relatif aux familles ayant régné sur la France, il présenta un amendement dont il fut alors beaucoup question, auquel se rallia le gouvernement et qui, adopté par la Chambre à une forte majorité, fut rejeté par le Sénat, à une majorité de 3 voix seulement.

Lors de la constitution du cabinet Rouvier (31 mai 1887) M. Barbey fut chargé du ministère de la marine et des colonies; il se retira avec le cabinet démissionnaire le 3 décembre 1887, non sans avoir introduit une profonde et durable réforme dans la comptabilité de la Marine par le décret du 23 novembre de la même année.

Lorsqu'en 1889, le vice-amiral Krantz, ministre de la marine, dans le deuxième cabinet Tirard, eût donné sa démission, M. Barbey fut appelé à le remplacer.

Il resta ministre de la marine dans le quatrième cabinet Freycinet (17 mars 1890) et conserva ses fonctions jusqu'au 27 février 1892, date de la constitution du ministère Loubet. Durant cette période, il déposa plusieurs projets de lois importantes sur les cadres des officiers des différents corps de la marine, sur l'inscription maritime, etc.

M. Barbey eut à plusieurs reprises, à défendre son administration attaquée, notamment lors de la discussion du budget de 1891, où, malgré une vive opposition, il fit adopter à une très forte majorité son programme de reconstitution de la flotte. On lui doit aussi la création de la commission chargée de dresser chaque année le tableau d'avancement des officiers de l'armée navale, celle du comité des inspecteurs généraux et du conseil supérieur de la marine, la transformation des canons de moyen calibre en canons à tir rapide, la constitution de la division navale de la Manche, qui porta le pavillon français à Cronstadt, et l'organisation des escadres de réserve.

Il fut réélu sénateur du Tarn, le 4 janvier 1891, par 469 voix sur 765 votants.

Il est président du conseil général du Tarn depuis 1882.

Il appartient à la gauche républicaine.

___

LAVERGNE (Bernard-Martial-Barthélemy)

M. Bernard Lavergne est né à Montredon (Tarn) le 11 juin 1815.

Il est docteur en médecine.

En 1849, M. Bernard Lavergne fut élu par le département du Tarn député à l'Assemblée législative. Il siégea à gauche et vota notamment contre la loi du 31 mai, restrictive du suffrage universel. Il protesta contre le coup d'Etat du 2 décembre 1851.

Sous l'Empire, M. Bernard Lavergne reprit, à Montredon, l'exercice de la médecine, mais ne cessa de participer activement aux luttes de l'opposition libérale et démocratique. Il collabora au *Temps* et à la *Gironde*.

Aux élections du 8 février 1871 pour l'Assemblée nationale, M. Bernard Lavergne se présenta dans le Tarn; il obtint 18,075 suffrages, mais ne fut pas élu ; ce fut la liste conservatrice qui l'emporta.

Il fut nommé député de l'arrondissement de Gaillac aux élections du 20 février 1876.

Après le Seize-Mai, il fut l'un des 363. Il fut poursuivi et condamné à l'amende pour avoir distribué des brochures dans lesquelles il combattait énergiquement le ministère de Broglie. Il fut réélu le 14 octobre 1877, puis aux élections législatives de 1881 et de 1885.

Le 18 août 1889, M. Bernard Lavergne fut élu sénateur du Tarn, lors d'une élection partielle, en remplacement de

M. Rigal décédé; il fut nommé, au premier tour, par 477 voix contre 286 obtenues par l'amiral Galiber. Il a été réélu, le 4 janvier 1891, par 440 voix contre 257 accordées à M. de Falguière.

Dans les diverses assemblées dont il a fait partie, M. Bernard Lavergne a toujours pris une part très importante aux travaux parlementaires. Il est intervenu dans de nombreuses discussions, notamment dans la question des boissons à la Chambre, dans les questions sociales au Sénat. Il a été président ou rapporteur de nombreuses commissions.

Il appartient à l'opinion républicaine modérée.

Il a écrit de nombreux articles et brochures politiques; les dernières sont : *Les réformes promises* (1891), *l'Évolution sociale* (1893).

M. Bernard Lavergne s'est aussi beaucoup occupé des questions agricoles. Il a notamment publié : *Agriculture des terrains pauvres, manuel pratique*, etc.

TARN-ET-GARONNE

2 SÉNATEURS

MM. ROLLAND, GARRISSON

Le 30 janvier 1876, le département de Tarn-et-Garonne nomma 2 sénateurs : MM. le comte de Pressac et Jules de Limairac (droite).

M. de Limairac étant décédé le 25 septembre fut remplacé, le 12 décembre 1876, par M. Delbreil (droite).

Aux élections du 8 janvier 1882, MM. de Freycinet et Garrisson remplacèrent les sénateurs sortants; mais M. de Freycinet ayant été élu dans quatre départements, opta pour la Seine, le 2 mars; ce fut M. Delbreil qui le remplaça le 26 mars 1882.

Le 4 janvier 1891, M. Garrisson, sénateur sortant, a été réélu et M. Rolland, républicain, nommé pour la première fois en remplacement de M. Delbreil.

ROLLAND (Léon)

M. Rolland est né à Mas-Grenier, le 7 janvier 1831.

Docteur en médecine de la faculté de Paris, médecin en chef de l'asile d'aliénés de Tarn-et-Garonne, conseiller général du canton de Verdun depuis 1871, maire de Verdun jusqu'en 1880, M. Rolland fut élu sénateur de Tarn-et-Garonne, le 4 janvier 1891.

Il est membre de la Société de belles-lettres, sciences et arts de Tarn-et-Garonne, à laquelle il a fait de nombreuses communications sur des sujets littéraires ou sur des questions d'hygiène et de médecine mentale.

Il a fait partie du conseil départemental de l'instruction publique ; il est membre de la commission administrative des écoles normales d'instituteurs et d'institutrices, de celle du lycée de jeunes filles de Montauban, etc.

Il a été nommé chevalier de la Légion d'honneur en 1875 et officier d'Académie en 1890.

M. Rolland siège à gauche.

GARRISSON (Gustave-Bernard)

M. Garrisson est né à Montauban, le 28 février 1820.

Propriétaire dans sa ville natale, il fit partie de l'opposition sous l'Empire, et se signala par la persévérance de ses luttes électorales contre le candidat officiel.

Candidat républicain, il échoua aux élections législatives du 20 février 1876 et du 14 octobre 1877. Le 21 août 1881, il réunit 6,949 voix contre 7,599.

Maire de Montauban en 1878 et 1879, et conseiller général de l'un des cantons de cette ville depuis novembre 1877, il fut, lors des élections du 8 janvier 1882 pour le renouvellement triennal du Sénat, élu le second sur deux, par 127 voix sur 246 votants.

Il a été réélu, au renouvellement triennal du 4 janvier 1891, par 251 voix sur 467 votants.

M. Garrisson a été rapporteur de plusieurs projets de loi.

M. Garrisson a publié un recueil de poésies de jeunesse, les *Voix du matin*. (Montauban, 1848. 1 vol. in-18). Il a donné, dans le même temps, à la *Revue des Deux-Mondes*, une étude intitulée *De la Politique du calvinisme en France : Du Plessis-Mornay* (15 février 1848).

Il siège à gauche.

VAR

2 SÉNATEURS (1 r. à nommer)

MM. ANGLÈS, EDMOND MAGNIER

Le 30 janvier 1876, le département du Var nomma 2 sénateurs : MM. Charles Brun et Ferrouillat, républicains.

Ils furent réélus le 8 janvier 1882.

Le 11 janvier 1889 M. Charles Brun donna sa démission et
M. Daumas, républicain, le remplaça le 31 mars.

Aux élections du 4 janvier 1891, MM. Anglès et Edmond
Magnier, républicains, remplacèrent les sénateurs sortants.

ANGLÈS (Eugène-Félix)

M. Anglès est né à Draguignan le 24 octobre 1838.

Il est avocat et bâtonnier de l'ordre au barreau de Draguignan.

Il a été deux fois maire de Draguignan du 4 septembre
1870 à janvier 1874. Il fut révoqué par le ministère de
Broglie lors de la loi conférant au gouvernement le droit
de nommer les maires des chefs-lieux de canton.

Il a été conseiller général du Var de 1871 à 1891 et président de la commission départementale. Partisan du non-
cumul des mandats, il a donné sa démission après son élection au Sénat.

De 1885 à 1890, il a été directeur et rédacteur en chef de
la *Justice du Var*.

Républicain indépendant, il n'a jamais appartenu à
aucun groupe.

Le 4 janvier 1891, il a été élu au premier tour, sénateur
du Var, par 274 voix contre 148 à M. Ferrouillat, sénateur
sortant, sur 472 votants.

MAGNIER (Pierre-Joseph-Edmond)

M. Edmond Magnier est né à Boulogne-sur-Mer le 20 avril 1841.

Il débuta de bonne heure dans la presse départementale, collabora au *Figaro*, quelque temps avant la guerre de 1870, et dirigea à Amiens le journal *la Somme*.

Il fut, à Toulouse et à Bordeaux, attaché au cabinet de M. Gambetta et collabora avec M. Jules Barni au *Bulletin d'instruction républicaine*.

Le 6 avril 1872, il créa à Paris *l'Evénement*, qu'il n'a cessé de diriger depuis cette époque.

Il soutint, en 1873, la candidature de M. Barodet contre celle de M. de Rémusat.

Aux élections générales du 20 février 1876 pour la Chambre des députés, M. Edmond Magnier se présenta comme candidat républicain dans la deuxième circonscription de l'arrondissement de Saint-Denis, mais ne fut pas élu.

Il se porta, après la dissolution de la Chambre des députés le 14 octobre 1877, dans la deuxième circonscription de Nice, où il obtint 4.000 voix contre 6.205 au député monarchiste sortant. Il se présenta aussi aux élections législatives du 21 août 1881, dans l'arrondissement de Draguignan, mais se retira devant la candidature de M. Jules Roche. A celles du 22 septembre 1889, il se porta dans la deuxième circonscription de Toulon, réunit, au premier tour 3.009 voix sur 12.348 votants, et se désista au scrutin de ballottage.

Le 4 janvier 1891, M. Edmond Magnier fut élu, au second tour de scrutin, par 256 voix contre 214 données à M. Ferrouillat, sénateur sortant.

Il a été élu membre du conseil général du Var pour le canton de Saint-Tropez et en est le président.

M. Edmond Magnier a publié deux études d'ordre très différent : *Dante et le moyen âge* (1860, in-18) et *Histoire d'une commune de France* (Boulogne-sur-Mer) *au* XVIIIe *siècle* (1875, in-8°).

VAUCLUSE

—

2 SÉNATEURS

MM. EUGÈNE GUÉRIN, TAULIER

Aux élections du 30 janvier 1876, le département de Vaucluse nomma 2 sénateurs : MM. Granier et Elzéar Pin, républicains.

Le 8 janvier 1882, M. Pin, sénateur sortant fut réélu et M. Gent remplaça M. Granier.

Le 22 juillet 1883, M. Alfred Naquet fut élu en remplacement de M. Elzéar Pin, décédé le 5 mai ; mais il donna sa démission le 21 mars 1890, et M. Eugène Guérin le remplaça le 1er juin.

Aux élections du 4 janvier 1891, MM. Gent et Guérin, sénateurs sortants, furent réélus.

M. Gent étant décédé, a été remplacé, le 1er avril 1894, par M. Georges Taulier, républicain.

GUÉRIN (Eugène)

M. Eugène Guérin est né à Carpentras (Vaucluse) le 27 juillet 1849.

Il est avocat.

Elève du lycée de Grenoble, il étudia le droit à la Faculté de Paris. Pendant la guerre de 1870, il fit la campagne avec les mobiles de Vaucluse.

Conseiller municipal de Carpentras, il a été adjoint, puis maire de cette ville.

Il fait partie de 1880 à 1886 du Conseil général de Vaucluse dont il a été le vice-président.

Il fut pour la première fois élu sénateur le 1er juin 1890, en remplacement de M. Alfred Naquet, démissionnaire, et réélu aux élections générales du 4 janvier 1891.

Il était secrétaire du Sénat lorsqu'il fut appelé à faire partie du cabinet Dupuy en qualité de garde des sceaux, ministre de la justice, en remplacement de M. Léon Bourgeois. Il occupa du 4 avril au 5 décembre 1893 ces hautes fonctions, dans lesquelles il eut pour successeur M. Antonin Dubost.

M. Guérin a pris, à diverses reprises, comme ministre, la parole au Sénat et à la Chambre, notamment dans les discussions juridiques (revision des erreurs judiciaires, etc.).

Il a été rapporteur de plusieurs projets de loi.

Il est membre de la commission des finances du Sénat.

Il siège à la gauche républicaine.

M. Guérin a été de nouveau nommé garde des sceaux, ministre de la justice, dans le deuxième cabinet Dupuy (31 mai 1894).

TAULIER (Georges-Joseph-Alfred)

M. Taulier est né à Carpentras (Vaucluse) le 27 février 1849.

Docteur en médecine, médecin en chef des hôpitaux d'Avignon, ancien médecin de la marine, chevalier de la Légion d'honneur, M. Taulier a été élu sénateur du Vaucluse le 1er avril 1894, en remplacement de M. Gent, décédé.

Il a été nommé, au troisième tour, par 282 voix contre 151, obtenues par M. Gaillard.

Il siège à gauche.

VENDÉE

—

3 SÉNATEURS

MM. EMMANUEL HALGAN, BIRÉ, DE BÉJARRY

Aux élections du 30 juin 1876, le département de la Vendée nomma 3 sénateurs : MM. Gaudineau, le comte de Cornulier et Vandier (droite).

M. Vandier étant décédé le 23 août 1878, ce fut M. Stéphane Halgan (droite) qui le remplaça le 5 janvier 1879.

Le 8 janvier 1882, MM. Gaudineau, le comte de Cornulier, Stéphane Halgan, furent réélus.

Le 25 janvier 1885, M. Emmanuel Halgan (droite) succéda à M. Stéphane Halgan décédé le 19 janvier 1882.

Le 2 mai 1886, M. le comte de Cornulier, décédé le 13 février, fut remplacé par M. de Béjarry (droite).

Le 1er mai 1887, M. Alfred Biré (droite), remplaça M. Gaudineau, décédé le 1er février.

Aux élections du 4 janvier 1891. MM. Emmanuel Halgan Alfred Biré, de Béjarry, sénateurs sortants, furent réélus.

HALGAN (Emmanuel)

M. Emmanuel Halgan est né le 16 février 1839 à Nantes.

Il est le petit-fils de l'amiral Halgan, qui fut pair de France sous la monarchie de Juillet.

Il fit ses études de droit à la Faculté de Paris. Il a été avocat.

Membre et vice-président du Conseil général de la Vendée, M. Emmanuel Halgan fut, pour la première fois, élu sénateur le 25 janvier 1885, par 461 voix contre 390 obtenues par M. Bienvenu, député républicain.

M. Emmanuel Halgan remplaçait son frère aîné, M. Stéphane Halgan, élu sénateur de la Vendée le 5 janvier 1879 et mort le 19 janvier 1882.

M. Emmanuel Halgan a été réélu sénateur le 4 janvier 1891, au premier tour, par 462 voix contre 393 obtenues par M. Auger, républicain.

Au Sénat, M. Halgan fait partie de la droite dont il est un des principaux orateurs.

M. Halgan a pris une part très active aux discussions du Sénat. Il a adressé différentes interpellations au Gouvernement; l'une d'elles, en 1893, avait trait à des incidents relatifs à l'affaire du Panama.

Lors de l'examen du budget ou des crédits supplémentaires, il a toujours demandé la réalisation d'économies. L'un des premiers, il a proposé dans ce but le rattachement du ministère des Postes au ministère du Commerce.

Il est monté maintes fois à la tribune, tantôt protestant en faveur de la liberté scolaire ou de l'indépendance des fonctionnaires (loi sur l'admission et l'avancement dans les fonctions publiques), tantôt réclamant pour les compagnies de chemins de fer ou de mines la nomination de leurs directeurs, pour les particuliers le choix de leurs gardes, abordant, en un mot, l'étude de nombreux projets de loi.

BIRÉ (Alfred-Augustin)

M. Biré est né à Luçon (Vendée) le 26 septembre 1826.

Il est docteur en droit, ancien notaire.

Il a été élu sénateur, le 1er mai 1887, lors d'une élection partielle, en remplacement de M. François Gaudineau, décédé, par 464 voix sur 854 votants.

Il a pris la parole dans de nombreuses discussions, notamment sur le projet de modification de la loi des associations syndicales; sur le budget de 1889; en faveur de la presse (contre la proposition Lisbonne et la proposition Marcel Barthe); sur la proposition réglant la procédure à suivre quand les Chambres ont à exercer leurs attributions judiciaires; sur la proposition, déposée par M. Halgan et lui, concernant la fixation des dunes; sur la vaine pâture; sur les gardes particuliers; sur le centenaire de la proclamation de la République; dans la discussion du budget de 1893, sur le droit d'accroissement.

M. Biré fait partie de la droite royaliste.

BÉJARRY (André-Paul-Amand, comte de)

M. de Béjarry est né à Saint-Vincent-Puymaubrais (Vendée) le 30 juin 1840.

Elève à l'Ecole spéciale militaire de Saint-Cyr en 1860, il fut sous-lieutenant, puis lieutenant au 7e régiment de lanciers.

Pendant la guerre, capitaine, puis chef de bataillon de la garde mobile de la Vendée, il fut blessé à Champigny (30 novembre 1870) puis à Montretout (19 janvier 1871). Il fut nommé, pour sa belle conduite, chevalier de la Légion d'honneur le 8 décembre 1870.

Il a été lieutenant-colonel du 83e régiment territorial de juillet 1875 à avril 1885.

Propriétaire à la Roche-Lacherie, par Sainte-Hermine (Vendée), il s'est depuis vingt ans occupé d'agriculture.

Il a été élu pour la première fois sénateur le 6 mai 1886, lors d'une élection partielle, en remplacement du comte de Cornulier, décédé; il fut nommé, au premier tour, par 465 voix contre 383 obtenues par M. Lacombe. Il a été réélu, au premier tour de scrutin, le 4 janvier 1891, par 467 voix contre 391 accordées à M. Potier.

Il appartient à l'opinion royaliste et a toujours voté avec la droite du Sénat.

VIENNE

—

3 SÉNATEURS

MM. THÉZARD, COUTEAUX, SALOMON

Le 30 janvier 1876, le département de la Vienne, ayant à nommer 2 sénateurs, avait élu : MM. Bourbeau, décédé le 6 octobre 1877 et le général de Ladmirault (droite).

M. Bourbeau fut remplacé par M. le général Arnaudeau (droite).

Aux élections du 8 janvier 1882, les sénateurs sortants furent réélus.

Le 15 février 1885, M. de Beauchamp (droite), remplaça M. Eugène Pelletan, sénateur inamovible, décédé.

Aux élections du 4 janvier 1891, le même département nomma 3 nouveaux sénateurs : MM. Léopold Thézard, Couteaux et Salomon, républicains.

THÉZARD (Léopold)

M. Thézard est né à Dissais (Vienne) le 22 juin 1840.

Il est avocat, professeur à la Faculté de droit de Poitiers, doyen honoraire.

Conseiller municipal de Poitiers depuis 1874, il a été maire de Poitiers de 1881 à 1888, et il l'est de nouveau depuis le mois d'octobre 1893.

Agrégé des Facultés de droit en 1865, chargé de cours à la Faculté de droit de Douai, attaché en 1866 à la Faculté de Poitiers, professeur titulaire de code civil en 1871, doyen de la Faculté de 1881 à 1891 (date de son élection au Sénat), M. Thézard a publié de nombreux ouvrages :

Traité des privilèges et hypothèques; Eléments de droit romain; Pothier et d'Aguesseau; De la propriété individuelle; Influence des relations commerciales sur le développement du droit; Observations sur la peine de mort; Satires de Perse, traduites et annotées; *Jeanne d'Arc,* drame en vers en quatre actes, représenté sur le théâtre de Poitiers en janvier 1891 ; etc., etc.

M. Thézard a été élu pour la première fois sénateur de la Vienne aux élections générales du 4 janvier 1891.

M. Thézard a pris une part très active aux discussions du Sénat, spécialement à celles qui ont trait aux questions juridiques. Il a prononcé plusieurs discours remarqués, notamment sur le projet de loi relatif aux universités, etc. Il est l'auteur de nombreux rapports.

Il fait partie de la gauche républicaine et de la gauche démocratique.

COUTEAUX (Aristide)

M. Aristide Couteaux est né à Usson-du-Poitou le 17 décembre 1835.

Il est publiciste. Il a fait paraître sous le pseudonyme de Jaquillou de nombreuses brochures électorales et politiques.

Il s'est surtout occupé de l'étude des questions économiques et agricoles, auxquelles il a consacré plusieurs ouvrages. Il a également publié un volume intitulé : *Chez les bêtes,* couronné par l'Académie française.

M. Couteaux fut élu sénateur de la Vienne, le 4 janvier 1891, au premier tour de scrutin, par 376 voix, contre 352 obtenues par le général Arnaudeau, sénateur sortant.

Au Sénat, M. Couteaux fait partie d'un grand nombre de commissions importantes, notamment de la commission des finances.

Il a prononcé sur la situation agricole, trois discours qui ont été très remarqués, lors des discussions sur le tarif général des douanes, sur les droits relatifs au maïs, et enfin sur le relèvement du droit sur le blé.

M. Aristide Couteaux siège à gauche.

SALOMON (Henri)

M. Salomon est né à Massignac (Charente), le 21 mars 1831.

Ancien avoué à la Cour d'appel de Poitiers, il fut élu député par la première circonscription de Poitiers le 20 février 1876. Il fut l'un des 363.

Il fut réélu député le 14 octobre 1877 et en janvier 1881. Non réélu au scrutin de liste en 1885, il fut nommé conseiller à la Cour d'appel de Poitiers.

Il a été élu sénateur de la Vienne, le 4 janvier 1891, au premier tour de scrutin par 371 voix contre 328 à M. Lecointre.

Il appartient à la gauche républicaine.

VIENNE (HAUTE-)

—

3 SÉNATEURS

MM. DONNET, PÉNICAUD, ALBERT LE PLAY.

Aux élections du 30 janvier 1876, le département de la Haute-Vienne nomma 2 sénateurs : MM. Teisserenc de Bort, républicain, et de Peyramont (droite).

Le 18 avril 1880, M. Ninard, républicain, remplaça M. de Peyramont, décédé le 24 janvier.

Aux élections du 8 janvier 1882, MM. Teisserenc de Bort et Ninard, sénateurs sortants, furent réélus.

Le 25 juillet 1886, M. Pénicaud, républicain, succéda à M. Ninard, décédé le 7 mai.

Le 14 octobre 1888, M. Donnet fut élu en remplacement de M. Allou, sénateur inamovible, décédé.

Aux élections du 4 janvier 1891, MM. Teisserenc de Bort, Pénicaud et Donnet, sénateurs sortants, furent réélus.

Le 16 octobre 1892, M. Albert Le Play républicain, remplaça M. Teisserenc de Bort, décédé.

DONNET (Yves–Jules)

M. Donnet est né le 10 janvier 1831 à Magnac-Bourg.

Il est docteur en médecine.

Il était médecin en chef de l'asile d'aliénés de Limoges, lorsqu'il fut élu, le 20 août 1881, député de l'arrondissement de Saint-Yrieix.

Il ne fut pas réélu, au scrutin de liste, en 1885.

Il fut nommé sénateur de la Haute-Vienne, lors d'une élection partielle, le 14 octobre 1888, au deuxième tour, par 402 voix, en remplacement de M. Allou, sénateur inamovible, décédé. Il a été réélu, le 4 janvier 1891, au premier tour, par 423 voix.

Il siège au centre gauche.

PÉNICAUD (René)

M. Pénicaud est né à Limoges le 18 juin 1844.

Docteur en droit, avocat, il a été maire de Limoges durant six ans, de 1875 à 1881.

Il fut élu député en 1881.

Il a été nommé sénateur, au deuxième tour, le 25 juillet 1886, par 432 voix contre 161 accordées à M. Brigucil. Il a été réélu, le 4 janvier 1891, par 408 voix contre 126 obtenues par M. Pressat.

Il est républicain opportuniste.

LE PLAY (Albert)

M. Albert Le Play est né à Graville (Seine-Inférieure) le 27 juillet 1842. Il est le fils de M. Le Play, l'éminent économiste, et le gendre de M. Michel Chevallier.

Docteur en médecine, agronome, M. Albert Le Play fut chargé d'organiser à Billancourt l'exposition agricole, lors de l'Exposition universelle de 1867, dont son père fut le commissaire général.

M. Albert Le Play a publié de nombreux travaux sur la chimie agricole, propriétaire de la ferme modèle de Ligoure Haute-Vienne, il obtint la prime d'honneur au concours régional de 1876 et la grande médaille d'or du concours d'irrigation du centre de la France, en 1878.

Il est membre de la Société nationale d'agriculture de France, président des conseils d'administration de la Société pour la fabrication de la dynamite en France, de la société des matières plastiques, de la Société pour la fabrication des mèches de sûreté de mineurs, de la Société d'agriculture et de la Société d'horticulture de la Haute-Vienne, etc.

En 1889, M. Albert Le Play, candidat républicain modéré, obtint au second tour, dans la première circonscription de Limoges, 6.981 voix contre M. Le Veillé qui fut élu par par 7.292 voix. Au premier tour, M. Le Play avait obtenu la majorité sur ses trois concurrents.

M. Albert Le Play a été pour la première fois élu sénateur lors d'une élection partielle motivée par le décès de M. Teisserenc de Bort, sénateur de la Haute-Vienne. Il a été nommé, au troisième tour, par 316 voix contre 312 accordées à M. Codet, ancien député; il en avait obtenu 278 au premier tour et 310 au deuxième.

Il siège au centre gauche.

VOSGES

3 SÉNATEURS

MM. BRUGNOT, KIENER, FROGIER DE PONLEVOY

Le 30 janvier 1876, le département des Vosges nomma 3 sénateurs : MM. Claude, Claudot et George.

Aux élections du 8 janvier 1882, MM. Claude et George, sénaeurs sortants, furent réélus et M. Kiener remplaça M. Claudot, démissionnaire le 28 juin 1879.

Le 20 avril 1888, M. Charles Ferry fut élu en remplacement de M. Claude décédé le 27 février.

Aux élections du 4 janvier 1891, M. Kiener, sénateur sortant, fut réélu et MM. Brugnot et Jules Ferry remplacèrent MM. George et Charles Ferry.

M. Jules Ferry étant décédé le 17 mars 1893, fut remplacé par M. Albert Ferry qui, étant lui même décédé le 16 décembre 1893, a eu pour successeur, le 25 février 1894, M. Frogier de Ponlevoy, républicain.

BRUGNOT (Alfred-Barthélemy)

M. Brugnot est né à Monthélie (Côte-d'Or) le 11 mai 1827.

Il est propriétaire et ancien notaire à Epinal. Il est le gendre de M. Jeanmaire, ancien député.

Il fut élu pour la première fois député de la première circonscription d'Epinal le 21 août 1881. Il fut réélu, en octobre 1885, au scrutin de liste sur la même liste que MM. Jules Ferry et Méline.

Après le rétablissement du scrutin uninominal, il fut réélu, au premier tour, en 1889, député de la première circonscription d'Epinal par 6.083 voix. A la Chambre des députés, M. Brugnot fit partie de l'union républicaine et appuya la politique de M. Jules Ferry.

Il fut élu sénateur des Vosges, le 4 janvier 1891, par 781 voix contre 164 obtenues par M. Frogier de Ponlevoy.

KIENER (Christian-Henry)

M. Kiener est né à Hunawihr (Haut-Rhin) le 16 novembre 1807.

Il est manufacturier.

Maire d'Epinal en 1867, il a été président de la chambre de commerce de cette ville.

Après la guerre de 1870, il opta pour la France et se fixa à Eloyes (Vosges).

Conseiller général des Vosges, il fut élu sénateur de ce département aux élections du 8 janvier 1882, comme candidat républicain, en même temps que MM. Claude et George. Il fut élu, au premier tour, par 309 voix contre 173 à M. de Ravinel, ancien député à l'Assemblée nationale, candidat de la droite.

Il fut réélu le 4 janvier 1891, par 658 voix contre 146 accordées à M. Champy.

M. Kiener est un des doyens d'âge du Sénat, qu'il a présidé en cette qualité.

Il siège à gauche.

PONLEVOY (Paul FROGIER de)

M. Frogier de Ponlevoy est né à Antigny-la-Tour (Vosges), le 9 juillet 1827. Chef de bataillon du génie en retraite, ayant fait les campagnes d'Afrique et d'Italie et la guerre contre la Prusse, il a été élu député par l'arrondissement de Neufchâteau, en 1876, et réélu en 1877, 1881, 1885, 1889, 1893. Il est chevalier de la Légion d'honneur.

Il a fait partie de la commission de l'armée depuis 1876. Il est membre du conseil supérieur de l'agriculture.

Républicain progressiste, ancien compagnon de Gambetta au temps de la Défense nationale, M. Frogier de Ponlevoy, qui a écrit plusieurs brochures politiques, disait, en 1876, dans sa profession de foi, que « la République devait reposer sur trois réformes principales, qui en étaient comme le trépied : la réforme de l'instruction, la réforme du service militaire, la réforme de l'impôt. » Dans sa circulaire de 1889, M. Frogier de Ponlevoy, en constatant que les deux premières de ces réformes ont été réalisées, demandait que la prochaine Chambre abordât résolument la troisième. Il réclamait le dégrèvement de l'impôt foncier, la suppression des tarifs de pénétration et la revision des traités de commerce » qui favorisent l'étranger au détriment de la production générale. » Républicain progressiste, il se prononçait pour le maintien de la Constitution, la stabilité ministérielle et l'affermissement de la République, par une politique de paix et de conciliation.

M. Frogier de Ponlevoy fut alors élu, au premier tour, par 6.590 voix, contre 6.571 accordées à M. le comte Thierry d'Alsace, revisionniste. Il a été réélu, le 20 août 1893, au premier tour contre le même concurrent, par 7.255 voix, avec 1.614 voix de majorité.

Le 25 février 1894, M. Frogier de Ponlevoy a été élu sénateur des Vosges par 728 voix en remplacement de M. Albert Ferry, décédé, qui avait lui-même succédé, le 11 juin 1893, à M. Jules-Ferry, décédé.

YONNE

—

3 SÉNATEURS

MM. JULES GUICHARD, COSTE, DETHOU

Le 30 janvier 1876, le département de l'Yonne nomma 2 séna-teurs : MM. Edouard Charton et Ribière, républicains.

Ils furent réélus le 8 janvier 1882.

Le 23 août 1885, M. Jules Guichard républicain, remplaça M. Ribière, décédé le 29 juin.

Le 25 mai 1890, M. Coste républicain, succéda à M. Edouard Charton, décédé le 27 février.

Aux élections du 4 janvier 1891, l'Yonne a réélu MM. Guichard et Coste, sénateurs sortants.

Le 10 avril 1892, M. Dethou républicain, fut élu en remplacement d'un sénateur inamovible, décédé.

GUICHARD (Jules)

M. Jules Guichard est né à Jouancy, près de Sens (Yonne), le 10 novembre 1827.

Il est le fils de Victor Guichard qui fut représentant du peuple à l'Assemblée constituante de 1848 et plus tard membre du Corps législatif, de l'Assemblée nationale de 1871 et de la Chambre des députés, dont il fut le doyen.

M. Jules Guichard se consacra d'abord à l'agriculture, puis, en 1861, devint l'un des principaux collaborateurs du créateur du canal de Suez, M. Ferdinand de Lesseps ; il fut notamment chargé par la Compagnie du Canal de mettre en valeur, en Egypte, les terres du désert longeant le canal d'eau douce depuis l'Ouady jusqu'à Suez. Il fut ensuite appelé à organiser le service du transit et de la navigation de la Compagnie.

Pendant la guerre de 1870, M. Jules Guichard revint à Paris et fut chef d'escadron à l'état-major de la garde nationale.

Neveu et héritier de M. V. Dubochet, l'un des fondateurs de la compagnie parisienne du gaz, M. Jules Guichard revint définitivement en France en 1872.

Il débuta, en 1878, dans la vie politique comme membre du Conseil général de l'Yonne dont il a été vice-président, puis président.

En 1885, il fut élu sénateur par le même département en remplacement de M. Ribière décédé. En janvier 1891, il fut réélu au premier tour de scrutin.

Au Sénat, M. Guichard fait partie de nombreuses commissions, notamment de celle de l'Algérie dont il est un des rapporteurs.

M. Guichard est membre du Conseil supérieur de l'agriculture et président de la Société nationale d'encouragement à l'agriculture.

Il a été récemment désigné, en remplacement de M. Ferdinand de Lesseps, démissionnaire, comme président de la Compagnie universelle du Canal de Suez, dont il était depuis longtemps l'un des vice-présidents.

M. Jules Guichard fait partie de la gauche républicaine.

COSTE (Gustave)

M. Coste est né à Saint-Julien-du-Sault (Yonne) le 28 août 1833.

Il est docteur en médecine. Maire de Saint-Julien-du-Sault depuis 1867, conseiller général de l'Yonne depuis juin 1870, ancien président de la commission départementale, vice-président du Conseil général de 1887 à 1891, M. Coste est président de cette assemblée depuis 1891.

Il a été élu sénateur de l'Yonne le 25 mai 1890, par 545 voix, au deuxième tour (il en avait, au premier, obtenu 428), lors d'une élection partielle en remplacement de M. Edouard Charton, décédé.

Il a été secrétaire de la commission du projet de loi

relatif à l'exercice de la médecine, secrétaire de la commission des halles centrales, membre de la commission du crédit agricole, de la commission de la marine, etc.

Il est républicain.

DETHOU (Alexandre-René)

M. Dethou est né à Bléneau (Yonne), le 18 avril 1819. Il est propriétaire.

Elu conseiller d'arrondissement en 1845, maire de Bléneau en 1848, suspendu, puis révoqué en 1850, emprisonné le 12 décembre 1851 jusqu'au 29 avril 1852 à la suite du coup d'Etat, il fut, sans avoir été ni interrogé, ni condamné, exilé en sortant de prison. Rentré en 1856 avec une permission provisoire, il ne signa jamais aucune demande en grâce. Exilé de nouveau en 1857, rentré avec permission de deux mois en 1858, exilé de nouveau un mois après, rentré en 1859 lors de l'amnistie, M. Dethou a toujours combattu pour la République et pour la démocratie.

Elu, en 1870, colonel de la 5e légion de l'Yonne, il lutta avec les paysans contre les éclaireurs prussiens qu'il repoussa sur plusieurs points.

En 1871, il fut élu conseiller général du canton de Saint-Fargeau et fut réélu en 1877 et en 1883 ; il ne se représenta pas en 1889.

M. Dethou a créé à Bléneau une boulangerie coopérative, une école professionnelle pour les jeunes filles et à Saint-Fargeau une école professionnelle pour les garçons. Il est officier d'académie.

A la Chambre des députés, M. Dethou a fait notamment partie de la commission qui a élaboré la loi de l'instruction primaire et des commissions chargées d'examiner les lois sur les chemins de fer, les canaux, les ports de Boulogne et du Havre, la réforme de la base de l'assiette de l'impôt, etc. Il a proposé un projet de crédit agricole. Après le 16 mai 1877, il fut l'un des 363.

Dans ses circulaires électorales, il a réclamé de nombreuses réformes nécessaires, dit-il, pour mettre nos lois en complet accord avec les principes de la démocratie, notamment une plus large diffusion de l'instruction, la réforme de l'impôt, la suppression du budget des cultes et des congrégations, le développement de l'association civile, l'organisation de l'assistance publique, etc.

En 1889, M. Dethou fut élu, au scrutin de ballottage, le 6 octobre, par 11.866 voix contre 6.492 obtenues par M. Lecomte, boulangiste.

Il a été élu sénateur de l'Yonne, le 10 avril 1892, lors d'une élection partielle en remplacement de M. Oscar de Vallée, sénateur inamovible décédé; il fut nommé au premier tour, par 650 voix contre 201 obtenues par M. Duché.

ALGER

—

1 SÉNATEUR

Le 30 janvier 1876, le département d'Alger nomma sénateur : M. Le Lièvre, républicain.

Aux élections du 25 janvier 1885, il fut remplacé par M. Mauguin, républicain.

Le 7 janvier 1894, M. Mauguin fut remplacé par M. Gérente républicain.

Ce scrutin donna les résultats suivants :

PREMIER TOUR

Inscrits : 287 — Votants : 286

MM. le docteur Gérente, R.	142
Gobel, R	102
Letellier, anc. dép. R	40
Mauguin	2

Ballottage.

DEUXIÈME TOUR

MM. le docteur Gérente, soc.	153 Elu.
Gobel, R.	108
Letellier, anc. dép., R.	24

GÉRENTE (Paul)

M. Gérente est né à Paris le 23 juillet 1851.

Il est docteur en médecine et médecin directeur honoraire des asiles d'aliénés de France.

Il fit tout d'abord ses études de droit.

A la fin de l'Empire, il prit part, au Quartier latin, au mouvement de la jeunesse républicaine.

A la fin d'août 1870, après l'invasion du territoire, il s'engagea pour la durée de la guerre.

En 1871, il créa le Comité de la jeunesse des Ecoles, dont il devint le secrétaire général, et concourut très activement, en 1873, au succès de la candidature de M. Barodet.

Ses études de droit terminées, il commença ses études de médecine et fut reçu, le premier de sa promotion, comme interne des asiles d'aliénés de la Seine (concours de 1879); il obtint en 1883 le prix Esquirol (médaille d'or). Sa thèse sur le *Délire chronique* fut récompensée par la médaille de bronze de la Faculté de médecine de Paris.

En 1882, il était attaché à l'asile Sainte-Anne, à Paris, quand le ministère, sur la demande du département d'Alger, eut à choisir le médecin directeur qu'il enverrait en Algérie pour y représenter l'inspection des asiles et y surveiller la création d'un asile d'aliénés destiné à la colonie. M. Gérente fut désigné pour cette mission qui dura de 1883 à 1887; il se fixa alors en Algérie et fut élu, en septembre 1892, conseiller général du département d'Alger pour la circonscription de Mustapha-el-Biar (septembre 1892). Il a été élu pour la première fois sénateur, le 7 janvier 1894, par 153 voix sur 286, au second tour de scrutin.

Dans sa circulaire électorale, M. Gérente réclame pour l'Algérie une plus grande autonomie; il signale l'urgence de combattre avec efficacité les tendances arabophiles avant qu'elles aient eu le temps de prendre corps en France et dans le Parlement; il demande pour l'Algérie « une politique d'intérêt général et non plus une mesquine, une jalouse exploitation de coteries, persécutant les uns, favorisant exclusivement certaines créatures : une politique de liberté et de protection pour tous nos colons, de ferme justice pour les indigènes. »

Au Sénat, M. Gérente a pris place à gauche et a défendu la politique exposée dans son programme, lors de la récente discussion sur l'Algérie (mars 1894).

ORAN

1 SÉNATEUR

M. JACQUES

Le 30 janvier 1876, le département d'Oran élut 1 sénateur : M. Pomel.

Il a été remplacé le 8 janvier 1882 par M. Jacques que le même département a réélu le 4 janvier 1891.

JACQUES (Remy)

M. Jacques est né à Breteuil (Oise) le 16 janvier 1847.

Il fit ses études de droit, se fit recevoir licencié et alla se fixer, vers 1840, à Oran où il exerça la profession d'avocat. Il se signala par ses idées libérales et par sa connaissance des affaires de l'Algérie.

Le 8 juillet 1871, après le rétablissement de la représentation algérienne dans le Parlement, il fut élu par le département d'Oran membre de l'Assemblée nationale. Son élection ayant été annulée, il maintint sa candidature et fut réélu le 7 janvier 1872. Il siégea dans les rangs de la gauche.

Il vota notamment pour le gouvernement de M. Thiers, contre le ministère de Broglie et pour les lois constitutionnelles de 1875.

Il fut élu député le 20 février 1876. Après le 16 mai 1877, il fut l'un des 363. Il fut réélu le 14 octobre 1877, puis aux élections législatives de 1881.

Le 8 janvier 1882, M. Jacques fut élu sénateur du département d'Oran par 70 voix sur 76.

Il a été réélu, le 4 janvier 1891, par 233 voix sur 235.

Au Sénat comme à la Chambre des députés et à l'Assemblée nationale, M. Jacques s'est tout particulièrement consacré à la défense des intérêts de l'Algérie, en faveur desquels il a prononcé de nombreux discours.

Il fait partie de l'union républicaine.

CONSTANTINE

—

1 SÉNATEUR

M. LESUEUR

Le 30 janvier 1876, M. Lucet fut élu sénateur de Constantine.

Réélu le 5 octobre 1879, mais décédé le 10 juillet 1883, il fut remplacé, le 7 octobre, par M. Forcioli, républicain.

Aux élections du 5 janvier 1888, M. Forcioli fut remplacé par M. Georges Lesueur, républicain.

LESUEUR (Joseph-Georges)

M. Lesueur est né, le 15 avril 1834, à Bordeaux.

Il était président du conseil supérieur du département de Constantine, et vice-président du Conseil supérieur de l'Algérie lorsqu'il fut, pour la première fois, élu sénateur, le 5 janvier 1888, par 94 voix contre 89 accordées au sénateur sortant, M. Forcioli.

M. Lesueur a pris part au Sénat aux travaux de nombreuses commissions et s'est particulièrement consacré à la défense des intérêts algériens.

Il siège à gauche et fait partie de l'union républicaine.

MARTINIQUE

1 SÉNATEUR

M. ALLÈGRE

Le 27 février 1876, la Martinique nomma sénateur M. Desmazes. Il fut réélu le 5 janvier 1879.

M. Desmazes étant décédé, M. Allègre, républicain, le remplaça le 17 décembre 1882.

Le 1er avril 1883, M. Michaux, républicain, fut élu en remplacement de M. Allègre, dont l'élection avait été invalidée.

Le 21 octobre 1883, M. Allègre, républicain, succéda à M. Michaux, décédé le 22 juillet.

ALLÈGRE (Vincent - Gaëtan)

M. Allègre est né à Six-Fours (Var), le 7 août 1835. Il appartient par son père et sa mère, à de très anciennes familles de bourgeoisie provençale.

Il est avocat et a été inscrit aux barreaux d'Aix, puis de Toulon.

Élu, vers la fin de l'Empire, comme candidat de l'opposition au Conseil général du Var et au conseil municipal de Toulon, il fut, après le 4 septembre 1870, nommé maire de cette ville, et en occupa les fonctions jusqu'en 1874, le gouvernement du Vingt-Quatre mai n'ayant, après avoir révoqué M. Allègre, réussi à lui trouver un successeur qu'au bout de six mois.

Nommé député de la 2e circonscription de Toulon aux élections législatives de 1876, il fut l'un des 363. Il fit alors partie de plusieurs commissions, notamment de la commission de l'instruction primaire et fut rapporteur de la loi sur la gratuité de cet enseignement.

En 1881, M. Allègre fut nommé gouverneur de la Martinique; il occupa ces fonctions pendant plusieurs années et fut promu officier de Légion d'honneur.

En 1888, il fut élu sénateur de la Martinique, au premier tour, en remplacement de M. Michaux, décédé, par 133 voix contre 120 obtenues par M. César Laîné.

Il n'a pas cessé d'appartenir au parti républicain radical de gouvernement. Il a fait partie, au Sénat, de nombreuses commissions, et a pris à plusieurs reprises la parole, notamment sur les questions coloniales.

GUADELOUPE

—

1 SÉNATEUR

M. ISAAC

Le 27 février 1876, M. le général vicomte de La Jaille (droite), fut nommé sénateur.

M. Isaac, républicain, le remplaça le 1er mars 1885.

Le 4 février 1894, M. Isaac a été réélu.

ISAAC (Pierre-Alexandre)

M. Alexandre Isaac est né à Pointe-à-Pitre (Guadeloupe) le 9 janvier 1845.

Il est avocat.

Il a appartenu à l'administration de l'enregistrement dans laquelle il a été sous-inspecteur. En dernier lieu, il avait été directeur de l'intérieur à la Guadeloupe.

Il fut élu pour la première fois sénateur, le 1er mars 1885, par 233 voix sur 272, sans concurrent déclaré. Il a été réélu, le 4 février 1894, par 194 voix, après une lutte très vive, contre trois concurrents dont l'un s'était désisté avant l'élection.

Il s'est déclaré, en cette circonstance, contraire aux tendances révolutionnaires-socialistes qui se manifestaient dans notre colonie des Antilles. « Si le radicalisme, a-t-il dit dans sa dernière profession de foi, « consiste à être fermement attaché à ses idées, à en poursuivre résolument toutes les conséquences, sans se jeter cependant, pour arriver plus tôt, dans des précipices, à ne rien sacrifier du but élevé qu'on a dû s'imposer, à des combinaisons d'ambition personnelle, j'ai voulu être et je veux demeurer radical. Mais j'ai tenu en même temps à être libéral, parce que le libéralisme est, à mon avis, la forme supérieure de la justice dans la politique. »

Au Sénat, aux travaux duquel il a pris une part très active, M. Isaac s'est occupé surtout des questions coloniales et algériennes. Il a provoqué et obtenu la formation d'une grande commission pour l'étude des questions coloniales et a soutenu, à maintes reprises, comme rapporteur, les conclusions de cette commission,

Membre de la commission de l'Algérie, il a fait partie de la délégation envoyée dans le pays en 1892, et a pris part, au Sénat, à la discussion des réformes à introduire dans notre grande possession africaine. Il a été membre de la commission des douanes et a concouru, en cette qualité, à l'élaboration et à l'adoption du nouveau tarif général.

Il a soutenu, dans la discussion, que les colonies avaient besoin de plus de liberté commerciale que ne leur en laissait ce tarif, et il a obtenu les atténuations qui y ont été apportées pour son application, aux pays d'outre-mer. Il aurait voulu que le régime douanier des colonies fût fixé par une loi spéciale, qui aurait été mise en harmonie avec les conditions de leur régime organique.

Il pense, d'ailleurs, que les anciennes colonies de la Guadeloupe, de la Martinique et de la Réunion doivent être assimilées aux départements, sous la réserve seulement de quelques adaptations des règles de l'organisation départementale. Quant aux autres colonies, il demande « que ceux de leurs services qui ont des rapports évidents avec les administrations similaires de France, tels que la défense, la justice, l'instruction publique, les finances, soient rattachés plus étroitement qu'ils ne le sont aujourd'hui, aux ministères correspondants, tout le reste demeurant sous l'autorité exclusive d'une administration centrale des colonies. C'est sous cette condition qu'il a acquiescé à la création du ministère des colonies, lequel ne serait, dans aucun cas, un ministère militaire, et jouerait le rôle, pour les possessions extérieures de la France, d'un grand ministère de l'intérieur, avec des attributions étendues. »

M. Isaac a demandé et obtenu l'application aux colonies

grand nombre de lois, et notamment des lois sur l'enseignement primaire, gratuite, obligatoire et laïque.

Il y a lieu de citer encore, parmi les objets qui ont motivé son intervention à la tribune :

Une interpellation sur la réorganisation administrative de l'Indo-Chine (1887).

Discours et amendements, au cours de la discussion de la loi militaire, tendant à l'application de cette loi aux colonies ;

Question au sujet de l'abandon et de la mort de trois indigènes chargés, au Sénégal, de la garde du drapeau français (1888) ;

Participation à la loi sur le régime de l'indigénat, en Algérie (1888) ;

Présentation d'une proposition, devenue la loi du 15 avril 1890, sur l'organisation judiciaire de la Guadeloupe, de la Martinique et de la Réunion ;

Question sur les rapports de la République d'Haïti avec les Etats-Unis (1891) ;

Discussion de la pétition du cadi de Milianah (Algérie) 1891) ;

M. Isaac est membre des commissions de la marine et de l'armée et de la commission d'instruction de la Haute Cour de justice.

Il est l'un des secrétaires du Sénat.

M. Isaac appartient à l'opinion républicaine avancée, « en tout ce qui peut se concilier avec le maintien des principes essentiels de la Constitution existante ».

Il fait partie, au Sénat, du groupe de la gauche démocratique.

LA RÉUNION

—

1 SÉNATEUR

M. THÉODORE DROUHET

Le 19 mars 1876, l'île de la Réunion nomma sénateur M. Laserve.
Décédé le 4 février 1882, il fut remplacé par M. Milhet-Fontarabie, républicain, le 9 juillet 1882.

Réélu le 1er mars 1885 et décédé le 13 juin 1890, M. Milhet-Fontarabie a été remplacé, le 28 septembre 1890, par M. Théodore Drouhet, républicain.

En 1894 M. Drouhet a été réélu.

DROUHET (Jules-Théodore)

M. Théodore Drouhet est né à la Rochelle, le 4 avril 1817.

Il alla très jeune, à la Réunion et entra dans l'enseignement. Il fut successivement professeur, proviseur du lycée de la Réunion, puis inspecteur, chef du service de l'Instruction publique.

Mis à la retraite en 1869, il fut élu peu après membre du conseil général et occupa plusieurs années de suite la présidence de cette assemblée.

Plus tard, il exerça les fonctions de directeur de l'intérieur à la Guyane et fut nommé, en 1882, gouverneur de l'Inde française.

De retour à la Réunion, M. Drouhet rentra au Conseil général et en était encore président en 1890. Après la mort de M. Milhet-Fontarabie, il se présenta comme candidat républicain à l'élection complémentaire du 28 septembre 1890, et fut élu sénateur par 95 voix contre 72 obtenues par un autre candidat républicain, M. Albert La Serve.

Il a pris une part très active à la discussion des questions coloniales.

Il a été réélu en mars 1894.

—

INDE FRANÇAISE

1 SÉNATEUR

M. JULES GODIN

Le 26 mars 1876, l'Inde française ayant 1 sénateur à élire, nomma M. le comte Desbassayns de Richemont (droite).

Il fut remplacé le 8 janvier 1882 par M. de Freycinet qui, ayant été élu dans quatre départements, opta pour celui de la Seine, le 2 mars.

M. Jacques Hébrard, républicain, succéda à M. de Freycinet, le 30 avril 1882.

Aux élections du 11 janvier 1891, M. Jules Godin, républicain, remplaça M. Jacques Hébrard, sénateur sortant.

GODIN (Jules)

M. Jules Godin est né à Versailles le 14 mars 1844.

Il est avocat à la Cour d'appel de Paris.

Ancien élève du lycée de Versailles, lauréat de la Faculté de droit de Paris, docteur en droit, M. Godin a été avocat au conseil d'État et à la cour de cassation de 1870 à 1876.

Il a été administrateur des réfugiés de Versailles à Paris pendant le siège de 1870-71 et lieutenant de la Légion Seine-et-Oise et de la 1re compagnie de la garde nationale mobilisée de la Légion. Il a été, de 1873 à 1889, capitaine au 32e territorial d'infanterie.

En 1876, M. Jules Godin fut élu député de l'Inde Française. L'un des 363 après le 16 mai 1877, il fut réélu le 14 octobre et siégea à la Chambre jusqu'en 1881. De 1883 à

1891 il fut conseiller à la cour d'appel de Paris, et a été nommé chevalier de la Légion d'honneur en 1890.

Aux élections de janvier 1891, M. Godin fut élu sénateur de l'Inde française.

Il est l'auteur de la proposition de loi, devenue la loi de 1885 refondant la loi de 1874 sur l'hypothèque maritime. Il a souvent pris la parole, au Sénat, notamment sur les questions juridiques et coloniales et a été membre et rapporteur de plusieurs commissions importantes. Il a été l'un des secrétaires du Sénat.

De 1870 à 1880, M. Jules Godin a rédigé le *Journal du droit criminel*. Il a publié, en 1892, un commentaire théorique et pratique de la loi sur les frais de justice.

M. Godin est républicain modéré.

LISTE DES MINISTÈRES

QUI SE SONT SUCCÉDÉ EN FRANCE

DEPUIS LA PRÉSIDENCE DE M. THIERS (19 FÉVRIER 1871)

JUSQU'A CE JOUR

PRÉSIDENCE DE M. THIERS

M. Thiers fut nommé Chef du pouvoir exécutif de la République française, le 17 février 1871, et Président de la République, le 31 août 1871.

Pendant toute la durée de sa présidence, M. Thiers exerça lui-même les fonctions de président du Conseil. Celles de vice-président étaient confiées à M. Dufaure.

La même tradition persista sous la présidence du maréchal de Mac-Mahon, jusqu'après le vote des lois constitutionnelles.

Voici quelle fut, sous M. Thiers, la composition du Cabinet, du 19 février 1871 au 24 mai 1873 :

Intérieur : Ernest Picard (Calmon, sous-secrétaire d'État ; M. Calmon conserva ces fonctions jusqu'au 7 décembre 1872, date à laquelle il remplaça à la préfecture de la Seine M. Léon Say, nommé ministre des finances) ; — 9 juin 1871 : Lambrecht ; — 11 octobre 1871 : Casimir-Perier ; — 6 février 1872 : Victor Lefranc ; — 7 décembre 1872 : de Goulard (Pascal, sous-secrétaire d'Etat à l'Intérieur, 9 avril 1872) ; — 18 mai 1873 : Casimir-Perier ; — *Affaires étrangères :* Jules Favre ; — 2 août 1871 : de Rémusat ; — *Justice :* Dufaure ; — *Guerre :* général Le Flô ; général de Cissey, 5 juin 1871, (général Letellier-Valazé, sous-secrétaire d'Etat) ; — *Marine et Colonies :* vice-amiral Pothuau ; — *Finances :* Buffet non acceptant ; — 25 février 1871 : Pouyer-Quertier ; — 23 avril 1872 : de Goulard ; — 7 décembre 1872 : Léon Say ; — *Instruction publique, Cultes et Beaux-Arts :* Jules-Simon ; — *Instruction publique :* 18 mai 1873 : Waddington ; — *Cultes*

(18 mai 1873) : de Fourtou ; — *Agriculture :* Lambrecht ; — 9 juin 1871 : Victor Lefranc ; — 6 février 1872 : de Goulard ; — 22 avril 1872 : Teisserenc de Bort ; — *Travaux publics :* baron de Larcy ; — 7 décembre 1872 : de Fourtou ; — 18 mai 1873 : Bérenger.

PRÉSIDENCE DU MARÉCHAL DE MAC-MAHON

Premier Cabinet de Broglie (25 mai 1873)

Intérieur : Beulé (Pascal, sous-secrétaire d'Etat) ; — *Affaires étrangères et vice-présidence du Conseil :* duc de Broglie ; — *Justice :* Ernoul ; — *Guerre :* général du Barail ; — *Marine et Colonies :* vice-amiral de Dompierre d'Hornoy ; — *Finances :* Magne ; — *Instruction publique, Cultes et Beaux-Arts :* Batbie ; — *Agriculture et Commerce :* de la Bouillerie ; — *Travaux publics :* Deseilligny.

Deuxième Cabinet de Broglie (26 novembre 1873)

Intérieur et vice-présidence du Conseil : duc de Broglie (Baragnon, sous-secrétaire d'Etat) ; — *Affaires étrangères :* duc Decazes ; — *Justice :* Depeyre ; — *Guerre :* général du Barail ; — *Marine et Colonies :* amiral de Dompierre d'Hornoy ; — *Finances :* Magne ; — *Instruction publique, Cultes et Beaux-Arts :* de Fourtou (Desjardins, sous-secrétaire d'Etat) ; — *Agriculture et Commerce :* Deseilligny ; — *Travaux publics :* baron de Larcy.

Cabinet de Cissey (22 mai 1874)

Intérieur : de Fourtou jusqu'au 20 juillet 1874, puis Chabaud-Latour (Cornelis de Witt, sous-secrétaire d'Etat) ; — *Affaires étrangères :* duc Decazes ; — *Justice :* Tailhand (Baragnon, sous-secrétaire d'Etat) ; — *Guerre et vice-présidence du Conseil :* de Cissey ; — *Marine et colonies :* vice-amiral de Montaignac ; — *Finances :* Magne, jusqu'au 20 juillet 1874, puis Mathieu Bodet ; — *Instruction publique, Cultes des Beaux-Arts :* de Cumont ; — *Agriculture et Commerce :* Grivart ; — *Travaux publics :* Caillaux.

Cabinet Buffet (10 mars 1875)

Intérieur et vice-présidence du Conseil : Buffet (Desjardins, sous-secrétaire d'Etat) ; — *Affaires étrangères :* duc Decazes ; —

Justice : Dufaure (Bardoux, sous-secrétaire d'Etat); — *Guerre :* de Cissey; — *Marine et Colonies :* de Montaignac; — *Finances :* Léon Say (Louis Passy, sous-secrétaire d'Etat); — *Instruction publique, Cultes et Beaux-Arts :* Wallon ; — *Agriculture et Commerce :* de Meaux; — *Travaux publics :* Caillaux.

Premier Cabinet Dufaure (9 mars 1876)

Intérieur : Ricard (de Marcère, sous-secrétaire d'Etat); — *Affaires étrangères :* Decazes; — *Présidence du Conseil, Justice et Cultes :* Dufaure; — *Guerre :* de Cissey, puis le général Berthaut, 15 août 1876; — *Marine et colonies :* vice-amiral Fourichon; — *Finances :* Léon Say; — *Instruction publique et Beaux-Arts :* Waddington; — *Agriculture et Commerce :* Teisserenc de Bort; — *Travaux publics :* Albert Christophle.

Cabinet Jules Simon (12 décembre 1876)

Intérieur et présidence du Conseil : Jules Simon (Faye, sous-secrétaire d'Etat); — *Affaires étrangères :* duc Decazes; — *Justice et Cultes :* Martel (Méline, sous-secrétaire d'Etat); — *Guerre :* Berthaut; — *Marine et Colonies :* Fourichon; — *Finances :* Léon Say; — *Instruction publique et Beaux-Arts :* Waddington; — *Agriculture et Commerce :* Teisserenc de Bort; — *Travaux publics :* Christophle.

Troisième Cabinet de Broglie (17 mai 1877)

Intérieur : de Fourtou (baron Reille, sous-secrétaire d'Etat); — *Affaires étrangères :* Decazes; — *Justice et présidence du Conseil :* de Broglie; — *Guerre :* Berthaut; — *Marine et Colonies :* vice-amiral Gicquel des Touches; — *Finances :* Caillaux; — *Instruction publique, Cultes et Beaux-Arts :* Joseph Brunet; — *Agriculture et Commerce :* de Meaux; — *Travaux publics :* Pàris.

Cabinet Rochebouet (23 novembre 1877)

Intérieur : Welche; — *Affaires étrangères :* marquis de Banneville; — *Justice :* Lepelletier; — *Guerre et présidence du Conseil :* général de Rochebouët; — *Marine et Colonies :* Roussin; — *Finances :* Dutilleul; — *Instruction publique, Cultes et Beaux-Arts :* Faye; — *Agriculture et Commerce :* Ozenne; — *Travaux publics :* Graëff.

DEUXIÈME CABINET DUFAURE (13 décembre 1877)

Intérieur : de Marcère (Lepère, sous-secrétaire d'Etat); — *Affaires étrangères* : Waddington; — *Justice et présidence du Conseil* : Dufaure (Savary, sous-secrétaire d'Etat); — *Guerre* : général Borel, jusqu'au 13 janvier 1879, puis le général Gresley; — *Marine et Colonies* : vice-amiral Pothuau; — *Finances* : Léon Say (Cochery, sous-secrétaire d'Etat); — *Instruction publique, Cultes et Beaux-Arts* : Bardoux (Casimir-Périer, sous-secrétaire d'Etat); *Agriculture et Commerce* : Teisserenc de Bort; — *Travaux publics* : de Freycinet.

PRÉSIDENCE DE M. JULES GRÉVY

(30 janvier 1879 — 3 décembre 1887)

CABINET WADDINGTON (4 février 1879)

Intérieur et Cultes : de Marcère; — *Affaires étrangères et présidence du Conseil* : Waddington; — *Justice* : Le Royer (Goblet, sous-secrétaire d'Etat); — *Guerre* : général Gresley; — *Marine et Colonies* : vice-amiral Jauréguiberry; — *Finances* : Léon Say; — *Instruction publique et Beaux-Arts* : Jules Ferry (Turquet, sous-secrétaire d'Etat); — *Agriculture et Commerce* : Lepère (Girerd, sous-secrétaire d'Etat); — *Postes et Télégraphes* : Cochery; — *Travaux publics* : de Freycinet (Sadi Carnot, sous-secrétaire d'Etat).

PREMIER CABINET DE FREYCINET (29 décembre 1879)

Intérieur : Lepère (Constans, sous-secrétaire d'Etat); — *Affaires étrangères et présidence du Conseil* : de Freycinet; — *Justice* : Cazot (Martin-Feuillée, sous-secrétaire d'Etat); — *Guerre* : général Farre. — *Marine et colonies* : amiral Jauréguibéry. — *Finances* : Magnin (Wilson, sous-secrétaire d'Etat); — *Instruction publique et Beaux-Arts* : Jules Ferry (Turquet, sous-secrétaire d'Etat); — *Cultes* : Lepère (Constans, sous-secrétaire d'Etat); — *Agriculture et Commerce* : Tirard (Girerd, sous-secrétaire d'Etat); — *Postes et télégraphes* : Cochery. — *Travaux publics* : Varroy (Sadi Carnot, sous-secrétaire d'Etat).

PREMIER CABINET FERRY (23 septembre 1880)

Intérieur et Cultes : Constans (Fallières, sous-secrétaire d'Etat);
— *Affaires étrangères* : Barthélemy Saint-Hilaire (Horace de Choiseul, sous-secrétaire d'Etat); — *Justice* : Cazot (Martin-Feuillée, sous-secrétaire d'Etat); — *Guerre* : général Farre; — *Marine et Colonies* : vice-amiral Cloué; — *Finances* : Magnin (Wilson, sous-secrétaire d'Etat); — *Instruction publique et Beaux-Arts et présidence du Conseil* : Ferry (Turquet, sous-secrétaire d'Etat); — *Agriculture et Commerce* : Tirard (Girerd, sous-secrétaire d'Etat); — *Postes et Télégraphes* : Cochery; — *Travaux publics* : Sadi Carnot (Raynal, sous-secrétaire d'Etat).

CABINET GAMBETTA (14 novembre 1881)

Intérieur : Waldeck-Rousseau (Margue, sous-secrétaire d'Etat; — *Affaires étrangères et présidence du Conseil* : Gambetta (Spuller, sous-secrétaire d'Etat); — *Justice* : Cazot (Martin-Feuillée, sous-secrétaire d'Etat); — *Guerre* : général Campenon (Blandin, sous-secrétaire d'Etat); — *Marine* : Gougeard; — *Finances* : Allain-Targé (Lelièvre, sous-secrétaire d'Etat); — *Instruction publique* : Paul Bert; — *Beaux-Arts* : Antonin Proust; — *Agriculture* : Devès (E. Caze, sous-secrétaire d'Etat); — *Commerce et Colonies* : Rouvier (Félix Faure, sous-secrétaire d'Etat pour les Colonies); — *Postes et Télégraphes* : Cochery; — *Travaux publics* : Raynal (Lesguillier, sous-secrétaire d'Etat).

DEUXIÈME CABINET FREYCINET (30 janvier 1882)

Intérieur : Goblet (Develle, sous-secrétaire d'Etat); — *Affaires étrangères et présidence du Conseil* : de Freycinet; — *Justice et Cultes* : Humbert (Varambon, sous-secrétaire d'Etat); — *Guerre* : général Billot; — *Marine et Colonies* : Jauréguiberry (Berlet, sous-secrétaire d'Etat); — *Finances* : Léon Say; — *Instruction publique et Beaux-Arts* : Jules Ferry (Duvaux, sous-secrétaire d'Etat); — *Agriculture* : de Mahy; — *Commerce* : Tirard; — *Postes et Télégraphes* : Cochery; — *Travaux publics* : Varroy (Rousseau, sous-secrétaire d'Etat).

CABINET DUCLERC (7 août 1882)

Intérieur : Fallières (Develle, sous-secrétaire d'Etat); — *Affaires étrangères et présidence du Conseil* : Duclerc; — *Justice et Cul-*

les : Devès (Varambon, sous-secrétaire d'Etat); — *Guerre* : général Billot; — *Marine et Colonies* : amiral Jauréguiberry; — *Finances* : Tirard (Labuze, sous-secrétaire d'Etat); — *Instruction publique et Beaux-Arts* : Duvaux (Logerotte, sous-secrétaire d'Etat); — *Agriculture* : de Mahy; — *Commerce* : P. Legrand; — *Postes et Télégraphes* : Cochery; — *Travaux publics* : Hérisson (Baïhaut, sous-secrétaire d'Etat).

CABINET FALLIÈRES (29 janvier 1883)

Intérieur et présidence du Conseil : Fallières (Dovelle, sous-secrétaire d'Etat); — *Affaires étrangères* : Fallières (intérim); — *Justice et Cultes* : Devès (Varambon, sous-secrétaire d'Etat); — *Guerre* : général Thibaudin; — *Marine et Colonies* : de Mahy (intérim); — *Finances* : Tirard (Labuze, sous-secrétaire d'Etat); — *Instruction publique et Beaux-Arts* : Duvaux (Logerotte, sous-secrétaire d'Etat); — *Agriculture* : de Mahy; — *Commerce* : Pierre Legrand; — *Postes et Télégraphes* : Cochery; — *Travaux publics* : Hérisson (Baïhaut, sous-secrétaire d'Etat).

DEUXIÈME CABINET FERRY (21 février 1883)

Intérieur : Waldeck-Rousseau (Margue, sous-secrétaire d'Etat); — *Affaires étrangères* : Challemel-Lacour, puis Jules Ferry, à partir du 20 novembre 1883; — *Justice et Cultes* : Martin-Feuillée (Noirot, sous-secrétaire d'Etat); — *Guerre* : général Thibaudin, puis général Campenon, 9 octobre 1883; général Lewal, 3 janvier 1885 (Casimir-Perier, sous-secrétaire d'Etat, 17 octobre 1883); — *Marine et Colonies* : Ch. Brun, puis le vice-amiral Peyron, 9 août 1883; — *Finances* : Tirard (Labuze, sous-secrétaire d'Etat, 17 octobre 1883); — *Instruction publique et Beaux-Arts* : Jules Ferry, puis Fallières, 20 novembre 1883 (Durand, sous-secrétaire d'Etat); — *Agriculture* : Méline; — *Commerce* : Hérisson; — *Postes et Télégraphes* : Cochery; — *Travaux publics* : Raynal (Baïhaut, sous-secrétaire d'Etat).

(Dans ce cabinet, M. Jules Ferry, président du Conseil, fut d'abord ministre de l'Instruction publique et des Beaux-Arts, puis ministre des Affaires étrangères, à partir du 20 novembre 1883.)

CABINET BRISSON (6 avril 1885)

Intérieur : Allain-Targé; — *Affaires étrangères* : de Freycinet; — *Présidence du Conseil et Justice* : Brisson; — *Guerre* :

général Campenon (Cavaignac, sous-secrétaire d'Etat, 18 avril
1885) — *Marine et Colonies* : vice-amiral Galibert (Rousseau
sous-secrétaire d'Etat), 28 avril 1885; — *Finances* : Clamageran,
puis Sadi Carnot, 16 avril 1885 (Hérault, sous-secrétaire d'Etat),
23 avril 1885; — *Instruction publique, Cultes et Beaux-Arts* :
Goblet (Turquet, sous-secrétaire d'Etat), 12 avril 1885; — *Agriculture* : Hervé Mangon, puis Gomot, 10 novembre 1885; —
Commerce : Pierre Legrand, puis Dautresme, 10 novembre
1885; — *Postes et Télégraphes* : Sarrien; — *Travaux publics* :
Sadi Carnot, puis Demôle, 16 avril 1885 (Hérault, sous-secrétaire d'Etat, à dater du 9 avril 1885).

Troisième Cabinet Freycinet (7 janvier 1886)

Intérieur : Sarrien; — *Affaires étrangères et présidence du
Conseil* : de Freycinet; — *Justice* : Demôle; — *Guerre* : général
Boulanger; — *Marine et Colonies* : vice-amiral Aube (de La Porte,
sous-secrétaire d'Etat); — *Finances* : Sadi Carnot (Peytral,
sous-secrétaire d'Etat); — *Instruction publique, Cultes et Beaux-
Arts* : Goblet (Turquet, sous-secrétaire d'Etat); — *Agriculture* :
Develle; — *Commerce* : Lockroy; — *Postes et Télégraphes* : Gra-
net; — *Travaux publics* : Baïhaut.

Cabinet Goblet (11 décembre 1886)

Intérieur, Cultes et présidence du Conseil : Goblet; — *Affaires
étrangères* : Floürens; — *Justice* : Sarrien; — *Guerre* : général
Boulanger; — *Marine et Colonies* : Aube (de La Porte, sous-secré-
taire d'Etat); — *Finances* : Dauphin; — *Instruction publique et
Beaux-Arts* : Berthelot; — *Agriculture* : Develle; — *Commerce* :
Lockroy; — *Postes et Télégraphes* : Granet; — *Travaux publics* :
Edouard Millaud.

Cabinet Rouvier (30 mai 1887)

Intérieur : Fallières; — *Affaires étrangères* : Floürens; —
Justice : Mazeau, démissionnaire le 30 novembre 1887 (intérim de
M. Fallières); — *Guerre* : général Ferron; — *Marine et Colonies* : Barbey; — *Finances et présidence du Conseil* : Rouvier; —
Instruction publique, Cultes et Beaux-Arts : Spuller; — *Agriculture* : Barbe; — *Commerce* : Dautresme; — *Postes et Télégraphes* : A dater de cette époque, les Postes sont rattachées aux
Finances; M. Coulon est nommé directeur général; — *Travaux
publics* : de Hérédia.

PRÉSIDENCE DE M. CARNOT

(3 décembre 1887)

Premier Cabinet Tirard (12 décembre 1887)

Intérieur : Sarrien ; — *Affaires étrangères* : Flourens; — *Justice* : Fallières ; — *Guerre* : général Logerot ; — *Marine et Colonies* : de Mahy, démissionnaire le 5 janvier 1888, puis le vice-amiral Krantz (Félix Faure, sous-secrétaire d'Etat aux Colonies); — *Finances et présidence du Conseil* : Tirard; — *Instruction publique, Cultes et Beaux-Arts* : Faye; — *Agriculture* : Viette; — *Commerce* : Dautresme ; — *Travaux publics* : Loubet.

Cabinet Floquet (3 avril 1888)

Intérieur et présidence du Conseil : Floquet; — *Affaires étrangères* : Goblet; — *Justice et Cultes* : Ferrouillat, puis Guyot-Dessaigne, 6 février 1889; — *Guerre* : de Freycinet; — *Marine et Colonies* : Krantz (de La Porte, sous-secrétaire d'Etat); — *Finances* : Peytral; — *Instruction publique et Beaux-Arts* : Lockroy; — *Agriculture* : Viette ; — *Commerce* : Pierre Legrand; — *Travaux publics* : Deluns-Montaud.

Deuxième Cabinet Tirard (23 février 1889)

Intérieur : Constans; — *Affaires étrangères* : Spuller; — *Justice et Cultes* : Thévenet; — *Guerre* : de Freycinet; — *Marine* : vice-amiral Jaurès, décédé en mars, le vice-amiral Krantz, puis M. Barbey, novembre 1889; — *Finances* : Rouvier; — *Instruction publique et Cultes* : Fallières; — *Agriculture* : Faye; — *Commerce, Industrie et Colonies, et présidence du Conseil* : Tirard (*Sous-secrétariat des Colonies* : Etienne); — *Travaux publics* : Yves Guyot.

Quatrième Cabinet Freycinet (17 mars 1890)

Intérieur : Constans; — *Affaires étrangères* : Ribot; — *Justice et Cultes* : Fallières; — *Guerre et présidence du Conseil* : de Freycinet; — *Marine* : Barbey; — *Finances* : Rouvier; — *Instruction publique et Beaux-Arts* : Léon Bourgeois; — *Agriculture* :

Develle; — *Commerce, Industrie et Colonies* : Jules Roche (*Sous-secrétariat des Colonies* : Etienne); — *Travaux publics* : Yves Guyot.

Cabinet Loubet (27 février 1892)

Intérieur et présidence du Conseil : Loubet; — *Affaires étrangères* : Ribot; — *Justice et Cultes* : Ricard; — *Guerre* : de Freycinet; — *Marine et Colonies* : Cavaignac (démissionnaire le 12 juillet 1892), puis Burdeau (Jamais, sous-secrétaire d'Etat des Colonies); — *Finances* : Rouvier; — *Instruction publique et Beaux-Arts* : Bourgeois; — *Agriculture* : Develle; — *Commerce et Industrie* : Jules Roche; — *Travaux publics* : Viette.

Premier Cabinet Ribot (7 décembre 1892)

Intérieur : Loubet; — *Affaires étrangères et présidence du Conseil* : Ribot; — *Justice* : Bourgeois; — *Guerre* : de Freycinet; — *Marine et Colonies* : Burdeau; — *Finances* : Rouvier; — *Instruction publique, Cultes et Beaux-Arts* : Charles Dupuy; — *Agriculture* : Develle; — *Commerce et Industrie* : Siegfried; — *Travaux publics* : Viette.

Deuxième Cabinet Ribot (1er janvier 1893)

Intérieur et présidence du Conseil : Ribot; — *Affaires étrangères* : Develle; — *Justice* : Bourgeois; — *Guerre* : général Loizillon; — *Marine et Colonies* : vice-amiral Rieunier (Delcassé, sous-secrétaire d'Etat des Colonies); — *Finances* : Tirard; — *Instruction publique, Cultes et Beaux-Arts* : Dupuy; — *Agriculture* : Viger; — *Commerce et Industrie* : Terrier; — *Travaux publics* : Viette.

Premier Cabinet Dupuy (5 avril 1893)

Intérieur et présidence du Conseil : Dupuy; — *Affaires étrangères* : Develle; — *Justice* : Guérin; — *Guerre* : général Loizillon; — *Marine et Colonies* : vice-amiral Rieunier (Delcassé, sous-secrétaire d'Etat des Colonies); — *Finances* : Peytral; — *Instruction publique, Cultes et Beaux-Arts* : Poincaré; — *Agriculture* : Viger; — *Commerce et Industrie* : Terrier; — *Travaux publics* : Viette.

Cabinet Casimir-Perier (3 décembre 1393)

Intérieur : Raynal; — *Affaires étrangères et présidence du Conseil* : Casimir-Perier; — *Justice* : Antonin Dubost; — *Guerre* : général Mercier; — *Marine* : vice-amiral Lefèvre; — *Finances* : Burdeau; — *Instruction publique, Cultes et Beaux-Arts* : Spuller; — *Agriculture* : Viger; — *Commerce, Industrie et Colonies* :: Marty (Maurice Lebon, sous-secrétaire d'Etat des Colonies); — *Travaux publics* : Jonnart.

A la fin de mars 1894, M. Maurice Lebon ayant donné sa démission de sous-secrétaire d'Etat des Colonies, un ministère spécial des Colonies fut créé. M. Ernest Boulanger, sénateur, fut nommé ministre des Colonies.

Deuxième cabinet Dupuy (31 mai 1894)

Intérieur, Cultes et Présidence du Conseil : Dupuy; — *Affaires étrangères* : Hanotaux; — *Justice* : Guérin; — *Guerre* : général Mercier; — *Marine* : Félix Faure; — *Finances* : Poincaré; — *Instruction publique et Beaux-Arts* : Georges Leygues; — *Agriculture* : Viger; — *Commerce, industrie, Postes et Télégraphes* : Lourties; — *Travaux publics* : Barthou; *Colonies* : Delcassé.

LOI

Sur la procédure à suivre devant le Sénat pour juger toute personne inculpée d'attentat commis contre la sûreté de l'État.

LOI DU 10 AVRIL 1889.

(*Promulguée au* Journal Officiel *du 11 avril.*)

CHAPITRE PREMIER

Organisation du Sénat en Cour de Justice.

ARTICLE PREMIER

Le décret qui constitue le Sénat en Cour de justice par application de l'article 12, paragraphe 3, de la loi constitutionnelle du 16 juillet 1875, fixe le jour et le lieu de sa première réunion.

La Cour a toujours le droit de désigner un autre lieu pour la tenue de ses séances.

ART. 2.

Tous les sénateurs élus antérieurement à ce décret sont tenus de se rendre à la convocation qu'il renferme, à moins qu'ils n'aient à présenter des motifs d'excuse.

Ces motifs sont appréciés par le Sénat en Chambre du conseil.

Les sénateurs, élus postérieurement au décret de convocation, ne pourront connaître des faits incriminés.

ART. 3.

Le président de la République nomme parmi les membres des Cours d'appel ou de la Cour de cassation :

1º Un magistrat chargé des fonctions de procureur général ;

2º Un ou plusieurs magistrats chargés de l'assister comme avocats généraux.

ART. 4.

Le secrétaire général de la présidence du Sénat remplit les fonctions de greffier.

Il peut être assisté de commis-greffiers assermentés, nommés par le président du Sénat.

Les actes de la procédure sont signifiés par les huissiers des cours et tribunaux.

Les huissiers du Sénat remplissent, pour le service d'ordre intérieur, les fonctions d'huissiers audienciers.

ART. 5.

Toutes les pièces de l'information commencée par la justice ordinaire sur les faits incriminés sont envoyés au procureur général désigné conformément à l'article 3. Néanmoins, les magistrats qui ont commencé l'information continuent à recueillir les indices et les preuves, jusqu'à ce que le Sénat ait ordonné qu'il soit procédé devant lui.

CHAPITRE II

De l'instruction et de la mise en accusation.

ART. 6.

Le Sénat entend en audience publique la lecture du décret qui le constitue en Cour de justice et le réquisitoire du procureur général.

Il ordonne qu'il sera procédé à l'instruction.

ART. 7.

Une Commission de neuf sénateurs est chargée de l'instruction et prononce sur la mise en accusation.

Elle est nommée au scrutin de liste, en séance publique et sans débats, chaque année, au début de la session ordinaire.

Elle choisit son président.

Le Sénat élit de la même manière cinq membres suppléants.

ART. 8.

Dès que le Sénat a ordonné l'instruction, le président de cette Commission y procède.

Il est assisté et suppléé au besoin par des membres de la commission désignés par elle.

Il est investi des pouvoirs attribués par le Code d'instruction criminelle au juge d'instruction, sous les réserves et avec les modifications indiquées dans la présente loi.

Il peut décerner un mandat d'arrêt sans qu'il soit besoin des conclusions du ministère public.

Il ne rend point d'ordonnances.

Sur les demandes de mise en liberté provisoire, il est statué sans recours par la commission, après communication au procureur général.

Art. 9.

Aussitôt que l'instruction est terminée, le président de la Commission remet le dossier au procureur général et invite chacun des inculpés à faire choix d'un défenseur. Faute par un inculpé de déférer à cette invitation, il lui en désigne un d'office.

Après que le procureur général a rendu le dossier avec ses réquisitions écrites, communication en est donnée aux conseils des inculpés par la voie du greffe où le dossier demeure déposé au moins pendant trois jours.

Art. 10.

Ce délai expiré et au jour fixé par son président, la Commission se réunit sous le nom de Chambre d'accusation et entend, en présence du procureur général, la lecture :

1° Du rapport sur l'instruction présenté par le président ou l'un de ses assesseurs, désignés en l'article 8 ;

2° Des réquisitions écrites du procureur général ;

3° Des mémoires que les inculpés auraient fournis.

Les pièces du procès seront déposées sur le bureau.

Le procureur général se retirera avec le greffier.

Art. 11.

La Chambre d'accusation statue sur la mise en accusation par décision spéciale pour chaque inculpé, sur chaque chef d'accusation.

L'arrêt de mise en accusation contient une ordonnance de prise de corps.

Art. 12.

L'arrêt est rendu en Chambre du conseil ; il y fait mention des sénateurs qui y ont concouru.

Il est signé par eux.

Art. 13.

Le procureur général rédigera l'acte d'accusation.

Cet acte expose : 1° la nature du fait qui est la base de l'accusation ; 2° les circonstances du fait.

Art. 14.

L'arrêt de mise en accusation et l'accusation sont notifiés aux accusés trois jours au moins avant le jour de l'audience. Il en est laissé copie à chacun d'eux, avec citation à comparaître devant la Cour au jour fixé par le président du Sénat.

CHAPITRE III

Du jugement.

Art. 15.

Les débats sont publics. Ils sont présidés par le président du Sénat ou, à son défaut, par l'un des vice-présidents désigné par le Sénat.

Art. 16.

Au commencement de chaque audience, il est procédé à l'appel nominal.

Les sénateurs qui n'auront pas été présents à toutes les audiences ne pourront pas concourir au jugement.

Ne pourront non plus y concourir les sénateurs composant la Commission organisée par l'article 7, s'ils sont récusés par la défense.

Art. 17.

Toutes les exceptions, y compris celle d'incompétence,

laquelle pourra toujours être relevée, même d'office, seront examinées et jugées, soit séparément du fond, soit en même temps que le fond, suivant que le Sénat aura ordonné.

ART. 18.

Après l'audition des témoins, le réquisitoire du ministère public, les plaidoiries des défenseurs et les observations des accusés qui auront les derniers la parole, le président déclare les débats clos, et la Cour se retire dans la Chambre du conseil pour délibérer.

ART. 19.

Pour chaque accusé, les questions sur la culpabilité et sur l'application de la peine sont formulées par le président et mises aux voix séparément.

ART. 20.

Les débats publics étant clos, la discussion est ouverte en chambre du conseil. Après quoi l'on procède au vote.

Sur chaque question relative à la culpabilité et sur la question de savoir s'il y a des circonstances atténuantes, le vote a lieu pour chaque accusé dans la forme suivante :

Il est voté séparément pour chaque inculpé sur chaque chef d'accusation.

Le vote a lieu par appel nominal en suivant l'ordre alphabétique, le sort désignant la lettre par laquelle on commencera.

Les sénateurs votent à haute voix; le président vote le dernier.

ART. 21.

Si l'accusé est reconnu coupable, il lui est donné connaissance en séance publique de la décision de la cour.

Il a le droit de présenter des observations dans les termes de l'article 363 du Code d'instruction criminelle.

ART. 22.

La décision sur l'application de la peine a lieu dans la même forme.

Toutefois, si après deux tours de vote aucune peine n'a réuni la majorité des voix, il est procédé à un troisième tour, dans lequel la peine la plus forte proposée au tour précédent est écartée de la délibération. Si à ce troisième tour aucune peine n'a encore réuni la majorité absolue des votes, il est procédé à un quatrième tour et ainsi de suite, en continuant à écarter la peine la plus forte, jusqu'à ce qu'une peine soit prononcée par la majorité absolue des votants.

ART. 23.

Les dispositions pénales relatives au fait dont l'accusé sera déclaré coupable, combinées, s'il y a lieu, avec l'article 463 du Code pénal, seront appliquées, sans qu'il appartienne au Sénat d'y substituer de moindres peines.

Ces dispositions seront rappelées textuellement dans l'arrêt.

ART. 24.

L'arrêt définitif sera lu en audience publique par le président; il sera notifié sans délai par le greffier à l'accusé.

CHAPITRE IV

Dispositions générales.

ART. 25.

Les décisions ou arrêts du Sénat ne peuvent être rendus qu'avec le concours de la moitié plus un au moins de la totalité des sénateurs qui ont droit d'y prendre part. Ils ne sont susceptibles d'aucun recours.

ART. 26.

Les arrêts de la Cour sont motivés. Il sont rédigés par le président, adoptés par la Cour en Chambre du conseil, et prononcés en audience publique.

Ils font mention des sénateurs qui y ont concouru.

Ils sont signés par le président et le greffier.

ART. 27.

Les voix de tous les sénateurs sont comptées, quels que soient les degrés de parenté ou les alliances existant entre eux.

ART. 28.

Tout sénateur est tenu de s'abstenir, s'il est parent ou allié de l'un des inculpés jusqu'au degré de cousin issu de germain inclusivement, ou s'il a été entendu comme témoin dans l'instruction.

S'il a été cité comme témoin et qu'il ait déclaré n'avoir aucun témoignage à fournir, il devra concourir à tous arrêts et décisions.

ART. 29.

Tout sénateur qui croit avoir des motifs de s'abstenir, indépendamment de ceux qui sont mentionnés à l'article précédent, doit les déclarer au Sénat, qui prononce sur son abstention en Chambre du conseil. Il est tenu de siéger si les motifs d'abstention ne sont pas jugés valables.

ART. 30.

Les sénateurs, membres du gouvernement, ne prennent part ni à la délibération, ni au vote sur la culpabilité.

Art. 31.

Il est tenu procès-verbal des séances de la Cour.

Ce procès-verbal est signé par le président et le greffier.

Art. 32.

Les dispositions du Code d'instruction criminelle et de toutes autres lois générales d'instruction criminelle qui ne sont pas contraires à la présente loi sont appliquées à la la procédure, s'il n'en est autrement ordonné par le Sénat.

Disposition transitoire.

Art. 33.

La Commission organisée par l'article 7 sera élue pour la première fois dans les huit jours de la promulgation de la présente loi.

ANNEXE N° 3

SÉNATEURS INAMOVIBLES

ÉLUS PAR L'ASSEMBLÉE NATIONALE

Les sénateurs inamovibles nommés par l'Assemblée nationale, du 9 au 15 décembre 1875, furent élus dans l'ordre suivant (1) :

Audiffret-Pasquier (duc d'); *Martel; Frébault;* Krantz; *Duclerc ; Changarnier* (général); *Lasteyrie (Jules de);* Pothuau (vice-amiral); *Corne; Laboulaye; Foubert; Roger du Nord* (comte); *Maleville (Léon de);* Barthélemy Saint-Hilaire; *Wolowski; Picard (Ernest); Casimir-Perier; Aurelle de Paladines* (général de); *Fourichon* (vice-amiral); *Chanzy* (général); *Cordier; La Rochette* (baron de); *Franclieu (marquis de); Cornulier-Lucinière* (comte de); Dumon; Théry; *Chadois* (colonel de); Pajot, *Tréville* (comte de); *Kolb-Bernard; Baze ;* Humbert; *Lavergne* (Léonce de); Le Royer; *Jaurès* (vice-amiral); *Bertauld; Calmon; Lafayette* (Oscar de); *Gaulthier de Rumilly;* Luro; Tribert; *Foureand; Chabron* (général de), *Corbon, Lanfrey;* Saisy (Hervé de); *Letellier-Valazé* (général); *Carnot; Douhet* (comte de); Gouin; *Lepetit; Littré; Scherer; Crémieux* (Adolphe); Scheurer-Kestner; *Lorgeril* (vicomte de); *Rampont; Tocqueville* (comte de); *Morin (Paul); Testelin; Chareton* (général); Bérenger; Magnin; Denormandie; Simon (Jules); *Adam (Edmond), Laurent-Pichat; Schœlcher;* Cazot (Jules); Billot général); *Cissey* (général de); Wallon; *Dupanloup* (Mgr); *Montaignac* (contre-amiral marquis de); *Maleville* (marquis de).

---

(1) Les noms en italique sont ceux des sénateurs inamovibles décédés.

SÉNATEURS INAMOVIBLES

NOMMÉS PAR LE SÉNAT

Du 11 mai 1876 au 24 juin 1884, le Sénat nomma 41 sénateurs inamovibles; voici les noms de ces sénateurs, ceux de leurs prédécesseurs et la date de leur élection (1) :

Ricard remplace.....	15 mars 1876	*La Rochette* (baron de)
Buffet.............	16 juin 1876	*Ricard.*
Dufaure	12 août 1876	*Casimir-Périer.*
Chesnelong.........	24 nov. 1876	*Wolowski.*
Renouard	d°	*Letellier-Valazé* (g^al).
Dupuy-de-Lôme	10 mars 1877	*Changarnier* (général).
Chabaud-la-Tour (général baron de)......	15 nov. 1877	*Picard (Ernest).*
Greffulhe (c^te Henri)..	d°	*Tocqueville* (c^te de).
Brun (Lucien).......	d°	*Adam (Edmond).*
Grandperret..........	24 nov. 1877	*Lepetit.*
Larcy (baron de).....	4 déc. 1877	*Franclieu* (de).
Barrot (Ferdinand)....	d°	*Lanfrey.*
Carayon-la-Tour (Joseph de)..........	19 fév. 1878	*Aurelle de Paladines.* (général d').
Vallée (Oscar de)......	15 nov. 1878	*Chareton* (général).
Haussonville (c^te d')...	d°	*Renouard.*
Baragnon (Numa).....	d°	*Dupanloup* (Mgr).
Montalivet (comte de).	14 fév. 1879	*Morin (Paul).*
Jauréguiberry (vice-amiral)	27 mai 1879	*Maleville (Léon* de).
Gresley (général).....	d°	*Greffulhe* (c^te Henri).

(1) Les noms en italique sont ceux des sénateurs décédés.

Broca (*Paul*) remplace	5 fév. 1880	Montalivet (comte de).
John Lemoinne.......	23 fév. 1880	Lavergne (*Léonce* de).
Grévy (Albert).......	6 mars 1880	Crémieux (Adolphe).
Farre (général)......	25 nov. 1880	Broca (*Paul*).
Lefranc (*Victor*)......	21 mai 1881	Lafayette (Oscar de).
Didier (*Henry*)........	do	Baze.
Deschanel........	23 juin 1881	Littré.
Wurtz...........	7 juillet 1881	Roger du Nord (c^te).
Berthelot...........	16 juillet 1881	Dufaure.
Voisins-Lavernière (de	19 nov. 1881	Fourcand.
Dietz-Monnin........	10 mai 1882	Bertauld.
Allou............	10 juillet 1882	Cissey (général de).
Bardoux...........	7 déc. 1882	Pothuau (vice-amiral)
Clamageran........	do	Larcy (baron de).
Lalanne (*Léon*).....	8 mars 1883	Chanzy (général).
Tirard............	23 juin 1883	Laboulaye.
Pressensé (de).......	17 nov. 1883	Lefranc (*Victor*)
Campenon (général)..	8 déc. 1883	Barrot (Ferdinand).
Jean Macé..........	do	Lasteyrie (Jules de).
Marcère (de).......	28 fév. 1884	Gaulthier de Rumilly.
Peyron (vice-amiral).	24 juin 1884	Wurtz.
Pelletan (Eugène).....	do	Haussonville (c^te d').

ADMINISTRATION INTÉRIEURE
DU SÉNAT [1]

Secrétariat général de la Présidence.

M. SOREL (Albert), *Secrétaire général.*

MM. DIDIER (Albert), *Chef.*
MÉRAT (Albert), *Sous-Chef.*
DUCROS (Gustave), *Commis principal.*

Cabinet du Président.

MM. HUSTIN, *Chef du Cabinet.*
WARRAIN (Georges), *Secrétaire particulier.*

Rédaction du Compte rendu analytique.

MM. SIMON (Charles), *Chef des Secrétaires-Rédacteurs.*
PEYRON, (Léopold) *Chef adjoint.*
MICHELANT, *Secrétaire-Rédacteur honoraire.*
LACROIX (Octave)........
GANNERON (Emile).......
BERTRAND (Alphonse)....
BONSERGENT (Alfred)..... } *Secrétaires-Rédacteurs.*
GRANDJEAN (Charles).....
MONNET (Emile).........
ROUVRE (de) (Philippe)...
SAINTE-CROIX (de) (Lucien)
MAUBRAC (Pierre)........ } *Secrétaires-Rédacteurs*
DELORME (Emile)........ } *adjoints.*

(1) Extrait du Livret officiel.

Sténographie.

(Compte rendu *in extenso*).

MM. FAUCONNET, *Chef.*
LELIOUX, *Chef adjoint.*
GUÉNIN ....
DRÉOLLE ....
POIREL .... } *Sténographes-Reviseurs.*
TOURET-GRIGNAN ....
BONVOUX ....
SIMON (Antoine) ....
LEGRAND (Eugène), *Secrétaire du Service.*
CLAVEL (Léon) ....
DELARUE ....
PRENGRUEBER ....
BRUNEL ....
SAURAT ....
GUÉLAUD .... } *Sténographes.*
MAYERAS ....
GUÉNIN (Eugène) ....
JOLYET (Henri) ....
LAZARD ....
HELLOUIN ....
ARSANDAUX (Octave) .....

Bureau des Procès-verbaux, Pétitions et Distribution.

MM. WELSCHINGER, *Chef.*
RAMOND DE LA CROISETTE, *Sous-Chef.*
TARDIEU ....
CÔTE (Léon) .... } *Commis principaux.*
BOUSSATON ....

Secrétariat général de la Questure.

M. DESCOMBES, *Secrétaire général.*

1re Section, Personnel, Comptabilité.

MM. PAYEN, *Sous-Chef.*
SELLE (Léon) .... } *Commis principaux.*
DUPRÉ (Edouard) ....

2ᵉ Section, Matériel.

MM. LANTENOIS DE BOIVIERS, *Sous-Chef.*
POILLOT, *Commis principal.*

Service des bâtiments et jardins.

MM. SCELLIER DE GISORS, *Architecte.*
POULIN, *Inspecteur des bâtiments.*
OPOIX, *Jardinier en chef.*

Caisse.

MM. REMLINGER, *Trésorier.*
JALLON, *Sous-Chef.*
COURCENET, *Commis principal.*

Bibliothèque.

MM. CHARLES EDMOND, *Bibliothécaire en chef.*
RATISBONNE............ }
LACAUSSADE............ } *Bibliothécaires.*
LECONTE DE LISLE, *Sous-Bibliothécaire.*
SAMUEL (René), *Commis principal.*

Archives.

MM. FAVRE (Louis), *Archiviste.*
MAÏSSE, *Sous-Chef.*
D'ADHÉMAR DE LABAUME, *Commis principal.*

Service Militaire, d'ordre et de sûreté.

M. le Colonel BLANCHOT, *Commandant militaire.*
M. le Capitaine DEFFERRIÈRE, *Capitaine adjoint.*

Service Médical.

M. le Docteur CHAVANNE, au Palais du Luxembourg.
M. le Docteur GODEFROY, rue de la Paroisse, n° 10 (Versailles).
M. le Docteur PIÉCHAUD, médecin adjoint, à sa clinique, rue Guénégaud, 7, de 2 h., à 3 h., et rue de Tournon, 8.

Huissiers.

M. GRANDCHAMP, *Chef du service des huissiers.*

Service Intérieur.

M. CASTETS, *Chef.*

Bureau de Poste et Télégraphe.

M. GRENARD, *Receveur.*

TABLE ALPHABÉTIQUE

DE

MESSIEURS LES SÉNATEURS

A

	Pages
Allègre	384
Allemand	215
Andigné (général marquis d')	236
Angle-Beaumanoir (marquis de l')	138
Anglès	359
Anne	108
Arago (Emmanuel)	294
Astor	162
Audiffret-Pasquier (duc d')	7
Audren de Kerdrel	257

B

Baduel	111
Barbey	353
Bardoux	56
Barrière	285
Barthe (Marcel)	287
Barthélemy-Saint-Hilaire	9
Baudens	292
Béjarry (de)	365
Belle	196
Benazet	193

	Pages
Benoist	341
Béral	224
Bérenger	26
Bernard	147
Bernot	352
Berthelot	53
Billot (général)	39
Biré (Alfred)	364
Bisseuil	117
Bizot de Fonteny	247
Blanc (Xavier)	77
Blavier	237
Bonnefoy-Sibour	167
Borriglione	79
Bouilliez (Achille)	280
Boulanger (Ernest)	254
Briens	242
Brossard	211
Brothier	115
Bruel	73
Brugnot	372
Brun (Lucien)	47
Brunet	194
Brunon	212
Brusset	305
Buffet	44
Buvignier	256

C

Caduc	179
Calvet	120
Camescasse	281
Camparan	171
Carné (marquis de)	139
Casabianca (de)	127
Casimir-Périer (Paul)	338
Cazot (Jules)	36

Pages

Chadois (colonel de)................................ 13
Chaix (Cyprien)................................ 76
Chalamet................................ 83
Challemel-Lacour................................ 102
Chantemille................................ 72
Chauveau (Franck)................................ 272
Chesnelong................................ 46
Chiris................................ 80
Chovet................................ 272
Claeys................................ 266
Clamageran................................ 58
Clément (Léon)................................ 192
Cochery (Adolphe)................................ 221
Coillot................................ 306
Combes................................ 119
Combescure (Clément)................................ 185
Constans................................ 172
Cordelet................................ 312
Cordier................................ 13
Cornil................................ 72
Coste................................ 376
Courcel (baron de)................................ 345
Couteaux................................ 367
Couturier................................ 197
Cuvinot................................ 271

D

Danelle-Bernardin................................ 246
Darbot................................ 248
Dauphin................................ 350
Decauville (Paul)................................ 344
Decroix................................ 217
Dellestable................................ 126
Delobeau................................ 163
Delpech................................ 91
Demôle................................ 307
Demoulins de Riols................................ 204

	Pages
Denormandie	29
Déprez (André)	270
Deschanel	50
Desmons	167
Dethou	377
Develle	255
Devès (Paul)	112
Diancourt	245
Dietz-Monnin	55
Donnet	369
Drouhet (Théodore)	389
Drouillard	164
Drumel (Ernest)	86
Duchesne-Fournet	109
Dufay	206
Dufoussat	141
Dulac	309
Dumon	14
Dupouy	180
Dupuy (Jean)	292
Durand	229
Durand-Savoyat (Emile)	198
Dusolier	144
Dutreil (Paul)	251

E.

Espivent de la Villesboisnet (général comte)	219

F

Fabre (Joseph)	100
Fallières	230
Farinole	128
Fayard	154
Faye	228
Floquet (Charles)	332
Folliet	318
Forest (Charles)	315

	Pages
Fousset	221
Francoz	317
Frédéric Petit	352
Fresneau	260
Freycinet (de)	320
Frézoul	90
Frogier de Ponlevoy	373

G

Gadaud (Antoine)	143
Gaillard (Gilbert)	283
Gailly	88
Galtier	186
Garran de Balzan (Emile)	348
Garrisson	358
Gaudy	149
Gauthier	96
Gayot (Emile)	93
Gérente (Paul)	379
Géry-Legrand	268
Girard (Alfred)	265
Girault	123
Godin (Jules)	390
Gomot	284
Gouin	23
Goujon	63
Gravin	316
Grévy (Albert)	49
Grévy (général)	202
Griffe	186
Grivart	190
Guérin (Eugène)	361
Guibourd de Luzinais	248
Guichard (Jules)	375
Guindey	156
Guyot	303
Guyot-Lavaline	285

H

	Pages
Halgan	363
Halléguen	162
Hamel (Ernest)	346
Haugoumar des Portes	136
Haulon	289
Hébrard	171
Hugot	430
Huguet (A.)	278
Humbert	16
Huon de Penanster	137

I

Isaác	386

J

Jacques	381
Japy (général)	297
Jouffrault (Camille)	349

K

Kiener	373
Krantz	8

L

Labbé (Léon)	276
La Berge (Albert de)	212
Labiche (Emile)	159
Labiche (Jules)	241
Labrousse	426

	Pages
Lacave-Laplagne	177
Laporte-Bisquit	115
Lareinty (baron de)	218
La Sicotière (de)	274
Laubespin (comte de)	262
Laurens	153
Lavergne (Bernard)	355
Lavertujon (André)	182
Le Breton	249
Lecler	142
Lecomte (Maxime)	268
Lefèvre (Alexandre)	330
Lelièvre	200
Le Monnier	310
Le Play (Albert)	370
Leporché	344
Leroux (Aimé)	68
Le Royer	17
Lesouëf	337
Lesueur (Georges)	383
Levrey	306
Loubet	151
Lourties	204
Luro	19

M

Macé (Jean)	59
Macherez	69
Madignier	212
Magnier (Edmond)	360
Magnin	28
Malézieux	67
Marcère (de)	60
Maret	343
Marquis	252
Martell	114
Martin (Félix)	308

	Pages
Mazeau	133
Mercier	63
Merlet	238
Merlin (Charles)	264
Millaud (Edouard)	300
Milliard	157
Mir	97
Moinet (Charles)	118
Monis (Ernest)	184
Monneraye (comte de la)	261
Monsservin	99
Montesquiou-Fezensac (duc de)	178
Morel	241
Morellet	64
Munier	299

N

Nioche	195

O

Ollivier (Auguste)	136
Osmoy (comte d')	155
Oudet	150
Ouvrier	100

P

Pajot	16
Pauliac	227
Pauliat	122
Pazat	203
Peaudecerf	122
Pénicaud	370
Perras	302
Peytral	106

	Pages
Pitti-Ferrandi	128
Poirrier (Alfred) (Marne)	245
Poirrier (Seine)	324
Poriquet	275
Pradal	83
Prevet	342

R

Ranc	327
Regismanset	341
Rémusat (Paul de)	169
Rey (Edouard)	197
Reymond	210
Richaud	75
Ringot	282
Roger	146
Rolland	357
Rouland	339
Rousssel (Théophile)	233
Rozière (de)	234

S

Saint-Prix	85
Saisy (Hervé de)	22
Sal (Léonce de)	125
Salomon	368
Savary	163
Savigny de Moncorps (comte de)	263
Scheurer-Kestner	24
Scrépel	267
Sébire	240
Sébline	68
Silhol	166
Simon (Jules)	31
Soustre	74
Spuller	131

T

	Pages
Tassin	208
Taulier	362
Tézenas	94
Théry	14
Thévenet	303
Thézard	366
Thurel	201
Tirman	87
Tolain	325
Trarieux	181
Tribert	21
Trystram	270
Turgis	109

V

Velten	107
Verninac (de)	225
Véron (amiral)	188
Vignancour	290
Vilar (Edouard)	296
Villard	141
Villegontier (comte de la)	189
Vinet	158
Vissaguet	214
Voisins-Lavernière (de)	54
Volland	253

W

Waddington (Richard)	338
Wallon	41

APPENDICE

CORSE

Le 3 juin 1894, les départements de la Corse et de l'Indre ont procédé à deux élections partielles en remplacement de MM. *Pitti-Ferrandi* et *Léon Clément*, décédés (voir plus haut). Ces élections ont donné les résultats suivants :

Inscrits : 764. — Votants : 746

MM. Jacques Hébrard, ancien sénateur,
républicain................................ 378 Élu.
Péraldi, ancien sénateur, républi-
cain.. 369

Il s'agissait de remplacer M. le docteur Pitti-Ferrandi, républicain, décédé.

M. Jacques Hébrard, élu dans l'Inde française en 1882, a déjà siégé au Sénat jusqu'en 1891. Il est le frère de M. Adrien Hébrard, sénateur de la Haute-Garonne et directeur du *Temps*, dont il est lui-même l'un des rédacteurs.

INDRE

Inscrits : 617 — Votants : 613

MM. Verbeckmœs, républicain........... 162
A. Ratier, avoué à Paris, rép...... 151
Mary-Faguet, cons., gén., rép..... 102
Patureau-Francœur, maire de Châ-
teauroux, radical.................. 80
Alizard, républicain.............. 53
Louis Boussac, radical............ 46

Ballottage.

DEUXIÈME TOUR

MM. Ratier................... 268
    Verbeckmœs............... 240
    Mary-Faguet.............. 37
    Patureau-Francœur........ 34
    Boussac.................. 29
Ballottage..

TROISIÈME TOUR

MM. Ratier................... 350 Élu.
    Verbeckmœs............... 246
    Divers................... 10

Il s'agissait de remplacer M. Clément, sénateur conservateur, décédé.

TABLE DES MATIÈRES

	Pages
Avertissement..	v
L'organisation du Sénat................................	IX
Loi du 9 décembre 1884 modifiant et réglant l'organisation du Sénat....................................	1
Biographies des sénateurs inamovibles élus par l'Assemblée nationale....................................	7
Biographies des sénateurs inamovibles élus par le Sénat..	44
Biographies des sénateurs inamovibles élus par les départements .... 62 à	391
Annexe n° 1 : Liste des ministères qui se sont succédé depuis 1871....................................	393
Annexe n° 2 : Loi sur la procédure à suivre devant le Sénat pour juger toute personne inculpée d'attentat contre la sûreté de l'État..................	403
Annexe n° 3 : Liste des sénateurs inamovibles élus par l'Assemblée nationale........................	412
Annexe n° 4 : Liste des sénateurs inamovibles élus par le Sénat...................................	413
Annexe n° 5 : Administration intérieure du Sénat...	415
Liste alphabétique de MM. les sénateurs.............	419
Appendice...	429

PARIS. — IMPRIMERIE P. MOUILLOT, 13, QUAI VOLTAIRE. — 61083.

www.ingramcontent.com/pod-product-compliance
Lightning Source LLC
Chambersburg PA
CBHW071953270326
41928CB00009B/1421